한반도
문제 해법

새로운 모색

한반도
문제 해법

새로운 모색

곽태환 · 이승우 외 지음

제2부 국제협력 차원

2024년 한반도 주변 정세는 빠른 속도로 변화하고 있다. 조선민주주의인민공화국(DPRK-북한)은 북한체제의 보장을 위해 핵무기-탄도미사일 고도화에 매진하고 있다. 북한의 이러한 군사적 위협에 대응하여 윤석열 정부의 출범(2022. 5) 이후 "힘에 의한 평화"를 위해 대한민국(ROK)의 군사력을 대폭 증가하고 '워싱턴 선언'(2023. 4) 이후 철통같은 한미동맹체제와 캠프 데이비드 공동성명(2023. 8) 이후 한미일 3국 간 안보협력을 강화해 2024년에는 한미일 3국이 (준)군사동맹 관계로 급속도로 진전되고 있다.

한편, 북한도 러시아의 우주센터인 보스토치니에서 개최된 푸틴-김정은 정상회담(2023. 9)에서 양국 간 군사협력을 강화하였다. 이어 북한은 유사시 핵 무력사용을 헌법화(2023. 9) 했다. 이러한 남북미 3국 간 적대적인 강대강 맞대응 전략(hostile tit-for-tat strategy)으로 인해 우발적 무력 충돌의 개연성이 높아지고 있으며 어느 누구도 원하지 않는 한반도에서 (핵)전쟁으로 순식간에 번질 가능성이 높아지고 있어 심히 우려된다.

한반도에서 관련국들의 핵심이익은 한반도에서 전쟁을 예방하는 것이고 다시는 전쟁이 일어나지 않도록 방지하는 것이 홍익인간의 후예인 우리가 가져야 할 최고 가치이고 전쟁 예방이 우리 백의민족의 핵심이익이 아닐 수 없다. 따라서 한반도에서 전쟁을 예방하고 한반도 평화 프로세스의 복원을 위해 미국 로스앤젤레스(LA)에서 제1회 한반도 평화포럼 학술회의를 개최하게 되었다.

본 포럼의 주제를 "한반도 문제 해법의 새로운 접근"으로 정하고 각 분야의 전문가들이 머리를 맞대고 한반도에서 전쟁을 예방하고 한반도 평화를 어떻게 구축할 것인가에 초점을 두고 열띤 학술회의를 개최하게 되었다. 본 포럼에서 논의된 한반도 문제는 남북관계 개선, 한반도 비핵화, 미중일러 4강의 한반도 평화와 통일 프로세스의 새로운 역할, 정전협정을 북미 간 평화협정이 아닌 한반도 평화조약으로 전환, 그리고 장기적인 한반도 평화통일의 문제점과 전망을 포함한다.

본 학술회의에서는 한반도 문제 해법 모색을 위한 두 개 트랙 접근(two-track approach)을 분석의 이론적 틀(a framework for analysis)로 사용하고 있다. 트랙 1: 남북협력 차원과, 트랙 2: 국제협력 차원을 통해 한반도 문제의 새로운 해법을 모색하고자 한다. 보다 구체적으로 한반도 문제의 분석 틀을 제시하고자 한다.

트랙 1: 남북협력 차원(Track 1)에서 한반도 문제 해법의 주체는 대한민국과 조선민주주의인민공화국이며 한반도 문제 해법 모색을 위해 남과 북이 주도적 역할(leading role)을 하는 것이 바람직하다. 한국과 조선이 이미 합의한 남북 간 합의서와 약속을 성실히 준수하겠다는 의지와 결단이 필요하다. 한반도 평화를 위한 남북화해 · 불가침 · 협력에 관한 합의문(남북기본합의서)에 1991년에 서명하고 1992년 발효했으나 기본 합의서가 실천 · 이행이 안 되고 있어 아쉽다. 남북기본합의서 제5조와 불가침조항(제9조-14조)이 이행되면 정전 상태에서 평화 상태로 전환될 것이고 남북한 간 군비통제 및 군사 신뢰구축이 실현될 수 있을 것이다. 그리고 제1차 남북정상 6 · 15 공동선언(2000)과 제2차 남북정상 10 · 4 공동선언(2007), 문재인-김정은 정상 판문점 공동선언(2018)과 남북 간 군사 합의 평양선언(2018)을 남과 북이 성실히 실천·이행했다면 한반도 문제 해법이 보다 가속화되었을 것이라고 필자는 확신한다.

트랙 2: 국제협력 차원(Track 2)에서 한반도의 지정(경)학적 숙명으로 한반도 문제의 해법을 위해 미국, 중국, 일본, 러시아 4강이 한반도 문제 당사국들로 한반도 문제 해법을 위해서는 국제적 협조가 필요한 국제 문제이다. 한반도 비핵·평화체제 구축은 동시에 추진되어야 한다. 1953년 7월 27일에 체결한 한국정전협정(Korean Armistice Agreement)은 북한, 중국, 미국(UN 대표) 장성들이 서명한 다자간의 국제협정이었다. 향후 정전협정을 대체하는 가칭 "한반도 평화조약"(a Korean Peninsula Peace Treaty)은 다자간 국제조약이 바람직하다고 주장한 바 있다. 한반도 평화조약 체결과 동시에 북일·북미 수교협상을 통해 동시에 북미·북일 관계의 정상화 조치들이 뒤따라야 할 것이다. 한반도 평화체제 구축을 위해 1990년대 말 관련 당사자인 남·북·미·중 4자회담(1996-1999)을 개최하여 6차에 걸쳐 4자회담에서 성공 단계에 이르러 북한이 주한미군 철수와 북미 평화협정 두 안건 채택을 고집하여 4자회담은 의제 설정도 못 하고 실패하게 되었다. 그러나 향후 남·북·미·중 4자회담이 재개되어 4자 간 한반도 평화조약을 체결하는 것이 바람직하다고 주장한다.

그러면 각 장별로 간단하게 아래와 같이 핵심 요약한다.

■ 제1장 한반도 분쟁과 평화: 과거, 현재, 미래 (최승환)

2022년 5월 10일 윤석열 정부가 출범한 이후로 남북한은 정면으로 충돌하려는 두 대의 열차처럼 행동하여 왔다. 필자는 먼저 남북 간의 과거와 현재를 살펴본 후에, 전쟁과 같은 최악의 재앙을 피하고 평화공존을 달성하기 위해서는 남북 간의 힘의 균형이 이루어져야 한다고 주장한다. 필자는 남북 간의 힘의 균형은 서로가 상대방이 가진 장점을 취함으로써 달성될 수 있다고 보고 있다. 남한은 북한에 비해 열세에 있는 군사력을 증대하기 위한 노력으로 북한이 어떠한 방식으로 국가안보를 공고히 하여 왔는가를 배울 필요가 있다. 반면 북한은 자신들의 열악한 경제문제를 해결하기 위하여 남한의 경제모델을 채택하여야 한다. 마지막으로 현재 남북 간의 긴장이 급격하게 고조되고 있는 상황 속에서 한반도는 과연 전쟁이라는 파국에 도달하게 될 것인가에 대하여 살펴본다.

■ 제2장 한반도 비핵화를 둘러싼 안보 정세 분석: 2019-2024년 기간을 중심으로 (구양모)

2024년 3월 현재, 국제사회는 지난 몇 년간 전 세계를 공황 상태에 빠지게 했던 코로나 팬데믹에서 겨우 빠져나왔지만, 러시아-우크라이나 전쟁, 이스라엘-팔레스타인 전쟁, 미국과 중국의 전략 경쟁 고조, 세계적 기후위기와 경제 불안 등 어려운 도전들에 여전히 직면하고 있다. 이와 같은 혼란한 국제 정세와 맞물려서 한반도를 둘러싼 안보 정세도 장기간 해결되지 않은 채 갈등이 고조되어 온 북한의 핵/미사일 문제와 최근 김정은 정권의 대결적인 태도로 인하여서 군사적 긴장과 불안이 가중되는 상황이다. 이러한 상황 인식하에서 이 장에서는 2019-2024년 기간을 중심으로 북한 핵 문제를 둘러싼 한반도의 안보 정세를 분석하고자 한다. 우선, 탈냉전 후에 국제 문제로 부상한 북한 핵 문제가 어떻게 진행되어 왔는지를 개괄한 후에 2019년 트럼프-김정은 간의 하노이 회담 이후에 왜 북한의 행동이 대결적으로 전환되어 왔는지를 국제정치학에서 종종 사용하는 분석단위(level of analysis), 즉 구조적·국내적 그리고 개인적 수준에서 그 요인들을 살펴볼 것이다. 그다음에는 '북한 비핵화'와 '한반도 비핵화'의 용어가 국가 간 합의서들과 정상들이 발표한 성명들에서 어떤 다른 의미로 사용되어 왔는지를 점검하고, 그러한 차이점들이 북핵 문제 해결에 미친 부정적인 영향들을 다룬다. 마지막으로 북핵 문제 해결을 위해 기존에 제기되어 온 여러 주장을 비판적으로 검토한 후에 현실적으로 어려운 문제라 할지라도 단기적으로 한반도의 군사적 긴장을 완화하고, 장기적인 관점에서 평화로운 해결로 나아가기 위해 한국과 미국 정부를 향한 몇 가지 정책 제언을 나눈다.

■ 제3장 한반도 비핵·평화체제 구축: 창의적 프레임워크 구상 (곽태환)

북미 간 한반도 비핵화협상은 2019년 2월 하노이 2차 북미 정상회담이 별 성과 없이 무산된 이후 교착상태에 빠졌다. 북한은 김정은 체제의 안전보장과 수호를 위해 핵·미사일 능력을 지속적으로 강화해 왔다.

필자는 북미 간 비핵화협상 현황을 살펴보고, 하노이 회담 이후 비핵화와 관련된 주요 쟁점을 분석하고, 정책 대안으로 한반도 비핵·평화체제를 위한 창의적인 프레임워크(틀) 구상을 제시하고자 한다.

필자는 본 논문에서 세 가지 중요한 주장을 제시한다. 첫째, 남·북·미·중이 비핵화된 한반도 평화체제를 위한 포괄적 프레임워크에 합의해야 한다. 둘째, 단기적으로는 남·북·미 3국이 북한의 초기 비핵화 조치에 대해 상호 양보와 타협을 하고, 그 대가로 한미의 협력 조치를 해야 한다. 셋째, 필자는 한반도 비핵화협상과 병행하여 한반도의 항구적 평화체제를 구축하기 위해 남·북·미·중 4자가 참여하는 4자회담에서 '한반도 평화조약'을 체결해야 한다.

마지막으로 한반도 문제 해법의 핵심 이슈들을 논의한다. 한반도 비핵·평화체제의 출구전략을 어떻게 모색할 것인가? 김정은 위원장이 제시하는 한반도 비핵화 두 조건을 충족하는 방안은 없는가? 한반도 비핵·평화체제를 어떻게 구축할 것인가? 등 이러한 질문들을 분석하여 한반도 비핵·평화체제를 위한 5단계 프레임워크 구상을 제안한다.

■ 제4장 미·중 전략 경쟁 시대, 한반도의 미래 (이상수)

미·중 간의 전략적 경쟁은 단순히 양국 간의 이해관계에 그치지 않고, 남중국해 영유권 문제, 대만 급변사태 그리고 한반도 안보 구조와 미래 전망에 깊은 영향을 미칠 것으로 보인다.

본 논문의 목적은 국가 핵심이익(core interest) 이론을 바탕으로 미·중 전략 경쟁 시대에 미국의 한국에 대한 핵심이익과 중국의 북한에 대한 국가 이익을 분류하는 객관적 요소로 분석한 후 한반도 안보와 미래 전망을 종합적으로 검토하고, 정책적 대응 방안을 모색하는 데 있다.

이 논문은 국가 핵심이익 이론을 중심으로 미·중 관계의 주요 이슈를 분석하고 미중 전략 경쟁이 한반도에 미치는 영향에 대해 논하고자 한다. 국가이익 개념의 창안자는 현실주의 학파였던 Hans J. Morgenthau이다. 이 논문에서는 곽태환 교수가 보다 구체적으로 국가이익을 분류하는 객관적 기준을 적용하여 핵심이익, 전략적 이익, 그리고 부차적 이익 세 가지 단층으로 분류하여 미국의 한국에 대한 이익 그리고 중국의 북한에 대한 이익을 분석하였다.

본 연구에서 미·중의 동북아에서 핵심이익은 전쟁 예방이라는 사실을 도출하였다. 한국은 이 지역의 평화와 안정을 위해 미국과 동맹을 강화하면서도 중국과 협력을 유지하고 대만의 인권과 민주주의를 존중하면서도 중국의 무력통일 시도와 대만의 독립을 모두 반대해야 하는 입장에 놓여 있다. 그리고 북한과의 무력 충돌을 예방하기 위해 위기 관리에 노력해야 한다.

결론적으로 지속 가능한 한반도 평화구축을 위해 북한을 대화의 장으로 유인해야 한다. 이를 위해 미국은 대북 대화 분위기 조성과 성의 있는 대북 외교가 필요하다. 한국은 남북 간 평화공존을 위한 규범 마련과 제도화 그리고 북한의 변화를 유인하기 위해 남한 내부의 공감대 형성이 필요하다. 미·중 전략적 경쟁 심화는 한반도에 냉전의 기류를 형성하므로 이를 타개하기 위해 대중-러 외교전략을 마련해야 한다. 이를 통해 남북이 평화공존의 남북관계 발전을 이루어 내야 한다. 구체적으로 한반도의 비핵화-평화 체제를 위한 창의적 로드맵을 마련하고 남북의 핵심이익을 보전하기 위해 한반도에서 평화공존의 2국체제로 전환되도록 주변 4강의 지원과 지지를 유도해야 한다.

■ 제5장 한반도 평화 통일의 문제점과 전망 (이승우)

한반도 상황은 하노이 회담이 결렬된 후, 남북의 군사적 긴장이 강화되고 미중 전략 경쟁과 '워싱턴 선언'으로 경제적·군사적으로 한미일과 북중러 간의 대결이 더 강화되고 있는 형국이다. 한국은 그 최전선에 위치해 (핵)전쟁의 위험에 직면하고 있다. 특히, 남한 내부의 보수와 진보의 극단적인 이념적 대립으로 한반도 평화와 통일에 대한 국민적 합의가 불가능한 실정이다. 또한 김정은 국무위원장은 대한민국을 적대적 교전국으로 규정하고 같은 동족으로 남과 북의 특수관계를 파기했다. 중러의 울타리에서 체제를 보장 받으려는 의도로 보인다. 한반도의 완전한 비핵화협상은 더 어렵게 되었다. 아울러 윤석열 정부는 미국에 편승하는 가치 외교를 펴고 있다. 반통일적 상황이 국내외적으로 형성되고 있는 실정이다. 그럼에도 불구하고 필자는 현 한반도 상황에서 한반도의 평화와 통일의 저해 요인을 적시하고 8가지 필요충분조건을 확인하는 것은 평화 통일에 불리한 형국을 유리한 조건과 환경으로 바꾸는 데 큰 도움이 될 것으로 주장한다. 한반도 평화 통일을 위한 8가지 필요충분조건은 아래와 같다.

1. 남북 간의 상호 신뢰가 먼저 회복되어야 한다.
2. 한반도의 비핵화 이슈는 핵 동결 협상이 우선적으로 타결되고 장기적 협상을 통해 북핵 문제는 장기적 · 단계적 · 점차적으로 해결해야 한다.
3. 한미일 군사동맹은 막아 내야 한다.
4. 남북한 간 기본조약 체결을 시도할 시점에 왔다.
5. 남북의 공통된 통일 방안으로서 경제적 통일 방안이 필요하다.
6. 한반도 평화체제 구축과 비핵화는 동시에 병행 추진되어야 한다.
7. 한국 정부는 미중 전략 경쟁 시대에 균형 외교(balanced diplomacy)를 재추진해야 한다.
8. 한반도 평화 통일을 위한 국민적 합의가 도출되어야 한다.

이상의 필요충분조건은 닫힌 개념이 아니라 열린 개념이다. 한반도 상황의 변화에 따라 수정 보완해야 한다. 보다 중요한 점은 한반도 평화 통일에 대한 국민적 관심이 약화되지 않도록 국민적 합의를 도출하기 위해 한국 정부가 평화 통일 논의의 장을 지속적으로 확대시켜야 한다. 국민적 합의의 기저가 탄탄하지 않고는 평화 통일뿐만 아니라 향후 통일된 체제의 유지도 어렵기 때문이다.

■ 제6장 한반도 문제해법: 미국의 새로운 역할 (안태형)

한반도를 둘러싼 국제 정세와 남북관계가 최근 몇 년간 급속한 변화와 불안정, 위기를 경험하고 있다. 이렇게 새롭게 재편된 국제 정세와 한반도 정세를 다시 안정시키고, 갈등과 대결 양상으로 치닫고 있는 한반도에 평화를 구축하려는 노력을 재가동시키기 위해서 미국의 창의적이고 건설적 역할이 매우 필요한 시점이다. 이에 이 논문은 이렇게 변화된 국제정치적 지형 안에서 한반도의 평화와 통일을 위한 미국의 역할에 대한 이론적 · 역사적 · 정책적 검토를 거친 후 결론적으로 미국에 몇 가지 정책적 제안을 하는 것을 목표로 삼는다. 이를 위해 이 논문은 지난 몇 년간 바이든 행정부의 외교정책과 한반도정책을 검토하고, 올해 대선에서 승리할 수도 있는 트럼프 전 대통령과의 정책 차이를 비교해 본 후, 한반도 문제의 해결과 평화 정착을 위한 미국의 역할을 제언하고자 한다. 미국의 대외정책과 한반도정책을 검토하기 위해 전 행정부와 현 행정부의 정책을 비교사적으로 되짚어보는 것은 항상 중요하지만 특히 올해 대선에서 재격돌해 바이든이나 트럼프 둘 중 하나가 다시 대통령으로 당선될 가능성이 높은 현 상황에서는 그 중요성이 더욱더 크다고 할 수 있다.

■ 제7장 한반도 문제해법과 중국의 새로운 역할 (이희옥)

이 논문은 한반도 문제가 국제화되면서 한반도 안보 환경이 악화되고 남북관계와 북미관계가 해법을 찾지 못하고 있는 상태에서 중국의 건설적 역할론을 주목했다. 왜냐하면 중국은 현실적으로 북한에 대한 정치적·경제적 영향력을 지닌 중요한 국가이기 때문이다. 특히 중국이 미중관계의 안정을 희망하고 있고 북중 군사협력의 발전에도 신중하며, 한반도에서 전쟁을 방지하고자 하는 의도도 강하고 한반도 비핵화의 원칙도 고수하고 있다. 따라서 새로운 한중 협력에 따라서는 새로운 변화 가능성도 있다. 따라서 몇 가지 방향과 목표를 제시했다. 첫째, 한중 양국은 한반도 비핵화라는 목표를 분명히 하고 전쟁과 위기의 일상화를 막아야 한다. 둘째, 한중 양국은 북미의 요구를 절충하는 중재자 역할을 넘어서서 창의적 해법을 제시해야 한다. 셋째, 한반도 비핵화의 해법은 일괄 타결과 단계적 해법을 결합해야 한다. 넷째, 한국은 한미동맹의 틀 내에서 한중 협력을 모색하는 것을 넘어 동맹을 중시하면서도 사안별로 한중 협력을 강화할 필요가 있다. 다섯째, 미중관계와 북핵 문제를 분리해 접근하면서 한중 협력을 모색하는 것이다.

이를 위해 한국의 대중국 정책도 '비핵화를 통한 평화'와 '평화를 통한 비핵화'를 결합하고 장기적 북한regime의 evolution을 위한 협력 방안을 모색할 필요가 있다. 현재 한반도 평화라는 기회의 창이 점차 닫히고 있다. 특히 북한이 '두 개의 국가론'을 제기한 상태에서 신중하고 절제된 대응이 필요하고 무엇보다 분쟁 예방을 위한 위기관리 메커니즘을 만들고 한반도 평화를 위한 pilot project를 통해 평화의 물꼬를 터야 한다.

■ 제8장 한반도 문제해법을 위한 러시아의 역할 (주승호)

주변 강국으로서 러시아는 한반도의 평화와 통일에 중요한 영향을 미칠 수 있다. 본 논문은 한반도 평화와 통일을 위한 러시아의 역할과 정책을 분석, 평가하고 있다. 푸틴 외교의 최대 목표는 일극체제를 다극체제 구조로 변화시키는 것이다. 현재의 미국 패권을 약화시키고 러시아가 주요 강국으로 국제무대에서 주요 역할을 할 수 있는 새로운 국제질서를 수립하고자 한다. 한반도 평화와 안정과 관련한 러시아의 역할은 중재자, 3자 경협 프로젝트, 동북아 안보협력 메커니즘이 포함된다. 한반도 평화과정에서 중재자로서 러시아의 영향은 제한적이었고 남북러 3국 경협 프로젝트는 실현된다 해도 남북 화해와 신뢰에 기여하지 않을 것이다. 동북아 다자간 집단 안보 체제를 만들어 한국 문제를 포함한 다양한 국제 이슈를 포괄적으로 다루자는 제안은 역내 국가들 간의 이해관계 상충이 지속되는 한 실현 가능성이 없다. 다자간 안보체제 구상은 역내 미국의 패권을 잠식하고 러시아의 위상과 영향을 높이는 결과를 가져올 것이다.

러시아는 한반도 주변 강국 중 자국만이 한국 통일을 지지하는 국가라고 주장한다. 그러나 푸틴은 한반도 통일에 특정한 조건을 달고 있다. 이러한 조건이 충족될 가능성이 적기 때문에 사실상 러시아가 통일을 지지한다고 볼 수 없다. 한국이 주도하는 독일식 흡수통일은 중국, 러시아, 미국 3국 그리고 한국 간의 사전 합의가 없이는 실현될 수 없다. 협상과정에서 북핵 처리, 주한미군, 한미동맹 등의 주제가 쟁점화될 것이다. 러시아와 중국은 통일 후 한미동맹과 주한미군에 반대할 것이다. 한미 양국이 전쟁이나 무력 개입을 통한 통일을 시도할 경우 푸틴 정부는 군사개입(시리아 내전) 혹은 전쟁(조지아, 크림반도, 우크라이나)을 택할 수 있다. 러시아가 중국과 공조하여 무력개입 하는 상황도 가능하다.

■ 제9장 한반도 문제 해결을 위한 일본의 새로운 역할 (카세다 요시노리)

2006년 핵실험 이후 일본은 북한에 대한 제재를 가하는 등 압박 위주의 정책을 취하는 한편, 일본 독자적인 억제력을 증강해 미일동맹을 강화해 왔다. 그러나 냉전시대 일본은 북한에 서방에서 가장 큰 무역 파트너였다. 냉전 후인 1990년에는 여야당 합동 대표단을 북한에 파견해 국교정상화협상을 시작했다. 2002년에는 고이즈미 총리가 방북해 김정일 총서기와 정상회담을 하고 조기 국교정상화를 목표로 했다. 일본의 대북 정책은 특히 미국의 영향을 많이 받았고, 한국으로부터도 영향을 받았지만, 일본은 독자적인 외교도 전개하여 한미 양국의 대북정책에 영향을 미쳐 왔다. 본 장에서는 남북관계 개선, 한반도 비핵화, 한반도 평화체제 구축, 미래 한반도 평화통일에 대한 일본의 입장을 밝힌 후, 일본의 국익뿐만 아니라 동북아시아의 평화와 번영에 가장 기여하는 일본의 정책 옵션에 대해 논의할 것이다.

■ 제10장 결론: 정책 건의 (곽태환)

본 장에서 한반도 문제해법을 위해 제일 먼저 해야 할 남북미 3국 간 건설적인 대화 시작이 급선무이며, 이에 대해 구체적 정책 건의를 시도한다. 한반도에서 비대칭 핵 억제력이 이뤄져 있기 때문에 전면적인 전쟁은 일어나지 않는다고 해도 우발적 무력 충돌로 인해 한반도 핵전쟁의 개연성이 높아지고 있어 이에 대한 대응책이 급선무이다.

2023년 8월 18일에 미국의 캠프 데이비드에서 역사적인 한미일 3국 회의에서 한미일 3국 간의 안보 협력이 전례 없는 수준으로 강화되었다. 그러나 필자는 윤석열 정부가 한미일 3국 안보 협력체가 과연 장기적 국가이익 관점에서 한반도 평화 프로세스의 복원을 위해 바람직한 안보 협력체인지 재평가가 필요하다고 생각한다. 한미일 3국 안보 협력체가 한반도 평화와 통일 프로세스를 지속 가능하게 지원하는지 객관적으로 평가해야 한다. 또한, 한미일 안보 협력체가 한반도에서의 군사동맹으로 진전될 가능성에 대한 우려도 있다.

이러한 상황에서 남북미 3국은 대화와 협상을 통해 한반도 비핵 · 평화체제 구축을 모색해야 한다. 한반도에서 적대적 관계에서 우호적인 관계로 전환하는 것이 필요하다. 남북미 3국 간의 맞대응 전략은 지속되고 있지만, 여전히 대화와 협상을 통해 한반도 비핵 · 평화체제를 구축할 수 있는 기회가 확실히 존재한다.

현재 상황에서 남북미 3국이 '강대강' 맞대응 전략을 평화 전략으로 전환하기 위해 대화 분위기를 조성하는 것이 급선무이다. 한미는 북한과의 대화를 재개하여 '한반도 비핵 · 평화체제 구축' 프레임워크를 만들고, 상호 양보와 타협 의지를 갖고 지속 가능한 핵 없는 한반도 평화를 실현해야 한다. 이를 통해 한반도의 평화와 안정을 위한 실용적인 외교 협상을 추진할 수 있을 것이다. 또한, 남북미 3국 간 소통을 위해 남북 직통선을 복구해야 한다. 현재 상황에서는 소통이 점점 멀어지고 있으며, 남북미 3국 간 대화와 협상을 통해 우연한 무력 충돌을 방지하기 위해 소통 경로를 확보해야 한다.

현 북미/남북관계는 극도로 악화되어 일촉즉발의 전쟁 위기 상황으로 몰아가고 있다. 북한은 여전히 '무력시위'를 지속하고 있으며, 남북미 3국 간 강대강 맞대응 전략을 지속한다면 한반도에서 우발적 무력 충돌로 인한 핵전쟁의 개연성이 높아지고 있다. 이러한 상황에서 우발적인 무력 충돌을 예방하기 위해 남북미 3국이 대화 여건을 조성하기 위해 먼저 군사연습과 무력시위를 유예하는 방안을 고려해 볼 필요가 있다.

마지막으로 이 책은 2024년 3월 7일 미국 로스앤젤레스에서 개최된 필자가 주관한 제1회 LA 한반도평화포럼 학술회의에서 발표한 논문을 수정하였다. 본 학술회의를 위해 재정적 지원을 해 주신 이승우 변호사 그룹에 진심으로 감사드린다. 그리고 격려금을 주신 김동수 김대중 재단 미 서부지역 회장님과 후원해 주신 LA 미주한국일보사에도 감사의 말씀을 드린다.

특히 본 학술회의에 축사도 해 주시고 제2부 사회를 맡아주신 우리 학계의 원로학자이시고 최고 권위자인 클레어먼트-맥키너 대학 이채진 명예 석좌교수님에게 진심으로 감사의 말씀을 드린다. 그리고 우리 학계의 최고 전문가이신 공저자 여러분에게도 감사의 말씀을 드린다. 끝으로 본 제1회 LA 평화포럼에 축사를 해 주신 분들과 하루 종일 회의에 참석해 주신 한인 사회 지도자 여러분에게도 진심으로 감사의 말씀을 드린다.

곽태환

미국 Eastern Kentucky University 명예교수, 한반도미래전략연구원 이사장,
전 통일연구원 원장, 현 통일전략연구협의회(LA) 회장

곽태환

한국 외국어대학교 학사(1961), 미국 Clark University 국제 관계학 석사(1963) 및 Claremont 대학원 대학교 국제 관계학 박사학위(1969)를 받았다. 미국 Eastern Kentucky 대학교 국제정치학 교수(1969-1999), 경남대학교 교수/극동문제연구소 소장(1995-1999), 통일연구원 원장(1999-2000), 민주평화통일 자문회의 상임위원[정책외교 분과위원회(2001-2005)]을 비롯해 전 통일부정책자문위원, 전 전국 대학교 통일문제연구소 협의회 회장을 지냈으며 Global Peace Foundation(GPF)이 수여하는 글로벌 혁신적 학술 평화상을 수상했다(2012.12.1). 경남대학교 명예정치학 박사를 수여받았으며(2019.6.4), 통일뉴스 특별 공로상을 수상했다(2021). 현재 한반도 미래전략연구원 이사장(전문가 정책포럼 기획 주관), 경남대학교 초빙 석좌교수, Eastern Kentucky 대학교 명예교수, 제19-21기 평통 자문회의 LA협의회 상임고문, 제23기 통일교육위원 LA협의회 상임고문, 미주민주참여 포럼(KAPAC) 상임고문, 한반도 중립화 통일협의회 이사장(2010-2021) 및 현 명예 이사장, 한국 외국어대학교 남가주 동문회 이사장(2022), 현 통일전략연구 협의회(Los Angeles) 회장 등을 맡았으며, 34권의 저서, 공저 및 편저자이며 500편 이상의 칼럼, 시론, 논평 등 학술논문을 남북한 관계, 한반도 통일과 4强의 對한반도 정책에 관하여 출판하였다. 통일뉴스, LA중앙일보, 브레이크 뉴스(Break News) 등의 칼럼리스트이기도 하다.

주요 저서로는 『한반도 평화, 비핵화 그리고 통일: 어떻게 이룰 것인가?』(2019), 『국제정치 속의 한반도: 평화와 통일 구상』(1999), 『한반도 비핵·평화체제의 모색』(공저, 2023), 『한반도평화체제의 모색』(공저, 1997), 『북한의 협상 전략과 남북한관계』(공저, 1997)가 있고, 번역서로는 K. J. Holsti, *International Politics: A Framework for Analysis,*

4th ed. 國際政治學: 分析의 틀(博英社, 1990)이 있다. 그 외 편저/공동 편저를 맡은 주요 영문 도서로는 *One Korea: Visions of Korean Unification* (Routledge, 2017), *North Korea and Security Cooperation in Northeast Asia* (Ashgate, England, 2014), *Peace-Regime Building on the Korean Peninsula and Northeast Asian Security Cooperation* (Ashgate, England, 2010), *North Korea's Foreign Policy under Kim Jong Il: New Perspectives* (Ashgate, England, 2009), *North Korea's Second Nuclear Crisis and Northeast Asia Security* (Ashgate, England, 2007) 등이 있다.

구양모

미국에서 가장 오래되고 ROTC가 처음 설립된 사립사관학교인 노위치(Norwich) 대학교 정치학과 부교수로 재직하면서 동 대학 소재 평화전쟁연구소 부소장을 겸직하고 있다. 미국 아메리칸 대학교 국제대학원 조교수를 역임하였으며, 서강대학교에서 독문학 학사학위를 취득하고 조지워싱턴 대학교에서 국제관계학 석사와 정치학 박사를 받았다. 주요 연구 분야는 북한 핵문제/경제개혁, 동북아 안보, 미국 외교정책, 적대 국가 간 기억과 화해의 정치이다.

공저로 *Politics in North and South Korea: Political Development, Economy, and Foreign Relations*가 있으며, 현재 북한 핵문제를 주제로 연구서 작업을 진행 중이다. *Journal of East Asian Studies, Asian Perspective, Pacific Focus, Korean Journal of International Studies, Asian Journal of Peacebuilding*, and the *Yale Journal of International Affairs* 등의 학술지에 다수의 논문을 게재하였고, 학술지 *Journal of Peace and War Studies*의 초대 편집장으로 일하면서, Voices on Peace and War라는 노위치 대학교 포럼을 운영하고 있다. 또 미국 연방 공무원들을 대상으로 워싱턴과 하와이에서 북한 핵문제와 한반도 정치/경제에 관한 강의를 정기적으로 해오고 있다.

안태형

국제 관계학 박사로서 한반도미래전략연구원과 LA통일전략연구협의회에서 국제 정치와 한반도 문제를 연구하고 있다. 서울대학교에서 역사학을, Florida International University에서 국제정치학을 공부했다. 주요 연구 분야는 미국외교정책, 동북아 국제 정치, 한반도 문제, 국제정치이론 등이다. 최근에는 현대 정치철학과 사회이론을 한반도 문제에 접목시키려는 노력을 하고 있다. UC Irvine에서 방문학자를 지냈으며 미주 민주참여포럼(KAPAC)에서 한반도평화를 위한 공공외교 활동에 참여했다.

*North Korean Review*와 *Pacific Focus* 등의 학술지와 *Doing Qualitative Research in International Relations: Theory Building, Openness, and Policy Relevance*, *One Korea: Visions of Korean Unification*, *North Korea and Security Cooperation in Northeast Asia* 등의 연구서에 논문을 기고했다. 가장 최근의 논문은 "타자철학과 한반도 평화"(근간) 이다.

이상수

현 국방대학교 국가안전보장문제연구소 핵/WMD 대응 연구센터 책임연구원이다. 고려대학교 영어영문학 학사(1989), 경희대학교 평화복지대학원 석사(1994), 한국학중앙연구원 정치학 박사(2003)를 받았다. 한화경제연구원 특수연구센터 주임연구원(1994-1998), 고려대 평화연구소 연구교수(2005-2006), 국방대 안보문제연구소 핵/WMD 대응연구센터 책임연구원(2006-2024), 플로리다 주립대학교 정치학과 방문학자(2013-2014), 서강대학교 국제대학원(GSIS) 외래교수(2014.9-12), US Naval War College 방문교수(2018.9.1-2019.3.1)를 맡은 바 있다.

주요 저서로는 『이광요의 국가경영리더십』(2005), 『동아시아 공동체의 설립과 평화구축』(공저, 2010) 등이 있으며, *The Korean Journal of Security Affairs, Social Science Review, North Korean Review, The Journal of Peace Studies* 등의 학술지에 다수 논문을 게재하였다.

이승우

고려대학교 통계학과를 1995년에 졸업하고 경제학 학사학위를 취득했다. 2000년에 영국 University of Nottingham, School of Law에서 법학 학사학위(LL.B)를 받았다. 2004년 미국 샌디에이고에 있는 California Western School of Law에서 비교법 석사학위(LLM)를 취득했다. 석사논문 제목은 "미국과 중국의 수질법 비교(Comparison Between US Water Law and Chinese Water Law)"이다. 2007년 미국 뉴욕주 변호사 자격증을 취득하였고 현재 미국 LA에서 이민 변호사로 활동하고 있다. 2008-2009년 샌디에이고 한인인권 연구소 법률고문, 2018-2019년에 LA한인 커뮤니티 변호사 협회(KCLA) 회장, 2017-2021년에 미주민주참여포럼(KAPAC) 수석부회장, 제20기(2021-2023) 민주평통 LA협의회 회장을 역임했다. 현재 통일전략연구협의회(LA) 상임고문을 맡고 있다.

이희옥

성균관대학교 정치외교학과 교수 겸 성균중국연구소장으로 있다. 현대중국학회 회장 및 한국정치학회 부회장을 역임했다. 현재 남북관계 발전위원회 민간위원 및 한중우호협회 부회장으로 있다. 해외에서는 중국의 지린대학, 화교대학, 퉁지대학, 천진외국어대학, 수도사범대학 등의 겸직 및 객좌교수이다. 또한 중국의 유력 학술지인 『당대한국』, 『동북아논단』, 『베이징대 정치학평론』 등의 해외 편집위원이다. 한국외국어대학에서 정치학 박사학위를 받았고 전후로 홍콩 대학과 베이징 대학 등에서 수학하고 연구했으며, 일본 나고야 대학 특임교수, 미국 워싱턴 대학 방문학자, 중국해양대학 교환교수를 거쳤다.

단독 저서로는 『중국의 새로운 사회주의 탐색』, 『중국의 새로운 민주주의 탐색』, 『중국의 국가대전략 연구』 등이 있고, 『The Search for Good democracy in Asia』, 『중국식 현대화와 시진핑 리더십』 등을 비롯해 6여 권의 책을 편집하고 북챕터를 썼으며, 80여 편의 학술논문을 한글, 영문, 중문, 일문으로 썼다. 2013년 SKKU Teaching Awards, 2017년 NEAR학술상, 2021년 중화도서특수공헌상, 2023년 올해의 성균인상(연구업적 부분)을 수상했다.

주승호

미국 미네소타 대학교(University of Minnesota, Morris) 정치학 교수로 재직 중이다. 펜실베이니아 주립대학교(Pennsylvania State University)에서 정치학 박사, 동부 켄터키 대학교(Eastern Kentucky University)에서 정치학 석사, 연세대학교에서 정치외교학 학사를 취득했다. 노위치 대학교(Norwich University), 펜실베이니아 주립대학교(Pennsylvania State University), 연세대학교, 인하대학교, 한양대학교, 경희대학교 평화대학원 등 다수 대학에서 강의하였고, 영문 학술지 *Pacific Focus*의 부 편집인이며 재미한국정치학회(AKPS) 회장(2003-2005)을 역임하였다. 주된 연구 관심 분야로는 러시아외교정책, 러시아의 대한반도 외교정책, 북한의 핵 확산, 동북아 안보, 국제분쟁 예방 및 해결 등이 포함된다.

영문 단행본 『고르바초프의 대한반도에 외교정책, 1985-1991: 개혁과 정책』(2000)의 저자이며, 8권의 영문 서적(한반도 통일의 비전, 북한과 동북아의 안보 협력, 한반도의 평화 체제 구축, 김정일의 북한 외교 정책: 새로운 시각, 북한의 2차 핵 위기와 동북아 안보 등)의 공동 편저자이다. 60편 이상의 논문을 *Pacific Affairs, World Affairs, Journal of Northeast Asian Studies, American Asian Review, Comparative Strategy, Arms Control* 등의 전문학술지와 편저서에 기고하였다.

최승환

시카고 일리노이 주립대학교에서 한국정치학과 국제관계학을 가르치고 있다. 은퇴한 육군 장교이며 컬럼비아 미주리 주립대학교를 졸업했다.

저서로는 *Korean American Population and Household Statistics in the U.S.A.* (Chicago: Hansa Institute), *Emerging Security Challenges: American Jihad, Terrorism, Civil War, and Human Rights* (Santa Barbara: Praeger), *New Explorations into International Relations: Democracy, Foreign Investment, Terrorism, and Conflict* (Athens: University of Georgia Press), *Civil-Military Dynamics, Democracy, and International Conflict: A New Quest for International Peace* (New York: Palgrave) 4권의 책이 있다. 그 외 *American Journal of*

Political Science, Asian Perspective, British Journal of Political Science, Chinese Journal of International Politics, International Studies Quarterly, Japanese Journal of Political Science, Journal of Peace Research 등 54개 저널에 논문을 게재하였고, 시카고 트리뷴 (Chicago Tribune), 더 힐(The Hill), 내셔널 인터레스트(National Interest)와 같은 대중 매체에도 글을 실은 바 있다. "누가 한국에서 미국의 국익을 지킬 수 있는가?(Who can protect America's National Interests in Korea?)", "한반도에 전쟁 가능성이 도사리고 있다(The Possibility of War looms over the Korean Peninsula)" 등의 글은 많은 논쟁을 일으키며 입소문을 탔다.

카세다 요시노리

일본 리츠메이칸아시아태평양대학교(APU)의 국제관계학 교수로, 연구 분야는 일본의 안보정책과 북한, 한국, 중국, 미국과의 관계이다. 일본 구마모토대학교에서 철학 학사학위를, 미국 노던일리노이대학교(NIU)에서 정치학 석사학위와 박사학위를 받았다. 저서로는 *North Korea and Security Cooperation in Northeast Asia* (Ashgate, 2014), *The North Korea Crisis and Regional Responses* (East West Center, 2015), *United States Engagement in the Asia Pacific* (Cambria Press, 2015), *One Korea: Vision of Korean Unification* (Routledge, 2016), *Regional Institutions, Geopolitics and Economics in the Asia-Pacific* (Routledge, 2017), *Identity, Culture and Memory in Japanese Foreign Policy* (Peter Lang, 2021), **and** *The Dokdo/Takeshima Dispute* (Brill, 2021) 등이 있다.

1

남북 관계
협력 차원

제1장

한반도 분쟁과 평화:
과거, 현재, 미래

최승환

Ⅰ. 서론

2022년 3월 9일, 윤석열 대통령 후보자는 북한의 핵미사일이 한국을 공격할 징후가 보이면 북한에 대한 선제타격을 개시하겠다고 공약을 하였다 (Choi 2022, Feb 9). 윤석열은 대통령 당선 이후에도 북한과 김정은 위원장에 대한 강경한 입장을 전혀 누그러뜨리지 않고 있다. 윤 대통령은 한반도의 긴장 완화는 남북 상호 간의 대화보다는 북한을 협박하는 것이 더 빠른 지름길이라고 생각하고 있는 것 같다. 예를 들면, 작년 12월 북한이 미국을 목표로 한 대륙간탄도미사일(ICBM) 화성-18형을 시험 발사한 지 이틀 뒤에 윤 대통령은 북한에 압도적인 군사력으로 보복하겠다는 위협을 하였다 (김민찬 2023, 12월 20일). 하지만 윤 대통령은 취임 이후 지난 2년 동안 자신이 공언하고 있는 선제공격을 단 한 번도 시도한 적이 없다. 만일 윤 대통령이 뱅카로 들리는 협박에만 의존한 대북 외교정책을 계속 밀고 나간다면 김 위원장은 윤 대통령을 진지하게 받아들이지 않을 것이다.

2011년에 김 위원장은 집안의 가업인 국가경영을 물려받아 27세의 나이로 북한의 최고 지도자의 반열에 올랐다. 김 위원장 이전에는 그의 아버지인 김정일과 그의 할아버지인 김일성이 북한을 통치하였다.[1] 최고지도자로서 김정은은 자기 집안 사업을 보호하고 성장시키기 위하여 많은 열정과 시간을 바쳐오고 있다. 특히 김 위원장은 핵무기와 탄도미사일의 개발에 전력투구하면서 윤 대통령의 협박(이나 미국의 비난)을 전혀 개의치 않고 있다(Kim and Yamaguchi 2023). 김 위원장은 외부의 적들로부터 북한을 지키기 위해서는 최첨단 무기가 필요하다고 강조하고 있다. 최근 김 위원장은 섬뜩한 대남 선전포고를 하였다: "대한민국 족속들을 우리의 주적으로 단정…우리의 주권과 안전을 위협하려 든다면…모든 수단과 역량을 총동원해 대한민국을 완전히 초토화해 버릴 것이다"(현예슬 2024). 이 선전포고는 한반도에서 분쟁이 발생할 경우 김 위원장은 핵무기 사용에 주저하지 않겠다는 의미이며 최악의 경우 "2024년 동북아에서 핵전쟁이 발발할 수도 있다"라는 것을 시사한다(Gallucci 2024). 지금까지의 김 위원장의 행보를 볼 때 그는 외부로부터 위협과 압박을 받으면 받을수록 더욱더 강하게 저항하고 절대로 뒤로 물러서지 않는 성향을 보이고 있다.

불행히도 윤 대통령과 김 위원장 둘 다 화약고 같은 한반도를 감싸고 있는 긴장 상태를 완화하기 위한 노력을 전혀 기울이지 않고 있다. 윤 대통령은 김 위원장의 계속되는 위협에 대응하기 위하여 최근 미국과 한층 강화된 핵우산조약을 맺었다.[2] 그리고 2023년 12월에는 신원식 국방장관은 윤

---

1 김일성, 김정일, 그리고 김정은 세 명의 부자는 남한에 대하여 일관성 있는 외교정책을 유지해 왔다. 반면 오 년 담임제의 한국 대통령들은 장기적인 대북전략의 부재 속에서 좌충우돌하여 왔다.

2 미국과의 신핵우산조약의 대가로 윤 대통령은 "[자신은] 절대 핵무장을 추구하지 않겠다고 다짐하였다"(Reuters 2023).

대통령의 뜻을 받들어 김 위원장을 참수할 수 있는 특수 부대를 운영할 것을 시사하였다(옥승욱 2023). 한편 북한의 김 위원장은 윤 대통령이 미군과의 합동군사훈련을 확대하고, 한·미·일 3국 안보협력을 강화하며, 강력한 미국의 군사무기를 남한에 잠정적으로 배치하는 것에 분개하고 있다(Kim 2023, Dec 19). 윤 대통령과 김 위원장 둘 다 눈에는 눈, 이에는 이라는 강경정책을 펼치고 있기 때문에 많은 학자와 정책결정자들은 머지않은 장래에 제2차 한국전쟁이 발발할 수도 있다고 우려하고 있다(Carlin and Hecker 2024; Choi 2023, Feb 9).

　필자는 힘의 균형이 남북 간에 이루어질 경우, 재앙적인 군사충돌의 가능성이 작아지고 서로 협력하고자 하는 분위기가 증가한다고 주장한다. 남북 간 힘의 균형이 이루어지기 위해서는 서로가 가진 가장 큰 단점을 보완하는 방향으로 나가야 한다고 본다. 남한의 군사력이 북한에 비하여 취약한 부분이 있는데 이를 극복하기 위하여 북한이 외부로부터의 공격을 억제하기 위하여 그동안 어떠한 방식을 취하여 왔는가를 배워야 한다고 생각한다. 한편 북한은 대외원조를 받는 나라에서 선진국으로 변화하기 위해 한국이 사용해 왔던 경제모델을 채택하여 국가경제를 발전시켜야 한다. 이렇게 함으로써 남한과 북한은 한쪽이 다른 쪽을 도발하는 것을 효과적으로 견제할 수가 있게 된다. 그 이유를 간단하게 말하면 남과 북 사이에 힘의 균형이 형성되게 되면 어느 측도 승리를 장담할 수 없는 도발이나 전쟁을 하려고 하지 않을 것이기 때문이다.

II. 평화를 위한 남북 간의 과거 노력들

1953년 7월 27일 한국전쟁이 휴전협정으로 마무리된 후 남북한은 더 이상의 군사충돌을 방지하기 위하여 여러 차례 노력하여 왔다.

최초의 긴장 완화를 위한 시도는 남한의 군사 독재자인 박정희와 북한을 건국한 김일성에 의해 1972년에 이루어졌다. 두 정상은 자신들이 가장 신뢰할 수 있는 대리인을 통하여 막후 비밀협상을 벌여 7·4 남북공동성명을 끌어냈다(Lee and Kim 1972; Radchenko and Schaefer 2017). 남측의 중앙정보부장인 이후락과 북한 로동당의 조직지도부 부장인 김영주가 서명한 성명서에서 남북 간은 "오해와 불신을 풀고 긴장의 고조를 완화"할 것을 약속하였다. 이 성명서는 평화로운 남북통일을 이룩하기 위하여 다음과 같은 3가지 원칙에 합의하였다.

1) 통일은 외세에 의존하지 않고 외세의 간섭 없이 자주적으로 이루어져야 한다.

2) 통일은 상호 무력을 사용하지 않고 평화적인 방법으로 이루어져야 한다.

3) 사상과 이념, 제도의 차이를 초월하여 한 민족으로서의 민족대단결을 먼저 추구한다.

하지만 자신들의 권력 강화에만 관심을 가진 박정희와 김일성은 남북공동성명서에 담긴 민족단합의 정신을 구현하기 위한 노력을 등한시하였다. 박 대통령은 통일은 많은 준비 시간이 필요한 과업이기 때문에 자신과 같은 위대한 지도자가 필요하다고 역설하면서 자신의 대통령직을 영구화하려고 시도하였다. 국민들이 갑자기 찾아온 남북통일의 가능성에 정신을 차리지 못하고 있는 사이 박 대통령은 발 빠르게 헌법을 개정하여 임기 제한 없는 독재자가 되었다. 한편 북한에서는 김 위원장이 자신의 권력 강화를 위하여 조작 및 기만 행위를 서슴지 않고 있었다. 김 위원장은 남북통일의 필수 전제조건으로 남한에서 미군철수를 내걸었다. 김 위원장은 미국과 한국 사이의 안보동맹을 약화한 다음 남한에 대한 자신의 공산주의 지배를 확대하려는 검은 속셈을 가지고 있었다(Radchenko and Schaefer 2017).

두 번째 남북 간의 긴장 완화 노력은 당시 남한 대통령인 노태우와 김일성에 의해 이루어졌다. 이 두 정상은 남북 간의 화해와 평화를 위하여 획기적이고 참신한 방식으로 접근했다. 이 두 정상은 남북 양측이 상대방의 정치체제를 부인하던 기존의 적대적 외교방식에서 탈피하기로 결심하였다. 이를 위해 두 정상은 한반도에는 두 개의 주권국가가 존재한다는 점을 서로가 인정하고 유엔이라는 국제기구를 통해서 이를 공식화하고자 하였다. 남한과 북한이 각각 유엔에 가입 신청서를 제출하자 유엔총회는 두 나라가 주권국가임을 인정하는 유엔결의안 46/1을 1991년 9월 17일에 통과시켰다(United Nations 1992). 이러한 국제적 인정은 서울과 평양이 1991년 12월 13일 평화공존을 위한 이정표인 남북기본합의서를 체결하는 데 적지 않은 도움이 되었다.

노태우와 김일성은 일련의 고위급 회담을 통해 정치적 화해와 불가침, 문화 및 경제 교류에 중점을 두기로 합의했다.[3] 군사 분야에서 두 정상은 대규모 군사훈련을 실시하기 전에 상대방에게 통보할 것을 약속하였고 남북 간의 군사 핫라인을 구축하기로 동의하였다. 두 정상 간의 최종 목표는

---

3 평화를 도출하기 위한 노태우와 김일성 대화의 시발점은 북방정책(Nordpolitik)이었다. 북방정책은 헝가리, 중국, 소련 등 공산주의 국가들과 수교를 맺기 위한 노 대통령의 획기적이고 참신한 외교정책이었다. 노 대통령의 북방정책으로 인해 김 위원장은 오랜 공산주의 동맹국들로부터 고립감을 느꼈고 이를 탈피하기 위하여 남북관계의 건전한 발전을 희망한다는 명목으로 노 대통령과 대화를 시작하였다(Kwak 1991, 2022, Kwak and Joo 2017).

남북 간의 휴전 상태를 평화체제로 바꾸는 데 두고 있었다. 하지만 두 정상은 자신들의 정권 유지에 이득이 되는 방향으로만 남북 기본합의서를 이용하려고 하여 실질적인 효과를 거두지는 못하였다(Kwak 2002; Kwak and Joo 2017; Lee 2005; Sanger 1991). 그럼에도 불구하고 보수적인 군사독재자 노 대통령과 공산주의자 김 위원장 간의 접촉은 상당히 전향적으로 이루어져, 향후 이어지는 남북 간의 교류와 협력에 필요한 기본 틀을 다져 놓았다.

2000년은 남북관계에 새로운 장을 연 한 해이다. 남북의 정상은 자신들의 대리자보다는 자신들이 상대방과 직접 얼굴을 맞대고 이야기할 수 있는 정상회담을 통해 남북 간의 관계 개선을 도모하고자 하였다. 당시 북한의 최고지도자 김정일은 2000년 6월 13일부터 6월 15일까지 남한의 진보적인 김대중 대통령을 평양으로 초청함으로써 한국전쟁 이후 최초의 남북정상회담을 개최하였다. 정상회담을 통해 이산가족 상봉, 남한 국민들의 북한 금강산관광 허용, 북한 체육선수단의 내한을 통한 스포츠교류 등등에 대해 합의하였다. 두 정상은 한반도의 긴장을 완화하는 데 도움이 되는 최소한의 환경을 조성하기 위해 전력의 힘을 쏟았다(Moon 2001).

김대중과 김정일의 정상회담이 있은 지 7년 후인 2007년 10월 2일부터 4일까지 평양에서 남북의 정상들이 다시 마주 앉았다. 이번에는 진보적인 노무현 대통령과 김정일 위원장 간의 정상회담이었다. 이 두 정상은 군사와 경제 분야에서 남북관계를 더욱 개선할 필요가 있다는 데 합의하였다(LA Times Archives 2007).

2018년 한 해는 남북 정상이 세 차례나 만나는 새로운 역사를 기록하였다. 이 당시 남북은 각각 새로운 지도자에 의해 통치되고 있었다. 남한은 진보적인 문재인 대통령이, 북한은 김정은 위원장이 국가발전에 노력하고 있었다. 두 정상은 4월 27일 공동경비구역(JSA) 내에 있는 판문점 평화의 집 남측에서 만났다.[4] 1953년 한국전쟁 이후 북한 최고지도자가 남한 영토에 처음으로 발을 디딘 순간으로 역사에 기록되었다(Fifield 2018). 정상회담을 통해 한반도의 평화, 번영, 그리고 통일을 위한 의지를 표현하는 판문점선언을 채택하였다. 이 선언문에 "남과 북은 한반도 비핵화를 위한 국제사회의 지지와 협력을 위해 적극 노력해 나가기로 하였다"라는 구문도 명시하였다.[5] 문재인과 김정은은 군사적 긴장과 전쟁 가능성을 줄이기 위해 모든 적대 행위를 중단하고, 서해안 서부 지역에 평화지대를 조성하고, 군사 고위급 회담을 통해 상호 보장된 대책을 마련하기로 적극 합의했다.

문 대통령과 김 위원장은 한 달 뒤인 5월 26일에 한자리에 모여 2차 정상회담을 가졌다. 문 대통령은 김 위원장의 요청으로 판문점 평화의 집 북쪽으로 이동하여 만난 비밀회동이었다. 문 대통령은 도널드 트럼프 미국 대통령과의 정상회담을 앞둔 김 위원장과 북미회담 의제에 관해 허심탄회한 의견을 주고받았다(Stiles and Bierman 2018). 다음 날 문 대통령은 2차 남북정상회담의 성과를 국민들에게 공표하면서 자신은 김 위원장과 "언제 어디서나" 어떤 격식 없이 다시 만나기로 합의했다고 밝혔으며, 판문점 선언에 따라 한반도 비핵화를 위한 노력을 재확인하였다고 하였다(Hu 2018).

3차 남북정상회담은 9월 18일부터 20일까지 평양에서 열렸다. 문 대통령과 김 위원장은 다가오는 김 위원장과 트럼프 대통령의 회담에서 발생할 수도 있는 문제점들을 최소화하기 위한 방안들을 함께 논의하고, 한반도

---

4   공동경비구역은 남북한을 가르는 250km 길이의 비무장지대에 자리 잡고 있으며 남북한 군인들이 서로 마주 보면서 경계근무에 임하고 있으며 남북회담이 열리는 장소이기도 하다(Kim and Choi 2023).

5   https://www.mofa.go.kr/eng/brd/m_5478/view.do?seq=319130&srchFr=&srchTo=&srchWord=&srchTp=&multi_itm_seq=0&itm_seq_1=0&itm_seq_2=0&company_cd=&company_nm=&page=1&titleNm= 를 참조.

비핵화를 위한 좀 더 구체적인 방책들에 대한 의견을 교환하였다. 두 정상 간의 회담 기간 동안 남북의 군 최고위급 인사들이 함께 자리를 갖고 우발적인 군사충돌을 방지하는 내용을 담은 남북군사합의서에 9월 19일 날짜로 서명하였다. 남북군사합의서는 모든 적대행위의 전면 중단, 비무장지대의 평화지대화, 서해북방한계선(NLL) 일대를 평화지대화, 교류와 접촉 활성화를 위한 군사적 대책 마련, 남북 군 상호신뢰대책의 발전 등등의 민감한 문제들을 다루고 있다(Ward 2018).

　필자가 보기에는 1953년부터 2022년까지 남북 간에 다소 어려운 문제에 봉착한 시기도 있었지만, 양측의 지도자들은 평화적 공존을 도모하거나 최소한 한반도의 군사적 긴장을 완화하기 위한 끊임없는 노력을 하였다는 것이다. 여기서 말하는 양측의 지도자들의 정치 성향을 보면 그들은 때로는 보수주의자, 진보주의자, 또는 공산주의자였다는 점을 강조하고 싶다. 그리고 무엇보다도 보수적 성향의 노태우 대통령의 북방정책(Nordpolitik)은 남북이 적대적인 관계에서 탈피하기 위한 노력의 산물로서, 정치적 화해와 불가침, 교류협력에 관한 구체적 내용을 담은 남북기본합의서를 탄생시켰다는 점을 주목하여야 한다는 것이다(Chung 1991). 노태우의 북방정책 이후 진보적 사고를 지닌 대통령들은 남북관계를 개선하고자 할 때마다 북방정책의 기본 취지를 되살리려고 노력하거나 한 걸음 더 나가고자 노력하였다는 것을 부인하기는 힘들다. 이를 바꾸어 말하면 남한에서 2022년 5월 10일 윤석열 정부가 들어서기 전까지는 남북 지도자들은 정치적 이념과 상관없이 자신들 나름대로 남북통일과 한반도 평화를 위하여 계속하여 노력하여 왔다는 것이다.

III. 현재 남한과 북한에서는 무슨 일이 벌어지고 있는 걸까?

그의 전임자들과는 달리 윤석열은 대통령으로서 임무를 시작하기 전에는 한 번도 정치활동을 하거나 국가행정과 관련된 전문지식을 터득하기 위한 노력을 한 적이 전혀 없었다. 남한의 대통령으로 선출되기 전 27년간은 검사로 일하며 모든 일을 흑백으로 판단하는 훈련을 받았다. 윤석열이 2021년 3월 4일 법조계를 떠날 당시의 신분은 모든 검사들의 수장인 검찰총장이었다.[6] 윤석열은 검찰총장에서 물러나자마자 대통령선거에 뛰어들어 48.56%라는 득표율을 얻었는데 이는 상대방 후보의 47.83%와 거의 차이가 나지 않았다. 불과 1년 만에 검사에서 대통령으로 변신한 윤석열은 정말이지 아슬아슬한 승리를 쟁취하였다(Choi 2022, Feb 9 and July 24).

윤 대통령은 옳고 그름, 좋고 나쁨에 대한 단순한 시각을 가지고 있기 때문에 그의 외교정책 또한 이분법적 논리에 따라 결정되고 있다. 전임 국립외교원장인 김준형도 윤 대통령은 "검찰 수장으로 있었기 때문에 흑백논리를 내세우는 겁니다"라고 평가하였다(강경훈 2022). 미학자이자 평론가이며 대학교수인 진중권 또한 윤 대통령의 정책결정은 너무 단순 무식하며 일방적이라고 혹평하기도 하였다(이명선 2024, 1월 18일). 윤 대통령은 자신이 북한과 대화를 할 의지가 있으며 북한주민에 대한 인도적 지원을 제공할 의지도 있다고 말하면서도 김 위원장을 자기 원수로 간주하고 있다.[7] 윤 대통령은 김 위원장이 남한을 적화통일의 대상으로 여기면서 도발적인 행위를 멈추지 않고 있기 때문에 그 죄에 대하여 반드시 처벌되어야 할 대상으

---

6   한국의 검찰총장은 미국의 법무부 장관과는 달리 법무부 장관을 겸직하지 않는다.
7   윤 대통령 취임 이후 발간한 대한민국 국방백서(2022, 39)에 "북한 정권과 북한군은 우리의 적"이라고 규정되어 있다.

로 간주하고 있다. 윤 대통령은 김 위원장을 정치적 상대자로 여기고 있지 않기 때문에 그와 함께 한반도의 평화와 번영을 위한 협상을 진행할 의향이 전혀 없다. 윤 대통령은 김 위원장이 북한의 대량살상무기 프로그램의 영구적이고 검증 가능하며 되돌릴 수 없는 해체를 하는 솔선수범을 보이지 않는다면 그와 어떠한 협상도 할 수 없다고 강조하고 있다. 하지만 윤 대통령이 지향하고 있는 이러한 방식의 대북정책은 현실성이 전혀 없는 것으로써 김 위원장과의 대화 자체를 거부하기 위한 구실에 불과하다고 볼 수 있다. 본질적으로 윤 대통령은 주권국가의 지도자로서 자국의 이익을 보호하기 위해 물리적 도발에 바탕을 둔 정치행위를 하는 김 위원장을 도저히 용납할 수가 없는 것이다. 따라서 윤 대통령은 김 위원장을 향해 뻥카를 남발하고 있다. 예를 들면, 윤 대통령은 만일 북한의 핵미사일이 남한으로 향하는 징후가 발견되면 즉시 선제공격을 개시할 것이라고 호언장담하고 있다 (Choi 2022, Feb 9 and July 24).

윤 대통령은 선과 악을 구분하는 정치행위가 항상 최선의 결과를 가져다줄 수는 없다는 것을 알지 못하며, 무엇보다도 그는 국내정치와 국제정치가 어떻게 다르게 작동하는지를 이해하려고 하지 않고 있다. 윤 대통령은 주권국가가 국제무대에서 생존하기 위해 때때로 군사력을 사용하거나 기만전술에 의지한다는 사실 자체를 거부하고 국내정치에서의 도덕과 법의 기준을 국제정치 세계에서도 그대로 적용하려고 한다. 검사 출신인 윤 대통령은 법이라는 이름으로 범죄자를 처벌하는 데 탁월한 능력을 개발하다가 보니 국제법을 자주 무시하는 김 위원장을 강력한 군사력으로 단숨에 응징하여야 한다고 확신하고 있다. 하지만 윤 대통령은 국제무대에서 강자가 항상 약자를 이기는 것은 아니라는 사실을 인지하지 못하고 있다. 윤 대통령은 거의 한평생을 법전에 파묻혀 살아왔기 때문에 국제관계나 지나간 역사에 대한 포괄적인 지식이 현저히 부족하다. 따라서 윤 대통령은 미군이 월등한 군사력을 지니고 있음에도 불구하고 왜 베트남전에서 베트콩 그리고 아프가니스탄에서 탈레반을 물리칠 수 없었는지를 이해하지 못한다.

윤 대통령과 비교하면 김 위원장은 적어도 11년 이상 대남정책에 대한 경험과 지식을 쌓은 용의주도한 인물이다. 김 위원장이 최고지도자로 취임한 첫해인 2011년부터 윤 대통령의 취임일인 2022년까지 합하면 도합 11년이란 계산이 나온다. 또한 김일성과 김정일 시절부터 내려오는 대남정책과 관련된 비책을 권력승계자인 김 위원장이 어린 시절부터 학습하고 연구하였다는 것을 쉽게 짐작할 수가 있다.[8] "음모와 기만에 능통하고 매우 현실적인 정치인이라는 평판을 가지고 있는" 할아버지 김일성으로부터 물려받은 대남정책 지침을 김 위원장은 가슴에 새기고 있다.[9] 미국 국무장관 윌리엄 P. 로저스도 김일성은 무지무지하게 영리한 대남정책을 펼치고 있다고 평가하였다(Radchenko and Schaefer 2017, 275).

그의 아버지와 할아버지처럼 김 위원장도 힘에 의한 정치가 국제무대에서 얼마나 중요한 역할을 하는가를 정확히 알고 있는 현실주의자다. 자기 가족과 북한정권을 외부의 적으로부터 보호하기 위하여 김 위원장은 강력한 군사력의 신장에 주안점을 두고 있다. 특히 김 위원장은 핵무기와 탄도 미사일의 빠른 개발을 위하여 대외적으로 거짓말과 기만을 일삼아 오고 있다. 사실 거짓말과 기만은 국가지도자들이 자국을 보호하고 국력을

---

8 김정은의 딸 김주애는 이제 고작 열한 살임에도 불구하고 이미 정치인으로서의 수업을 받고 있다(이용수 2024, 1월 4일).

9 김 위원장의 최근 대남정책이 "할아버지 김일성의 대남지침"에 반하는 것으로 보일 수도 있다(Lendon and Bae 2024). 하지만 김 위원장의 의도는 자신의 대남정책 자체를 바꾸기보다는 윤 대통령을 잠시 겁박하여 북한의 우위를 선점하려는 시도로 보아야 한다.

강화하기 위한 합법적인 전술이라고 저명한 정치철학자인 토마스 홉스 (1651/2014)는 주장하였다. 거짓말과 기만은 국제정치에서 떼려야 뗄 수 없는 중요한 한 부분을 차지하고 있기 때문에 도덕과 솔직함에만 기반을 둔 국가지도자들은 국제무대에서 자신들이 얻고자 하는 것을 성취하는 데 많은 어려움을 겪게 된다(Mearsheimer 2011).[10] Carson(2010, chapter 12)의 국가지도자들에 대한 사례 연구에서 볼 수 있듯이 프랭클린 루스벨트, 조지 W. 부시, 딕 체니 같은 민주주의 지도자들조차도 전시에 국민들과 적들을 상대로 기만정치를 일삼았다. 다른 국제정치학자들의 평가도 별반 다르지 않다: "개개의 인간관계에서뿐만 아니라 전통적인 외교 영역에서도 속임수, 기만, 그리고 힘에 의한 정치활동은 항상 존재하여 왔다는 것을 부인하기는 힘들다"(Kolesnyk and Holtseva 2022, 154). 간단히 말하면 국가지도자들이 만일 정직이나 정의감에만 의존하는 외교정책만을 펼치면 국익을 제대로 수호하기가 힘들다는 의미이다.

힘의 정치의 신봉자인 김 위원장은 실용주의자이기도 하다. 김 위원장은 자신이 지향하고 있는 대남정책에서 크게 벗어나지 않은 한 남한의 평화협상에 적극적으로 동참하여 왔다. 남한의 지도자가 남북협력에 대한 진지한 태도를 보이면 거짓말, 위협, 협박, 각양각색의 술책, 그리고 일방적으로 자신의 주장을 밀어붙이는 무지막지한 정치인임에도 불구하고 협상이라는 기회를 놓치지 않아 왔다. 예를 들면, 문재인 대통령이 북한의 비핵화가 김 위원장에게 경제적 번영을 가져다줄 것이라는 약속을 하였을 때 문

---

10 "거짓말은 다른 사람이 그것이 사실이라고 생각하기를 바라는 것으로 자신이 거짓이라고 알고 있거나 거짓이라고 의심하는 말을 상대방에게 전하는 것이다. 거짓말은 상대방을 속이기 위해 고안된 긍정적인 행동이라고 보아야 한다. 속임수는 개인이 어떤 문제에 대해 다른 사람이 자신이 알고 있는 진실을 알지 못하도록 의도적으로 말하는 것이다"(Mearsheimer 2011, 15-16).

대통령의 제안을 정면으로 거부하지 않고 나름 남북협력 방향으로 나아가려고 노력하였다. 하지만 이럼에도 불구하고 김 위원장은 자신의 선군 정책을 절대로 포기하지 않았다. 아마도 리비아의 무아마르 카다피와 이라크의 사담 후세인이 미국의 감언이설에 속아 자신들의 핵무기 개발 프로그램을 포기하였지만, 국제적 고립과 경제제재에서 벗어나기는커녕 미국에 의해 죽임을 당한 사실을 김 위원장은 타산지석으로 삼고 있는 것 같다(Braut-Hegghammer 2016). 따라서 김 위원장이 원자폭탄 개발에 전력을 추구하는 것은 그가 냉철한 현실주의자라는 것을 보여주는 동시에 자신의 독재권력이 미국에 의해 무너지는 것을 방어하려는 최소한의 노력으로 보아야 한다.

김 위원장은 국제 상황을 보는 판단능력이 뛰어나면서 남북관계가 흑백의 대결을 벗어나서 완충점을 찾을 수 있다고도 보지만, 윤 대통령은 모든 상황을 흑백논리로만 보려고 하고 있다. 윤 대통령은 남한과 미국은 좋은 국가로 인식하고 있지만 북한과 중국은 상대할 수 없는 나쁜 국가로 간주하고 있다(강경훈 2022). 윤 대통령과 김 위원장 사이의 이러한 극명한 인식의 차이로 인해 두 정상이 직접 만나 대화를 나누거나 자신들의 대리자를 통한 외교활동에 나서지는 않을 것 같다. 필자는 남북한 사이의 유례없는 적대감 고조를 완화하기 위해서는 윤 대통령이 흑백논리에서 벗어나는 것이 가장 중요하다고 보고 있다. 그러나 윤 대통령의 세계관이 이미 확립되어 있기 때문에 윤 대통령이 조만간 진보적으로 변화할 수 있다고는 전혀 생각하고 있지 않다. 간단히 말하면 윤 대통령 원래가 그런 성향의 지도자이다.

김 위원장은 반드시 제거되어야 할 사악한 지도자라고 확신하고 있는 윤 대통령은 북한의 핵미사일 공격이 있기 전 선제타격으로 응징하여야 한다고 주장하고 있으며(Choi 2022, Feb 9 and July 24), 또한 북한의 어떠한 도발 행위에도 즉각적이고 압도적인 보복조치를 취하는 것을 당연시하고 있다(이정은 2023, 12월 18일). 하지만 김 위원장은 윤 대통령이 핵무기로 무장한 북한을 상대로 한 위협을 실제로 실행할 배짱이 있다고 보고 있지 않기 때문에 윤 대통령의 대북 위협을 허풍이라고 생각하고 있는 것 같다. 또한 김 위원장은 윤 대통령의 군사행동을 미국이 승인할 확률은 거의 없다는 것 또한 잘 알고 있다.[11] 만일 윤 대통령이 군사행동을 실제 감행하더라도 북측보다 남측에 더 피해를 끼칠 것이라는 점 또한 김 위원장은 계산하고 있다. 이러한 상황을 종합하여 볼 때 김 위원장이 윤 대통령의 협박을 심각하게 받아들이고 있지 않는다는 것은 쉽게 유추할 수가 있다. 반면, 북한의 대남전략은 종종 무자비하거나 비이성적이라는 평판이 있기 때문에 윤 대통령이 김 위원장의 협박을 그냥 무시하는 것은 매우 우려스러운 결과를 초래할 수가 있다(Nieburg 1962). 무엇보다도 2024년 1월 19일에 미국의 NSC 전략 커뮤니케이션 코디네이터인 존 커비는 "핵 능력을 포함해 첨단 군사 능력을 지속적으로 증진하고 있는 김 위원장의 협박은 신중하게 받아들일 필요가 있다"라고 강조하였다는 것에 주목할 필요가 있다.[12]

　윤 대통령이 남북군사합의서의 한 조항을 유예시키자마자 김 위원장은 합의서 자체를 휴지 조각으로 만들어 버림으로써 남북 간의 군사긴장은 빠

11　2010년 11월경 이명박 한국 대통령은 북한의 기습폭격으로 연평도에서 사상자가 발생하자 이에 대하여 강력한 군사보복을 하기 위하여 미국에 승인을 요청하였지만 버락 오바마 미국 대통령은 거절하였다(Gates 2015).

12　https://www.whitehouse.gov/briefing-room/press-briefings/2024/01/19/press-briefing-by-press-secretary-karine-jean-pierre-and-nsc-coordinator-for-strategic-communications-john-kirby-40/을 참조.

르게 진행되었다. 2018년에 만들어진 남북군사합의서는 많은 이들의 관심과 축복 속에서 태어났었다. 혹자는 남북군사합의서는 보수적 성향의 노태우 대통령이 27년 전에 발표한 남북기본합의서에서 좀 더 발전하였다고 평가하였다. 다른 혹자는 남북기본합의서가 남북 간의 우발적인 군사적 충돌을 방지하고 남북 간의 평화공존을 더욱 빠르게 촉진할 수 있다고 설명하였다. 전문가들의 논평을 직접 인용하자면, 한용섭(2019, 23)은 남북군사합의서가 "정권을 초월해서 장기적으로 준수된다면, 한국의 안보와 평화에 도움이 될 수 있을 것"으로 보았다. 김종대는 한 걸음 더 나아가서 남북군사합의서는 "사실상 남북 간 종전선언으로 미국까지 포함한 3자 종전선언으로 가는 중간단계이며, 궁극적으로는 평화협정으로 가는 서문"이라고 주장했다(전홍기혜, 이명선 2018). 남북군사합의서는 남북한의 병사들이 직접적인 접촉이 불가능한 지역에서만 군사활동이 허용되게 하는 방식으로 우발적인 무력 충돌과 전쟁 발발의 가능성을 최소화하고자 하였다. 비무장지대와 서해북방한계선을[13] 중심으로 양측 군대의 기동을 제한하는 완충지대를 설치한 것이었다.

남북군사합의서는 2023년 11월 22일 남한이 한 개 조항을 유예조치 하고 바로 다음 날 북한이 완전히 철회하기 전까지는 남북 간의 건설적이고 평화로운 관계에 이바지하여 왔다. 윤 대통령은 21일 북한이 군사정찰위성을 쏘아 올린 것에 대한 불만을 토로하였다. 윤 대통령은 북한 군사정찰위성이 탄도미사일 기술을 사용하였기에 남한의 국가 안보를 심각하게 위협할 수 있으며 이 기술을 금지하고 있는 유엔 안전보장이사회 결의에도 반

13　서해북방한계선은 한반도 서해에서 분쟁이 벌어지고 있는 해양 경계선이다.

하는 것이라고 주장하였다.[14] 이러한 이유들을 들어 윤 대통령은 군사분계선 상공에서 전투기, 정찰기, 헬리콥터, 무인기의 비행금지구역을 규정한 군사합의서 1조 3항을 효력을 중단한다고 선언하였다. 이 조항을 유예함으로써 윤 대통령은 남한의 우월한 공군력과 정찰 능력을 대북억지력에 이용하려고 하였다. 하지만 윤 대통령의 의도를 빠르게 간파한 김 위원장은 군사합의서 자체를 즉각 파기하는 보복을 감행하여 남북 간의 긴장 수위를 높였다(김환용 2023, 11월 23일; 신민정 2023).

남북군사합의서가 한반도의 평화 유지에 이바지하였다고 한 필자의 주장을 통계적으로 검증할 필요가 있다. 아래(표 1)에서 볼 수 있듯이, 대한민국의 2022년 국방백서[15]에 따르면 2018년 9월 남북군사합의서가 체결된 이후 북한의 대남침투 및 국지도발이 급격히 감소하였음을 알 수 있다. 예를 들면, 2010년부터 2018년까지 발생한 대남침투는 총 27건이나 되지만 지난 4년(2019-2022년) 동안은 한 건도 발생하지 않았다. 그리고 2010년부터 2018년까지 육·해·공상에서 발생한 국지도발은 무려 237건이나 되지만 지난 4년 동안은 단지 2건에 불과하다. 비록 완벽하지는 않았지만, 남북군사합의서는 북한의 대남 적대 행위를 억제하고 남북 간 평화체제의 지속성을 높여 왔었다.

---

14   남한도 11일 후에 군사정찰위성을 궤도에 진입시켰다는 점에서 윤 대통령의 주장은 앞뒤가 맞지 않게 되었다(김환용 2023년 12월 4일). 윤 대통령의 위선적인 행보는 남북관계의 개선에 커다란 걸림돌로 작용하고 있다.

15   https://www.mnd.go.kr/user/mnd/upload/pblictn/PBLICTNEBOOK_202307280154039760.pdf를 참조.

〈표 1〉 북한의 대남침투와 국지도발 현황
2022년 12월 31 현재

연도	대남침투	국지도발
1950년대	379	19
1960년대	1,009	327
1970년대	310	93
1980년대	167	60
1990년대	94	156
2000년대	16	225
2010-2018	27	237
2019	0	0
2020	0	1
2021	0	0
2022	0	1

출처: 대한민국 국방백서 2022, 352

　남북군사합의서가 파기되면서 남북한은 긴장 완화의 길을 버리고 서로 절대 용서할 수 없는 철천지원수인 것처럼 행동하기 시작하면서 양측 정상들은 상대방에 대한 공세적 대응만이 자신들의 생존과 안보를 지켜 낼 수 있다고 믿고 있다. 특히 북한은 남한과는 더 이상 협력관계는 있을 수 없다고 선포하고 강대강이라는 대남전략을 우선순위에 두기 시작하였다. 김 위원장이 2024년 1월 1일 "남북관계는 적대국과 교전국의 관계가 됐다"라고 한 발표는 의미심장한 것이었다(Chen and Seo 2024). 김 위원장은 더 이상 남한과의 화해와 통일의 필요성을 느끼지 못하고 있으며 남한을 무력으로 회복해야 할 잃어버린 땅으로 규정하였다. 남측을 겁박하기 위하여 김 위원장은 2024년 1월 5일 서해 북방한계선 완충지대를 향해 포탄 약 200발, 6일에는 약 60발, 그리고 7일에는 약 90발의 시험 발사를 하게 하였다(이승은 2024, 1월 7일). 김 위원장의 이러한 대남 도발행위는 전 한미연합사령관 커티스 스캐퍼로티(2013-2016)에 의해 이미 예견된 일이었다. 전 한미연합사령관은 남북군사합의의 사실상 파기를 계기로 남북 간 경계지역 주변에서 긴장지수가 상승할 것이라고 말했었다(조준형 2023). 윤 대통령은 북한의 포탄도발에 대한 보복으로 400여 발의 포탄을 북쪽을 향해 시험 발사시켰다(홍제표 2024). 여기서 또 하나 주목할 점은 한 달 전에 신원식 국방장관이 "북 지속 도발 시 김정은 참수를 목표로 하는 특수작전훈련을 실시하겠다"라고 대북 협박을 이미 하였다는 것이다(옥승욱 2023).

잠시 요약하면 윤석열 정부가 출범한 이후 평화를 위해 노력하던 남북관계는 이미 먼 옛날의 기억이 되어 버렸다는 것이다. 남과 북은 하루아침에 견원지간이 되어 버렸다. 필자가 보기에 남북관계 악화의 결정적인 이유는 외교정책에 대한 경험과 지식이 부족한 윤 대통령이 모든 문제를 흑백논리로만 보고 판단하기 때문이다. 윤 대통령은 김 위원장의 대남정책을 직시하고 이해하려는 어떠한 노력도 기울이지 않고 있다. 불행히도 윤 대통령의 대북 뺑카 전략은 실패하고 있고, 특히 2023년 11월 남북군사합의서를 부분적으로 중단함으로써 그는 남북관계에서 이미 돌아올 수 없는 강을 건너게 되었다. 윤 대통령은 남북군사합의서의 부분적 중단이 어떤 부정적인 결과를 초래할 것인지에 대하여 사려 깊은 생각을 하지 못하였다. 왜냐하면 북한의 김 위원장은 눈도 하나 깜빡이지 않고 즉시 남북군사합의서를 백지화시켜 버렸기 때문이다. 그 결과 남북한은 마치 정면으로 충돌하기 위해 전속력으로 질주하고 있는 두 대의 열차처럼 행동하고 있다.

IV. 평화공존의 분위기를 조성하는 방법

필자는 남과 북이 힘의 균형이 맞지 않아 끊임없는 갈등과 분쟁 상황에 빠져 있다고 주장한다. 남북군사합의서를 둘러싸고 윤과 김이 대립한 것도 두 정상이 자신들의 군사력이 우월하다고 과신하고 있기 때문이었다. 윤 대통령은 미국과의 군사동맹으로 인해 남한의 군사력을 과신하고, 김 위원장은 자신의 핵 능력을 과대평가하고 있다. 두 정상은 만일 제2차 한국전쟁이 발발하면 남북한 모두가 같이 공멸할 수 있는 상황 속에서도 전쟁의 신은 자기편이 될 것이라는 착각 속에서 남북군사합의서를 가볍게 무효화시킨 것이었다. 하지만 남과 북이 세력 균등을 이룬다면 전쟁의 결과를 어느 한쪽도 확신할 수 없기 때문에 서로에 대한 적대적 행위가 크게 줄어들 것이라고 주장한다.

남북 간의 힘의 격차가 왜 발생하였는지를 먼저 살펴볼 필요가 있다. 남한은 지난 60년간 수출주도 전략으로 경제대국이 되었고, 경제적 부를 국방력 강화에 쓰고 있다. 재래식 무기를 사용하여 육상, 해상, 공중을 넘나들며 싸울 수 있는 각국의 잠재적인 전쟁 수행 능력을 평가하는 2024년 글로벌 화력 지수(Global Firepower Index)에 따르면, 남한은 145개 국가 중 5위를 차지하였다. 하지만 남한은 핵무기 획득을 등한시했기 때문에 육지, 바다, 심지어 공중에서도 운용할 수 있는 강력한 핵미사일을 지니고 있는 북한의 군사력에 우월하다고 할 수 없다. 반면 북한은 경제적으로 매우 열악하면서 2024년 세계화력지수에서 36위에 그쳤다. 그럼에도 불구하고 북한은 명실상부한 핵보유국이기 때문에 이현오(2023년 8월 25일)의 통계분석에 따르면 남한의 군사력보다 최소한 1.6배 더 강력하다고 여겨진다. 따라서 북한은 군사력이 우세하고 남한은 경제력이 강하다. 군사와 경제 부문의 힘의 불균형은 남과 북의 정상들에게 한반도 상황에 대해 오판을 할 수 있는 빌미가 되어 한반도는 아직도 혼란과 불안에서 빠져나오지 못하고 있다.

국제관계 학자들은 국방력 강화와 국가들 간의 안보동맹을 통해 국가들 간에 힘의 균형이 달성되면 국제정치체제의 안정성이 높아져 국가들 간의 전쟁 가능성을 줄일 수 있다고 오랫동안 주장해 왔다. 예를 들어, 미국과 소련 간의 세력 균형은 1945년부터 1991년까지 냉전으로 이어지면서 제3차 세계대전의 가능성을 아주 희소화시켰다(Levy 2013; Mearsheimer 1990; Morgenthau 1985; Waltz 1979; 반대 의견은 Kugler and Lemke 1996; Sabrosky 1985 참조). 힘의 균형은 국가들 간의 전쟁 위험을 감소시키는 역할을 할 수 있으니, 남북한이 전면전을 피하려면 남한은 군사력 그리고 북한은 경제력을 키워야 한다는 결론에 필자는 도달한다. 그렇게 함으로써 남북 어느 한쪽도 절대적인 힘의 우세를 바탕으로 한반도를 불안정하게 만드는 것을 방지할 수가 있다.

■ 남한

북한의 핵공격 가능성에 대비하기 위하여 남한은 어떤 장애물이 있더라도 반드시 핵개발에 나서야 한다.[16] 필자의 제안은 북한이 핵을 포기할 확률은 전혀 없을 것이라는 확신에서 나온 것이다. 한국의 핵무장은 북한이 핵을 사용할 시 핵으로 보복할 수 있는 기회를 얻음으로써 남북 간의 핵균형을 이루게 되어 종국적으로 김 위원장의 핵 위협에 효과적으로 대응할

---

16 한국은 핵무기 개발보다는 재래식 무기를 개발하여 북한에 대응하려고 노력해 왔다(Bowers and Hiim 2021).

수 있는 최선의 전략이다. 남한의 핵무장은 또한 북한의 재래식 무기 사용에 대한 억제력도 제공한다(Morgan 2003; Waltz 1990). 이렇게 함으로써 윤 대통령은 김 위원장의 공갈과 협박으로부터 자유로워질 수 있을 뿐만 아니라, 동아시아에서 경쟁관계로 있는 중국, 러시아, 일본, 미국 등 강대국들로부터도 남한을 적극적으로 보호할 수가 있는 것이다.

핵무장을 이루기 위하여 윤 대통령은 북한이 30년간 사용한 전술을 모방하여야 한다. 북한의 김씨 일가는 거짓말과 기만으로 한국과 미국을 속이고, 비밀리에 핵무기와 탄도미사일 프로그램을 개발하여 첫 핵실험을 2006년에 성공시켰다(Reiss and Gallucci 2005).

현존하는 핵강국들은 핵무기 프로그램을 처음 시작하면서 거짓말과 기만이라는 동일한 전술을 사용하였다는 것을 상기할 필요가 있다. 예를 들어, 미국도 제2차 세계대전 중 동일한 전술에 의존하며 역사상 최초의 핵무기를 개발하기 위한 비밀연구개발 프로그램인 맨해튼 프로젝트를 시작하였다. 1945년 일본제국을 상대로 두 개의 핵폭탄을 성공적으로 투척한 후 전쟁을 승리로 마치었다(Sullivan 2016). 숙적인 미국의 핵무장 소식에 놀란 구소련은 4년이라는 짧은 시간에 핵보유국이 되었다. 영국은 미국의 가장 가까운 안보동맹국임에도 불구하고 1952년 핵폭탄 실험에 성공한 후 소련의 핵무기에 자체적으로 대항할 힘을 비축하고 있다. 미국의 우방국인 프랑스도 핵무장을 하였는데 이들의 핵무기 프로그램은 1960년 첫 번째 폭탄이 성공하기 전까지 철저히 비밀에 부쳐졌었다. 여기에서 흥미로운 사실은 프랑스의 핵개발은 전 미국 대통령 리처드 닉슨과 그의 국가안보보좌관인 헨리 키신저의 전폭적인 비밀 지원이 있었다는 것이다. 미국의 주장은 "프랑스의 핵전력을 더욱 효과적으로 만드는 것이 소련에 대항하는 미국의 전략적 입지를 강화한다는" 것이었다(Barr 2024). 1960년대 중국은 가난에 찌든 후진국이었지만 비밀리에 핵무장을 추구하여 1964년에 성공하였다. 남아시아의 최대 라이벌인 인도와 파키스탄은 각각 1974년과 1998년에 핵폭탄을 확보해 서로가 힘의 균형을 이루었다. 이스라엘은 1966년부터 핵보유국으로 알려져 왔다. 이스라엘은 자신들의 핵무기 프로그램의 존재 여부를 인정도 부정도 하지 않는 전략적 모호성에 두면서 아직도 전 세계를 대상으로 눈속임하고 있다. 한편 이스라엘은 중동지역에 핵무기를 사용하는 최초의 국가가 되지 않을 것이라는 주장도 펼치고 있다(Harding 2006; Reed and Stillman 2010).

국제무대에서 핵무장을 하려는 국가들은 항상 거짓말과 기만이라는 전술을 흔히 사용하였기 때문에, 주권국가인 남한도 같은 방식으로 핵무장게임에 참여할 권리가 있다. 그렇게 함으로써 남한은 최첨단 군사력의 열세를 메우고, 대북 세력균형을 형성하며, 궁극적으로 한반도에서 북한과 함께 평화공존 길을 만들어 갈 수 있다.

■ 남한 핵무장의 장벽

윤 대통령이 핵무장을 하려면 몇 가지 장애물들을 뛰어넘어야 한다. 윤 대통령은 미국의 노골적인 반대에 잘 대처해야 할 것이다. 여기서 명심하여야 할 것은 미국도 핵무기 개발에 착수하면서 전 세계를 기만했다는 점이다. 따라서 윤 정부가 미국의 반대를 피하기 위한 최선의 방책은 핵무기를 먼저 확보하고 나중에 미국과 협상하는 것이 필요하다. 하나 더 명심할 것은 미국은 자신들이 만들어 놓은 핵비확산원칙을 스스로 저버렸다는 것이다. 예를 들면, 파키스탄은 1970년대 후반부터 수십 년에 걸쳐 비밀리에 핵무기 개발에 착수하여 1998년에 핵실험을 성공시켰다. 미국은 즉시 파키스탄의 핵무장에 거세게 반대하며 심각한 경제제재를 가하는 시늉을 하였다. 그러나 2001년 9월 11일 테러공격의 희생자가 된 미국이 대테러 전쟁을 선포하면서 파키스탄의 도움이 필요해지자 당시 미 대통령인 조지 W. 부시는 파키스탄에 대한 경제제재를 아무런 조건 없이 하루아침에 풀어 주었다(Harding and McCarthy 2001). 미국의 국익에 부합한다면 미국 대통령은 자신들이 세운 국제법, 규정 및 원칙들을 언제나 바꿀 준비가 되어 있다는 것을 알 수 있다.

윤 대통령이 남한은 왜 핵무기를 보유해야 하는가 하는 정당성을 찾는 것은 그리 어렵지 않을 것이다. 첫째, 남한의 주적인 북한은 이미 핵폭탄을 배치하고 운용 중이며 2022년 9월 8일 김 위원장은 만일 자신의 정권과 북한주민에게 위협이 가해지는 징후가 보일 경우 핵무기를 신속하게 사용할 수 있도록 하는 법을 제정하였다. 김 위원장은 외부로부터의 침략을 주로 억제하기 위해서만 운용되어 오던 방어 개념의 핵무기를 선제타격을 위한 공격수단으로 바꾸어 놓았다(조한범 외 2022, 51). 김 위원장은 "국가지도부와 국가핵무력지휘기구에 대한 적대세력의 핵 및 비핵공격이 감행되었거나 림박"한 상황에 핵미사일을 사용할 수 있다고 명백히 밝혔다. 또한 "국가핵무력에 대한 지휘통제체계가 적대세력의 공격으로 위험에 처하는 경우 사전에 결정된 작전방안에 따라 도발원점과 지휘부를 비롯한 적대세력을 괴멸시키기 위한 핵타격이 자동적으로 즉시" 실행할 수 있는 권한을 군수뇌부에 부여해 놓고 있다(Kim 2022). 김 위원장이 핵무기 사용의 최종결정자와 범위를 크게 확대하여 놓음으로써 한반도는 그 어느 때보다도 핵전쟁의 장이 될 수 있는 확률이 높아졌다. 따라서 윤 대통령은 남한의 핵무장화가 김 위원장의 적대적인 핵도발을 꺾을 수 있는 유일한 방법이라고 주장할 수 있다. 또한 윤 대통령은 프랑스의 핵무기 개발에 대한 미국의 지원이 유럽에서 소련에 대항하는 미국의 외교 정책에 도움을 주어 왔기 때문에 한국의 핵무기 보유는 동아시아에서 중국에 대한 미국의 전략적 위치를 한층 강화할 수 있다고 덧붙일 수도 있다(Barr 2024).

둘째, 과거의 역사를 살펴보면 한 나라의 주적이 핵무장을 했을 때, 다른 쪽도 힘의 균형을 이루기 위하여 핵무기 개발에 지체 없이 착수하였다는 것을 알 수 있다. 예를 들어, 소련은 경쟁 상대인 미국이 핵무기 개발에 성공하였다는 첩보를 입수하자마자 망설임 없이 핵무기 경쟁에 돌입하였다. 미국의 적국인 소련이 불과 4년 만에 역사상 두 번째의 핵보유국이 된 것은 하나도 이상한 일이 아니었다. 소련의 핵무장에 놀란 영국과 프랑스는 이에 대응하기 위해 신속히 핵무기 실험에 착수하였다. 인도와 파키스탄의 핵무장은 앙숙인 두 나라 간의 힘의 균형을 이루려는 전형적인 사례였다. 인도가 핵 능력을 갖추었을 때 파키스탄은 절망에 빠지게 되었다. 인도와의 오랜 민족적, 종교적 적대관계를 고려할 때 파키스탄의 핵무장화는 자국의 생존, 안보, 세력균형이라는 시급한 문제로 부상하였었다(Reed and Stillman 2012).

셋째, 압도적으로 많은 남한 국민들이 핵무장은 군사주권의 핵심이라고 여기고 있으며 북한 핵무기 사용을 억제하기 위하여 꼭 필요하다고 인식하고 있기 때문에 윤 대통령에게 힘을 실어 주고 있다. 최근 여론조사에 따르면 한국인의 70% 이상이 자체 핵무기 개발이나 미국 핵무기의 남한 재배치에 찬성하는 것으로 나타났다(Dalton, Friedhoff, and Kim 2022; Lee 2022, Feb 21).

윤 정부는 야당의 반대에도 적절히 대처해야 한다. 야당은 핵무기가 무지막지한 살상력을 지니고 있다는 이유로 반대하고 있는데, 이는 도덕에 근거한 빈약한 주장이다. 야당은 핵무기를 갖는 것이 핵무기를 갖지 않는 것보다 더 많은 생명을 구할 수 있다는 사실을 인정하지 않고 있다. 인류 역사상 핵폭탄은 단 한 번만 사용되었다. 일본 식민주의자들에 맞서 싸우기 위해 미국은 두 개의 폭탄을 투하하였다. 약 105,000명의 일본인이 부상을 입거나 사망했다.[17] 그러나 두 개의 원자폭탄으로 인한 전체 사상자는 제2차 세계대전 당시 일본군에 의해 살해된 한국인, 중국인, 인도네시아인 등 약 300만 명에 비하면 아주 미미한 것이다(Rummel 1998, Chapter 3). 따라서 미국의 핵폭탄 사용이 전 세계의 많은 무고한 생명을 빼앗아 간 것이 아니라 구원하였다는 것은 역사적인 사실이다. 야당은 또한 전력 부족을 매우기 위한 목적으로 세워지는 원자력발전소까지도 반대하였다는 점을 주목해야 한다. 야당은 원자력발전소에서 사고가 발생하게 되면 영원히 회복할 수 없는 피해를 볼 것이라고 주장한다(정혁준 2023; 이재기 2021, 12월 28일). 그러나 하루하루가 다르게 발전하고 있는 원자력 기술로 인해 원자력발전소와 관련된 재해가 발생할 확률은 매우 낮은 것이 사실이다. 야당은 남한의 에너지 인프라 개선과 한반도 핵균형 기반 구축에 도움이 되는 원자력발전소 건설의 장점들을 보지 못하고 있다.

야당은 또한 남한의 핵무장이 국제적 고립과 경제제재로 이어진다고 주장할 수도 있다. 한국은 수출 중심의 경제이고 해외 원자재 공급망은 제조업과 무역업의 성공에 근간을 이루는 것이기 때문에 경제제재는 국가 경제를 무력화시킨다는 것이다(한겨레 2024). 이것은 매우 근시안적인 견해이다.

---

17 https://www.atomicarchive.com/resources/documents/med/med_chp10.html을 참조.

한국은 단기적으로 경제적 어려움을 겪을 수도 있겠지만 결국에는 극복할 수 있는 여러 강점을 지니고 있다. 첫째, 한국의 경제 규모는 실패하기에는 너무 크다. 한국 경제가 타격을 입으면 세계 시장도 타격을 입을 수 있다는 사실을 알아야 한다. 한국 시장에 타격이 가해지면 세계 경제 침체를 초래할 수도 있다는 것이다.[18]

둘째, 미국은 중국과의 치열한 경쟁구도 속에서 자신의 우방국인 한국을 잃을 여유가 없다. 미국은 동아시아에서 부상하는 중국에 대응하기 위한 핵심 전략 파트너 중 하나로 한국이 필요하므로[19] 한국이 비밀리에 핵무장을 강행하게 되면 반대하기보다는 용인하여 줄 가능성이 높다. 왜냐하면 일례로 남한에 대한 미국의 경제제재는 일본, 대만, 그리고 한국과 함께하는 칩 4 동맹을 유지하는 데 큰 어려움을 겪게 될 것이기 때문이다. 칩 4 동맹은 반도체라는 최첨단 분야에서 중국의 우위를 저지하기 위하여 미 대통령 조 바이든에 의해 주도되었다(Moon and Lee 2022). 즉 조 바이든은 반도체를 미국의 중요한 전략적 자산으로 간주하며 미국의 우방국을 중심으로 칩 4 동맹을 결성하였다. 반도체는 인공지능, 양자컴퓨팅 및 광범위한 인터넷 연결망에 쓰이고 있기 때문에 미국의 국가경제에서 주요한 역할을 하는 동시에 모든 주요 미국 국방 시스템 및 플랫폼에 들어가는 필수 부품이기도 하다. 반도체는 특히 첨단 미사일 시스템부터 국방 부문의 레이더 및 통

---

18 필자는 미국의 자동차 산업을 비유로 들고 싶다. 양대 자동차 회사인 제너럴모터스와 크라이슬러가 경영실패와 경제위기로 몰락 위기에 처했을 때, 버락 오바마가 이끄는 미국 정부는 그들이 경영위기를 돌파하도록 후원하여 주었다. 그들이 도산했을 경우 그 피해는 너무 막대하여 미국 경제 자체를 불안정하게 만들 가능성이 농후하였기 때문이었다(https://obamawhitehouse.archives.gov/sites/default/files/uploads/auto_report_06_01_11.pdf 참조).

19 미국이 펴낸 the Indo-Pacific Strategy of the United States(2022, 4)에 따르면 "미국은 호주, 일본, 대한민국, 필리핀, 태국과 철통같은 조약동맹을 통해 이 지역과의 관계를 공고히 했으며, 지역 민주주의를 꽃피울 수 있는 안보 기반을 마련하려고" 하고 있다.

신 장치에 사용되는 없어서는 안 될 미국의 핵심 전략자산이다(Shivakumar and Wessner 2022). 2022년을 기준으로 하여 한국은 세계 반도체 시장에서 17.7%라는 높은 점유율을 차지하는 전 세계 2위 국가이다.[20] 세계 반도체 시장에서의 한국이 차지하는 위상은 윤 대통령이 만일 미국이 경제제재를 가하려고 할 경우 협상의 지렛대 역할을 할 수 있다.

만일 위의 논리들 중 어떤 것도 미국을 설득하지 못할 경우, 윤 대통령은 남한이 경제제재를 감내할 준비가 되어 있다는 점을 알아야 한다. 남한은 이미 주요 무역 상대국인 중국과 일본의 경제보복 조치와 코로나19 사태로 인한 경제적 어려움을 잘 극복하면서 지속적인 경제발전을 이루어 왔다는 사실을 명심하여야 한다. 만일 한국이 경제제재를 받게 된다면 그 어려운 시절의 교훈을 다시금 되새기고 활용한다면 어려운 시기를 잘 넘길 수 있다고 필자는 믿고 있다.

■ 북한

북한은 주민들의 기본적인 생필품들조차 적절히 조달을 못 할 정도로 심한 경제적 어려움을 겪고 있다. 이에 비해 한국은 무역교역량 기준 세계 10위를 기록하며 세계에서 가장 부유한 국가들 중 하나로 성장하였다. 북한은 경제 분야에서 남한과의 균형을 맞추기 위해서 남한의 성공적인 경제모델을 도입하여야 한다. 만약 남한과 균형 있는 경제력과 군사력이 이루어진다면 북한은 안정화된 정상 국가로 접어들 수 있고 돌발적으로 생길 수 있는 남한과의 적대적 분쟁 속에서도 의연하게 대처할 수 있을 것이다.

김 위원장은 주민들이 안락하고 편안하게 살 수 있는 경제발전에 최선의

---

20 https://www.investkorea.org/ik-en/cntnts/i-312/web.do를 참조.

노력을 경주하여야 한다. 북한의 경제를 발전시키려면 김 위원장은 미국과의 국교 정상화에 최우선 순위를 두어야 한다. 북한은 미국과의 국교 정상화가 자신들을 옭아매고 있는 경제제재를 풀기 위한 첫걸음이라는 사실을 명심하여야 한다. 김 위원장은 미국 대통령과의 대화를 시작하고, 경제제재로부터 벗어나고, 미국으로부터 경제지원과 투자를 받는 대가로 더 이상의 핵실험과 핵무기 생산을 중단하고, ICBM 프로그램을 포기하겠다는 서약을 하여야 한다(DePetris 2023; Park 2022). 특히 김 위원장은 미국 대통령에게 미국 안보에 치명적인 ICBM 폐기를 포괄적이고 검증 가능한 방법으로 보장해야 한다. 김 위원장은 미국의 조건에 따라 아무런 조건 없이 검증 과정, 절차, 기술적 사항들을 받아들일 준비가 되어 있어야 한다.

  김 위원장의 경제개발정책을 위한 미국과의 협상안은 다수의 워싱턴 외교정책결정자들로부터 응원을 받을 가능성이 있다. 워싱턴 외교정책결정자들은 북한이 2023년에 5차례 시험발사에 성공한 ICBM이 30분 만에 (또는 극초음속 방식이라면 더 빠른 속도로) 워싱턴 DC에 도달할 수 있다는 사실에 크게 우려하고 있으며 이에 대한 대응 방안에 고심하고 있다(Park 2023; Sankaran and Fetter 2022). 사실 북한은 이미 "미국의 미사일방어시스템을 압도할 수 있는 많은 양의 ICBM을 생산하였다(Ward 2023). 이는 그동안 미국이 북한 비핵화를 추구함과 동시에, 열과 성을 다해 준비하여 온 미국 본토 방위에 큰 구멍이 뚫렸다는 것을 의미한다. 북한의 ICBM은 다수의 탄두를 장착하고 있기 때문에 "알래스카와 캘리포니아에 배치된 44개의 지상기반 요격체제를 무력화시킬 가능성이 높다"(Klingner 2023; 조한범 외 2022). 또한 북한의 ICBM은 고체 연료 미사일 캐니스터를 탑재한 차량을 통해서 쉽게 발사 위치를 이동시킬 수 있다. 즉, ICBM 발사 전에 연료를 주입할 필요가 없으므로 미국이 지상에서 발사 준비 중인 ICBM을 격추할 시간이 턱없이 부족하게 되는 것이다(Ward 2023).

김 위원장이 가지고 있는 ICBM의 위험성이 점점 커짐에 따라 워싱턴의 외교정책결정자들은 미국이 북한과 직접적으로 대결하는 것을 회피하는 쪽으로 국가안보전략을 재조정하고 싶어 할 것이다. 북한(및 중국)의 군사력 팽창에 대응할 때 미국은 "자국의 위협에 직접 맞서기보다는 지역 강대국에 책임을 전가하는 것을 선호"하여야 한다는 역외균형 전략론(offshore balancing)도 이에 상응한다(Mearsheimer 2001, 266). 워싱턴의 외교정책결정자들이 김 위원장의 경제계획과 관련된 협상안에 손을 들어주고 동아시아 지역의 맹주가 북한의 위협을 효과적으로 봉쇄할 수 있다면 북한과 미국의 수교가 전혀 불가능하지만은 않을 것이다.

북한과 미국이 수교를 맺으면 전자는 후자에게 경제적 도움을 요청해야 한다. 한국의 군사독재자 박정희가 그랬던 것처럼(Pacheco Pardo 2022), 김 위원장은 미국 대통령에게 대북 지원, 외국인 직접 투자, 현금지원, 기술 이전, 전문 지식 및 미국 시장에 대한 우선 접근권을 구해야 한다.

김 위원장의 경제개발을 위한 또 하나의 대안은 일본과의 국교를 정상화하고 일제강점기 피해에 대한 경제적 보상액을 협상하는 것이다. 박정희 대통령은 일제강점기 동안 일본이 벌인 전쟁범죄로 인해 일본과의 국교정상화에 대한 국민들의 극심한 반대에도 불구하고 외교협상을 통해 배상금 5억 달러와 상업차관 3억 달러를 확보할 수 있었다. 박 대통령은 국내 경제를 재건하기 위해 필요한 이 자금들을 확보하기 위해 자신의 정치생명을 걸고 끝내 관철했다. 박 대통령의 경제도박은 성과를 거두어 한강의 기적, 즉 남한이 세계 최빈국 중 하나에서 선진국으로 변모하는 급속한 경제성장을 위한 토대를 마련하여 주었다(Pacheco Pardo 2022).

김 위원장은 또한 남한을 향한 더 이상의 군사적 도발을 하지 않겠다는 약속을 함으로써 2002년 남북한 간의 공동 경제 프로젝트였지만 남한이 일방적으로 폐쇄한 개성공업지구(KIR)를 재개방하고 확장하기 위한 노력을 해야 한다. 비즈니스 측면에서 KIR은 한국의 제조업 기술과 북한의 값싼 노동력을 가장 이상적으로 결합하는 데 성공한 사례였다. 정치적 측면에서 KIR은 정치적 화해를 목표로 하는 남북협력의 상징이었다. 남한의 경우 KIR은 경제적 교류를 통해 상호 불신을 줄이고, 분단된 한반도의 통일을 가져오기 위한 디딤돌이었다(Choi 2016). 김 위원장은 남한과의 협상을 통해서 KIR 개설의 본래 취지와 정신을 되살리는 데 주력하는 동시에 더 많은 공동 경제 프로젝트들을 개발하기 위한 노력에 힘을 기울여야 한다.

■ 북한 경제발전의 장벽

김 위원장의 경제 구상에 가장 큰 걸림돌은 미국의 반대다. 9·11 테러 이후 미 대통령 조지 W. 부시가 하루아침에 북미관계를 악화시켰다는 것은 정설이다. 부시 미 대통령은 2002년 국정연설에서 대량살상무기를 사용하거나 테러리스트에게 무기를 제공하는 불량국가들에 대한 국제적 압력을 가하는 한편 이란, 이라크, 그리고 북한을 불량국가들의 핵심 멤버로 규정했다(Carlin and Hecker 2024; Cumings, Abrahamian, and Maoz 2004). 부시 미 대통령의 협박 아닌 협박에 가득 찬 국정연설에 크나큰 불안감을 느낀 북한은 불량 행위를 늦추기는커녕 오히려 가속도를 붙였다. 북한은 서둘러 핵무기 프로그램을 가속화하고, 탄도미사일을 제작 및 수출하고, 테러 행위를 후원하고, 마약 거래 및 위조에 가담하여 미국의 추가적인 경제제재의 대상이 되었다(Holmes 2015).[21] 북한이 최빈국에서 탈출하고 국가경제를 부흥시키려면 김 위원장이 미국과 진정성 있는 대화를 하여야 하고, 국교정상화를 하고, 미국의 지원과 투자를 모색해야 한다. 그 대가로 김 위원장은 현재 미국 영토에 직접적인 안보 위협이 되는 ICBM 프로그램을 완전히 폐쇄하겠다는 최소한의 약속을 미국에 해 주어야 한다.

김 위원장의 경제 구상에 대한 또 다른 장애물은 윤 대통령의 반대이다. 윤 대통령은 끊임없는 군사도발을 감행하는 김 위원장을 신뢰하지 못하고 있으니 김 위원장에 대한 직접적인 위협과 뻥카를 남발하고 있다. 그러나 한편으로는 윤 대통령은 김 위원장이 완전한 비핵화 요구를 받아들이기만 한다면 북한과 대화도 하고 인도적 지원을 제공할 의사가 있다고 하기도 하였다. 윤 대통령의 싸늘하고 적대적인 태도에도 불구하고 김 위원장은 윤 대통령과 협력할 방법을 모색함으로써 세계 13위의 경제대국이자 첨단산업의 선두주자인 남한으로부터 경제적 지원을 받을 수 있도록 하여야 한다.[22] 김 위원장은 정치이념의 커다란 차이에도 불구하고 보수적인 남한 대통령 노태우의 북방정책을 수용하여 경제적 어려움을 극복하려고 노력한 할아버지 김일성에게서 교훈을 얻어야 한다. 그의 할아버지는 남북화해가 북한 경제 성장의 첫걸음이라고 굳게 믿고 있었다(정 1991).

---

21 유엔은 북한의 불법 무기거래와 기타 국제법 위반을 근거로 1993년부터 북한에 일련의 경제제재를 가해 온 또 다른 기관이다. 북한은 무기나 사치품의 수출입, 국제 자금 거래/세탁, 외교관의 자유 여행 등이 금지되어 있다(Spitzer 2016).

22 https://www.trade.gov/country-commercial-guides/south-korea-market-overview를 참조.

V. 결론

6·25전쟁 이후 여러 우여곡절이 있었지만, 윤석열 정부가 출범하기 전까지는 남북은 건설적이고 평화로운 관계를 향해 한 걸음씩 나아가고 있었다. 하지만 윤 대통령이 흑백논리에 기초한 대북정책을 전면에 세우고 김위원장을 악마화하면서 남북관계는 급격히 역행하고 있다. 두 가지 측면에서 남북관계에 아주 짙은 그림자가 드리워졌다. 첫 번째는 김 위원장이 남북의 화해와 평화통일을 추구하는 정책을 버리고 대신에 남한에 대한 핵무기 사용을 공식화하고 남한을 무력 통일하겠다는 의지를 헌법에 명시하도록 지시했다는 것이다(Choe 2024; Gallucci 2024; Lendon and Bae 2024). 두 번째는 김 위원장이 북한에서 가장 호전적으로 알려진 박종천을 자신의 바로 아래인 군 최고부사령관으로 임명함과 동시에 다수의 대남 강경파들을 요직에 등용했다는 것이다. 따라서 김 위원장은 남한과의 전면전이라는 최악의 시나리오를 차근차근 준비하고 있는 것으로 보여 현재 한반도에서 전쟁이 발발할 가능성은 그 어느 때보다도 커지고 있다(Carlin and Hecker 2024; 최유찬 2024; 현예슬 2024). 그런데 여기서 드는 하나의 의문은 윤 대통령은 일반 국민들 10명 중 9명이 윤 대통령의 협박과 뻥카는 김 위원장의 적대적 도발행위를 누그러뜨리는 데 도움이 되지 않고 시간이 갈수록 더욱 나빠질 것이라고 쉽게 예상하는 상황 속에서도 윤 대통령은 여전히 협박과 뻥카에 의존한 대북정책을 고수하고 있다는 것이다(하채림 2023).

시간이 더 흐른 미래가 되어야 정확한 사실관계를 확인할 수가 있겠지만 필자는 2023년 11월 남북군사합의서의 파기가 남북관계에서 가장 심각한 실수라고 생각한다. 윤 대통령의 무분별한 대북 외교정책은 좋지 않은 결과로 이어질 것이며, 특히 남북관계를 한국전쟁 이후 역사상 최악의 상황으로 몰고 갈 가능성이 크다. 김 위원장은 무엇보다도 남북군사합의서 이행으로 중단됐던 대남 침투와 국지도발을 재개하는 방안을 강구하라고 벌써 군에 명령하였을 것이다(표 1 참조). 윤 대통령은 지난 2년 동안 남북 평화공존 분위기 조성을 위해 김 위원장을 한 해에 무려 세 차례나 만난 문재인 전 대통령의 진보적인 대북정책을 자주 비판하여 왔다. 윤 대통령은 문 대통령과 김 위원장 사이에 합의한 남북군사합의서를 특히 부정적인 시각에서 보아 왔다. 윤 대통령은 남북군사합의서가 남한의 안보에 전혀 도움이 되지 않았다고 생각했다. 김 위원장의 끊임없는 군사도발에 대한 답답함과 분노를 표현하고 싶었던 윤 대통령이 남북군사합의서를 서슴지 않고 폐기한 것도 다 이 때문이다. 그러나 남북군사합의서가 윤 대통령과 같은 보수당 출신의 노태우 대통령의 대북정책 유산인 남북기본합의서에서 시작되었다는 점을 윤 대통령은 간과하고 있다. 따라서 보수당 출신의 윤 대통령의 남북군사합의서 파기 행위는 보수 전직 대통령과 보수당, 그리고 한반도 평화를 염원해 온 많은 국민들 얼굴에 침을 뱉는 것과 다름없다고 볼 수 있다.

현재 남북관계가 최악으로 치닫고 있음에도 불구하고 지금 당장 제2의 한국전쟁이 발발할 가능성은 상대적으로 낮다. 가장 큰 이유는 남한과 북한은 각각 우크라이나와 러시아의 병참기지 역할을 하면서 러시아-우크라이나 전쟁의 최전선에 대량의 포탄을 공급하기에 바빠 남과 북이 전면전을 치르기에 충분한 포병화력을 비축하지 못하고 있다(Choe 2023; 강현태 2024). 전쟁을 시작하고 승리하려면 지도자의 강인한 의지와 풍부한 병력자원과 함께 강력한 포병화력이 필수적이다. 포병화력은 군 지도자가 전장에서 자신들의 지상군을 지원하거나 적군에 직접적인 타격을 주는 데 매우 유효하다. 따라서 포병화력은 적군을 효과적으로 제압하거나 다량의 사상자를 만드는 데 필수적이다(Bailey 2003; Mearsheimer 2023). 윤 대통령과 김 위원장은 상대방을 향해서 계속해서 전쟁 협박을 하는 것처럼 보이지만, 현재는 러시아-우크라이나 전쟁을 통한 무기거래의 이득에 더 많은 관심을 두고 있다고 보는 것이 맞다.

만일 러시아-우크라이나 전쟁에서 러시아가 승리하게 되면 남북한 양측은 매우 중대한 선택에 직면하게 될 것이다. 윤 대통령과 김 위원장은 무기거래에서 얻은 이익을 자신들의 전쟁비용으로 전환할지 여부를 결정해야 한다는 것이다. 윤 대통령이 김 위원장을 막다른 골목으로 밀어붙이지 않는 한 김 위원장이 전면전을 추구하지는 않을 것이다. 김 위원장은 오히려 무기거래에서 얻은 이득과 러시아와의 동맹 재개라는 자신의 업적에 만족할 가능성이 크다. 러시아-우크라이나 전쟁이 끝나는 것을 바라보면서 윤 대통령이 대북정책에 대한 더 많은 경험과 지식을 쌓는다면 남북관계를 좀 더 넓은 시각에서 바라볼 수가 있는 혜안이 트일 것이며, 김 위원장을 필요 이상으로 자극하는 대북협박과 뱅카보다도 핵무장이 북한의 호전성과 남침 가능성을 감소시키는 데 최선의 방법이라는 것을 인지할 수 있을 것이다. 마지막으로 강조하고 싶은 것은 "인도가 핵폭탄을 만들면 우리는 풀이나 나뭇잎을 먹고 심지어는 배고픔에 시달릴 수도 있겠지만 우리의 핵무장은 반드시 이루어야 한다"라고 말한 줄피카르 알리 부토 파키스탄 총리로부터 윤 대통령은 핵무장의 필요성에 대한 교훈을 얻기를 바란다(Singh 1979). 윤 대통령이 만일 파키스탄 총리가 핵무장을 왜 그렇게 열망하였는지를 무시해 버린다면 앞으로 있을지도 모를 2차 한국전쟁에 승리를 전혀 장담할 수가 없을 것이다. 그 이유는 자명하다. 재래식 무기에 의존하는 남한이 핵보유국인 북한을 상대로 한 전쟁은 절대로 승산이 없기 때문이다.

참고문헌

강경훈. 1월 27일, 2022. "김준형 전 국립외교원장 '윤석열처럼 하면 '신냉전', 다 죽자는 것.'" 민중의 소리. https://vop.co.kr/A00001608235.html.

강현태. 1월 7일, 2024. "북한, 불량국가들의 병참기지 되나." 데일리안. https://dailian.co.kr/news/view/1314753.

김민찬. 12월 20일, 2023. "윤 대통령, 사흘 연속 대북 메시지…야당 '허세이자 안보 무능.'" *MBC* 뉴스. https://imnews.imbc.com/replay/2023/nwdesk/article/6555122_36199.html.

김환용. 11월 23일, 2023. "북한, 9·19 군사합의 사실상 파기 선언… 한국 '도발 시 강력 응징.'" *VOA*. https://www.voakorea.com/a/7366972.html.

김환용. 12월 4일, 2023. "북한 이어 한국도 첫 군사정찰위성 발사 성공… 양측 추가 발사 예고 '위성 경쟁.'" *VOA*. https://www.voakorea.com/a/7383114.html.

박응진. 12월 18일, 2023. "北 연 이틀 탄도미사일 도발… ICBM 발사는 5개월 만." *News1*. https://www.news1.kr/articles/?5264488.

신민정. 11월 22일, 2023. "9·19 남북군사합의 5년 만에 일부 효력정지…윤 대통령 재가." 한겨레. https://www.hani.co.kr/arti/politics/politics_general/1117323.html.

옥승욱. 12월 19일, 2023. "신원식 '북 지속 도발 시 김정은 참수작전 훈련도 고려.'" 뉴시스. https://mobile.newsis.com/view.html?ar_id=NISX20231219_0002562850..

이명선. 1월 18일, 2024. "진중권 '방심위원 해촉 尹, 단순 무식 과격…'청부 민원' 류희림 구속시켜야." 프레시안. https://www.pressian.com/pages/articles/2024011811163405708.

이승은. 1월 7일, 2024. "北, 서해서 90여 발 이상 사격 도발…軍 '즉각 중단 촉구.'" 쿠키뉴스. https://www.kukinews.com/newsView/kuk202401070072.

이용수. 1월 4일, 2024. "후계자 김주애?" 조선일보. https://www.chosun.com/opinion/manmulsang/2024/01/04/KCXRVQ7GMVBJHLDRLB5AGSACYU/.

이재기. 12월 28일, 2021. "감원전 친원전에 文정부 탈원전은 풍전등화…원전정책 가변성 높다." 노컷뉴스. https://www.nocutnews.co.kr/news/5680036.

이정은. 12월 18일, 2023. "윤 대통령, 북 ICBM에 '즉시 압도적 대응….한미일 공동대응 적극 추진.'" *MBC* 뉴스. https://imnews.imbc.com/news/2023/politics/article/6554190_36119.html.

이현호. 8월 25일, 2023. "지금 전쟁 나면 누가 이길까…남북 군사력 100 대 97." 서울경제. https://

www.sedaily.com/NewsView/29TJM2A2QX.

전홍기혜, 이명선. 9월 27일, 2018. "김종대 '남북군사합의는 비핵화 위한 버퍼링 작업.'" 프레시안. https://www.pressian.com/pages/articles/211765.

정혁준. 10월 30일, 2023. "'40년간 괜찮았다'며 원전 6개? '후쿠시마 사고도 예측 못 했다.'" 한겨레. https://www.hani.co.kr/arti/society/society_general/1113978.html.

조준형. 12월 1일, 2023. "前연합사령관, 남북군사합의 무력화에 'DMZ · NLL서 긴장 커질 것.'" 연합뉴스. https://www.yna.co.kr/view/AKR20231201002900071.

조한범, 김태원, 우정엽, 이인배. 2022. 윤석열 정부의 한반도 전략. KINU 연구총서 22-12. 서울: 통일연구원. https://www.kinu.or.kr/pyxis-api/1/digital-files/6f373205-e7cb-4220-bdcd-15656c106800.

최유찬. 1월 6일, 2024. "박정천 복귀…북한 군 인사 대거 약진." *MBC 뉴스*. https://imnews.imbc.com/replay/2024/nwdesk/article/6559972_36515.html.

하채림. 12월 13일, 2023. "국민 87% '내년 북한 도발 강도, 올해와 비슷하거나 세질 것.'" 연합뉴스. https://www.yna.co.kr/view/AKR20231213147300504.

한겨레. 1월 22일, 2024. "문정인 연세대 명예교수 인터뷰 : 한반도 위기, 진단과 해법." https://www.hani.co.kr/arti/politics/defense/1125335.html.

한용섭. 2019. "군비통제 관점에서 본 9 · 19 남북군사합의의 의의와 전망." 국가전략 25(2): 5-31.

현예슬. 1월 9일, 2024. "김정은 '대한민국은 우리의 주적…전쟁 피할 생각 전혀 없다.'" 중앙일보. https://www.joongang.co.kr/article/25220897#home.

홍제표. 1월 7일, 2024. "연 이틀 서해서 '쾅쾅'…대만 걱정했는데 더 위험해진 한반도." 노컷뉴스. https://www.nocutnews.co.kr/news/6074711.

Bailey, J.B.A. 2003. *Field Artillery and Firepower*. Annapolis: Naval Institute Press.

Barr, William. 2024. "U.S. Secret Assistance to the French Nuclear Program, 1969-1975: From 'Fourth Country' to Strategic Partner." Washington, D.C. Wilson Center. https://www.wilsoncenter.org/publication/us-secret-assistance-to-the-french-nuclear-program-1969-1975-fourth-country-to-strategic.

Bowers, Ian and Henrik Hiim. 2021. "Conventional Counterforce Dilemmas: South Korea's Deterrence Strategy and Stability on the Korean Peninsula." *International Security* 45 (3): 7-39.

Braut-Hegghammer, Målfrid. 2016. *Unclear Physics: Why Iraq and Libya Failed to Build Nuclear Weapons*. Ithaca: Cornell University Press.

Carlin, Robert and Siegfried Hecker. January 11, 2024. "Is Kim Jong Un Preparing for War?" 38 *North*. https://www.38north.org/2024/01/is-kim-jong-un-preparing-for-war/.

Carson, Thomas. 2010. *Lying and Deception: Theory and Practice*. New York: Oxford University

Press.

Chen, Heather and Yoon-Jung Seo. January 1, 2024. "North Korea says, It will No Longer seek Reunification with South Korea, will launch New Spy Satellites in 2024." *CNN*. https://www.cnn.com/2023/12/31/asia/north-korea-reconciliation-south-korea-intl-hnk/index.html.

Choe, Sang-Hun. February 10, 2016. "South Korea to shut Joint Factory Park, Kaesong, Over Nuclear Test and Rocket." *New York Times*. https://www.nytimes.com/2016/02/11/world/asia/north-south-korea-kaesong.html.

Choe, Sang-Hun. January 16, 2024. "North Korea Says It is No Longer interested in reunifying with the South." *New York Times*. https://www.nytimes.com/2024/01/16/world/asia/north-korea-reunification-policy.html.

Choe, Sang-Hun. September 14, 2023. "History Turns Upside Down in a War Where the Koreas Are Suppliers." *New York Times*. https://www.nytimes.com/2023/09/14/world/asia/north-south-korea-ukraine.html.

Choi, Seung-Whan. August 21, 2022. "South Korea's Yoon could be the weakest link in the next Korean War." *Hill*. https://thehill.com/opinion/national-security/4158145-south-koreas-yoon-will-be-the-weakest-link-in-the-next-korean-war/.

Choi, Seung-Whan. February 9, 2022. "The Possibility of War looms over the Korean Peninsula." *Hill*. https://thehill.com/opinion/international/593204-the-possibility-of-war-looms-over-the-korean-peninsula/.

Choi, Seung-Whan. July 24, 2022. "Can Biden save South Korea's Unpopular President from Himself?" *National Interest*. https://nationalinterest.org/blog/korea-watch/can-biden-save-south-korea%E2%80%99s-unpopular-president-himself-203724.

Chung, Tae Dong. 1991. "Korea's *Nordpolitik*: Achievements & Prospects." *Asian Perspective* 15 (2): 149-178.

Cumings, Bruce, Ervand Abrahamian, and Moshe Maoz. 2004. *Inventing the Axis of Evil: The Truth About North Korea, Iran, and Syria*. New York: New Press.

Dalton, Toby, Karl Friedhoff, and Lami Kim. February 2022. "Thinking Nuclear: South Korean Attitudes on Nuclear Weapons." Chicago Council on Global Affairs. https://globalaffairs.org/sites/default/files/2022-02/Korea%20Nuclear%20Report%20PDF.pdf.

DePetris, Daniel. December 19, 2023. "The U.S. needs a Dramatic Shift in North Korea policy. Trump might have the Right Idea." *MSNBC*. https://www.msnbc.com/opinion/msnbc-opinion/north-korea-nuclear-weapons-trump-rcna130437.

Fifield, Anna. April 27, 2018. "In a Feel-Good Korea Summit, Kim lays the Groundwork for meeting with Trump." *Washington Post.* https://www.washingtonpost.com/world/asia_pacific/north-and-south-korea-agree-to-work-toward-common-goal-of-denuclearizatio n/2018/04/27/7dcb03d6-4981-11e8-8082-105a446d19b8_story.html.

Gallucci, Robert. January 11, 2024. "Is Diplomacy between the U.S. and North Korea Possible in 2024?" *National Interest.* https://nationalinterest.org/blog/korea-watch/diplomacy-between-us-and-north-korea-possible-2024-208528.

Gates, Robert. 2015. "Duty: Memoirs of a Secretary at War." New York: Vintage.

Harding, Luke and Rory McCarthy. September 23, 2001. "Sanctions lifted as the US rewards Pakistan." *Guardian.* https://www.theguardian.com/world/2001/sep/24/pakistan. afghanistan.

Harding, Luke. December 12, 2006. "Calls for Olmert to resign after Nuclear Gaffe." *Guardian.* https://www.theguardian.com/world/2006/dec/12/germany.israel.

Hobbes, Tomas. 1651/2014. *The Leviathan.* Hertfordshire: Wordsworth.

Holmes, Kimberly. Ed. 2015. *U.S. and UN Sanctions on North Korea: Targets, Implementation, and Challenges.* New York: Nova Science.

Hu, Elise. May 27, 2018. "South Korea's Moon: Kim Jong Un still committed To Denuclearization." *NPR.* https://www.npr.org/sections/parallels/2018/05/27/614805681/ south-koreas-moon-kim-jong-un-still-committed-to-denuclearization#:~:text=A%20 topsy%2Dturvy%20week%20on,who%20met%20on%20Kim's%20request.

Kim, Do-Gyun and Soo-Hyang Choi. July 19, 2023. "North Korea: What are the DMZ and JSA and What happens on Border Tours?" *Reuters.* https://www.reuters.com/world/asia-pacific/heavily-fortified-north-korea-border-area-magnet-tourists-2023-07-19/.

Kim, Hyung-Jin and Mary Yamaguchi. December 18, 2023. "North Korea conducts First Long-Range Missile test in Months, likely firing a Solid-Fueled Weapon." *Associated Press.* https:// apnews.com/article/north-korea-missile-launch-bc0391e981b2eedce5dc17734e27ee0c.

Kim, Hyung-Jin. December 19, 2023. "North Korea's Kim threatens 'More Offensive Actions' against US after watching Powerful Missile Test." *Associated Press.* https://apnews.com/ article/north-korea-kim-icbm-missile-us-bf6bec75fca1fc2bf04170b9f65f274d.

Kim, Tong-Hyung. September 9, 2022. "N. Korea says It will Never give up Nukes to counter US." *Associated Press.* https://apnews.com/article/asia-united-states-south-korea-nuclear-weapons-north-acad3f4abf01c88a2dd8be02860d8c8e.

Klingner, Bruce. February 15, 2023. "North Korea's Growing ICBM Threat: How America and South Korea Should Respond." https://www.heritage.org/asia/commentary/north-koreas-growing-icbm-threat-how-america-and-south-korea-should-respond.

Kolesnyk, Oleksandr and Mariia Holtseva. 2022. "Lies and Deception in Modern English Diplomatic Discourse: Pragmatics in Interdisciplinary Focus." *Cogito*. 14 (1): 154-173.

Kugler, Jacek and Douglas Lemke. 1996. *Parity and War: Evaluations and Extensions of The War Ledger*. Ann Arbor: University of Michigan Press.

Kwak, Tae-Hwan and Seung-Ho Joo. 2017. *One Korea: Visions of Korean Unification*. New York: Routledge.

Kwak, Tae-Hwan. 1991. "Conditions for Korean Political Integration: A Creative Adjustment." *Asian Perspective* 15 (1): 37-68.

Kwak, Tae-Hwan. 2002. "The Korean Peace-Building Process: An Inter-Korean Cooperation Approach." *Pacific Focus*. 17 (2): 5-33.

L.A. Times Archives. October 3, 2007. "U.S. backs Plan to disable North Korean Nuclear Sites." *Los Angeles Times*. https://www.latimes.com/archives/la-xpm-2007-oct-03-fg-koreas3-story.html.

Lee, Goo. 2005. "Cooperation under the Security Dilemma: Evolving Inter-Korean Relations in the Early 1990s." *Korean Journal of Defense Analysis* 17 (3): 27-61.

Lee, Hu-Rak and Kim Young-Joo. July 4, 1972. "The July 4 South-North Joint Communiqué." United Nation Peacemaker. https://peacemaker.un.org/sites/peacemaker.un.org/files/KR%20KP_720704_The%20July%204%20South-North%20Joint%20Communiqu%C3%A9.pdf.

Lee, Michelle Ye Hee. February 21, 2022. "Nuclear Weapons to confront China and North Korea, Poll Finds." *Washington Post*. https://www.washingtonpost.com/world/2022/02/21/south-korea-nuclear-weapons/.

Lendon, Brad and Ga-Won Bae. January 16, 2024. "North Korea's Kim vows to dismantle Father's Unification Arch as He declares South Korea 'Principal enemy.'" *CNN*. https://www.cnn.com/2024/01/16/asia/north-korea-kim-unification-arch-intl-hnk/index.html.

Levy, Jack. 2013. "War and Peace." In Walter Carlsnaes, Thomas Risse, and Beth Simmons. Eds. *Handbook of International Relations*. Los Angeles: Sage. 581-606.

Mearsheimer, John. 1990. "Back to the Future: Instability in Europe after the Cold War." *International Security* 15 (1): 5-56.

Mearsheimer, John. 2001. *The Tragedy of Great Power Politics*. New York: W.W. Norton.

Mearsheimer, John. 2011. *Why Leaders Lie: The Truth about lying in International Politics*. New York: Oxford University Press.

Mearsheimer, John. 2023. "Bound to Lose." John's Substack. https://mearsheimer.substack.com/p/bound-to-lose.

Moon, Chung-In and Sung-Won Lee. 2022. "South Korea's Geopolitics: Challenges and Strategic Choices." *Melbourne Asia Review*. https://melbourneasiareview.edu.au/south-koreas-geopolitics-challenges-and-strategic-choices/.

Moon, Chung-in. 2001. "The Kim Dae Jung Government's Peace Policy Toward North Korea." *Asian Perspective* 25 (2): 177-198.

Morgan, Patrick. 2003. *Deterrence Now*. Cambridge: Cambridge University Press.

Morgenthau, Hans. 1985. *Politics among Nations*. New York: McGraw-Hill.

Niebur, H.L. 1962. "The Threat of Violence and Social Change." *American Political Science Review* 56 (4): 865-873.

Pacheco Pardo, Ramon. 2022. *Shrimp to Whale: South Korea from the Forgotten War to K-Pop*. London: C. Hurst.

Park, Won Gon. 2022. "How to Deal with North Korea's Nuclear Program: A South Korean Perspective." In Sue Mi Terry. Ed. *Two Presidents, One Agenda: A Blueprint for South Korea and the United States to address the Challenges of the 2020s and Beyond*. Washington, D.C.: Wilson Center. 12-14.

Radchenko, Sergey and Bernd Schaefer. 2017. "'Red on White': Kim Il Sung, Park Chung Hee, and the Failure of Korea's Reunification, 1971-1973." *Cold War History* 17 (3): 259-277.

Reed, Thomas and Danny Stillman. 2010. *The Nuclear Express: A Political History of the Bomb and its Proliferation*. Minneapolis: Zenith.

Reiss, Mitchell and Robert Gallucci. 2005. "Dead to Rights." *Foreign Affairs* 84 (2): 142-145.

Reuters. December 12, 2023. "South Korea, US to hold New Round of Nuclear Consultation Talks -Seoul." https://www.reuters.com/world/south-korea-us-hold-new-round-nuclear-consultation-talks-seoul-2023-12-12/.

Rummel, Rudolph. 1998. *Statistics of Democide: Genocide and Mass Murder since 1900*. London: LIT Verlag.

Sabrosky, Alan. Ed. 1985. *Polarity and War: The Changing Structure of International Conflict*. Boulder: Westview.

Sanger, David. December 13, 1991. "Koreas Sign Pact renouncing Force in a Step to Unity." *New York Times*. https://www.nytimes.com/1991/12/13/world/koreas-sign-pact-renouncing-force-in-a-step-to-unity.html.

Sankaran, Jaganath and Steve Fetter. 2022. "Defending the United States: Revisiting National Missile Defense against North Korea." *International Security* 46 (3): 51-86.

Shivakumar, Sujai and Charles Wessner. June 8, 2022. "Semiconductors and National Defense: What are the Stakes?" Center for Strategic and International Studies. https://www.csis.org/

analysis/semiconductors-and-national-defense-what-are-stakes.

Singh, Khushwant. July 1, 1979. "Pakistan, India and The Bomb." *New York Times*. https://www. nytimes.com/1979/07/01/archives/foreign-affairs-pakistan-india-and-the-bomb.html.

South Korea's Defense White Paper. 2022. Ministry of National Defense. Republic of Korea. https://www.mnd.go.kr/user/mnd/upload/pblictn/ PBLICTNEBOOK_202307280154039760.pdf.

Spitzer, Kirk. January 6, 2016. "5 Reasons North Korea is a 'Rogue Regime.'" *USA Today*. https://www.usatoday.com/story/news/world/2016/01/06/5-ways-north-korea-rogue-regime/78349910/.

Stiles, Matt and Noah Bierman. May 26, 2018. "Surprise Meeting by North and South Korean Leaders was requested by Kim Jong Un." *Los Angeles Times*. https://www.latimes.com/ politics/la-fg-korea-summit-20180526-story.html.

Sullivan, Neil. 2016. *The Prometheus Bomb: The Manhattan Project and Government in the Dark*. Lincoln: University of Nebraska Press.

The Indo-Pacific Strategy of the United States. 2022. Washington, D.C.: White House. https:// www.whitehouse.gov/wp-content/uploads/2022/02/U.S.-Indo-Pacific-Strategy.pdf.

United Nations. 1992. *Yearbook of the United Nations 1991*. 45. Leiden: Martinus Nijhoff Publishers. 96.

Waltz, Kenneth. 1979. *Theory of International Politics*. Reading: Addison-Wesley.

Waltz, Kenneth. 1990. "Nuclear Myths and Political Realities." *American Political Science Review* 84 (3): 731-746.

Ward, Alex. September 19, 2018. "North and South Korea just signed a Major Agreement. It may be Bad News for Trump." *Vox*. https://www.vox.com/2018/9/19/17878428/north-south-korea-kim-moon-declaration.

Ward, Alexander. 2023. "North Korea displays Enough ICBMs to overwhelm U.S. Defense System against Them." *POLITICO*. https://www.politico.com/news/2023/02/08/north-korea-missile-capability-icbms-00081993.

제2장

한반도 비핵화를 둘러싼 안보 정세 분석:
2019-2024년 기간을 중심으로

구양모

Ⅰ. 들어가며

2024년 3월 현재, 국제사회는 지난 몇 년간 전 세계를 패닉 상태로 몰아넣었던 팬데믹에서 겨우 빠져나왔지만, 러시아-우크라이나 전쟁, 이스라엘-팔레스타인 전쟁, 미국과 중국의 패권 경쟁 고조, 세계적 기후위기와 경제 불안 등 여러 어려운 도전들에 직면하고 있다. 이와 같은 혼란한 국제정세와 맞물려 한반도를 둘러싼 안보 정세 또한 장기간 해결되지 않고 갈등을 노정해 온 북한 핵무기/미사일 문제와 최근 김정은 정권의 대결적인 태도로 인하여서 군사적 긴장과 불안이 가중되고 있는 상황이다. 미국 내 유력한 두 북한 전문가인 로버트 칼린과 지그프리드 헤커 박사가 지난 1월 기고한 글에서 여러 정황을 고려할 때 김정은이 전쟁을 하기 위한 전략적 결단을 내린 것 같다는 주장을 내놓음으로써 국제사회에 큰 파장을 일으키고 열띤 논쟁을 불러왔는데, 이는 한반도의 위기 상황을 잘 보여주고 있다.[1]

---

1 Robert L. Carlin and Siegfried S. Hecker, "Is Kim Jong Un Preparing for War?" *38 NORTH*, 2024년 1

이러한 상황 인식하에서 이 장에서는 2019-2024년 기간을 중심으로 북한 핵문제를 둘러싼 한반도의 안보 정세를 면밀히 분석하고자 한다. 우선, 탈냉전 후에 국제 문제로 부상한 북한 핵문제가 어떻게 진행되어 왔는지를 개괄한다. 특히, 2019년 트럼프-김정은 간의 하노이 회담 이후에 왜 북한의 행동이 대결적으로 전환되어 왔는지를 국제정치학에서 종종 사용하는 분석단위(level of analysis), 즉 구조적, 국내적, 그리고 개인적 수준에서 그 요인들을 살펴볼 것이다. 그다음에는 '북한 비핵화'와 '한반도 비핵화'의 용어가 국가 간 합의서들과 정상들이 발표한 성명들에서 어떤 다른 의미로 사용되어 왔는지를 점검하고, 그러한 차이점들이 북핵 문제 해결에 미친 부정적인 영향들을 다룬다. 마지막으로 북핵 문제 해결을 위해 기존에 제기되어 온 여러 주장을 비판적으로 검토한 후에 현실적으로 어려운 문제라 할지라도 단기적으로 한반도의 군사적 긴장을 완화하고, 장기적인 관점에서 평화로운 해결로 나아가기 위해 한국과 미국 정부를 향한 몇가지 정책 제언을 나눈다.

Ⅱ. 북한 핵 문제를 둘러싼 한반도의 안보 상황 전개

북한 핵문제는 1990년대 초 국제문제로 부상한 이후 지난 30년 이상 동안 한반도의 안보와 평화에 상당히 부정적인 영향을 끼쳐왔다. 1992-1994년 1차 핵위기 때 미국 클린턴 행정부의 북한 영변 핵시설에 대한 선제공격 논의가 불거지면서 한반도는 전쟁의 위협에 노출되었다. 그러나, 그러한 선제공격이 가져올 재앙적 결과에 대한 우려 때문에 클린턴 대통령은 선뜻

월 11일. https://www.38north.org/2024/01/is-kim-jong-un-preparing-for-war/ (accessed on February 7, 2024).

행동으로 옮길 수 없었다. 마침 1994년 여름 카터 전 미국 대통령의 중재 노력과 함께 한반도는 전쟁의 위기에서 벗어나게 되었고 그해 10월에 북미 간 제네바 합의에 이르게 되었다. 영변 핵프로그램의 동결에 대한 대가로 미국과 관련국들은 북한의 전력난 해소를 위해 경수로를 지원하기로 하였고, 경수로 공사가 완공되는 시점까지 매년 50만 톤의 중유를 공급하기로 합의하였다. 그러나, 미국 중간 선거에서 공화당이 상하원 모두에서 다수당이 되면서 클린턴 행정부의 대북 지원 계획은 동력을 잃었고, 그 당시 많은 미국 정치 지도자들은 소련과 동구권의 공산국가들이 붕괴했던 것처럼 북한 또한 머지않아 붕괴할 것이라고 예상하여 제네바 합의에서 약속했던 북한과의 관계 개선을 통한 외교 관계 정상화를 위해 큰 노력을 기울이지 않았다.[2]

여러 우여곡절을 거치며 느리게 진행되었던 제네바 합의는 2002년 10월 북한이 비밀리에 추진해 온 우라늄 농축 핵프로그램이 드러나면서 모든 합의 사항은 무효화되면서 제2차 핵위기가 도래하였다. 2003년 1월 북한은 전격적으로 핵 비확산 조약(Nuclear Non-Proliferation Treaty: NPT)에서 탈퇴하였고, 1994년부터 동결하였던 영변의 플루토늄 핵시설을 재가동하기 시작하였다. 이런 위태로운 상황에서 미국의 조지 부시 행정부는 한국과 중국의 요청으로 북한과의 외교적 노력을 다시 시작하게 되었다. 미국은 이전의 양자회담이 북한에만 유리하게 진행되었다는 평가를 바탕으로 다자적 외교 방식을 선호하였고, 중국의 적극적인 중재 노력하에 2003-2008년 동안 미국, 중국, 러시아, 일본과 남북한이 참여하는 6자회담을 통해 북한 핵

---

2 Ankit Panda, *Kim Jong Un and the Bomb: Survival and Deterrence in North Korea*, (New York: Oxford University Press, 2020): 44-51.

문제 해결 노력을 기울이게 되었다. 양자 회담과 달리 여섯 나라의 이해관계가 상충하는 상황에서 의미 있는 합의를 도출하고 그 합의를 이행해 가는 과정이 쉽지 않았지만, 2005년 9월에 6자 공동 성명을 발표하기에 이르렀고, 2007년 2월과 10월 각각 그 공동성명을 실행하기 위한 첫 번째와 두 번째 행동 강령에 각각 합의하게 되었다. 그러나, 어렵게 만들어진 구체적인 합의들이 미국 측의 엄격한 검증 요구에 대한 북한의 거부로 인해 2008년 12월 만남을 끝으로 6자회담은 막을 내리게 되었다.[3]

한편, 북한은 2008년 8월 김정일의 뇌졸중 이후 리더십 교체를 서둘러서 준비하게 되었는데, 이를 둘러싼 내부의 혼란 상황을 안정적으로 관리하는 것이 가장 중요한 이슈가 되었다. 그래서, 6자회담이 무산된 후에는 미국과의 외교적 노력보다는 주의전환이론(theory of diversion)에서 설명되는 것처럼 장거리 미사일 시험 발사와 핵실험과 같은 대외 강경 노선을 채택함으로써 국내의 혼란을 감소시키고자 노력하였다. 이런 대외정책 노선은 2010년 3월의 천안함 침몰과 그해 11월의 연평도 포격과 같은 도발적인 사건들로 나타났다. 2009년 1월에 새로 취임한 오바마 대통령은 당선되기 이전부터 쿠바, 이란, 미얀마와 북한과 같은 적대국가들의 지도자들과 전제조건 없이 만나서 대화하겠다는 의지를 피력하였다. 그러나, 북한의 경우는 이어지는 공격적인 행위들로 인해 적극적인 관여(engagement) 정책을 펼치기가 힘든 상황이었다. 그럼에도 불구하고, 오바마 행정부는 꾸준히 관여 정책을 추진하였는데, 이러한 노력의 결실이 2012년 2월 소위 말하는 "윤일 합의"(leap day agreement)로 나타났다. 북한 미사일 시험 발사 유예에 대한 보

---

3 Leszek Buszynski, *Negotiating with North Korea: The Six Party Talks and the nuclear issue* (London: Routledge, 2013).

상으로 영양 공급을 포함한 경제 지원을 약속한 합의였다. 그러나, 그해 4월 북한은 장거리 로켓 발사를 강행함으로써 어렵게 만들어진 윤일 합의는 무효가 되었다. 27세라는 어린 나이에 북한의 최고지도자로 등극한 김정은 입장에서는 미국과의 외교 합의로 얻게 되는 이익보다는 장거리 로켓 발사 성공을 통한 군사 업적을 가지고 자신의 권력 기반을 다지는 것이 더 효과적이라 판단했을 수 있다. 이 윤일 합의가 깨어지면서 그후로부터 오바마 행정부는 북한의 행동이 가시적으로 변화되지 않는 한 지속적인 경제 제재와 군사적 압박을 통해 북한 정권의 붕괴를 기다리겠다는 전략적 인내(strategic patience)를 고수하게 되었다. 이로 말미암아 2017년 1월 트럼프 대통령이 취임하기 전까지 오바마 행정부하에서 북한은 국제사회의 제재가 계속되었지만, 큰 구속 없이 여러 번의 핵실험과 장거리 미사일 시험 발사를 통해 핵과 미사일 능력을 지속적으로 강화하였다.[4]

2017년 트럼프 행정부가 집권하면서 북한 핵과 미사일 문제는 한반도에 엄청난 파장과 위기를 몰고 왔다. 트럼프 대통령은 최대 압박과 관여(maximum pressure and engagement) 정책을 통해 북한의 행위를 변화시키려고 시도하였는데, 2017년 9월 북한의 6차 핵실험과 그해 11월 미 전역을 사정거리에 두는 화성-15 장거리 미사일 발사는 한반도를 전쟁의 위기로 몰아 넣었다.[5] 지속되는 북한의 도발적 행위들에 대해 트럼프는 상당히 격앙된 레토릭을 자주 사용하였는데, 특히 그해 9월에 있었던 유엔 연설에서 북한이 핵/미사일 도발을 통해 미국을 계속해서 위협한다면 이전에 보지 못했던 군사응징을 통해 북한을 지도에서 완전히 지워버리겠다고 압박하였다.

---

4   왕선택, 핵담판: 평양에서 하노이까지 3,000일의 북핵 문제 연대기, 책책, 2019.

5   Van Jackson, *On the Brink: Trump, Kim, and the Threat of Nuclear War* (Cambridge: Cambridge University Press, 2019).

이러한 유례없는 미 대통령의 레토릭에 대해 김정은 역시 맞불을 놓으면서 한반도에 핵전쟁 위기가 고조되었다. 당시 미 국방부 펜타곤에서 근무했던 한 고위급 장교는 당시 위기가 최고조로 달했고, 한반도 전쟁을 대비한 군사 준비를 시행하고 있었다고 증언했다.[6] 다행히도 이런 일촉즉발의 한반도 전쟁 위기는 2018년에 접어들면서 한국 문재인 대통령의 적극적인 가교 역할과 북한 지도자 김정은의 전격적인 정책 변화로 인해 이전에 경험하지 못했던 북미, 남북, 북중 정상들 간의 활발한 정상 외교로 전환되었다. 그해 2월에 예정되어 있었던 평창 동계 올림픽에 북한 선수들이 참여하게 되었고, 그 기간 김정은의 여동생 김여정과 북한의 상징적 대표인 최고인민회의 의장 김영남 또한 방한함으로써 급격히 화해 무드가 조성되었다.

한편, 그해 3월 문재인 대통령 특사로 북한을 방문한 정의용 국가안보실장과 서훈 국가정보원장은 김정은 국무위원장의 북한 비핵화 의지를 확인하고 바로 백악관을 방문하여 트럼프 대통령을 만났다. 놀랍게도 이 자리에서 트럼프는 김정은을 직접 만나서 비핵화 논의를 할 수 있다는 의지를 특사 정의용과 서훈을 통해 발표하도록 하였다. 이후 한반도를 둘러싼 정상 외교가 이어졌는데, 김정은은 4월에 판문점에서 있을 남북정상회담에 앞서 3월에 중국을 전격적으로 방문하여 시진핑과 급격하게 변화하는 한반도 상황에 대해 논의하였다. 그 후 1년 반 동안 김정은-시진핑 간의 회담이 4번 더 진행되었다. 2018년 6월에는 트럼프와 김정은이 싱가포르에서 역사적인 만남을 가지게 되었고, 정상회담 후 북한 핵문제 해결을 위한 4가지의 간략한 조항으로 구성된 싱가포르 합의안을 발표하였다. 그러나, 이 합의안은 이전의 6자회담 합의들과 달리 북한의 핵문제를 해결하기 위한

---

6 저자 인터뷰, 2018년 3월 13일, 워싱턴.

구체적인 로드맵이 들어 있지 않았기 때문에 그 정상회담 후에 이어진 실무 간 협의에서 실제적인 조치들에 합의하고 실행하는 데에 어려움을 겪었다. 다음 단락에서 구체적으로 다루어지는 것처럼, 그러한 협의에서의 난항이 2019년 2월에 베트남 하노이에서 있게 될 트럼프-김정은의 2차 정상회담까지 계속되어 뚜렷한 해결책을 찾지 못하는 상황이었다.

Ⅲ. 하노이 정상회담 이후 북한의 대외정책 변화

2019년 2월 김정은 국무위원장은 트럼프 대통령과의 정상회담을 통해 영변 핵시설 폐쇄와 북한에 대한 다섯 개 주요 분야 경제제재 완화를 맞교환 하려는 구상을 가지고 평양을 출발하여 3일간의 열차 여행을 거쳐 하노이에 도착하였다.[7] 그러나, 그의 의도와는 달리 영변 핵시설뿐만 아니라 비밀리에 추진해온 다른 우라늄 농축 프로그램도 폐기해야만 유엔 경제제재를 멈출 수 있다는 트럼프의 완고한 입장으로 인해 회담이 결렬되었다. 당시 국가안보보좌관 존 볼턴의 빅딜 문서에서 밝혀졌듯이 트럼프는 북한의 생화학 무기 프로그램을 포함한 완전한 비핵화 조치가 선행되어야만 제재 해제 조치를 포함한 보상책을 제공할 수 있다는 입장을 견지하였다.[8] 북한 핵능력의 상당 부분을 차지하는 영변 핵시설을 과감하게 포기하면서 부분적 경제제재 해제를 얻고자 했던 김정은으로서는 그 빅딜 제안을 받아들일 수 없었고, 그에 따라 트럼프는 협상장을 나와 버림으로써 국제사회에 큰 관심을 모았던 하노이 정상회담은 실패로 귀결되었다.

---

7 이제훈, "비행기 5시간 거리인데…김정은, 왜 사흘간 열차 이동 택했나", 한겨레, 2019년 2월 24일. https://www.hani.co.kr/arti/politics/defense/883405.html (검색일: 2024.2.9)

8 경향신문, "볼턴 트럼프, 김정은에 비핵화 요구 담은 '빅딜' 문서 건넸다" 2019년 3월 4일. https://m.khan.co.kr/world/america/article/201903040819001#c2b (검색일: 2024.2.9)

이 회담의 실패는 김정은에게 깊은 모욕감을 주는 것이었는데, 다음 단락에서 자세히 살펴보겠지만 북한이 향후 대결적인 대외정책으로 선회하게 되는 데에 중요한 역할을 하였다. 그러나, 그때까지만 해도 김정은은 트럼프와의 외교를 통한 문제 해결에 미련을 두고 있었다고 볼 수 있다. 왜냐하면, 같은 해 6월에 트럼프가 일본을 방문했을 때 트위터 메시지를 통해 김정은과 다시 만날 수 있다는 의사를 내비쳤을 때, 김정은이 전격적으로 받아들임으로써 판문점에서 세 번째 정상 간 만남이 성사되었던 것으로 그 사실을 짐작할 수 있다. 그 만남에서 김정은의 깜짝 요청으로 트럼프는 현직 미국 대통령으로서는 처음으로 북한 영토에 발을 내딛는 경험도 하였다.[9] 그러나, 북미 정상 간의 우호적인 관계를 확인하고 계속해서 외교적 노력을 기울이겠다는 의례적 약속 이외에 핵문제 해결을 위한 실질적인 조치는 없었다. 그 후 2019년 10월 스웨덴 스톡홀름에서 북미 간 마지막 실무 접촉이 있었지만, 서로의 커다란 입장 차이만 확인한 채 회담이 결렬되고 말았다.[10]

불행하게도 이 스톡홀름 회의를 마지막으로 북미 간의 외교는 실질적으로 중단되었다. 마침 2019년 12월부터 중국에서 코로나 바이러스가 퍼지게 되었고, 정권의 존재론적 위협을 느낀 북한은 2020년 1월에 중국과 러시아와의 국경을 완전히 봉쇄하는 강경책을 취함으로써 미국과의 외교 가능성은 더 멀어지게 되었다. 2023년 8월 국경을 부분적으로 다시 개방하는 조치를 취할 때까지 북한은 팬데믹 관리에 만전을 기하였고, '정면돌파'

---

9 정유진, "트럼프, '깜짝 월경' 북한 땅 밟다", KBS 뉴스, 2019년 7월 1일. https://news.kbs.co.kr/news/pc/view/view.do?ncd=4232669 (검색일: 2024.2.10)

10 홍민, "북미 스톡홀름 실무협상 결렬 원인과 북한의 전략", 통일연구원 온라인 시리즈, 2019년 10월 8일.

와 '자력갱생'을 더욱 강조하면서 폐쇄적인 정책을 유지하였다.[11] 2020년 10월에 북한 당국은 '80일 전투'를 발표하면서 전 국민을 동원하여 군대식으로 노동생산성 증가를 통한 경제 회복을 시도하였지만, 실질적인 결실을 맺지 못하였고 경제 정책 실패를 시인하게 되었다.[12] 안보적인 측면에 있어서도 미국과 남한에 대해 점점 더 위협적인 자세를 취하였다. 즉, 2017년 11월 화성-15 장거리 미사일 시험 발사 이후 유지해 온 탄도미사일 시험 발사 유예 조치를 서서히 내려놓기 시작하였는데, 단거리 미사일 발사를 시작으로 그 시험 발사 빈도를 늘려 갔다. 2020년 6월에 북한 당국은 남한의 시민단체들이 북한에 날려 보내는 삐라를 문제 삼아 남북 협력의 상징이자 남한의 자본으로 건설된 남북연락사무소를 아무런 사전 연락 없이 폭파시켜 버렸다.[13] 이 사건은 남한의 대북 여론을 상당히 악화시키는 무리한 조치였다. 또한 2021년 1월 8차 당대회에서 북한은 전략 무기 잠수함 발사 탄도미사일, 극초음속 미사일, 전술핵무기, 그리고 순항미사일 등 군사력을 최대한 증강시키기로 결정하였다.

2022년 3월에는 화성-17 장거리 미사일을 시험 발사를 통해 2017년 11월 이후 자발적으로 지켜온 미사일 모라토리움을 깨면서 그 후 계속해서 도발적인 행동을 감행하였다.[14] 뒤에서도 자세히 살펴보겠지만, 이러한 행동의 변화는 그해 2월 러시아의 우크라이나 침공이 결정적인 영향을 끼쳤

11 심학철, "올해 진군에서 더 높이 발휘해야 할 자력갱생, 간고분투의 정신력과 창조력", 로동신문, 2023년 1월 7일. http://www.rodong.rep.kp/ko/index.php?MTJAMjAyMy0wMS0wNy1OMDI0QDExQDQ0QOyekOugpeqwseyDnUAwQDY2MQ==== (검색일: 2024.2.13)

12 문순보, "2020年 김정은···셀프 고립 통한 정권 보위에 골몰", *Daily NK*, 2020년 12월 29일.

13 BBC News 코리아, "북한: 남북 공동연락사무소 폭파... 한국 정부도 강경반응", 2020년 6월 18일. https://www.bbc.com/korean/news-53089558 (검색일: 2024.2.12)

14 정빛나, "합참 '북 장거리 탄도미사일, ICBM급 추정'··· '화성-17형'인 듯", 연합뉴스, 2022년 3월 24일. https://www.yna.co.kr/view/AKR20220324161100504 (검색일: 2024.2.11)

다고 볼 수 있다. 미중 간의 고조되는 전략적인 경쟁하에서 미국과 다른 서방국들의 관심이 유럽으로 집중하게 됨으로써 북한으로서는 좀 더 자유롭게 대결적인 행동을 할 수 있는 공간이 생겨난 것이었다. 중국과 러시아가 미국과 더 대치하게 됨으로써 중국과 러시아의 긴밀한 협력이 있었던 2017년 상황과는 달리 안보리 유엔제재도 큰 구멍이 생기게 되었다. 북한은 장거리 미사일 시험 발사 이외에도 극초음속 미사일 시험 발사, 잠수함 탄도 미사일 시험 발사, 군사정찰위성 발사, 핵추진 잠수함 건조 등 군사력 증강을 위해 수많은 노력을 기울였다. 이러한 변화들과 함께 북한은 2022년 4월 핵독트린을 개정함으로써 북한의 근본적인 국익이 침해 받을 때에는 핵무기의 선제적 사용을 가능하게 하였다.[15] 이는 다른 핵무기 보유국의 공격을 억지하는 수단으로서의 핵무기 보유를 강조했던 기존의 입장에서 상당히 벗어난 것인데, 이 변화로 인해 북한은 가장 낮은 핵무기 사용 기준을 가진 나라가 되었다. 그전까지는 남한의 경우 북한의 핵공격 대상이 아니었지만, 그러한 핵독트린 개정을 통하여 필요시 남한에 대한 핵공격도 가능하다는 것을 보여주었다. 2022년 9월에는 핵무력 정책을 입법화했고, 2023년 9월에는 핵무력 정책을 헌법에 명시함으로써 북한의 핵능력은 더 이상 외교적인 협상의 대상이 아님을 분명히 하였다.[16]

더 나아가, 2023년 12월 조선노동당 중앙위원회 제8기 9차 전원회의를 시작으로 김정은은 남한을 '불변의 제1 주적'으로 규정하였고, '유사시 영토 점령, 평정' 등을 공개적으로 언급하였다. 김정은은 또한 선대의 유훈인

---

15 유신모, "김정은의 '핵독트린' 의미와 배경", 경향신문, 2022년 4월 27일. https://m.khan.co.kr/politics/defense-diplomacy/article/202204271727001#c2b (검색일: 2024.2.11)

16 동아일보, "軍, 北 핵무력 정책 헌법화에 '핵사용 기도 땐 정권 종말' 경고", 2023년 10월 4일. https://www.donga.com/news/Politics/article/all/20231004/121489874/1 (검색일: 2024.2.12)

조국통일 3대 헌장(자주, 평화통일, 민족대단결)을 헌법에서 삭제하도록 하였고, 한국을 '제1의 적대국', '전쟁 중인 교전국'이라고 규정하면서 남북 민간 교류를 담당했던 조직과 단체들을 정리하는 정책을 시행하기 시작했다. 또한, 김정은은 "유사시 핵무력을 포함한 모든 수단과 역량을 동원해 남조선 전 영토를 평정하기 위한 대사변 준비에 박차를 가하라"라는 지시를 내리기도 했다.[17] 지난 1월 8일 건군절 오후에 국방성을 축하 방문한 자리에서도 다음과 같이 남한을 향한 위협적인 언급을 되풀이하였다: "얼마 전 우리 당과 정부가 우리 민족의 분단사와 대결사를 총화 짓고 한국 괴뢰 족속들을 위리의 전정에 가장 위해로운 제1의 적대 국가, 불변의 주적으로 규정하고 유사시 그것들의 영토를 점령, 평정하는 것을 국시로 결정한 것은 우리 국가의 영원한 안전과 장래의 평화와 안정을 위한 천만 지당한 조치이다."[18] 이러한 유례없는 강경한 언사와 함께 2024년 들어 NLL 수역으로의 해안포 발사, 수차례의 극초음속 미사일과 순항미사일 시험 발사, 핵무인 수중공격정 '해일' 수중 폭파시험 등 대결적인 행동들을 이어가고 있으며, 북한 주재 러시아 대사를 통해 알려진 것처럼 제7차 핵실험에 대한 가능성까지 내비치고 있다.[19]

17   로동신문, "조선노동당 중앙위원회 제8기 제9차 전원회의 확대회의에 관한 보도", 2023년 12월 31일. http://www.rodong.rep.kp/ko/index.php?MTJAMjAyMy0xMi0zMS1OMDAxQDExQDBA7KCc77yY6 riwIOygnO+8luywqOyghOybkO2ajOydmEAwQDEz== (검색일: 2024.2.13)
18   이승현, "김정은 위원장, '한국은 제1 적대국가·유사시 영토평정'재확인", 통일뉴스, 2024년 2월 9일. https://www.tongilnews.com/news/articleView.html?idxno=210014 (검색일: 2024.2.12)
19   고도예, "주북 러 대사, 北 7차 핵실험 가능성 연이어 시사", 동아일보, 2024년 2월 13일. https://www.donga.com/news/Politics/article/all/20240213/123488401/1 (검색일: 2024.2.15)

Ⅳ. 북한의 대외정책 변화 요인들

위에서 살펴본 것처럼, 2019년 2월 하노이 회담의 실패 이후 북한은 미국과 남한을 향해 점점 더 대결적인 모습을 보이고 있다. 〈그림 1〉에서 보이는 것처럼, 이러한 북한의 대외정책 변화를 설명하기 위해 국제정치학에서 종종 사용되는 '분석 단위'(level of analysis)를 통해 그 요인들을 살펴보는 것은 전체적인 그림을 이해하는 데에 도움이 될 수 있다.

〈그림 1〉 북한의 최근 대결적 대외정책으로의 전환 요인들

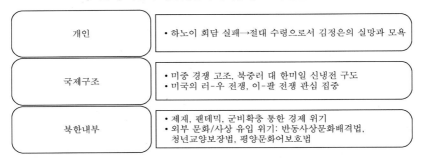

우선, 논쟁의 여지가 있지만 개인적인 분석 단위로서 김정은 국무위원장이 하노이에서 겪었던 깊은 실망감과 모욕감이 북한의 대결적인 대외정책으로의 전환에 가장 큰 영향을 끼쳤을 수 있다. 27세의 어린 나이에 북한의 최고 통치권자가 된 김정은은 1970-80년대 아버지 김정일의 권력 승계과정 때와는 사뭇 다른 취약한 권력 기반을 가지고 있었다.[20] 그러한 상황에서 약한 권력 기반을 공고히 하기 위해 선대에 활약했던 수많은 군부 실세

---

20   Jung H. Pak, *Becoming Kim Jong Un: A Former CIA Officer's Insights into North Korea's Enigmatic Young Dictator* (New York: Ballantine Books, 2020).

들을 숙청하고 자기에게 충성하는 사람들로 대체하였다. 또한, 핵무기 개발과 경제 개발을 동시에 추구하는 병진정책을 추진함으로써 미국을 중심으로 한 적대세력의 군사적 개입을 억지하고, 장기간 침체된 북한 경제를 활성화하려는 노력을 기울였다. 그러나, 핵무기/미사일 개발로 인해 부과된 유엔안보리의 다국적 경제제재와 미국을 포함한 여러 국가의 단독적인 경제제재에 부딪혀 생존은 가능할지 모르지만 북한 주민들의 생활에 획기적인 변화를 가져올 수 있는 경제발전을 이룩하기는 어려운 상황이었다.[21] 이러한 문제를 타계하기 위해 2017년 말까지 핵무기와 미사일 능력을 최대한 증진시킨 후에 2018년 초 문재인 정부의 가교 역할을 발판 삼아 미국과의 외교적 합의를 이루려는 전략적 결단을 내리고 정상회담의 장으로 나왔다고 볼 수 있다. 2018년 6월 트럼프와의 역사적인 싱가포르 회담 이후 합의한 사항들에 대한 실질적인 이행이 더딘 상황이었는데, 2019년 2월 하노이에서 담판을 통해 북한의 어려운 경제문제 해결을 시도하였다. 앞에서도 언급한 것처럼, 많은 기대를 가지고 어렵게 마주한 트럼프와의 두 번째 정상회담에서 영변 핵시설 폐쇄를 넘어서서 생화학 무기 포기를 포함한 '완전하고 검증 가능하며 되돌이킬 수 없는 비핵화'(complete, verifiable, irreversible denuclearization: CVID)를 통해서만 경제제재 해제를 얻을 수 있다는 미국 측의 높은 벽에 부딪히게 되면서 아무런 소득 없이 평양으로 돌아가게 되었다. 이러한 과정은 경제제재 해제에 대한 큰 기대를 가지고 있었던 북한 주민들에게 있어 절대수령에 대한 위신이 추락하는 사건이었다. 따라서, 이로 인해 김정은이 가지게 된 그 실망감과 모욕감은 미국과의 외

---

21 Stephen Haggard and Marcus Noland, *Hard Target: Sanctions, Inducement, and the Case of North Korea* (Stanford: Stanford University Press, 2017).

교 협상에 깊은 회의를 불러일으키고, 북한이 점점 더 대결적인 대외정책 쪽으로 기울어지는 데에 중요한 역할을 했다고 볼 수 있다.

그러나, 이러한 개인 변수로만 북한의 최근 행동 변화를 설명하기에는 한계가 분명하다. 왜냐하면, 그러한 지도자가 아무리 북한 사회에서 절대적인 권위를 가지고 대외정책을 좌지우지하는 변수가 된다고 하더라도,[22] 외부적인 환경이 뒷받침되지 않는다면 심한 경제 위기를 겪고 있는 북한이 정권 유지에 있어 더 어려운 도전들에 직면할 수 있기 때문이다. 즉, 2019년 이후 국제정세의 변화가 하노이 회담 이후 깊은 실망에 젖어 있던 김정은으로 하여금 더 도발적인 행위를 할 수 있는 여건을 조성해 왔다고 볼 수 있다. 그 구조적 변화에 있어서 우선은 미국과 중국의 전략적 경쟁이 점점 더 치열해지고 있는 상황을 들 수 있다. 주지하다시피, 2011년 말에 오바마 행정부가 중국의 부상을 견제하려는 '아시아로의 회귀'(pivot to Asia) 또는 '아시아 재균형 정책'(rebalance to Asia)을 추진하면서부터 미중 간의 경쟁이 본격적으로 시작되었다.[23] 그 후 2012년에 중국의 과거 영광을 재현하려는 꿈을 스스럼없이 드러내며 권력을 잡은 시진핑 주석의 공격적이고 팽창적인 정책은 미국으로 하여금 더 방어적인 자세를 취하게 만들었다. 더 나아가, 2017년 트럼프 행정부가 들어서면서 미중 전략 경쟁은 더욱 치열해졌는데, 관세 폭탄을 부과하는 무역 전쟁에서 시작하여 세계 산업 공급망에서 중국을 제외하려는 시도로 이어졌고, 인공지능과 5G를 포함한 분야에서의 기술 경쟁으로 빠르게 진화하였다.[24] 2020년부터는 팬데믹을 통과하

22 Andrei Lankov, *The Real North Korea: Life and Politics in the Failed Stalinist Utopia* (Oxford: Oxford University Press, 2014).

23 Jahyun Chun and Yangmo Ku, "Clashing Geostrategic Choices in East Asia, 2009-2015: Re-balancing, Wedge Strategy, and Hedging", *The Korean Journal of International Studies,* 18: 1 (April 2020): 33-57.

24 Peter Engelke and Emily Weinstein, "Global Strategy 2023: Winning the tech race with China", Atlantic

면서 중국에 대한 미국 국민들의 인식이 더욱 나빠졌는데, 민주주의와 권위주의 대결이 첨예하게 부딪히는 정치 이념적인 영역으로까지 미중 전략 경쟁이 나타나게 되었다. 이에 더하여, 2022년 8월 미 하원의장 낸시 펠로시의 전격적인 대만 방문으로 미중 간의 군사적 긴장까지 상당히 고조되었다.[25] 이와 같이, 미중 관계의 악화는 북한으로 하여금 대외정책의 운신 폭을 넓힐 수 있는 중요한 역할을 했다고 추정하는 데에 큰 무리가 없을 것이다. 위에서 언급한 것처럼, 2017년 북한의 핵실험과 장거리 미사일 시험 발사로 미국 주도의 강력한 유엔 제재에 중국이 동의했던 때와는 상당한 차이가 있는 상황이기 때문이다. 물론, 팬데믹으로 인한 자발적인 국경봉쇄로 유엔 제재보다 더 심한 경제적 압박을 북한이 견뎌야 했지만, 북한 문제를 다루는 데 있어 미국과 중국이 더 이상 협력하지 않는 상황은 북한으로 하여금 대결적인 대외정책으로 갈 수 있는 발판을 마련해 준 것으로 해석할 수 있을 것이다.

이렇게 미중 경쟁이 점점 더 치열해져 가는 상황에서 일어난 2022년 2월 러시아의 우크라이나 침공은 북한이 더 대결적인 자세로 변화할 수 있는 결정적인 구조적 환경을 제공했다고 볼 수 있다.[26] 다시 말해, 미중 갈등에

Council, July 27, 2023. https://www.atlanticcouncil.org/content-series/atlantic-council-strategy-paper-series/global-strategy-2023-winning-the-tech-race-with-china/ (accessed on February 14, 2024)

25　Paul Haenle and Nathaniel Sher, "How Pelosi's Taiwan Visit Has Set a New Status Quo for US-China Tensions", Carnegie Endowment for International Peace, August 17, 2022. https://carnegieendowment.org/2022/08/17/how-pelosi-s-taiwan-visit-has-set-new-status-quo-for-u,s-china-tensions-pub-87696 (accessed on February 15, 2024)

26　Jennifer Hansler and Kylie Atwood, "US State Department report details damning failings around chaotic Afghanistan withdrawal", CNN, June 30, 2023. https://www.cnn.com/2023/06/30/politics/state-deparment-afghanistan-withdrawal-report/index.html (accessed on February 17, 2024): 또 다른 한 측면은, 2021년 8월 미군의 전격적인 아프가니스탄 철수 과정이 혼란으로 점철되고, 20여 년간 미국이 막대한 인적, 물적 자원으로 지원해 왔던 아프가니스탄 정부군이 무력하게 탈레반에게 무너지는 모습은 국제사회에서 미국의 위상을 추락시켰다. 또한, 2022년 2월 러시아의 우크라이나 침공 정보를 사전에 적극적으로 국제사회에 공개하고, 러시아에 침공을 감행할 경우 엄청난 대가를 지불할 것이라는 엄중한 경고

이어 국제 체제의 힘의 분산(distribution of power) 측면, 특히 군사력에 있어 세계의 한 축을 담당하는 러시아가 정당한 이유 없이 우크라이나를 침공함으로써 미국을 중심으로 한 서방 국가들과 더욱 적대적인 관계로 변하게 되면서 북한의 대외정책 운신의 폭이 훨씬 더 넓어졌다고 볼 수 있다.[27] 다시 말해, 북한의 입장에서는 러시아의 이탈로 자국에 대한 유엔 제재가 더 느슨해지는 것을 의미하게 되는 것이었고, 미국의 외교 안보 정책 관심이 유럽으로 쏠림으로써 대외정책을 구사하는 데 더 용이한 상황을 맞이하는 것이었다. 또한, 러시아의 우크라이나 침공과 함께 중국이 대만을 침공할 가능성이 높아짐으로써, 북한은 미국으로부터 느끼는 안보 위협을 더욱 적게 가지는 환경에 놓이게 되었다. 북한이 2017년 11월 이후 자발적으로 모라토리움을 지켜오던 장거리 탄도미사일 시험 발사를 러시아의 우크라이나 침공이 있은 바로 다음 달인 2022년 3월에 전격적으로 실행한 것만 보아도 북한이 대결적인 대외정책을 펼치기에 얼마나 호의적인 국제 구조적 정세였는가를 짐작할 수 있다. 더 나아가, 북한과 러시아의 관계가 냉전 이후 최고로 긴밀해지는 상황이 전개되었다. 즉, 2023년 9월 김정은이 블라디보스토크를 방문하여 푸틴 대통령을 만남으로써 양국 간 군사협력 방안이 논의되었다. 우크라이나와의 전쟁에서 재래식 무기가 부족한 러시아에 수백만 발의 포탄을 포함한 군수 물자를 제공해 주는 대가로 러시아는 장거리 미사일, 군사 정찰 위성과 같은 첨단 기술을 북한에 넘기는 합의가 이

를 계속 보냈지만 억지(deterrence)가 실패한 것은 미국이 국제사회에 대한 영향력이 쇠퇴했다는 것을 드러내는 사건이었다.

27 Harald Edinger, "Offensive ideas: structural realism, classical realism and Putin's war on Ukraine", *International Affairs*, Vol. 98, No. 6 (2022): 1873-1893; Thomas Graham, "Russia's Grand Strategy toward the West", *Journal of Peace and War Studies*, 4th Edition (October 2022): 1-15.

루어진 것으로 여겨진다.[28] 이러한 불법 거래는 유엔 제재하에서 이전에는 상상할 수 없는 일이었는데, 바로 국제 정세의 급격한 변화가 가능케 한 사건이었다. 이와 더불어, 2023년 10월 하마스의 이스라엘 민간인들을 대상으로 한 대규모 테러 공격으로 촉발된 이스라엘-팔레스타인 전쟁 발발은 미국의 외교 안보 정책의 관심이 중동으로 집중되게 만들었다.[29] 따라서, 유럽과 중동의 안보 문제를 다루는 데에 미국의 군사외교적 역량이 집중되면서(중국에 대한 강력한 견제 정책은 그대로 유지하면서) 북한은 더더욱 자유로운 대외정책 운신의 폭을 가질 수 있게 되었다. 따라서, 2023년 말부터 이어져 온 김정은의 유례없이 대결적인 언사와 군사적 도발은 이러한 국제 구조적 변화와 긴밀히 연동되어 있다고 볼 수 있다.

　이러한 국제 구조적 변화와 함께 2022년 5월 남한에 윤석열 행정부가 집권한 이후 발전되어 온 한미일 삼각 안보 협력의 강화도 김정은 정권의 대결적인 대외정책으로의 변화에 상당한 영향을 끼쳤을 것으로 보인다. 다시 말해, 한반도를 둘러싸고 한미일 대 북중러의 신냉전 구도가 형성된 것은 최근 북한의 대결적인 태도로의 변화에 커다란 영향을 끼친 또 다른 국제체제 변수로 볼 수 있을 것이다. 주지하다시피, 보수 세력을 기반으로 집권한 윤석열 대통령은 이전 문재인 정부의 대북 유화 정책을 실패로 규정하고, 계속해서 고도화되는 북한 핵과 미사일 능력에 맞서 남한의 군비 확충과 함께 한미일 삼각 안보 협력 강화에 집중하였다. 이런 목적을 위해서 윤석열 대통령은 우선 한일관계의 복원에 많은 노력을 기울였다. 탈냉전

28　BBC News 코리아, "4년 만에 만난 김정은-푸틴, 러시아 '북 위성 개발 돕겠다'", 2023년 9월 13일. https://www.bbc.com/korean/articles/c03j28nkl1no (검색일: 2024.2.18)

29　*BBC*, "What is Hamas and why is it fighting with Israel in Gaza?" February 13, 2024. https://www.bbc.com/news/world-middle-east-67039975 (accessed on February 18, 2024)

이후 한일관계는 여러 차례 부침이 있었지만, 특히 문재인 정부 시절 과거사 갈등 문제로 한일관계는 바닥을 치는 상황이었다. 즉, 2015년 12월 박근혜 정부와 일본 아베 정부가 체결한 위안부 합의로 생겨난 화해 치유 재단을 문재인 정부가 2018년에 해산을 결정함으로써 일본의 반발을 불러왔고, 그 위안부 합의가 사실상 백지화되는 상황이 되었다.[30] 이에 더하여, 2018년 한국 대법원이 제2차 세계대전 당시 강제징용 노동자들을 이용한 일본 기업들에 대한 소송에서 피해자들에게 배상 지불 결정을 최종적으로 내렸는데, 이는 일본 정부의 강한 반발을 가져왔다. 이러한 대법원 결정에 대한 보복으로 일본 정부는 2019년 7월 불화수소 등 3개 반도체 핵심 소재의 한국 수출을 막았고, 그해 8월에는 화이트리스트(수출우대국)에서 한국을 제외시켰다.[31] 한국 정부도 다음 달 세계무역기구에 일본을 제소하였고, 한국의 화이트리스트에 해당하는 전략물자 수출 우대국에서 일본을 제외하며 맞대응하였다. 이러한 갈등 상황에서 윤석열 정부는 제3자 변제 방식으로 강제징용 문제 해결을 시도함으로써 한일관계를 복원하고자 했다. 즉, 가해자인 일본 정부나 기업이 보상에 참여하는 것이 아니라, 1965년 한일협약 체결 시 일본의 지원금으로 혜택을 받은 포스코와 같은 한국 기업들이 기금을 조성하여 강제징용 피해자들에게 보상하는 방안이었다.[32] 비록 여러 피해자 가족들과 지원 단체들이 강하게 반대하고 한국 국민들의 전반적인 공감대도 약했지만, 윤석열 정부는 그 안을 밀어붙였고 그로 말미암

---

30 박민희, 박다해, 조기원, "결국 사라진 화해 치유 재단…10억 엔 운명은 아직", 한겨레, 2019년 10월 19일. https://www.hani.co.kr/arti/politics/diplomacy/871240.html (검색일: 2024.2.19)

31 한재희, "'단호한 상응조치'로 반격 나선 한국…'전면전' 치닫는 韓 · 日", 서울신문, 2019년 8월 2일. https://www.seoul.co.kr/news/politics/2019/08/02/20190802500225 (검색일: 2024.2.19)

32 정혜민, "강제동원 피해자들 원치 않는 '제3자 변제' 가능한가?" 한겨레, 2023년 3월 13일. https://www.hani.co.kr/arti/society/society_general/1083382.html (검색일: 2024.2.19)

아 최소한 한일 정부 간의 관계는 갈등에서 빠져나오게 되었다.

이와 같은 한일관계 복원을 바탕으로 윤석열 정부는 한미일 삼각 안보 강화에 총력을 기울였다. 2023년 4월 한미 정상회담에서 북한의 위협에 맞서 미국이 확장억지(extended nuclear deterrence)를 강화하는 내용의 '워싱턴 선언'을 발표하고, 한미 핵협의 그룹(Nuclear Consultative Group)을 결성하기로 합의하였다. 그해 8월에는 한미일 정상이 미국 대통령 별장인 캠프 데이비드에서 만나 삼자 방어 훈련 강화, 정보 공유 향상, 그리고 탄도미사일 방어 협력 증진 등을 골자로 한 긴밀한 한미일 삼자 안보협력 방안을 발표하였다.[33] 이러한 기조하에 2022년 9월에 재개했던 한미일 해상 연합 훈련을 2023년 11월 북한의 정찰위성 발사에 대응으로 다시 실시하였으며, 2024년 1월에도 북한 김정은 국무위원장의 '한반도 완전 점령' '불변의 주적' 발언 등 고조되는 북한의 위협에 대응해 사상 최대 규모의 한미일 해상 연합 훈련을 실행했다.[34] 더 나아가, 고도화되는 북한의 핵과 미사일 위협에 맞서 2023년 10월에는 해상 연합 훈련을 뛰어넘어 사상 처음으로 한미일 공중 연합 훈련을 실시하였고,[35] 그해 12월에도 북한의 대륙간탄도미사일 시험 발사에 대응하여 미국의 B-IB전략 폭격기가 참여하는 연합 훈련을 실시하였다.[36] 이처럼 남한과 북한은 한미일 대 북중러의 신냉전 구도 아래에서 전형적인 안보 딜레마에 빠져서 더욱 위태로운 안보 상황으로 치닫고

---

33 주한미국대사관, "팩트시트: 캠프 데이비드 삼자 정상회담", 2023년 8월 19일. https://kr.usembassy.gov/ko/081923-fact-sheet-the-trilateral-leaders-summit-at-camp-david-ko/ (검색일: 2024.2.20)

34 양지호, "북의 핵위협 폭주에…한미일 최대 해상훈련", 조선일보, 2024년 1월 18일. https://www.chosun.com/politics/diplomacydefense/2024/01/18/UNNVYKWNARFYRFVNI22G3RQVGU/ (검색일: 2024.2.20)

35 김호준, "한미일 공군, 22일 한반도 인근서 첫 연합공중훈련 실시", 연합뉴스, 2023년 10월 18일. https://www.yna.co.kr/view/AKR20231018026100504 (검색일: 2024.2.21)

36 박수윤, "한미일, 美 B-1B 전략폭격기와 연합공중훈련…北ICBM 도발 대응", 연합뉴스, 2023년 12월 20일. https://www.yna.co.kr/view/AKR20231220123900504 (검색일: 2024.2.22)

있다. 다시 말해, 강화되는 한미일 삼각 안보 협력이 심한 위협으로 다가오는 북한은 각종의 미사일 시험 발사를 통하여 자국의 군사 안보와 억지 능력을 증진시키려 하고, 이런 북한의 군사 안보 증진 행위는 남한에 큰 위협으로 인식되어 한미일 군사 협력을 더 강화하게 되는 악순환에 빠지게 되었다.

지금까지 살펴본 개인적, 구조적 단위에서의 변수들과 함께 북한 국내 변수 또한 최근 북한 대외정책의 대결적 전환의 이유를 설명하는 데에 간과할 수 없는 중요한 사안이다. 2019년 2월 김정은이 트럼프와의 정상회담에서 영변 핵시설 폐기를 대가로 다섯 분야의 핵심 국제제재를 해제하려고 했던 의도에서 비쳤던 것처럼, 북한은 2017년 말 6차 핵실험과 화성-15 장거리 미사일 시험 발사로 인해 초래된 강력한 유엔안보리 제재 때문에 국내 경제 상황이 크게 악화되었다. 아래의 (표 1과 2)에서 확인할 수 있는 것처럼, 2017년과 2018년의 북한의 대외 무역 규모가 급격히 감소하였고, 마이너스 경제성장률을 기록하였다. 이에 더하여, 모욕적인 하노이 회담의 실패 이후 2020년 1월 코로나 팬데믹으로 인한 자발적 국경 봉쇄 조치로 인하여 한층 더 엄중한 경제 위기 상황을 맞이하였다. 북한 주민들을 주요 대상으로 발행되는 로동신문의 수많은 기사들에서도 '주체', '자력갱생', '과학기술 쇄신' 그리고 '당과 수령을 중심으로 일치단결'로 대내외적으로 닥친 경제 위기를 헤쳐 나가자고 독려하고 있다.

〈표 1〉 북한 대외 무역 규모 (단위: 미국 10억 달러)

연도	북한 수출	북한 수입
2012	2.48	3.45
2013	3.21	4.13
2014	3.16	4.45
2015	2.70	3.56
2016	2.82	3.71
2017	1.77	3.79
2018	0.24	2.60
2019	0.28	2.97
2020	0.09	0.77
2021	0.08	0.63
2022	0.16	1.43

자료: 북한 통계 포털 https://kosis.kr/bukhan/nkStats/nkStatsIdctChart.do?menuId=M_01_02&listNm=%EB%8C%80%EC%99%B8%EB%AC%B4%EC%97%AD (검색일: 2024.2.21)

〈표 2〉 북한의 경제 성장률 추이 (단위: 퍼센트)

2012	2013	2014	2015	2016	2017	2018	2019	2020	2021	2022
1.3	1.1	1.0	-1.1	3.9	-3.5	-4.1	0.4	-4.5	-0.1	-0.2

자료: 한국은행 https://www.bok.or.kr/portal/main/contents.do?menuNo=200091 (검색일: 2024.2.21)

이러한 경제위기에 더하여 김정은 정권은 북한으로 유입되는 남한의 문화와 사상 때문에 북한 주민들을 통제하는 데에 심각한 어려움을 겪고 있는 것처럼 보인다. 특히 젊은 층에서 한류 드라마나 쇼 프로그램들을 시청함으로써 북한과 대비되는 남한의 발전된 경제 상황과 자유로운 사회상을 접하게 되는데, 이런 상황을 그대로 방치했다가는 정권유지가 위태로울 수 있다는 위기감이 조성되었을 것으로 사료된다. 이러한 추정의 근거는 2020년, 2021년, 2023년에 각각 제정된 반동사상문화배격법, 청년교양보장법,

그리고 평양문화어보호법에서 찾을 수 있다.[37] 즉, 남한 예능 프로그램을 시청하거나 배포할 경우, 심지어는 남한에서 사용하는 언어와 표현들을 사용하다가 적발될 경우 수년간의 노동교화형이나 심지어는 사형까지 선고가 내려지는 법들을 제정한 것을 보면 북한 정권이 얼마나 남한 문화와 사상의 유입에 민감해하는지를 알 수 있다. 이처럼 최근에 보이는 북한 대외정책의 급격한 변화를 설명하는 데에 있어 북한의 어려운 경제 상황과 흐트러지는 북한 주민들의 사상을 통제하기 위한 요인을 간과할 순 없을 것이다. 즉, 대결적인 대외정책을 통하여 국내 사회 경제적 위기로 인한 지도자에 대한 반감을 상쇄시키고 지지를 유도하는 결집 효과(rally'round the flag effect)와 연결시킬 수 있을 것이다.[38]

V. 북한 비핵화 vs. 한반도 비핵화

2024년 3월 현재 시점에 위에서 논의된 작금의 한반도를 둘러싼 위태로운 안보 상황을 고려할 때, 그러한 위기의 핵심에 해당한다고 볼 수 있는 '북한 비핵화' 또는 '한반도 비핵화' 문제를 논의한다는 것은 상당히 비현실적인 것처럼 여겨질 수 있다. 그러나 그런 엄중한 상황에도 불구하고, 북한 핵문제는 탈냉전 이후 한반도 안보 환경에 가장 부정적인 영향을 끼쳐온 사안이고, 앞으로도 계속해서 한반도 평화와 안정에 큰 걸림돌로 작용할 것이 분명하기 때문에 다시 한번 깊이 숙고할 필요가 있다.

---

37 오중석, "북한의 3대 악법", 자유아시아방송, 2023년 10월 27일. https://www.rfa.org/korean/weekly_program/c2dcc0ac/c624c911c11dc758-bd81d55cc0ddac01/nkthought-10272023103841.html (검색일: 2024.2.22)

38 Marc J. Hetherington and Michael Nelson, "Anatomy of a Rally Effect: George W. Bush and the War on Terrorism", *PS: Political Science & Politics*, Vol. 36, No. 1 (January 2003): 37-42.

우선 '북한 비핵화'나 '한반도 비핵화'를 둘러싼 실제적인 논의를 하기 전에 사안의 정확한 이해를 위해 오랫동안 논란의 대상이 되어 온 용어와 개념 문제를 자세히 들여다볼 필요가 있다. '한반도 비핵화'는 탈냉전 이후 나온 여러 공식적인 국가 간 합의와 성명에서 사용되었는데, 1991년 12월 남북이 채택하여 다음 해 2월에 효력이 발생한 '한반도 비핵화 공동 선언'이 처음이었다. 전문과 6개 항으로 구성된 이 선언을 구체적으로 살펴보면,

> 남과 북은 한반도를 비핵화함으로써 핵전쟁의 위험을 제거하고 우리나라의 평화와 평화통일에 유리한 조건과 환경을 조성하며 아시아와 세계의 안전에 이바지하기 위하여 다음과 같이 선언한다. 1) 남과 북은 핵무기의 시험, 제조, 생산, 접수, 보유, 저장, 배비, 사용을 하지 아니한다. 2) 남과 북은 핵에너지를 오직 평화적 목적에만 이용한다. 3) 남과 북은 핵재처리 시설과 우라늄 농축 시설을 보유하지 아니한다. 4) 남과 북은 한반도의 비핵화를 검증하기 위하여 상대 측이 선정하고 쌍방이 합의하는 대상들에 대하여 남북 핵통제 공동위원회가 규정하는 절차와 방법으로 사찰을 실시한다. 5) 남과 북은 이 공동선언의 이행을 위하여 공동선언이 발효된 후 1개월 안에 남북 핵통제 공동위원회를 구성, 운영한다. 6) 이 공동선언은 남과 북이 각기 발효에 필요한 절차를 거쳐 그 본문을 교환한 날부터 효력이 발생한다.[39]

위에서 알 수 있는 것과 같이, 한반도 비핵화 공동 선언은 북한이 그전까지 주장해 오던 '한반도 비핵지대화' 개념에서 주한미군 철수와 미국의 한국에 대한 핵우산 제거 등의 쟁점 부분을 배제한 것이었다. 이는 냉전의 붕괴로 인해 외교적으로 고립된 북한이 남한과 미국과의 관계 개선을 통한

---

39 행정안전부 국가기록원, "남북한, 한반도 비핵화 공동 선언", 1992. https://www.archives.go.kr/next/newsearch/listSubjectDescription.do?id=002895&sitePage= (검색일: 2024.2.22)

정권 생존의 돌파구를 찾기 위해 기존의 입장에서 상당 부분 양보한 합의였다고 볼 수 있다.

'한반도 비핵화 공동 선언'은 1990년대 북핵 1차 위기를 통과하며 생겨난 타협안인 북미 '제네바 합의'에서도 언급되었다. 즉, 미국은 북한을 핵무기로 위협하거나 사용하지 않는다는 약속을, 이에 상응해 북한은 '한반도 비핵화 공동 선언'을 이행하는 조치들을 지속적으로 추진해 가겠다고 약속하였다. 하지만, 제네바 합의의 경우 '북한 비핵화'가 핵심 내용이었다: 북한은 흑연 감속로 원자로와 그 관련 시설들을 동결한 후 국제원자력기구의 검증 사찰을 받으며, 핵폐기에 대한 대가로 제공되는 경수로 건설이 완공될 때까지 궁극적으로 모든 핵시설들을 폐기한다는 합의였다.[40] 그러나, 이 합의에는 '비핵화된 한반도(nuclear-free Korean peninsula)의 평화와 안전을 이루기 위해'라는 표현이 사용되었는데, 그 표현은 '핵 없는 한반도'에 가까운 의미였다. 이는 핵무기뿐만 아니라 핵위협도 사라져야 한다는 것으로 해석될 수 있는 여지가 있어서 북한에 유리한 표현이었다. 그 후 2002년 10월에 발단이 된 북핵 2차 위기를 해결하기 위해서 미국, 중국, 한국, 북한, 러시아, 그리고 일본이 참여하는 '6자회담'이 2003-2008년까지 이어졌는데, 그때 나온 합의서들도 '한반도 비핵화 공동 선언'의 기반 위에 '북한 비핵화'에 초점을 맞춘 것이었다. 예컨대, 2005년 9월 19일에 발표된 '6자회담 공동 성명'에서는 북한이 모든 핵무기 프로그램을 폐기하고, 핵 비확산 조약과 국제 원자력기구의 안전조치에 신속히 복귀하는 것을 명시했다. 이에

---

40 IAEA Information Circular, "AGREED FRAMEWORK OF 21 OCTOBER 1994 BETWEEN THE UNITED STATES OF AMERCIA AND THE DEMOCRATIC PEOPLE'S REPUBLIC OF KOREA", November 2, 1994. https://www.iaea.org/sites/default/files/publications/documents/infcircs/1994/infcirc457.pdf (accessed on February 23, 2024)

대한 대가로 관련국들은 북한이 핵에너지를 평화적으로 사용할 권리를 존중하고, 적절한 시기에 경수로 제공 사안을 논의하기로 약속하였다. 또한, 미국은 한반도에 핵무기를 가지고 있지 않으며 북한을 핵무기나 재래식 무기로 공격하거나 침공할 의사가 없음을 확인하고, 북미 관계 정상화와 서로의 주권과 평화로운 공존을 존중한다는 내용을 명시하였다. 한국 또한 자국 내에 핵무기가 존재하지 않음을 확인하고, '한반도 비핵화 공동 선언'에 따라 핵무기 개발을 하지 않겠다고 공약하였다.[41]

2007년 2월에 발표된 '9.19 공동성명 이행을 위한 초기 조치'도 '한반도 비핵화' 개념을 바탕으로 '북한 비핵화' 실행에 초점을 두는 것이었다. 그 전문에서 "참가국들은 한반도 비핵화를 조기에 평화적으로 달성하기 위한 공동의 목표와 의지를 재확인하였으며 공동성명상의 공약을 성실히 이행할 것이라는 점을 재확인하였다"라고 언급하고 있다.[42] 이어 북한은 궁극적인 폐기를 목적으로 재처리 시설을 포함한 영변 핵시설 운영을 중단하여 봉인하고, 국제원자력기구 사찰단이 모든 필요한 사찰과 검증을 하도록 초청한다는 약속을 담았다. 이에 대응해 다른 관련국들은 중유 5만 톤 상당의 긴급 에너지 지원을 북한에 제공하고, 동북아시아의 평화와 안정을 위한 긍정적인 조치를 취하며, 한반도의 항구적인 평화체제 확립에 관한 협상을 가지기로 합의하였다. 더 나아가, 같은 해 10월 3일에는 '9.19 공동성명 이행을 위한 2단계 조치'가 발표되었는데, 이 합의문도 검증 가능한 '한반도

---

41 외교부, "[제4차 6자회담 2단계 회의] 9.19 공동성명", 2005년 9월 19일. https://www.mofa.go.kr/ www/brd/m_3973/view.do?seq=293917&srchFr=&srchTo=&srchWord=9.19&srchTp=0&multi_itm_ seq=0&itm_seq_1=0&itm_seq_2=0&company_cd=&company_nm=&page=1 (검색일: 2024.2.23)

42 대한민국 정책브리핑, "9.19 공동성명 이행을 위한 초기 조치 전문", 2007년 2월 13일. https://www. korea.kr/briefing/policyBriefingView.do?newsId=148618676&gubun=&pageIndex=&srchType=&srchWo rd=&startDate=&endDate=#policyBriefing (검색일: 2024.2.23)

비핵화'를 목표로 두었다. 북한은 현존하는 모든 핵시설을 불능화하고 그 해 12월 말까지 모든 핵 프로그램에 대한 완전하고 정확한 신고를 제공하 겠다고 약속했다. 이에 대해 미국은 북한의 비핵화 조치에 상응하여 북한을 테러지원국 명부에서 제외시키고, 적성국 교역법을 북한에 적용시키는 것을 중단하며 백만 톤의 중유를 제공할 것을 약속하였다.[43] 그러나, 2008 년 7월에 있었던 6자회담에서 북한은 '검증 가능한 한반도 비핵화'로 표현된 이전의 합의를 근거로 '남북한 동시 사찰론'을 제기하였고, 검증의증서 채택을 둘러싼 이견으로 그해 12월을 마지막으로 6자회담은 북한 핵문제를 해결하지 못한 채 종료되었다.[44]

또한, 2017년 7월 한반도에 군사적 긴장이 고조되고 있을 때 문재인 대통령이 베를린을 방문하여 발표한 한반도 평화프로세스 구상에서 '한반도 비핵화'에 대한 비전을 다음과 같이 간절하게 호소했다. "완전하고 검증 가능하며 불가역적인 한반도 비핵화는 국제사회의 일치된 요구이자 한반도 평화를 위한 절대 조건입니다. 한반도 비핵화를 위한 결단만이 북한의 안전을 보장하는 길이라는 뜻입니다.... 최근 한미 양국은, 제재는 외교적 수단이며, 평화적인 방식으로 한반도 비핵화를 달성한다는 큰 방향에 합의했습니다."[45] 그 후 2018년 4월 문재인-김정은 정상회담 이후에 발표된 '한반도의 평화와 번영, 통일을 위한 판문점 선언'에서 '한반도 비핵화'는 더욱 명

43 외교부, "9.19 공동성명 이행을 위한 2단계 조치", 2007년 10월 3일. https://www.mofa.go.kr/www/brd/ m_3973/view.do?seq=303993&srchFr=&srchTo=&srchWord=&srch Tp=&multi_itm_seq=0&itm_seq_1=0&itm_seq_2=0&company_ cd=&company_nm= (검색일: 2024.2.23)

44 유신모, "비핵화 개념을 둘러싼 북미의 용어 전쟁 30년… '한반도비핵화'가 뜻하는 것은", 경향신문, 2021 년 3월 29일. https://m.khan.co.kr/politics/defensediplomacy/article/202103291604001#c2b (검색일: 2024.2.23)

45 행정안전부 대통령기록관, "쾨르버 재단 초청 연설", 2017년 7월 6일. http://webarchives.pa.go.kr/19th/ www.president.go.kr/articles/57 (검색일: 2024.2.22)

확하게 담겼다: "남과 북은 완전한 비핵화를 통해 핵 없는 한반도를 실현한다는 공동의 목표를 확인하였다. 남과 북은 북측이 취하고 있는 주동적인 조치들이 한반도 비핵화를 위해 대단히 의의 있고 중대한 조치라는 데 인식을 같이 하고 앞으로 각기 자기의 책임과 역할을 다하기로 하였다. 남과 북은 한반도 비핵화를 위한 국제사회의 지지와 협력을 위해 적극 노력하기로 하였다."[46] '한반도 비핵화'는 2018년 6월에 싱가포르에서 있었던 역사적인 북미정상회담 성명에서도 분명히 재확인되었다: "양국은 한반도의 지속적이고 안정적인 평화체제를 구축하기 위해 함께 노력한다. 2018년 4월 27일 판문점 선언을 재확인하며, 조선민주주의인민공화국은 한반도의 완전한 비핵화를 향해 노력할 것을 약속한다."[47] 더 나아가, 같은 해 9월에 북한을 방문한 문재인 대통령은 '평양공동선언'에서 '한반도 비핵화'를 다음과 같이 다시 명시하였다. "남과 북은 한반도의 완전한 비핵화를 추진해 나가는 과정에서 함께 긴밀히 협력해 나가기로 하였다." 그러나, "남과 북은 한반도를 핵무기와 핵위협이 없는 평화의 터전으로 만들어 나가야 하며 이를 위해 필요한 실질적인 진전을 조속히 이루어 나가야 한다는 데 인식을 같이 하였다"[48]라는 표현에서 한반도 비핵화 개념에 핵위협 제거가 들어감으로써 북한에 유리하게 해석될 소지를 남겼다.

한편, 2023년 4월 윤석열 대통령의 워싱턴 방문 때에 나온 '워싱턴 선언'에서는 한미 동맹의 핵억제 강화를 강조하고 한반도 비핵화 목표를 재확인

---

46 외교부, "한반도의 평화와 번영, 통일을 위한 판문점 선언", 2018년 4월 27일. https://www.mofa.go.kr/www/brd/m_3984/view.do?seq=364828 (검색일: 2024.2.22)

47 연합뉴스, "[전문] 트럼프-김정은 6.12 북미정상회담 공동성명", 2018년 6월 12일. https://www.yna.co.kr/view/AKR20180612126600009 (검색일: 2024.2.21)

48 행정안전부 대통령기록관, "한반도 번영의 새로운 미래를 여는 평양공동선언", 2018년 9월 19일. http://webarchives.pa.go.kr/19th/www.koreasummit.kr/Summit2018/Performance_Pyongyang (검색일: 2024.2.21)

하였다: "윤 대통령과 바이든 대통령은 양국 공동의 안보에 대한 모든 위협에 맞서 함께할 것이라는 확고한 메시지를 국제사회에 전하며, 확장억제 강화를 위한 향후 조치들에 대한 긴밀한 협의를 지속해 나갈 것이다. 동시에 양 정상은 한반도의 완전한 비핵화 달성이라는 공동의 목표를 진전시키기 위한 수단으로 북한과의 전제조건 없는 대화와 외교를 확고히 추구하고 있다."[49] 그러나, 같은 해 8월에 있었던 한미정상회담과 한미일 삼자 정상회담에서는 모두 '북한 비핵화'가 강조되었다. 전자의 경우 "양 정상은 북한의 완전한 비핵화를 통한 한반도의 지속 가능한 평화 실현에 대한 강한 의지를 재확인했으며, 북한의 해외 노동자 파견, 불법 사이버 활동 등 핵, 미사일 개발 자금줄을 차단하기 위한 공조를 강화하기로 했다."[50] 그리고, 후자에서 발표된 '캠프 데이비드 원칙'에서도 '북한 비핵화'에 무게가 실려 있다.

> 우리는 관련 유엔 안보리 결의에 따른 북한의 완전한 비핵화를 위한 공약을 재확인하며, 북한이 핵·미사일 프로그램을 포기할 것을 촉구한다. 우리는 모든 유엔 회원국이 모든 관련 유엔 안보리 결의를 완전히 이행할 것을 촉구한다. 우리는 한반도 그리고 그 너머의 평화와 안보에 중대한 위협을 야기하는 다수의 대륙간탄도미사일(ICBM) 발사를 포함한 북한의 전례 없는 횟수의 탄도미사일 발사와 재래식 군사 행동을 강력히 규탄한다. 우리는 불법적인 대량살상무기 및 탄도미사일 프로그램의 자금원으로 사용되는 북한의 불법 사이버 활동에 대해 우려를 표명한다.[51]

---

49 주미국 대한민국 대사관, "워싱턴 선언", 2023년 4월 26일. https://usa.mofa.go.kr/usko/brd/m_4487/view.do?seq=1347536 (검색일: 2024.2.21)

50 주미국 대한민국 대사관, "캠프 데이비드 한미 정상회담 결과", 2023년 8월 18일. https://overseas.mofa.go.kr/us-ko/brd/m_4492/view.do?seq=1347721 (검색일: 2024.2.21)

51 The White House, "The Spirit of Camp David: Joint Statement of Japan, the Republic of Korea,

이상과 같이 1991년부터 공식적으로 발표된 관련 국가 간 합의나 성명에서는 '한반도 비핵화 공동 선언'을 기반으로 '한반도 비핵화' 용어가 광범위하게 사용되어 왔다. 그러나, '한반도 비핵화'에 관한 해석은 남북미 간에 사뭇 다르게 표출되었던 것을 확인할 수 있다. 미국의 경우는 1950년대부터 남한에 배치했던 전술핵무기를 1991년 냉전종식을 계기로 모두 철수했기 때문에, 한반도 비핵화는 곧 북한 비핵화를 의미하는 것이었다. 물론, 미국이 '한반도 비핵화'를 적극 지지했던 이유로 남한의 잠재적 핵개발을 용인하지 않겠다는 의지를 담는 것이기도 했다. 하지만, 북한이 발표해 온 여러 성명에서 '조선반도(한반도) 비핵화'는 북한뿐만 아니라 한반도 전체의 비핵화로서 미국의 확장 억제력(핵우산) 제공을 멈추고 미국 전력 자산의 한반도 전개를 없애는 개념이었다. 예컨대, 2013년 10월 12일에 조선국방위원회 대변인은 "조선반도의 비핵화는 남조선을 포함한 조선반도 전역의 비핵화이다. 이 비핵화는 우리에 대한 미국의 핵위협까지 완전히 청산하고 그것을 세계의 비핵화와 이어 놓기 위한 평화 애호적이며 힘 있는 물리적 수단이다"라고 발표하였다. 더 나아가 북한은 2016년 7월 6일 조선민주주의인민공화국 정부 대변인 성명에서 조선반도 비핵화 조건으로 다음의 5가지를 요구하였다: 1) 미국의 핵무기 공개; 2) 남한의 모든 핵무기, 기지 철폐 및 세계 앞에 검증; 3) 미국이 한반도와 그 주변에 핵 타격수단을 끌어들이지 않겠다는 담보; 4) 핵 위협이나 북한이 반대하는 핵 불사용 확약; 5) 핵무기 사용권을 보유 중인 주한미군의 철수 선포. 또한, 2018년 4월

and the United States", August 19, 2023 https://www.whitehouse.gov/briefing-room/statements-releases/2023/08/18/the-spirit-of-camp-david-joint-statement-of-japan-the-republic-of-korea-and-the-united-states/ (accessed on February 28, 2024); 주한미국대사관, "캠프 데이비드 정신", 2023년 8월 19일. https://kr.usembassy.gov/ko/081923-the-spirit-of-camp-david-joint-statement-of-japan-the-republic-of-korea-and-the-united-states-ko/ (검색일: 2024.2.8)

에 발표된 판문점 선언 3조 4항에 "남과 북은 완전한 비핵화를 통해 핵 없는 한반도를 실현한다는 공동의 목표를 확인하였다"라는 표현이 있다. 북한 외무성 영문 홈페이지에 실린 판문점 선언 영문 버전에서 '핵 없는 한반도'를 'turning the Korean peninsula into a nuclear-free zone'으로 번역했다. 앞에서도 언급했던 것처럼, 북한이 주장하는 한반도 비핵지대화는 한반도에 핵무기뿐만 아니라 미국의 핵전력 전개 중단, 핵우산 제공 철폐, 그리고 미군 철수로까지 이어질 수 있는 개념이다.[52] 2018년 12월 10일에 발표한 조선중앙통신 논평에서도 "조선반도 비핵화의 선결조건은 우리의 핵 억제력을 없애는 것이기 전에 조선에 대한 미국의 핵 위협을 완전히 제거하는 것"이라 주장했다.[53] 남한의 경우에도 보수/진보 정부에 따라 다른 용어를 사용하는 경향을 보여왔다. 앞에서 살펴본 것처럼, 문재인 정부 시절에는 핵 위협 제거까지 포함하는 '한반도 비핵화' 개념을 사용함으로써 북한에 유리한 해석의 여지를 남겼다면, 최근 윤석열 정부는 '북한 비핵화' 용어가 한미 양자 간, 한미일 삼자 간 성명에서 더욱 명확하게 사용하는 것을 볼 수 있다. 작년에 통일부가 발간한 '2023년 통일백서'에서도 "정부는 북핵 문제 해결의 당사자로서 북한의 완전한 비핵화와 한반도의 지속 가능한 평화와 번영을 위한 핵심적 방안으로 담대한 구상을 적극 추진하고자 한다"[54]라고 표현함으로써 '북한 비핵화'를 명확하게 사용하였다.

52 유신모, "비핵화 개념을 둘러싼 북미의 용어 전쟁 30년… '한반도비핵화'가 뜻하는 것은", 경향신문, 2021
    년 3월 29일. https://m.khan.co.kr/politics/defensediplomacy/article/202103291604001#c2b (검색일:
    2024.2.21)
53 조은정, 최용환, "한반도 비핵화 담론의 비교 검토: 정치적 과정으로서 비핵화", INSS 전략보고, 2021년 9
    월, 132호, 4-5쪽.
54 통일부, 2023 통일백서, 2023년 4월, 23쪽. https://unikorea.go.kr/books/archive/archive/?boardId=bbs_0
    000000000000043&mode=view&searchCondition=all&searchKeyword=&cntId=47384&category=&pag
    eIdx= (검색일: 2024.2.22)

Ⅵ. 한반도 비핵화 방안들

위에서 살펴본 바와 같이, 관련국들 간 '한반도 비핵화' 개념의 상이한 해석으로 인해 드러난 합의 이행의 난관들과 하노이 회담 실패 이후 북중러 대 한미일 신냉전 구도가 형성되는 국제 정세와 맞물려 나타난 북한의 대결적인 대외정책 속에서 탈냉전 이후 지속되어 온 한반도 비핵화 노력은 좌초될 위험에 처해 있다. 상당히 비관적인 상황이지만 문제 해결을 위한 다양한 목소리들은 존재해 왔다. 예컨대, 혹자는 김정은 정권이 존재하는 한 핵문제뿐만 아니라 최악의 북한 인권 문제의 해결은 요원하기 때문에 북한 내부로 적극적인 정보 유입을 통해 북한 정권의 붕괴를 앞당기기 위해 노력해야 한다고 주장한다.[55] 더 나아가 외교와 협상으로 북한 핵문제를 다루는 것은 이제는 시간 낭비이기 때문에 북한 핵시설에 대한 선제 공격이 필요하다고 생각할 수도 있다. 또 다른 이들은 미국의 핵우산에 의존하기보다 북한의 고도화되는 핵위협에 맞서기 위해서는 상호확증파괴(Mutual Assured Destruction: MAD)에 기반하여 한국이 스스로 핵무기를 개발함으로써 남북한 간 핵균형을 이뤄야 한다고 피력한다.[56] 한국 자체 핵무장이 여의치 않다면 최소한 미국의 전술 핵무기를 남한에 재배치해야 된다는 논리도 제기된다. 그리고, 어떤 이들은 한반도 비핵화에 집착하기보다는 좀 더 현실적인 핵군비 통제를 통해 한반도의 위기 상황을 관리하는 것이 나

---

55   Jieun Baek, "Bringing Real News to North Koreans: What the Truth Could Do to Pyongyang", *Foreign Affairs*, June 11, 2018. https://www.foreignaffairs.com/articles/north-korea/2018-06-11/bringing-real-news-north-koreans (accessed on February 23, 2024)

56   Jennifer Lind and Daryl G. Press, "South Korea's Nuclear Options: As Pyongyang's Capabilities Advance, Seoul Needs More Than Reassurance From Washington", *Foreign Affairs*, April 19, 2023. https://www.foreignaffairs.com/united-states/south-koreas-nuclear-options-north-korea-deterrence (accessed on February 23, 2024)

을 수 있다고 생각한다.[57]

김정은 정권 붕괴를 통해 북한의 핵문제와 인권 문제를 해결할 필요가 있다는 주장은 전체주의 독재하에서 장기간 고통받아 온 수많은 북한 주민들을 생각할 때 설득력 있는 대안이라고 여겨질 수도 있다. 하지만, 냉전 붕괴 후 지난 30년 이상 극심한 경제 위기 속에서도 북한 정권이 보여준 탄력성을 과소평가해서는 안 될 것이다. 1994년과 2011년 각각 절대적인 권력을 소유했던 김일성과 김정일이 사망했을 때 많은 이들이 북한 정권이 무너질 것을 예상했지만, 그 예상을 깨고 핵과 미사일로 무장한 김씨 왕조는 여전히 지속되고 있다. 더 나아가, 김정은 정권은 2020년 1월부터 시작된 팬데믹으로 인해 부득이 자발적으로 국경을 완전 봉쇄함으로써 3년 이상 동안 이전의 외부 경제 제재로 인한 경제 위기보다 더 심각한 상황을 겪었지만, 큰 흔들림 없이 정권을 계속 유지하고 있다. 그리고 앞에서도 살펴본 것처럼, 외부 특히 남한으로부터의 정보 유입에 극도로 민감한 김정은 정권이 어떤 형태로든 외부 세력이 조직적으로 북한 내로 정보 유입을 통해 정권 전복을 시도하는 것을 목도할 경우에는 그러한 외부 세력에 대해 더욱더 단호한 조치를 취할 것이고, 더 대결적인 행동을 감행할 것이라 예상할 수 있다. 설령, 어떤 이유에서든 김정은 정권이 몰락한다 하더라도 그 붕괴 과정이 평화적으로 진행되리라는 보장이 없고, 2010년대 아랍의 봄(Arab Spring), 즉 중동에서 번진 민중혁명에서 목격한 것과 같이 더 혼란스러운 형국을 맞을 수도 있다. 핵무기를 포함한 대량살상무기를 소유한 북한에서

57　CNN, "US official's suggestion of 'arms-control' talks with North Korea raises eyebrows", October 29, 2022, https://www.cnn.com/2022/10/29/asia/us-north-korea-nuclear-policy-unchanged-intl-hnk/index.html (accessed on February 23, 2024); Sharon Squassoni, "Denuclearization of the Korean Peninsula: An Arms Control Framework", Global NK, May 15, 2023, https://www.globalnk.org/note/view?cd=NOT000030; (accessed on February 23, 2024)

엘리트 간 권력 투쟁이나 민중 혁명이 일어날 경우, 중국, 러시아, 미국, 일본 주변 강대국들의 이해관계가 첨예하게 부딪히는 한반도의 상황은 엄청난 혼란의 소용돌이 속으로 빨려들 수 있다. 어느 누구도 예상하지 못했지만 소련이 붕괴된 것처럼, 북한의 붕괴도 갑작스럽게 일어날 수 있기 때문에 그러한 시나리오에 대비해 만반의 준비는 해야 하겠지만, 김정은 정권 붕괴를 앞당기기 위해서 작위적으로 정책을 추구한다는 것은 위에서 다룬 여러 부정적인 정황들을 고려할 때 현명한 방안은 아닐 것이다.

북한 핵시설에 대한 선제공격 방안의 경우 1994년 1차 북핵위기 당시 미 클린턴 행정부에서 이미 신중하게 고려되었다. 냉전의 붕괴로 중국과 러시아의 지원이 끊어지고, 북한의 극심했던 경제적 위기와 외교적 고립을 고려할 때 그때가 선제공격을 감행하기에 가장 적기였다고 생각할 수도 있다. 하지만 잘 알려진 것과 같이, 당시 클린턴 대통령이 그 군사적 선택을 하지 않았던 이유는 북한의 보복으로 인한 제2의 한국전쟁이 초래할 엄청난 인적, 물적 피해를 감안하였기 때문이었다. 핵무기와 생화학 무기와 같은 대량살상무기를 제외하고도 2천만 명 이상의 인구가 밀집해 있는 서울 수도권 지역을 사정권에 두는 8천 문 이상의 북한 장사정포는 엄청난 위협이었다. 2017년 가을 북미 간에 긴장이 최고조에 달했을 때, 트럼프 행정부 역시 북한 핵시설에 대한 선제공격을 계획하였다. 그러나, 한반도에서 전쟁이 다시 일어날 경우 그 첫날 100만 명 이상이 희생될 수 있다는 전문가들의 추정이 보여 주듯이, 트럼프 대통령은 그 선제적 공격이 가져올 수 있는 천문학적인 피해를 고려할 때 그 결정을 철회할 수밖에 없었을 것이다.[58]

---

58 Scott D. Sagan, "The Korean Missile Crisis: Why Deterrence Is Still the Best Option", *Foreign Affairs*, Vol. 96, No. 6 (November/December 2017): 72–82.

북한의 핵과 미사일 능력이 1994년 때와는 차원이 다를 정도로 고도화되어 있었기 때문에 미국의 선제 공격이 가져올 남한과 일본, 나아가 미 본토에 대한 북한의 보복 위협은 실제적인 것이었다. 이런 이유로 인해 효과적인 방법을 동원하여 전쟁 발발을 막아야 하는 현재와 같은 위기 상황에서 오히려 미국이 북한 핵시설에 대한 선제공격을 고려한다는 것은 너무 위험한 발상이라고 할 수 있다. 더 나아가, 러시아-우크라이나 전쟁과 이스라엘-팔레스타인 전쟁으로 미국의 외교안보 역량이 분산된 현 상황에서 북한의 도발로 인한 대응적 전쟁이 아니라 미국이 먼저 선제공격을 감행함으로써 한반도에서 전쟁을 치르겠다는 것은 상당히 비현실적이라 할 수 있을 것이다.

미국 전술핵의 한반도 재배치 방안도 여러 논란을 가져올 수밖에 없다. 우선, 핵 비확산 체제 유지를 오랫동안 고집해 온 미국이 1991년에 한반도에서 모두 철수한 전술핵을 다시 배치한다는 결정은 미국의 세계 군사안보전략의 대전환이 없이는 쉽지 않아 보인다. 만약 그러한 결정이 내려진다 하더라도, 한국은 중국으로부터 엄청난 반발에 직면할 가능성이 크다. 2010년대 중후반에 주한미군이 한국에 사드를 배치하기로 결정했을 당시 중국은 여러 경제제재로 한국 정부를 압박하였었는데, 전술핵 재배치는 중국에 그보다 훨씬 더 민감한 사안이 될 것이다. 또한, 사드 배치 때와 비슷하게 어느 한 주한미군 부대에 전술핵이 배치될 경우 북한 심지어 중국으로부터 군사적 목표물이 될 가능성이 크기 때문에 그 지역의 주민들과 시민사회로부터 커다란 저항에 직면할 가능성이 높다. 더 나아가, 한국 자체 핵무장 논리도 상당한 부작용을 수반할 수밖에 없다. 이미 언급한 것처럼, 핵 비확산 체제를 굳건히 지탱하려고 노력해 온 미국은 한국의 핵무장을 지지하기가 힘든 입장이다. 왜냐하면, 한국의 핵무장 허용은 일본과 대만의 핵무장으로 이어질 가능성이 크고, 전 세계적 핵 도미노 현상을 가져올 수 있기 때문에 현재 국제 정세하에서 미국의 승인을 기대할 수 없을 것이다. 그래서, 미국의 승인 또는 묵인 없이 한국이 자체 핵무장을 강행한다는 것은 한국 안보의 핵심 축인 한미동맹에 큰 타격이 될 것이고, 무역이 경제 전체에 차지하는 비중이 상당히 큰 한국으로서는 국제사회로부터 부과될 경제제재 때문에 현재도 어려움에 처해 있는 경제 상황이 더 큰 위기를 맞을 가능성이 높다.[59] 또한, 전술핵 재배치 경우보다 더 큰 중국의 군사적, 경제적 위협에 노출될 것이고, 북한 또한 남한에 대한 핵 비교우위 유지를 위해 남한 핵시설에 대한 선제공격을 감행할 개연성이 높아짐으로써 한반도에서의 군사적 긴장이 극도로 높아지는 상황이 될 수 있다. 이러한 여러 가지 위험을 무릅쓰고 한국 정부가 자체 핵무장을 감행한다는 것은 실제적으로 가능한 방안이 되기가 쉽지 않을 것으로 보인다. 물론, 한국 정부가 고도화되는 북한 핵/미사일 위협에 대응해 미국으로부터 더 강력한 핵우산 제공 요구를 포함한 안보 강화를 위해서 자체 핵무장 방안을 외교적 지렛대로 활용할 수는 있을 것이다.

작년 12월 폴리티코에 실린 글에서 만일 트럼프가 올해 말 미 대통령에 다시 당선된다면 기존의 CVID 접근을 버리고, 북한이 이미 보유하고 있는 핵무기는 인정하면서 미래의 핵개발 포기를 대가로 경제제재 해제와 다른 경제적 지원을 고려하고 있다는 보도가 나왔다.[60] 트럼프는 이 보도에 대해

---

59 강우석, "한국 무역 의존도, 미국의 3배 수준… 미중 패권다툼 등 '외부 충격' 더 취약", 동아일보, 2023년 9월 15일. https://www.donga.com/news/Economy/article/all/20230915/121190588/1 (검색일: 2024.2.24): 2023년 한국의 명목 국민총소득 대비 수출입 비율이 100.5%로 발표되었는데, 이는 2020년 기준 미국의 31.4%, 일본 37.5%, 프랑스 66.1%에 비해 상당히 높은 무역의존도를 나타냈다.

60 *POLITICO*, "Trump considers overhauling his approach to North Korea if he wins in 2024", December

부인했지만, 만약 이런 방안이 채택된다면 북한을 사실상의 핵보유국으로 인정하는 것이 되고, 기존의 미국과 러시아의 관계에서처럼 북미 간 핵군축을 위한 협상을 하게 되는 것을 의미할 수도 있다. 이러한 접근은 북한이 오랫동안 기대해 왔던 해결책이라고 할 수 있는데, 두 가지 측면에서 이 주장의 문제점을 생각해 볼 수 있다. 첫째는 과연 제2기 트럼프 행정부가 그러한 결정을 내릴 경우 전통적으로 북한의 불법적인 행동에 대해 물질적인 보상을 하는 것을 날카롭게 비판해 온 공화당원들의 강한 거부감을 어떻게 무마시킬 것인가 하는 데에 있다. 이런 비판에 민주당 또한 큰 차이가 없을 것인데, 아무리 불확실성으로 특성 지어지는 트럼프 대통령이라 하더라도 초당적인 반대를 거슬러서 북한에 대해 핵군축 정책을 실행하기는 무척 힘들 것으로 사료된다. 둘째는 한국과 일본 정부의 강한 반발과 함께 두 나라의 자체 핵무장 여론이 거세질 것으로 예상된다. 미국이 '한반도 비핵화'를 포기하고 북한과의 핵군축 협상을 진행한다면, 보수 윤석열 정부와 일본의 기시다 정부는 이러한 결정에 대해 지극히 미국의 자국 중심주의 결정이라고 비판할 것이다. 두 정부는 북한의 핵보유국 인정으로 자국의 안보가 더 위태로워진 것에 대해 동맹국 미국에 대해 강한 불만을 터뜨릴 것이고, 이론적인 생각에만 머물러 있는 자체 핵무장 방안을 본격적으로 추진할 개연성도 배제할 수 없을 것이다. 따라서, 중국과의 세계 패권 경쟁에서 우위를 점하는 데에 중요한 도움을 주는 아시아 주요 동맹국들과의 관계를 훼손시킴으로써 미국에는 큰 부담이 되리라 여겨진다. 아무리 동맹국들과의 관계를 사업적 거래에 기반하여 생각하고 그다지 우선순위로 두지 않는 트럼프

---

13. 2023. https://www.politico.com/news/2023/12/13/trump-north-korea-nuclear-weapons-plan-00131469 (accessed on February 24, 2024)

라 할지라도 한국과 일본과의 협력이 크게 약화되는 것은 미국의 대아시아 전략에 부정적인 결과를 가져올 것이기 때문에 북한과의 핵군축 협의로 선뜻 나설 가능성은 낮아 보인다.

VII. 나오며: 정책제언

이처럼 복잡한 국제정세 속에서 한반도 비핵화에 대한 뚜렷한 해결책이 보이지 않는 현시점이지만, 단기적으로 한반도 위기 상황을 효과적으로 관리하고 중장기적으로는 북한 핵문제 해결을 통해 안정된 평화를 정착시켜야 하는 관점에서 한국과 미국 정부가 어떠한 입장을 견지해야 할지를 진지하게 고민해 볼 필요가 있다. 우선, 현재 윤석열 정부와 바이든 행정부가 추진하고 있는 대북정책으로는 북한의 긍정적인 행동 변화를 이끌어 내기에는 역부족이다. 오히려, 북한 핵/미사일의 고도화에 맞서 한미일 합동 군사훈련과 같은 삼각 안보 협력 강화를 통해 북한을 지속적으로 압박하는 것은 피 포위 강박증에 사로잡힌 북한으로 하여금 더 심한 군사적 반발을 불러일으키게 하고 상호 안보 딜레마의 악순환에 빠져들게 한다.[61] 상호 간 연락 채널이 다 끊어진 상황에서 이러한 군사적 긴장이 고조되다 보면 언제라도 의도치 않은 군사 충돌이 일어날 수 있고, 그러한 국지적 충돌은 한반도의 밀집된 군사력 배치 구조상 얼마든지 전면전으로도 비화될 수 있다. 미 바이든 행정부도 아무런 전제조건 없이 북한과 대화할 의사가 있다는 신호를 계속해서 보내고 있지만, 하노이 회담의 굴욕을 간직한 북한 당국이 핵문제에 대한 획기적인 입장 변화가 없이 한미일 군사 협력에 치중

---

61 곽태환, "북한의 대남전략 변화의 국제정치적 함의", 통일뉴스, 2024년 1월 23일. https://www.tongilnews.com/news/articleView.html?idxno=209900 (검색일: 2024.2.25)

하는 미국의 대화 제의에 호응할 리가 만무하다.

　이와 같이 복잡하게 얽혀 있는 북한 핵문제 해결의 실마리가 풀어지기 위해서는 최소한 아래의 몇 가지 변수들이 조화롭게 맞춰져야 할 필요가 있다. 첫째는 국제정세의 호의적 변화이다. 미중 전략 경쟁이 계속 격화되고 한미일 대 북중러의 신냉전 구도가 굳어지는 상황은 북한 핵문제 해결에 상당히 부정적인 요인으로 작용할 것이다. 2017-2018년 상황에서 목격하였듯이, 유엔 안전보장이사회는 북한의 6차 핵실험과 화성-15 장거리 미사일 시험 발사에 대응하여 혹독한 대북제재안을 담은 결의안들을 통과시켰다. 이는 미국이 주도하고 중국과 러시아가 지지함으로써 가능했던 일이었다. 논란의 여지가 있지만, 2018년 초에 북한이 갑자기 강경한 태도를 누그러뜨리고 협상 테이블로 나왔던 배경에는 중국과 러시아가 동의한 강력한 유엔 제재가 있었음을 완전히 부인하기 힘들다. 따라서, 북한 핵문제에 있어서 미중러가 서로 협력하는 상황에서는 북한의 선택지가 상당히 줄어들지만, 지금과 같은 그 강대국들 간의 갈등 상황에서는 북한이 취할 수 있는 행동 반경이 굉장히 넓어지게 된다. 예를 들어, 유엔 제재는 미국과 중러의 입장 차이로 말미암아 제재의 강도가 느슨해질 수밖에 없고, 2022년 3월부터 북한이 장거리 미사일 시험 발사를 재개하였지만 대북 제재를 더 강화하는 유엔 안보리 결의안은 중러의 반대로 더 이상 통과되지 않는 상황이다. 최근에 북한이 점점 더 대결적인 태도로 나올 수 있는 것도 이와 같은 구조적 요인이 받쳐 주기 때문일 것이다. 근데, 이런 국제 구조적인 문제는 미중러 강대국 간의 전략 경쟁이 당분간은 지속될 가능성이 큰 상황이어서 단기간에 가시적 변화를 기대하기는 어려울 것이다.

　둘째로, 이처럼 부정적인 국제 구조이지만 한국 정부가 단기적으로는 한반도를 둘러싼 군사적 긴장을 완화시키고, 장기적인 안목을 가지고 효과적인 대북 관여 정책을 추진함으로써 미국을 설득하고 북한을 대화의 장으로 나오도록 중재하는 노력이 필요하다. 이미 여러 번 언급한 것처럼, 미중 전략 경쟁의 격화 그리고 한미일 대 북중러의 신냉전 구도 속에서 한국 정부가 주도권을 가지고 북한 문제를 다루어 가는 데에는 상당한 제약이 따르는 것이 엄연한 현실이다. 그렇다고 하더라도, 한국 정부는 구조적 요인이 이끄는 대로 따라가는 종속변수로만 기능할 것이 아니라, 적극적으로 그 구조적 한계를 극복하고자 하는 독립변수로서 실제적인 혜안을 찾기 위해 고민해야 할 것이다. 예컨대, 1990년대 말 김대중 대통령과 임동원 통일부 장관이 실질적으로 주도한 페리프로세스는 국제 구조적 제약을 넘어서 한국이 주도권을 가지고 한반도 평화를 견인했던 좋은 예가 될 수 있다.[62] 1998년 북한의 대포동 미사일 시험 발사로 인해 미 클린턴 행정부가1994년 1차 핵위기 시 선제공격을 지지했던 매파인 윌리엄 페리 전 국방장관을 대북조정관으로 임명함으로써 그때까지 펼쳤던 대북 관여정책을 비판적으로 재고함으로써 강경책으로 선회할 수도 있는 상황이었다. 그 상황에서 김 대통령과 임 장관은 적극적으로 페리 조정관을 중심으로 한 미국 정부를 설득하여 계속해서 대북 관여정책을 추진하도록 촉구하였고, 이런 노력의 결과가 페리프로세스로 실행되어서 2000년에 북미가 수교 직전까지 가는 화해의 무드를 조성할 수 있었다. 또한, 2017년 북한의 핵실험과 장거리 미사일 시험 발사, 이에 대응한 트럼프 대통령의 최대 압박 정책의 충돌로 한반도가 핵전쟁 위기까지 몰렸던 상황에서 문재인 정부가 보여주었던 적극적인 중재 외교는 한국이 구조적 압박에 대응해 독립변수로 기능함으로

---

62   임동원, 피스메이커: 남북관계와 북핵문제 25년, 창비, 2015.

써 최악의 상황을 막고 평화로운 해결 방안을 도모할 수 있었던 또 하나의 실례였다.

작금의 현실은 위의 두 경우들보다 더 복잡한 상황이지만, 보수층의 지지를 등에 업은 윤석열 정부가 북한을 향해 대결적인 자세만을 견지하지 말고 적극적인 관여 정책을 통하여 북한과의 대화 창구를 여는 노력이 절실히 필요하다. 물론 이러한 유화정책에 북한이 호의적으로 반응할지는 미지수이지만, 그런 노력을 아예 포기하고 대북 억지와 강경책만을 계속 밀어붙이는 것은 한반도에서 군사적 긴장이 고조되고 전쟁의 위험성이 계속 커지는 결과를 낳을 것이다. 만약, 그러한 급격한 대북 정책 전환이 현실 정치적으로 무리가 된다면 최소한 군사적 긴장을 더 고조시키지 말고, 안정적으로 상황을 관리할 필요가 있겠다. 최선의 시나리오는 미중러 강대국 간의 갈등이 감소하고, 한국의 다음 대통령이 평화에 대한 깊은 철학을 바탕으로 인내심을 가지고 대북한 관여 정책을 추구하면서 주변 이해 당사국들의 긴밀한 협력을 이끌어 내는 상황일 것이다. 특히, 보수 진영에서 그러한 소신을 가진 대통령이 나와서 대북 강경책에만 올인하는 보수층을 설득하고, 오랫동안 관여 정책을 선호해 온 진보층의 지지를 받을 수 있다면 북한 핵문제 해결에 한층 더 도움이 되는 상황이 될 것이다. 동서독 통일 노력의 과정에서도 목도한 것처럼, 1960년대 말 진보 정치 세력인 사민당이 소련과 동구권을 끌어안는 동방정책을 통해 독일 통일을 시도하였는데, 이 관여 정책을 1980년대 콜 총리가 이끄는 보수의 기민당/기사당이 계속해서 추진함으로써 1980년대 말 냉전의 균열이라는 국제 구조적인 변화가 갑자기 다가왔을 때, 서독은 그 기회를 놓치지 않고 통일의 대업을 이룰 수 있었다. 이와 같이, 오히려 한국의 보수 정부가 이전의 진보 정부들이 추진했던 대북 관여 정책을 계승 발전시키고, 인내를 가지고 북한을 설득하여 외교 협상으로 유도하는 노력을 기울일 필요가 있다. 이런 과정에서 동맹인 미국의 대북 자세 변화에도 긍정적인 영향을 미칠 수 있을 것이다. 즉, 미국의 민주당과 공화당을 아우르는 폭넓은 정책 결정 그룹들 안에는 북한 핵문제 해결의 열쇠로 북한 정권의 붕괴나 CVID, 즉 북한의 완전한 비핵화 조치가 있은 후에 경제 제재 해제와 같은 보상을 해 줄 수 있다는 의견이 팽배하다. 이러한 완고한 입장이 좀 더 유연하게 변화되지 않는다면 설령 북한이 다시 대화의 장으로 나온다 하더라도 이전에 반복된 걸림돌로 인하여 또다시 외교 협상과 합의 이행에서 실패할 우려가 다분히 있는 것이다.[63]

이와 관련하여 또 다른 하나의 중요한 부분은 남한 내의 보수와 진보 세력 간의 남남갈등을 해소하기 위해서 정부와 민간 분야 모두 최선의 노력을 기울여야 한다는 것이다. 위에서 언급한 독일의 동방정책의 예와 같이 대북 정책의 일관성이 결여된 상황에서는 어떤 정치 세력이 등장한다 하더라도 효과적인 대북 정책을 입안하고 실행하기가 어려울 것이다. 대단히 힘든 일이지만, 대북 관여 정책을 통하여 인내로써 북한을 설득하고 주변 이해 당사국들의 협력을 이끌어 내는 길만이 참혹한 결과를 가져올 한반도에서의 전쟁을 막고, 언제가 찾아올 수 있는 국제 구조적 변화 속에서 북한 핵문제를 해결하고 한반도 평화를 견인할 수 있을 것이다. 그러므로, 진보와 보수 간에 상호 존중을 바탕으로 정치, 학계, 재계, 시민사회 등 전 영역에서 치열한 토론과 대화를 통하여 두 진영 간 크게 벌어져 있는 대북 인식

---

63 Siegfried S. Hecker and Elliot A. Serbin, *Hinge Points: An Inside Look at North Korea's Nuclear Program* (Stanford, CA: Stanford University Press, 2023).

의 차를 극복하려고 노력하고, 한반도 평화를 견인할 수 있는 정책을 찾고 국민적 공감대를 만들어 가야 할 것이다. 민주주의 사회에서 여러 다른 의견들이 공존하는 것은 당연한 일이지만, 지금과 같이 한국 사회 내에 진보와 보수 반반으로 확연하게 나누어진 분열 상황에서는 어떠한 대북 정책이 시행되더라도 국내적 반발의 덫에 걸려 효과적인 결과를 만들어 내기는 힘들 것이다.

참고문헌

강우석, "한국 무역 의존도, 미국의 3배 수준… 미중 패권다툼 등 '외부 충격' 더 취약", 동아일보, 2023년 9월 15일. https://www.donga.com/news/Economy/article/all/20230915/121190588/1 (검색일: 2024.2.24)

경향신문, "볼턴 트럼프, 김정은에 비핵화 요구 담은 '빅딜' 문서 건넸다" 2019년 3월 4일. https://m.khan.co.kr/world/america/article/201903040819001#c2b (검색일: 2024.2.9)

고도예, "주북 러 대사, 北 7차 핵실험 가능성 연이어 시사", 동아일보, 2024년 2월 13일. https://www.donga.com/news/Politics/article/all/20240213/123488401/1 (검색일: 2024.2.15)

곽태환, "북한의 대남전략 변화의 국제정치적 함의", 통일뉴스, 2024년 1월 23일. https://www.tongilnews.com/news/articleView.html?idxno=209900 (검색일: 2024.2.25)

김호준, "한미일 공군, 22일 한반도 인근서 첫 연합공중훈련 실시", 연합뉴스, 2023년 10월 18일. https://www.yna.co.kr/view/AKR20231018026100504 (검색일: 2024.2.21)

대한민국 정책브리핑, "9.19 공동성명 이행을 위한 초기 조치 전문", 2007년 2월 13일. https://www.korea.kr/briefing/policyBriefingView.do?newsId=148618676&gubun=&pageIndex=&srchType=&srchWord=&startDate=&endDate=#policyBriefing (검색일: 2024.2.23)

동아일보, "軍, 北 핵무력 정책 헌법화에 "핵사용 기도 땐 정권 종말" 경고", 2023년 10월 4일. https://www.donga.com/news/Politics/article/all/20231004/121489874/1 (검색일: 2024.2.12)

로동신문, "조선노동당 중앙위원회 제8기 제9차전원회의 확대회의에 관한 보도", 2023년 12월 31일. http://www.rodong.rep.kp/ko/index.php?MTJAMjAyMy0xMi0zMS1OMDAxQDExQDBA7KCc77yY6riwIOygnO+8luywqOyghOybkO2ajOydmEAwQDEz== (검색일:

2024.2.13)

문순보, "2020年 김정은…셀프 고립 통한 정권 보위에 골몰", *Daily NK*, 2020년 12월 29일.

박민희, 박다해, 조기원, "결국 사라진 화해 치유 재단…10억 엔 운명은 아직", 한겨레, 2019년 10월 19일. https://www.hani.co.kr/arti/politics/diplomacy/871240.html (검색일: 2024.2.19)

박수윤, "한미일, 美 B-1B 전략폭격기와 연합공중훈련…北ICBM 도발 대응", 연합뉴스, 2023년 12월 20일. https://www.yna.co.kr/view/AKR20231220123900504 (검색일: 2024.2.22)

북한통계포털, https://kosis.kr/bukhan/nkStats/nkStatsIdctChart.do?menuId=M_01_02&listNm=%EB%8C%80%EC%99%B8%EB%AC%B4%EC%97%AD (검색일: 2024.2.21)

심학철, "올해 진군에서 더 높이 발휘해야 할 자력갱생, 간고분투의 정신력과 창조력", 로동신문, 2023년 1월 7일. http://www.rodong.rep.kp/ko/index.php?MTJAMjAyMy0wMS0wNy1O MDI0QDExQDQ0QOyekOugpeqwseyDnUAwQDY2MQ==== (검색일: 2024.2.13)

양지호, "북의 핵위협 폭주에…한미일 최대 해상훈련", 조선일보, 2024년 1월 18일. https://www.chosun.com/politics/diplomacydefense/2024/01/18/UNNVYKWNARFYRFVNI22G3RQVGU/ (검색일: 2024.2.20)

연합뉴스, "[전문] 트럼프-김정은 6.12 북미정상회담 공동성명", 2018년 6월 12일. https://www.yna.co.kr/view/AKR20180612126600009 (검색일: 2024.2.21)

오중석, "북한의 3대 악법", 자유아시아방송, 2023년 10월 27일. https://www.rfa.org/korean/weekly_program/c2dcc0ac/c624c911c11dc758-bd81d55cc0ddac01/nkthought-10272023103841.html (검색일: 2024.2.22)

왕선택, 핵담판: 평양에서 하노이까지 3,000일의 북핵 문제 연대기, 책책, 2019.

유신모, "김정은의 '핵독트린' 의미와 배경", 경향신문, 2022년 4월 27일. https://m.khan.co.kr/politics/defense-diplomacy/article/202204271727001#c2b (검색일: 2024.2.11)

유신모, "비핵화 개념을 둘러싼 북미의 용어 전쟁 30년… '한반도비핵화'가 뜻하는 것은", 경향신문, 2021년 3월 29일. https://m.khan.co.kr/politics/defensediplomacy/article/202103291604001#c2b (검색일: 2024.2.23)

이승현, "김정은 위원장, '한국은 제1 적대국가 · 유사시 영토평정' 재확인", 통일뉴스, 2024년 2월 9일. https://www.tongilnews.com/news/articleView.html?idxno=210014 (검색일: 2024.2.12)

이제훈, "비행기 5시간 거리인데…김정은, 왜 사흘간 열차 이동 택했나", 한겨레, 2019년 2월 24일. https://www.hani.co.kr/arti/politics/defense/883405.html (검색일: 2024.2.9)

임동원, 피스메이커: 남북관계와 북핵문제 25년, 창비, 2015.

외교부, "[제4차 6자회담 2단계 회의] 9.19 공동성명", 2005년 9월 19일. https://www.mofa.go.kr/www/brd/m_3973/view.do?seq=293917&srchFr=&srchTo=&srchWord=9.19&srchTp=0&multi_itm_seq=0&itm_seq_1=0&itm_seq_2=0&company_cd=&company_nm=&page=1 (검색일: 2024.2.23)

외교부, "9.19 공동성명 이행을 위한 2단계 조치", 2007년 10월 3일. https://www.mofa.go.kr/ www/brd/m_3973/view.do?seq=303993&srchFr=&srchTo=& amp;srchWord=&srchTp=&multi_itm_seq=0&itm_ seq_1=0&itm_seq_2=0&company_cd=&company_nm= (검색일: 2024.2.23)

외교부, "한반도의 평화와 번영, 통일을 위한 판문점 선언", 2018년 4월 27일. https://www.mofa. go.kr/www/brd/m_3984/view.do?seq=364828 (검색일: 2024.2.22)

정빛나, "합참 '북 장거리 탄도미사일, ICBM급 추정'… '화성-17형'인 듯", 연합뉴스, 2022년 3월 24일. https://www.yna.co.kr/view/AKR20220324161100504 (검색일: 2024.2.11)

정유진, "트럼프, '깜짝 월경' 북한 땅 밟다", KBS 뉴스, 2019년 7월 1일. https://news.kbs.co.kr/ news/pc/view/view.do?ncd=4232669 (검색일: 2024.2.10)

정혜민, "강제동원 피해자들 원치 않는 '제3자 변제' 가능한가?" 한겨레, 2023년 3월 13일. https:// www.hani.co.kr/arti/society/society_general/1083382.html (검색일: 2024.2.19)

조은정, 최용환, "한반도 비핵화 담론의 비교 검토: 정치적 과정으로서 비핵화", INSS 전략보고, 2021년 9월, 132호, 4-5쪽.

주미국 대한민국 대사관, "워싱턴 선언", 2023년 4월 26일. https://usa.mofa.go.kr/us-ko/brd/ m_4487/view.do?seq=1347536 (검색일: 2024.2.21)

주미국 대한민국 대사관, "캠프 데이비드 한미 정상회담 결과", 2023년 8월 18일. https://overseas. mofa.go.kr/us-ko/brd/m_4492/view.do?seq=1347721 (검색일: 2024.2.21)

주한미국대사관, "팩트시트: 캠프 데이비드 삼자 정상회담", 2023년 8월 19일. https:// kr.usembassy.gov/ko/081923-fact-sheet-the-trilateral-leaders-summit-at-camp-david-ko/ (검색일: 2024.2.20)

주한미국대사관, "캠프 데이비드 정신", 2023년 8월 19일. https://kr.usembassy.gov/ko/081923-the-spirit-of-camp-david-joint-statement-of-japan-the-republic-of-korea-and-the-united-states-ko/ (검색일. 2024.2.8)

BBC News 코리아, "북한: 남북 공동연락사무소 폭파… 한국 정부도 강경반응", 2020년 6월 18일. https://www.bbc.com/korean/news-53089558 (검색일: 2024.2.12)

BBC News 코리아, "4년 만에 만난 김정은-푸틴, 러시아 '북 위성 개발 돕겠다'", 2023년 9월 13일. https://www.bbc.com/korean/articles/c03j28nkl1no (검색일: 2024.2.18)

통일부, 2023 통일백서, 2023년 4월. https://unikorea.go.kr/books/archive/archive/?boardId=bbs_0 000000000000043&mode=view&searchCondition=all&searchKeyword=&cntId=47384&c ategory=&pageIdx= (검색일: 2024.2.22)

한국은행, https://www.bok.or.kr/portal/main/contents.do?menuNo=200091 (검색일: 2024.2.21)

한재희, "'단호한 상응조치'로 반격 나선 한국…'전면전' 치닫는 韓·日", 서울신문, 2019년 8월 2

일. https://www.seoul.co.kr/news/politics/2019/08/02/20190802500225 (검색일: 2024.2.19)

행정안전부 국가기록원, "남북한, 한반도 비핵화 공동 선언", 1992. https://www.archives.go.kr/next/newsearch/listSubjectDescription.do?id=002895&sitePage= (검색일: 2024.2.22)

행정안전부 대통령기록관, "쾨르버 재단 초청 연설", 2017년 7월 6일. http://webarchives.pa.go.kr/19th/www.president.go.kr/articles/57 (검색일: 2024.2.22)

행정안전부 대통령기록관, "한반도 번영의 새로운 미래를 여는 평양공동선언", 2018년 9월 19일. http://webarchives.pa.go.kr/19th/www.koreasummit.kr/Summit2018/Performance_Pyongyang (검색일: 2024.2.21)

홍민, "북미 스톡홀름 실무협상 결렬 원인과 북한의 전략", 통일연구원 온라인 시리즈, 2019년 10월 8일.

Baek, Jieun. "Bringing Real News to North Koreans: What the Truth Could Do to Pyongyang", *Foreign Affairs*, June 11, 2018. https://www.foreignaffairs.com/articles/north-korea/2018-06-11/bringing-real-news-north-koreans (accessed on February 23, 2024)

BBC, "What is Hamas and why is it fighting with Israel in Gaza?" February 13, 2024. https://www.bbc.com/news/world-middle-east-67039975 (accessed on February 18, 2024)

Buszynski, Leszek. *Negotiating with North Korea: The Six-Party Talks and the Nuclear Issue* (London: Routledge, 2013).

Carlin, Robert L. and Siegfried S. Hecker. "Is Kim Jong Un Preparing for War?" *38 NORTH*, 2024년 1월 11일. https://www.38north.org/2024/01/is-kim-jong-un-preparing-for-war/ (accessed on February 7, 2024).

Chun, Jahyun and Yangmo Ku. "Clashing Geostrategic Choices in East Asia, 2009-2015: Re-balancing, Wedge Strategy, and Hedging", *The Korean Journal of International Studies,* 18: 1 (April 2020): 33-57.

CNN. "US official's suggestion of 'arms-control' talks with North Korea raises eyebrows", October 29, 2022. https://www.cnn.com/2022/10/29/asia/us-north-korea-nuclear-policy-unchanged-intl-hnk/index.html (accessed on February 23, 2024)

Edinger, Harald. "Offensive ideas: structural realism, classical realism and Putin's war on Ukraine", *International Affairs*, Vol. 98, No. 6 (2022): 1873-1893.

Engelke, Peter and Emily Weinstein. "Global Strategy 2023: Winning the tech race with China", Atlantic Council, July 27, 2023. https://www.atlanticcouncil.org/content-series/atlantic-council-strategy-paper-series/global-strategy-2023-winning-the-tech-race-with-china/ (accessed on February 14, 2024)

Graham, Thomas. "Russia's Grand Strategy toward the West", *Journal of Peace and War Studies*, 4th Edition (October 2022): 1-15.

Haenle, Paul and Nathaniel Sher. "How Pelosi's Taiwan Visit Has Set a New Status Quo for US-China Tensions", Carnegie Endowment for International Peace, August 17, 2022. https://carnegieendowment.org/2022/08/17/how-pelosi-s-taiwan-visit-has-set-new-status-quo-for-u,s-china-tensions-pub-87696 (accessed on February 15, 2024)

Haggard, Stephen and Marcus Noland. *Hard Target: Sanctions, Inducement, and the Case of North Korea* (Stanford: Stanford University Press, 2017).

Hansler, Jennifer and Kylie Atwood. "US State Department report details damning failings around chaotic Afghanistan withdrawal", *CNN*, June 30, 2023. https://www.cnn.com/2023/06/30/politics/state-deparment-afghanistan-withdrawal-report/index.html (accessed on February 17, 2024)

Hecker, Siegfried S. and Elliot A. Serbin. *Hinge Points: An Inside Look at North Korea's Nuclear Program* (Stanford, CA: Stanford University Press, 2023).

Hetherington, Marc J. and Michael Nelson. "Anatomy of a Rally Effect: George W. Bush and the War on Terrorism", *PS: Political Science & Politics*, Vol. 36, No. 1 (January 2003): 37-42.

IAEA Information Circular. "AGREED FRAMEWORK OF 21 OCTOBER 1994 BETWEEN THE UNITED STATES OF AMERICA AND THE DEMOCRATIC PEOPLE'S REPUBLIC OF KOREA", November 2, 1994. https://www.iaea.org/sites/default/files/publications/documents/infcircs/1994/infcirc457.pdf (accessed on February 23, 2024)

Jackson, Van. *On the Brink: Trump, Kim, and the Threat of Nuclear War* (Cambridge: Cambridge University Press, 2019).

Lankov, Andrei. *The Real North Korea: Life and Politics in the Failed Stalinist Utopia* (Oxford: Oxford University Press, 2014).

Lind, Jennifer and Daryl G. Press. "South Korea's Nuclear Options: As Pyongyang's Capabilities Advance, Seoul Needs More Than Reassurance From Washington", *Foreign Affairs*, April 19, 2023. https://www.foreignaffairs.com/united-states/south-koreas-nuclear-options-north-korea-deterrence (accessed on February 23, 2024)

Pak, Jung H. *Becoming Kim Jong Un: A Former CIA Officer's Insights into North Korea's Enigmatic Young Dictator* (New York: Ballantine Books, 2020).

Panda, Ankit. *Kim Jong Un and the Bomb: Survival and Deterrence in North Korea*, (New York: Oxford University Press, 2020): 44-51.

POLITICO. "Trump considers overhauling his approach to North Korea if he wins in 2024", December 13, 2023. https://www.politico.com/news/2023/12/13/trump-north-korea-nuclear-weapons-plan-00131469 (accessed on February 24, 2024)

Sagan, Scott D. "The Korean Missile Crisis: Why Deterrence Is Still the Best Option", *Foreign*

Affairs, Vol. 96, No. 6 (November/December 2017): 72-82.

Squassoni, Sharon. "Denuclearization of the Korean Peninsula: An Arms Control Framework", Global NK, May 15, 2023. https://www.globalnk.org/note/view?cd=NOT000030; (accessed on February 23, 2024)

The White House, "The Spirit of Camp David: Joint Statement of Japan, the Republic of Korea, and the United States", August 19, 2023. https://www.whitehouse.gov/briefing-room/statements-releases/2023/08/18/the-spirit-of-camp-david-joint-statement-of-japan-the-republic-of-korea-and-the-united-states/ (accessed on February 28, 2024).

제3장

한반도 비핵·평화체제 구축:
창의적 프레임워크 구상

곽태환

I. 서문

현 한반도 주변 정세는 일촉즉발의 전쟁 위기로 몰아가고 있다. 일부 전문가들은 김정은 국무위원장이 전쟁 준비를 위해 전략적 결정을 했다고 주장한 것으로 알려졌다. 그러나 한반도에서 핵전쟁은 승자도 패자도 없는 자멸과 공멸을 의미하기 때문에 전쟁을 예방하기 위해 남북미 3자 간 강대강 맞대응 전략을 접고 3자 간 대화와 협상으로 한반도의 평화 프로세스의 복원이 시급하다.

김정은 위원장은 2023년 12월 31일 조선노동당 중앙위원회 제8기 제9차 전원회의 총화보고에서 남북관계는 교전국, 적대적 '두 국가', '통일 불가' 등을 언급했다. 김 위원장은 2024년 1월 7일 처음으로 대한민국을 북한의 '주적'으로 선언했다. 그리고 그는 제1 주적은 대한민국이고 이 조항을 북한헌법에 넣겠다고 했다.[1] 그의 제1 주적 언급이 시사하는 바는 크다.

---

1   Timothy W. Martin, "Kim Jong Un Has a New Enemy No. 1—and It Isn't the U.S." *The Wall Street*

필자의 견해는 김 위원장은 한미가 김 정권의 생존과 안보를 위협하고 있어 그의 불안한 심리 상태를 아주 잘 표현했다고 생각한다.[2] 이러한 북한지도부의 불안한 심리 상태가 지속된다면 향후 한반도에서 긴장 상태가 고조되어 우발적 무력 충돌의 개연성이 점점 더 높아질 것이다.

하노이 2차 북미 정상회담에서 조선민주주의인민공화국(북한, DPRK)이 미국의 '빅딜' 제안을 받아들이지 못해 결렬된 이후 북미 비핵화 협상이 교착상태에 빠졌다. 그동안 북한은 핵·미사일 능력을 강화해 사실상 어느 국가도 인정하지 않는 9번째 핵 보유국이 되었다. 현시점에서 북미 핵 회담이 재개될 가능성은 없지만, 필자는 앞으로 미국과 북한 사이에 핵 회담이 재개될 것이라고 굳게 믿고 있다. 따라서 한미 양국이 북한의 선(先) 비핵화 조치 정책을 고집하지 말고 수정하여 북한 핵문제를 해결하기 위한 창의적 프레임워크(틀) 구상을 설계해야 한다. 한미는 오랫동안 유지해 온 낡은 전략을 수정하고, 현실에 적합한 한반도 비핵화와 평화체제 구축을 병행 추진하는 것이 바람직하다.

본 논문은 한반도 비핵화 협상과 평화체제의 현황을 고찰하고 하노이 정상회담(2019.2) 이후 비핵화와 관련된 핵심 쟁점을 분석하고, 정책 대안으로 창의적인 한반도 비핵·평화체제를 위한 5단계 프레임워크(framework) 구상을 제안하고자 한다.

Journal, Jan. 16, 2024. https://www.wsj.com/world/asia/kim-jong-un-has-a-new-enemy-no-1and-it-isnt-the-u-s-942eaa10?mod=asia_news_article_pos3 (accessed on Jan. 17, 2024); Timothy Nerozzi, "Kim Jong Un moves to modify North Korean constitution, write in South Korea as 'No. 1 enemy,'" *Fox News*, Jan. 15, 2024. https://www.foxnews.com/world/kim-jong-un-moves-modify-north-korean-constitution-write-south-korea-no-1-enemy (accessed on Jan. 17, 2024)

2   이에 대한 구체적 분석은 아래 필자의 통일뉴스에 게재된 칼럼(1.23)을 참조. 본 칼럼은 필자가 김정은 위원장의 두 국가론에 입각한 새로운 대남전략의 변화와 동기(motives) 등을 분석함. 곽태환, "북한의 대남전략변화의 국제정치적 함의", 통일뉴스. 1월 23일. https://www.tongilnews.com/news/articleView.html?idxno=209900(assessed on Jan. 23, 2024)

II. 2018년 이후 북미 간 한반도의 비핵화 협상 분석

2018년 6월 12일 싱가포르에서 역사적인 제1차 북미 정상회담 이후 미북 간 비핵화 협상을 간략히 살펴보고자 한다. 2018년은 김정은 국무위원장이 핵무력 강화에서 평화공존정책을 추구하겠다는 전략적 결단을 내린 뜻깊은 해였다. 대결을 통해 새로운 남북과 미북 관계의 새 시대를 맞이하게 되었다.[3] 김 위원장의 이 같은 큰 결단은 우리가 오랫동안 기억해야 할 역사적인 이정표이다. 김 위원장이 2018년 평창 동계올림픽에 북한이 참가한다는 전략적 결정을 내리면서 남북·미북 관계의 새로운 장이 펼쳐졌다. 2018년 서울·평양 관계는 놀라운 속도로 크게 개선되었다. 2018년 4월 27일, 5월 26일, 9월 18-20일 문재인 대통령과 김정은 위원장의 세 차례 남북 정상회담을 통해 남과 북은 급속도로 우호적인 남북관계로 발전하게 되었다

북한이 2016년 7월 6일에 발표한 조선(한)반도 비핵화 관련 정책성명을 살펴보면 북한은 조선반도 비핵화를 위해 5가지 요구를 내놓았다. "첫째, 한국으로 반입한 후에는 반드시 핵무기를 공개해야 한다. 둘째, 모든 핵무기를 폐기하고 국제기관이 검증해야 한다. 셋째, 미국이 조선반도와 그 주변 지역에 자주 전개해 온 핵 타격 수단을 남조선에 두 번 다시 가져오는 일이 없도록 하여야 한다. 넷째, 어떤 경우에도 핵무기나 핵전쟁 행위로 북한을 위협하지 않으며, 어떤 경우에도 핵을 사용하지 않겠다고 다짐해

---

3   For a detailed analysis of Kim Jong Un's strategic calculations in inter-Korean relations, see Tae-Hwan Kwak, "Inter-Korean Relations: From Nuclear Confrontation to Peaceful Coexistence", *The Korean Journal of Security Affairs,* 23-1 (June 2018), pp. 21-41.

야 한다. 다섯째, 핵 사용권을 쥐고 있는 미군이 남조선 철수를 선언해야 한다."라고 요구했다.[4]

■ 북미 간 한반도 비핵화 협상의 핵심 쟁점

김정은 위원장은 (1) 대북 적대시 정책 철회와, (2) 북한 정권의 안전 보장이라는 두 가지 조건이 충족되면 북한이 핵무기를 보유할 필요가 없다고 선언했다. 이를 통해 북한지도자들의 '피포위 강박증'(siege mentality)을 치유하면 핵무기를 포기할 것이다.[5]

문재인 전 대통령의 창의적인 '가교 역할'에 힘입어 70년 만에 첫 미북 정상회담이 2018년 6월 12일 싱가포르에서 성사됐다. 공동선언에는 한반도 비핵화와 평화체제 구축을 위한 북미관계 개선을 위한 4개 항목에 합의됐다. (1) 새로운 미북관계를 수립할 것이다. (2) 한반도 평화체제 구축을 위해 노력한다. (3) 북한은 "한반도의 완전한 비핵화"를 위해 노력하고 2018년 4월 27일 남북 정상의 판문점 선언을 재확인한다. (4) 미국과 북한은 미국 전쟁 포로와 북한에서 실종된 군인들의 유해를 송환하기로 약속한다.[6] 그러나 미북은 한반도 비핵화에 대한 서로 다른 접근 방식으로 인해 한반도 비핵화를 어떻게 이룰 것인가에 대한 로드맵에 합의하지 못했다.

---

4 38 North / Robert Carlin, "North Korea Said It's Willing to Talk Denuclearization (But No One Noticed)", *The Diplomat*, July 13, 2016. http://thediplomat.com/2016/07/north-korea-said-its-willing-to-talk-denuclearization-but-no-one- (accessed on March 13, 2017); Kelsey Davenport, "North Korea Shifts on Denuclearization", *Arms Control Today*, September 2016. https://www.armscontrol.org/ACT/2016_09/News/North-Korea-Shifts-on-Denuclearization (accessed on March 13, 2017)

5 For details of author's earlier article, see Kwak, Tae-Hwan, "Will North Korea ever abandon nuclear weapons?" *N.K. News*, March 27, 2017.

6 For details, see "2018 North Korea-United States Singapore Summit", *Wikipedia*, https://en.wikipedia.org/wiki/2018_North_Korea%E2%80%93United_States_Singapore Summit (assessed on December 23, 2023)

첫 미북 정상회담 이후 미국과 북한 간 비핵화 협상의 핵심 쟁점을 간략히 살펴보자. 필자는 공개된 자료를 모아 미국과 북한의 요구 목록을 작성했다.[7] 미국이 요구하는 사항은 (1) 핵신고 목록, (2) 한국전쟁 종식을 위한 3가지 조건(영변 핵시설 폐기, 대량살상무기(WMD) 폐기, 핵탄두 일부 폐기, 대륙간 탄도미사일(ICBM) 폐기)이다, (3) 미국 전문가와 국제원자력기구(IAEA) 팀의 영변 핵시설 폐기와 미사일 폐기 전에 핵활동을 사찰 등이다. 한편, 북한은 (1) 신뢰 구축과 대북제재의 부분적 완화와 종전선언 요구, (2) 미군 유해송환에 대한 미국의 보상조치 요구, (3) 핵 목록 제출 거부 등이다.

■ 2019년 10월 스웨덴 미북 실무급 회담의 핵심 쟁점

2019년 10월 5일 스웨덴 스톡홀름에서 열린 마지막 미북 간 실무회담에서 양측의 주장과 입장을 이해하는 것은 향후 북미 핵 협상 재개 시 협상의 성공을 위한 초석이 될 것이다. 미북 핵 실무회담이 실패하게 된 근본적인 이유는 무엇이었는가? 요약하면 미북의 상충되는 제안과 해법 때문이다.[8] 먼저 미국 입장부터 살펴보자. 미국은 북한의 비핵화 조치에 대한 보상으로 북한에 두 가지 조건을 제안했다. 첫째로, 북한이 핵무기와 핵 물질을 미

---

7 Tae-Hwan Kwak, "Denuclearization Negotiations between Washington and Pyongyang: Present Status and Future Prospects for 2019", *Diplomacy*, Vol. XLV, No. 1-2 (2019), pp. 46-47.

8 For details, see Johan Ahlander and Philip O'Connor, "North Korea breaks off nuclear talks with U.S. in Sweden", October 5, 2019. https://www.reuters.com/article/us-northkorea-usa-sweden-idUSKCN1WK074/ (accessed on December 20, 2023); Scott A. Snyder, "Why U.S.-North Korea Talks Failed Again", *Council on Foreign Relations*, October 8, 2019. https://www.cfr.org/in-brief/why-us-north-korea-talks-failed-again (accessed on December 20, 2023); Jung H. Pak, "Why North Korea walked away from negotiations in Sweden", *Brookings*, October 18, 2019. https://www.brookings.edu/articles/why-north-korea-walked-away-from-negotiations-in-sweden/(accessed on December 21, 2023)

국에 이양하겠다는 약속과 핵 시설, 생화학무기, 대륙간탄도미사일(ICBM) 등 관련 시설의 완전한 폐기를 명시한 것이다. 둘째로, 북한의 영변 핵 시설의 완전한 폐기. 아울러 미국은 우라늄 농축 활동을 중단하는 '영변+알파' 이행을 포함해 북한이 먼저 비핵화 조치를 취할 것을 요구했다.

북한이 미국의 두 가지 조건을 수용하면 미국은 북한에 아래 조치를 취할 것을 제안했다. (1) 미국은 대북제재를 완화하기 위한 조치로 석탄섬유 수출 금지의 잠정 유예를 제안했다. 이런 조치는 미국이 제안한 첫 번째 대북제재 완화 조치였다. 또 미국은 유엔 제재 일부를 완화하고 인도적·경제적 지원도 제안했다. (2) 미국은 북한 체제 보장의 일환으로 종전선언도 제안했다. (3) 미국은 세 번째 북미 정상회담도 제안했다.

이런 미국의 제안에 대해 북한은 5가지 사항을 요구했다. (1) 미국의 대북제재 전면 해제를 요구했다. 북한이 이미 ICBM 발사와 핵실험 중단과 풍계리 핵 실험장 폐기 등 북한의 선제적 조치에 대해 먼저 미국의 상응하는 조치를 요청하였다. (2) 한미연합군사훈련의 중단을 요청했다. (3) 미국의 첨단무기 한국 배치 중단을 요청하였다. (4) 핵무기 탑재가 가능한 전략폭격기의 한반도 배치 중단을 요청했으며, 그리고 (5) 점진적인 보상 조치를 요구했다.

미국의 제안은 북한이 선 비핵화 조치를 취하면 미국이 나중에 배상하겠다는 기존 입장을 반복한 것이다. 북한은 이러한 접근 방식을 받아들일 수 없었다. 왜냐하면 이는 북한의 '단계적·동시적 행동 접근 방식'에 어긋나기 때문이다. 따라서 북한은 계속해서 "새로운 셈법"을 요구하였다. 현재 공은 다시 미국에 넘어간 상황에서 미북 간 비핵화 협상을 진전시키려면 북한이 미국의 선제적 비핵화 조치 요구를 수용할 수 있는 구체적인 새로운 셈법 방식을 제시해야 할 것이다.

향후 미북 간 핵 협상이 가능하다고 믿는다. 김정은 총서기는 미국과의 대화를 원하고, 그가 제안한 '조건부' 한반도 비핵화는 북한의 최고 존엄인 김 국무위원장의 약속이기 때문에 여전히 유효한 것으로 보인다.

문·트럼프 한미 정상회담이 2019년 4월 11일 워싱턴 DC에서 열렸다. 문재인 대통령은 '포괄적 합의 단계적 이행' 접근 방안을 제안했다. 한편, 트럼프 전 대통령은 북미 핵 협상에서 소규모 협상이 가능할 것이라고 언급했다. 트럼프 전 대통령은 출구전략으로 완전한 비핵화라는 최종 상태에 김정은 위원장이 합의할 경우 한반도 비핵화의 단계별 로드맵에 조건부 유연성을 보여준 것이다.[9] 그렇다면 김정은 위원장이 한반도 비핵화의 최종 상태를 받아들이도록 한미가 어떻게 설득할 것인가가 핵심 문제이다.

하노이 북미정상회담 결렬의 결정적 요인은 트럼프 대통령의 '빅딜' 제안, 즉 영변 등을 포함한 알파(+@) 요구였다. 영변 플러스 알파는 북한이 트럼프의 빅딜 제안에서 핵, 미사일, WMD대량살상무기로 알려진 생화학무기를 포함해 영변 핵 시설 외부에서 운영하고 있는 우라늄 농축시설 목록을 신고해야 한다는 뜻이다.[10]

김정은 위원장은 북미실무그룹이 준비한 하노이 공동선언에 트럼프 대통령과 서명할 것을 전제로 하노이 정상회담에 참석했다. 그럼에도 불구하고 트럼프 전 대통령은 하노이에서 김정은에게 '빅딜' 문서에 대해 몇 가지

9   Mark Landler, "Trump Says He's Open to Third North Korea Meeting, and 'Smaller Deals' Are Possible", *The New York Times*, April 11, 2019. https://www.nytimes.com/2019/04/11/us/politics/trump-north-korea-summit.html (accessed on April 13, 2019)

10   Mark Landler, "Trump Says He's Open to Third North Korea Meeting, and 'Smaller Deals' Are Possible", *The New York Times*, April 11, 2019. https://www.nytimes.com/2019/04/11/us/politics/trump-north-korea-summit.html (accessed on April 13, 2019)

세부사항을 설명했다. 하노이 회담 결렬 이후 남북관계는 적대적으로 변했다.[11] 하노이 협상 결렬 이후 북한이 폐기하겠다고 약속했던 핵심 미사일 시험장을 재건하기 시작했다.[12] 그리고 미국은 '단계적 접근'에 반대하는 것으로 알려졌다.[13]

북미 간 하노이 노딜(no deal)로 인해 국내외적으로 김 위원장의 권위와 체면이 훼손되자 북한은 미국과 한국을 향해 적대적 신호를 보냈다. 구체적으로, 북한은 하노이 정상회담에 대한 실망감과 좌절감, 문재인 전 대통령의 역할에 대한 불만을 표명했다. 북한 언론을 통해 교착상태에 빠진 한반도 비핵화 회담의 중재자 역할을 자청했던 한국에 대한 김정은 위원장의 비판에도 불구하고, 문 전 대통령은 4차 남북정상회담을 원했다.[14]

미북 핵 협상에서 귀중한 교훈을 우리는 배워야 한다. 첫째로, 미국과 북한은 한반도 비핵화에 대해 서로 상충되는 접근 방식이다. 미국은 '빅딜'을 주장한 반면, 북한은 비핵화 문제에 대해 '단계적·동시적 행동' 접근을 선호했다. 그들의 입장은 어떠한 양보도 없이 극도로 경직된 상태였다. 둘째로, 미국과 북한은 역지사지의 자세로 상대방의 입장을 고려해 볼 필요가

---

11 Nine South Korean experts evaluate the pros and cons of President Moon's North Korean policy, see Dagyum Ji, "One year since the Panmunjom Declaration: How did we get here, where are we going?" *N.K. News.* April 26, 2019. https://www.nknews.org/2019/04/one-year-after-panmunjom-declaration-how-did-we-get-here-where-are-we-going/?fbclid=IwAR3S9L-vH2r9ow58ZHIn3hlhUacRlYoNMNyBBAJ Bxn5ZdZoJjcVzhFUoXrM (accessed on April 30, 2019)

12 Ben Riley-Smith, "Satellite images show North Korea rebuilding rocket launch site it had pledged to dismantle", *The Telegraph*, March 6, 2019. https://i.telegraph.co.uk/news/2019/03/06/north-korea-restores-missile-launch-site-john-bolton-warns-tougher/ (accessed on March 8, 2019)

13 U.S. opposes incremental denuclearization of North Korea: envoy, *AFP News*, March 12, 2019. https://ph.news.yahoo.com/us-opposes-incremental-denuclearization-n-korea-envoy-161536597.html (accessed on March 29, 2019)

14 Hyonhee Shin, "South Korea's Moon pushes for a summit with North Korea's Kim despite nuclear standoff", *Reuters*, April 15, 2019. https://www.reuters.com/article/us-northkorea-southkorea-moon-idUSKCN1RR0NK (accessed on April 17, 2019)

있다. 그러면 한반도 비핵화에 대한 양국의 상충되는 접근 방식에 대해 상호 양보하고 타협하겠다는 의지가 보인다. 셋째로, 미북 간 먼저 상호 신뢰를 구축해야 한다. 상호 신뢰 구축 없이는 성공적인 협상과 합의 이행이 있을 수 없다.

III. '워싱턴 선언'을 통한 한반도 핵 균형 유지

2022년 5월 10일 윤석열 정부 출범 이후 한반도 평화의 길은 막혀 있고 적대적 대결 구도 속에서 남북·북미 간 적대적 관계로 일촉즉발의 위기 상황이다. 향후 남북미 3국 간 강대강 맞대응 전략이 지속될 경우 한반도에서 우발적인 무력 충돌이 발생할 개연성은 높아질 것이다.[15] 윤 정부는 "힘에 의한 평화"를 주장하여 한반도의 완전한 비핵화가 아닌 '북한의 비핵화'를 목표로 삼았다. 그러나 대부분의 전문가들은 북한의 비핵화 목표 달성이 현실적으로 불가능한 목표라고 판단한다.

한편 대부분 전문가들은 이명박·박근혜 정부의 대북 강경정책에서 좋은 교훈을 배워야 한다고 주장한다. 10년간 두 보수 정권 시대에 북한의 핵실험과 탄도미사일 발사는 유엔 안전보장이사회의 대북제재로 이어졌고 이러한 적대적 행동과 대응의 악순환 결과로 궁극적으로 북한이 핵 무력을 강화하여 사실상 9번째 핵 보유국이 되었다.

---

15 For a detailed analysis, see Tae-Hwan Kwak, What Should Be Done to Create Favorable Conditions for Dialogue among the ROK, the US, and the DPRK? *IFES FORUM* NO. 2023-02 (2023-06-07). https://ifes.kyungnam.ac.kr/ifeseng/6629/subview.do?enc=Zm5jdDF8QEB8JTJGbXRybCUyRmlmZXNlbmclMkYxMSUyRjgzMzQlMkZ2aWV3LmRvJTNGcGFnZSUzRDElMjZjdGdyVHlwZSUzRDAlMjZzcmNoQ29sdW1uJTNEc2olMjZzcmNoV29yZCUzRCUyNg%3D%3D (accessed on July 1, 2023)

북한의 핵·미사일 위협에 대응하여 윤석열 대통령과 조 바이든 대통령은 2023년 4월 26일 워싱턴 한미 정상회담에서 공동성명을 발표했다. 특히 한미동맹 70주년을 맞아 '워싱턴 선언'(Washington Declaration)이 발표됐다. 핵심 내용은 한미 NCG(핵 협의체) 창설, 미국 전략자산의 한반도 정례 배치, 미국의 핵 확장 억제 공약 등이다.[16]

워싱턴 선언은 한국이 핵무기를 보유하지 않더라도 한반도에서 '핵 테러의 균형'(balance of nuclear terror)을 유지하는 안정적이고 신뢰할 수 있는 핵 억제력을 한국에 제공한 것이다. 북한이 대남 핵 선제공격을 가하면 미국이 핵무기를 사용할 것이라는 현실적 보장을 의미한다. 바이든 대통령은 한미 정상회담 공동기자회견에서 "북한의 핵 공격이 체제의 종말을 가져올 것"이라고 강조했다.[17] 그러므로 북한이 핵무기를 사용하여 전쟁을 시작하는 것은 자살행위이며, 결국 북한 정권의 종말을 의미하게 될 것이다. 따라서 한반도에서 핵 균형을 유지하는 한 핵억지력 때문에 계획된 핵전쟁(war by plan or design)이 발생할 개연성은 낮다고 보인다.

'워싱턴 선언'은 한국민 70% 이상 한국의 단독 핵무장을 찬성하였고 이를 무마하는 동시에 한국의 안보를 제도적으로 보장하는 것이다.[18] 따라서 한반도에서 핵 균형이 존재하는 한 북한의 핵 선제공격이 낮기 때문에 한

---

16   For details of the "Washington Declaration" (April 26, 2023) released by the White House, see https://www.whitehouse.gov/briefing-room/statements-releases/2023/04/26/washington-declaration-2/ (accessed on May 2, 2023)

17   Ibid.

18   For a detailed analysis of nuclear debates in South Korea, see Chung-in Moon & Young-Deok Shin, "South Korea Going Nuclear?": debates, driving forces, and prospects, *China International Strategy Review*, 28 November 2023, Volume 5, pages 157-170(2023), https://link.springer.com/article/10.1007/s42533-023-00143-4 (accessed on January 7, 2024)

반도에서 핵전쟁이 일어날 개연성이 낮아졌다.

2023년 7월 18일 서울에서 열린 제1차 한미 핵 협의체(NCG) 회의에서는 '워싱턴 선언'을 재확인했다.[19] 제2차 핵 협의체 회의(2023.12.15)는 워싱턴 DC에서 열렸다. 한미 양국은 2024년 중반까지 공동 핵전략 지침을 완성기로 합의했다. 미국은 한국에 확장억제를 제공하겠다는 약속을 재확인했다. 북한의 모든 핵 공격은 김정일 정권의 종말을 가져올 것이며, 미국 측은 북한이 한국을 상대로 어떤 핵 공격을 가하더라도 "신속하고 압도적이며 단호한 대응에 직면할 것임"을 거듭 강조했다.[20] 따라서 한국이 미국의 '핵심 이익'을 다시 확인한 것이다.

이에 대해 북한은 '워싱턴 선언'에 대해 격렬하게 항의해 북한 지도부의 '피포위 강박증'(siege mentality)을 악화시켜 북한체제의 방어를 위한 핵 능력을 강화해 왔다. 한반도에 비핵화된 평화체제를 구축할 수 있는 기회는 아직 남아 있는 만큼 남북미 3국 간 대화 분위기를 조성하여 북한과의 한반도 비핵화 협상을 재개하는 것이 바람직하다고 본다.

한반도에서 누군가가 핵전쟁을 시작한다고 가정해 보자. 그렇게 되면 그것은 자멸 행위이고 모두가 피해자가 되기 때문에 필자는 핵전쟁 억제력이 한반도에서 전쟁을 방지하는 결정적인 역할을 한다고 굳게 믿고 있다. 그렇다면 향후 남북미 3국이 선택해야 할 바람직한 정책대안은 무엇인가? 필

---

19 See "Joint Readout of the Inaugural U.S.-ROK Nuclear Consultative Group Meeting" (July 18, 2023), https://www.whitehouse.gov/briefing-room/statements-releases/2023/07/18/joint-readout-of-the-inaugural-u-s-rok-nuclear-consultative-group-meeting/ (accessed on July 20, 2023)

20 For details, see https://www.whitehouse.gov/briefing-room/statements-releases/2023/12/16/joint-press-statement-on-nuclear-consultative-group-meeting/ (accessed on December 16, 2023)

자는 3국 간 대화와 협상 재개를 주장하고자 한다.

일부 분석가들이 윤 정부의 대북 강경 정책이 북한을 대화의 장으로 유인하는 수단이라고 주장하는 것은 오산이자 착각이라고 생각한다. 북한의 과거 행태를 평가해 보면 북한이 이를 받아들일 리가 만무하다. 따라서 이 잘못된 정책은 결국 실패할 것으로 보여 안타깝다.

그렇다면 북한과의 창의적인 대화 · 협상을 위해 어떻게 대화와 협상의 장으로 '유인'할 것인가? 필자는 북한이 주장하는 '본질적인 문제'에 대한 해법을 모색하기 위해 '대북 적대시 정책'의 일부라도 축소하는 것을 진지하게 고려하거나, 남북미 3국이 모든 군사행동을 대화 분위기 조성을 위해 6개월 동안 군사훈련을 모라토리엄(유예)하는 정책을 제안한다.

남북미 3국이 역지사지의 정신으로 서로 양보하고 타협하겠다는 의지기 있다면 한반도 문제의 해법이 보일 것이다. 위에서 지적한 바와 같이, 북한과 대화를 시작하려면 먼저 대화 분위기를 조성하는 것이 필요하다. 남북미 3국의 강대강 맞대응 전략은 궁극적으로 인간의 오류, 오해, 최신 전략자산의 오작동 등으로 인해 한반도에서 우발적 무력 충돌이 일어날 개연성을 증가시킬 것이다. 현시점에서 한반도에서 무력 충돌이 일어난다면 북한과의 소통이 불가능한 상황에서 급속도로 핵전쟁으로 비화될 가능성이 높다. 따라서 한미는 우발적 무력 충돌을 방지하기 위해 위기관리가 시급하다.

■ 남북미 간 대화 분위기 조성의 전제조건

한반도 비핵화 전망에 대한 광범위한 비관론에도 불구하고 한미는 지속적으로 북한과 건설적인 비핵화 대화와 협상 재개를 위한 분위기 조성에 올인해야 할 것이다. 과거 북한과의 핵 협상 회담에서 교훈을 배워야 한다. 필자는 한반도의 완전한 비핵화 목표를 달성하기 위해 한미 양국이 북한의 '안전 보장과 우려'를 우선적으로 고려할 것을 제안한 전봉근 박사의 최근 주장에 공감한다.[21]

2024년에도 남북미 3국 간 적대관계는 위험한 수준으로 고조될 것이다. 핵심 이슈는 어떻게 하면 3국 간 강대강 맞대응 전략에서 3국 간 협력적 맞대응 전략으로 전환할 수 있을까? 필자의 대안은 3국 간 대화 분위기를 조성하는 것이다.[22] 이에 아래와 같이 몇 가지 정책 제언을 한다. 첫째, 남북한과 미국이 확고한 대화 의지를 가지고 협력하여 대화 분위기를 조성해야 한다. 따라서 남북미 3국은 6개월 동안 상대방에 대한 상호 비방과 막말과 적대감 표출을 자제하고, 특히 무력시위나 군사도발을 잠정적으로 6개월 동안 유예하자는 제안이다.

둘째, 남북미 3국 간 대화와 외교협상을 통해 한반도 문제를 평화적으로 해결해야 한다. 그러므로 한국과 미국은 단순히 북한에 대화에 나오라고만 반복하지 말고 성실하게 한미 양 국은 보다 적극적으로 상호 적대감을 해소할 수 있도록 창의적이고 구체적인 북한과의 대화 방안도 내놓고, 3국 최

---

21 Bong-geun Jun, "Three Key Lessons from Past North Korean Denuclearization Diplomacy", *United States Institute of Peace,* November 20, 2023. https://www.usip.org/publications/2023/11/three-key-lessons-past-north-korean-denuclearization-diplomacy (accessed on December 10, 2023)

22 Tae-Hwan Kwak, "How Can the Korean Peninsula Avoid an Inadvertent Armed Conflict?" *IFES BRIEF NO. 2024-01.* file:///C:/Users/User/Downloads/IFES%20FORUM%20NO.2024-01-1.pdf (accessed on January 8, 2024)

고 지도자들의 리더십과 강단을 보여줘야 한다.

셋째, 얼어붙은 남북관계의 돌파구를 마련하기 위해 윤 정부는 평양에 특사를 파견할 수 있도록 분위기 조성을 마련하여야 한다. 미국도 과거와 마찬가지로 유사시 뉴욕 채널을 통해 소통할 수 있도록 북한과의 통신개선이 필요하다. 인간의 실수, 상호 오해, 그리고 전략무기체계의 오작동 등으로 우발적 무력 충돌이 발생할 경우 한미·북한 간 한반도 위기에 적절한 관리가 필요하다.

넷째, 한미는 올해 3월과 8월 중순 핵전쟁 대비를 위한 대규모 을지자유방패(UFS) 합동훈련을 실시할 예정이라고 알려졌다. 따라서 3월 중순과 8월 중순에 한미 연합군사훈련을 잠정적 중단하는 방안도 한번 검토하기 바란다. 아울러 김정은 위원장은 6·12 싱가포르 공동성명을 존중하고, 7차 핵실험과 ICBM 추가 시험발사를 자제하는 방안도 고려하기 바란다. 3국은 상대방을 자극하는 막말과 무력시위를 자제해야 할 것이다. 이러한 조건이 만들어진다면 2024년에는 3국 간 한반도 평화 프로세스의 복원을 기대할 수 있을 것이다.

다섯째, '힘에 의한 안보'를 통해 전쟁억제력을 유지한 것은 윤 정부의 큰 성과였다. 따라서 국민의 행복한 삶과 안정, 번영을 위해서는 군사안보와 더불어 경제안보도 똑같이 중요하다. 윤 정부의 강대강 맞대응 전략은 궁극적으로 경제안보에 심각한 위협이 될 수 있다. 따라서 윤 정부는 군사안보와 한반도 평화 만들기(peace-making) 전략을 병행 추진해야 한다.

한반도에서 절대로 핵전쟁이 일어나서는 안 된다. 한반도에서 핵전쟁은 공멸을 의미한다. 따라서 전쟁 예방이 최고의 가치이며, 관련 당사국들의 핵심 이익이 되어야 한다. 그러므로 향후 우발적인 무력 충돌을 예방하기 위한 한미 · 북한 간 대화와 소통이 이루어지기를 기대한다.

Ⅳ. 필자의 한반도 비핵 · 평화체제 구축: 창의적 5단계 프레임워크 구상

북미 협상의 가장 큰 걸림돌은 한반도 비핵 · 평화체제 구축을 위한 남북미 3자 간 합의된 로드맵이 없다. 따라서 3국이 한반도 비핵 · 평화체제를 위한 포괄적인 프레임워크(framework) 구상에 합의가 필요하다.

위에서 논의한 바와 같이, 미국과 북한은 한반도의 완전한 비핵화에 대한 상충되는 접근 방식을 가지고 있다. 이에 필자는 한반도 비핵화를 위한 새로운 "융합 접근법"을 제안했다. 북미의 상충되는 두 가지 접근 방식을 새로운 융합 접근 방식에 접목할 때 창의적 프레임워크가 마련될 것이다. 이런 경우 북미의 두 가지 접근 방식이 상호 보완적이 될 수도 있다.[23]

그렇다면 윤 정부의 새로운 역할이 기대된다. 한국은 한반도 문제 해결의 직접 당사자로서 보다 적극적인 역할을 해야 한다. 윤 정부는 한반도 비핵 · 평화체제의 새로운 틀(framework)을 마련하고 새로운 틀에 3국 간 합의를 이뤄내야 한다.

필자는 남북미 3국 간 한반도 비핵화 협상에서 몇 가지 교훈과 문제점을 지적하지 않을 수 없다. 국가 간 협상의 기본 원칙은 무엇을 협상할 것인가

23　For the original proposal for "a fusion approach" in Korean, see Tae Hwan Kwak, Moon Jae-in government expects a new role as a party of the Korean peninsula issue: "a fusion approach" proposal, *Tongil News* (2019.3.25). http://www.tongilnews.com/news/ articleView.html? idxno = 128221 (accessed on March 25, 2019)

에 대한 목표를 명확하게 설정하는 것이다.

첫째, 아직도 남북미 간 "한반도 비핵화"가 명확하게 정의되지 않았다. 3국이 한반도 비핵화의 정의에 대해 논의한 바도 없다. 북한은 조선(한)반도 비핵화를 주장하고 있는 반면, 윤석열 정부는 북한이 사실상 핵 보유국이기 때문에 한반도의 비핵화는 북한의 비핵화를 의미한다고 주장한다.

둘째, 미북의 핵문제 해법의 접근 방식이 상이하다. 필자는 북한의 '단계적 접근'과 미국의 '빅딜' 접근은 상호 보완적이라고 주장한다. '융합접근'은 두 가지 접근법을 결합해 한반도 비핵 · 평화체제 문제를 동시에 해결하는 방식이다.

셋째, 한반도의 비핵화와 평화체제를 병행 추진해야 한다. 향후 남북미중 4국이 서명한 '한반도 평화조약'은 법적 · 제도적 국제보장으로 김정은 위원장이 제안한 조선(한)반도 비핵화의 두 가지 전제조건: (1) 대북 적대시 정책 철회, (2) 북한체제의 보장을 충족할 것이다.

한미의 대북 강경 · 압박 · 제재 정책으로는 한반도 비핵 · 평화체제를 이룰 수 없다. 따라서 대북제재 · 압박정책에 대한 대안을 모색해야 한다. 따라서 필자는 창의적인 5단계 프레임워크(틀)를 제안한다. 새로운 틀은 대북 압박정책의 대안으로 한반도 비핵 · 평화체제 구축 문제를 해결하기 위한 순차적이고 단계적 방안이다. 이에 필자는 한반도 비핵 · 평화체제 구축을 위한 5단계 프레임워크 구상을 제안한다.[24]

---

24 For a detailed analysis of an original three-stage roadmap for denuclearization and a peace regime, see Tae-Hwan Kwak, "In Search of Denuclearization and a Peace Regime on the Korean Peninsula", *Journal of Peace and Unification*, Vol. 6, No. 2, Fall 2016, pp. 1-22.

한반도 비핵화 · 평화체제 구축을 위한 3단계 로드맵 구상의 원본을 영문으로 2018년에 출간했다.[25] 그 후 미국은 북한이 소유한 핵무기, 핵 시설, 탄도미사일, 대량살상무기(WMD) 폐기를 요구했기 때문에 3단계에서 5단계 프레임워크로 수정 · 보완이 필요하였다. 필자의 한반도 비핵 · 평화체제 구축을 위한 창의적 5단계 프레임워크 구상은 아래와 같이 제안한다.

■ 1 단계: 한반도의 비핵화 정의 및 한반도 비핵 · 평화체제 프레임워크 구상에 합의

남북미중 4자는 '한반도의 완전한 비핵화'(denuclearization of the Korean Peninsula) 실현에 합의했다. 그러나 이에 대한 명확한 정의에 합의한 바 없다. 따라서 남북미 3국이 먼저 비핵화의 정의에 합의한 후 남북미중 4국이 합의해야 한다.[26] 남북미중 4자는 '한반도의 완전한 비핵화'(denuclearization of the Korean Peninsula) 실현에 합의했다. 그러나 이에 대한 명확한 정의에 합의한 바 없다. 따라서 남북미 3국이 먼저 비핵화의 정의에 합의한 후 남북미중 4국이 합의해야 한다.

한반도의 완전한 비핵화를 위해서는 남북미 3국이 먼저 출구전략에 합의가 필수적이다. 따라서 한반도 비핵 · 평화체제 로드맵에 합의하기 위해 남북미가 참여하는 '3자회담'을 제안한다. 한국은 글로벌 중추 국가로 핵

---

25 Tae-Hwan Kwak, "Inter-Korean Relations: From Nuclear Confrontation to Peaceful Coexistence", *Korean Journal of Security Affairs*, 23-1 (June 2018), pp. 21-41.

26 The U.S. and the DPRK have different definitions of denuclearization of the Korean peninsula. For details, see Daryl G. Kimball & Kelsey Davenport, "Paths forward on Action-for-Action Processes for Denuclearization and a Peace Regime for the Korean Peninsula", *Arms Control Today*, Vol. 11, Issue 3, January 29, 2019. https://www.armscontrol.org/issue-briefs/2019-01/paths-forward-action-action-process-denuclearization-peace-regime-korean (accessed on February 21, 2019)

없는 한반도의 평화체제 구축에 주도적 역할을 해야 한다.

■ 2 단계: 영변 핵 시설 폐기와 대북제재 완화/북한 관광 및 개성 공단사업 재개

국가 간 외교협상은 주고받는 것(give and take)을 전제로 한다. 김정은 위원장이 영변 핵 시설 폐기 제안을 심각하게 고려하여 북한의 일부 핵 시설 폐기에 대한 대가로 추가로 대북제재 완화와 경제지원을 포함하여 개성공단과 북한관광 재개 등을 활성화가 바람직하다.

영변 이외 지역에 추가 핵 시설과 핵 물질, 장거리 탄도 미사일 기지, 이동식 발사체 등을 폐기하는 대가로 추가 대북제재 완화도 논의되어야 한다. 이 단계에서 남북미중 4자회담이 개최되어 정전협정을 평화조약으로 전환하는 외교협상도 논의해야 한다. 3자 혹은 4자회담에서 한반도 평화조약을 체결하는 한반도 평화체제 문제도 병행 추진이 바람직하다.

■ 3 단계: 대량살상무기 폐기 및 미북 · 일북 관계 정상화 외교 협상

하노이 제2차 미북 정상회담에서 미국은 생화학무기와 대량살상무기(WMD)의 폐기를 공식적으로 제안했다. 존 볼턴 전 백악관 국가안보보좌관은 이 제안을 거듭 주장하며 공식적으로 요구한 바 있다. 이 단계에서 미국과 일본은 북한과 국교정상화 회담을 개최하여, 우선 평양, 워싱턴, 동경에 각국의 연락사무소를 설치하는 합의가 바람직하다.

■ 4 단계: 미일북 간 외교관계 정상화 조약과 남북미중 간 4자 평화조약

미북/일북 간 외교관계가 정상화되면 남북한과 동북아 4대국의 교차승인이 완성된다는 뜻이다. 한반도를 중심으로 균형된 관계를 유지함으로써 동북아 안보체제를 안정시키게 될 것이다. 한반도의 평화체제 구축을 위해서는 장기간 중단된 남북미중 4국이 참여하는 4자 평화회담 재개가 바람직하다. 4자회담에서는 71년 동안 유지되어 온 1953년 정전협정을 대체하는 가칭 '한반도 평화조약'(a Korean Peninsula Peace Treaty)이 체결되어야 한다. 동시에 동북아에서 남북한과 4강 간 외교관계의 정상화를 이뤄 교차승인이 완성될 것이다.

■ 5 단계: 한반도의 완전한 비핵화와 '한반도 평화조약' 체결 맞교환

한반도 비핵 · 평화체제 구축 과정에서는 한반도 평화협정보다 '한반도 평화조약'이 더 구속력이 있기 때문에 한반도 평화조약 체결을 위해서는 심도 있는 연구와 철저한 준비가 필요하다.[27] 교착상태에 빠진 남북미중 4자회담이 재개되면 한반도 비핵화 평화체제 문제가 논의될 것이다. 그러나 4자가 수용할 수 있는 비핵 · 평화체제를 구축하는 것은 만만치 않은 과제이다.[28]

---

27 For further details of DPRK's perspective on a US-DPRK peace treaty, see Choe Chang Man, *The Conclusion of a Peace Treaty: The North Korean Perspective* (Institute for Security & Development Policy, Stockholm, Sweden, 2010). http://isdp.eu/content/uploads/publications/2010_choe_the-conclusion-of-a-peace-treaty.pdf (accessed on April 21, 2019)

28 For details of the earlier version, see Tae-Hwan Kwak, "A Creative Formula for Building a Korean Peninsula Peace Regime", (Ch. 2), in Tae-Hwan Kwak and Seung-Ho Joo, eds., *Peace Regime Building on the Korean Peninsula and Northeast Asian Security Cooperation* (Farnham, England: Ashgate, 2010).

한반도 비핵·평화체제의 출구전략으로 '한반도평화조약'을 제안하게 되었다. 한반도 평화조약 속에 (1) 남북 평화 합의서, (2) 미북 평화 합의서, (3) 한중 평화 합의서, (4) 미중 평화 합의서 등 4개 평화 합의서(peace agreement)가 첨부될 수도 있다. 동시에 주한미군은 다자간 국제평화 유지군으로 위상이 전환될 수도 있다. 한반도 평화조약은 반드시 유엔 안전보장이사회의 승인 후 유엔 사무국에 등록하여야 조약은 국제법의 효력을 가져 한반도에서 항구적 평화가 이뤄지게 해야 할 것이다.

'한반도 평화조약'은 조선(한)반도의 완전한 비핵화를 위한 김정은 위원장이 제안한 비핵화의 두 전제조건을 충족시킬 것이다. 김 위원장의 두 조건: (1) 대북 적대시 정책 철회, (2) 북한체제의 보장이다. '한반도 평화조약'은 북한체제를 보장하는 최선의 방안이 될 것이다.

남북미중 4국 정상이 한반도 평화조약에 서명해야 한다. 4개국이 체결한 한반도 평화조약은 집단안보체제의 원칙에 입각해 통일 지향적인 항구적인 한반도 평화체제가 확고히 자리 잡게 될 것이다. 러시아와 일본(모두 6자 회담 회원국)도 한반도 평화조약을 공동으로 보장할 것이다. 다음 단계는 러시아와 일본을 포함한 다자간 동북아 안보체제로 발전시키는 것이다. 이런 동북아 안보체제가 형성되면 한반도에는 항구적이고 통일 지향적이며 비핵화된 한반도 평화체제가 구축될 것이다.

V. 맺는말

2024년에도 남북미가 적대적 대결 전략을 유지하는 한 한반도에는 전쟁 위험이 도사리고 있다. 2024년 1월 5일 북한이 해안포 200여 발을 발사한 뒤, 이에 대응해 한국 정부도 400여 발의 포탄을 발사했다. 북한은 둘째 날에도 포탄 60발을 발사했고, 셋째 날에도 포탄 90발을 더 발사했다. 북한은 1월 14일 동해에 2024년 첫 고체연료 중거리 탄도미사일(IRBM)을 발사했다. 북한은 올해 한미 선거에 영향력을 행사하기 위해 무력시위(도발)을 확대할 것으로 보인다.

현시점에서 남북미가 적대적 대결 전략을 유지하는 한 북한 핵 협상 재개는 불가능하다. 따라서 필자는 한반도에서 우발적 무력 충돌로 인한 전쟁을 예방하기 위해서는 3국이 적대적 대결 전략을 우호적 대응 전략으로 전환해야 한다고 제안한 바 있다.

한반도 비핵·평화체제 구축을 위해 김정은 위원장을 대화와 협상 테이블로 유인하려면 먼저 한미가 대화 여건을 조성해야 한다. 동시에 김 위원장은 핵 포기의 두 전제조건이 충족되면 핵 포기 약속을 지켜야 한다.

현실적으로 남북미 3국 정상이 이러한 대화 분위기 조성을 위해 역지사지의 태도와 상호 타협과 양보 의지를 갖지 않는다면 한반도의 긴장 고조는 높아지게 될 것이다.

미국은 북·미 핵 협상 진전을 위해 과감한 조치를 취해야 한다. 위트와 소콜스키는 미북 협상의 교착상태를 타개하기 위한 방안으로 다음과 같은 제언을 하였다: ① 한국전쟁 종식과 한반도 평화조약 체결을 위한 협상 개시, ② 미국과 평양 수교 협상 개시, 그리고 ③ 미국과 북한 사이의 인적 교류를 시작하자고 제언하였다.[29]

---

29 Joel S. Wit & Richard Sokolsky, Memo to Donald Trump: It is Time to End-Run Your Advisers on North Korea, *38th North*, May 22, 2019. https://www.38north.org/2019/05/jwitrsokolsky052219/ (accessed on May 27, 2019)

위에서 살펴본 바와 같이 '한반도 평화조약' 체결이 북핵 문제 해결의 지름길이다. 한반도 평화조약은 북한 지도부의 '피포위 강박증'(siege mentality)을 치유하는 처방이 될 수 있다.[30] 이러한 목표를 실현하기 위해서는 동북아 국가 간 대화와 소통이 필수적이다. 무엇보다도 관련국과의 대화와 협상이 필요하다. 필자는 한반도 비핵 · 평화체제를 위한 창의적인 프레임워크를 제시했는데, 여기에는 몇 가지 전제조건이 존재한다. 그중 가장 중요한 변수는 남북 정상의 의지와 4강의 평화체제 구축의 의지이다. 또 다른 핵심 변수는 미 · 중 갈등구조가 한반도 비핵 · 평화체제 프로세스에 가장 큰 걸림돌이라는 점이다.

필자의 견해는 한반도 문제의 해법을 모색하기 위해서는 중국의 역할이 크다. 따라서 한국 정부의 대중 "균형외교"를 지속적으로 유지해야 한다. 최근 중국 외교부장 왕이가 제14차 전국인민대표 대회 2차 회의 기간에 열린 기자회견(3월 7일)에서 한반도 문제와 관련해 북한의 합리적 안보 우려 해소가 우선이라는 기존 입장을 반복했다. 그는, "현재 정세가 갈수록 긴박해지고 있다"라면서 "한반도에 다시는 전쟁이 일어나서는 안 된다"라고 강조했다. 그는 또 해결 방안에 대해서는 "평화 협상을 재개해 각 당사자, 특히 북한의 합리적인 안보 우려를 해결하고, 한반도 문제의 정치적 해결 프로세스를 추진해야 한다"라는 입장을 피력하면서 한반도 문제의 근원이 "냉전의 잔재가 여전히 존재하기 때문"이라 강조하면서 쌍궤병진(雙軌竝進 · 비핵화와 북미평화협정 동시 추진)과 단계적 · 동시적 원칙이라는 기존 정

---

30   For details of the "siege mentality" concept, see Daniel Bar-Tal, "Siege Mentality", Beyond Intractability, September 2004. http://www.beyondintractability.org (accessed on January 23, 2013); Tae-Hwan Kwak, "North Korea's Bellicose Behavior and Peace-building on the Korean peninsula", *IFES Forum,* May 6, 2013. http://ifes.kyungnam.ac.kr/eng/FRM/FRM_0201V.aspx?code= FRM130506_0001 (accessed on March 21, 2016)

책을 재확인했다.[31]

바이든 행정부는 최근 공개한 DNI연례위협평가 보고서에서 김정은 위원장의 의도를 다음과 같이 평가하였다. "김정은은 자신의 핵 프로그램을 협상의 대상으로 내세울 의도가 거의 없을 것이다. 그는 그것을 정권 안보와 국가 자긍심의 보증자로 인식하고 있다. 또한 김정은은 러시아와의 군사적인 밀착관계를 통해 핵 강국으로 국제적 수용을 달성하려는 그의 목표를 달성할 수 있을 것이라고 기대할 것이다."[32] 김정은 위원장의 의도가 정확히 평가되는 것은 역사가 결정할 사안이며, 현재로서는 그것을 확정하기 어렵다. 그러나 한미 양국은 여전히 김 위원장을 외교협상을 통해 한반도 위기를 관리하는 중요한 상대로 보고 있다. 평화와 안정을 추구하는 데 있어서 김 위원장과의 대화와 협상은 중요한 수단으로 간주되며, 국제사회는 북한과의 외교적 접촉을 통해 안정적인 해결책을 모색할 필요가 있다. 따라서 한미 양국은 김 위원장과의 대화를 통해 한반도의 안정과 평화를 유지하고 관리하는 데 적극적으로 참여해야 할 것으로 보인다.

마지막으로 한반도 비핵 · 평화체제 구축과 관련 당사국, 특히 남북미중 4자 간의 상호 양보와 타협을 통해 실현될 수 있다. 북한의 핵무장으로는 평화도 없고, 한반도에 핵전쟁의 개연성을 높일 것이다. 따라서 남북미 3국이 강대강 맞대응 전략을 우호적 맞대응 전략으로 바꿔 한반도 비핵 · 평화 프로세스를 추진해야 한다. 따라서 필자는 남북미 3국 정상이 본 논문에서

---

31 정성조, "中 왕이 '=美, 잘못된 中 인식 계속…北의 안보 우려 해결해야'"(종합), 연합뉴스, 2024. 03. 07. https://www.yna.co.kr/view/AKR20240307135100009?section=news (검색일: 2024.3.8)

32 Office of the Director of National Intelligence. Annual Threat Assessment of the U.S. Intelligence Community (February 5, 2024), ODNI Releases its 2024 Annual Threat Assessment (March 12, 2024). https://www.dni.gov/files/ODNI/documents/assessments/ATA-2024-Unclassified-Report.pdf (accessed on March 13, 2024), p. 21.

제안한 핵 없는 한반도 평화체제 구축을 위한 프레임워크(틀) 구상을 심사숙고하여 3자 간 핵 협상을 재개할 것을 진심으로 촉구한다.

참고문헌

Ahlander, Johan and Philip O'Connor. "North Korea breaks off nuclear talks with U.S. in Sweden", October 5, 2019. https://www.reuters.com/article/us-northkorea-usa-sweden-idUSKCN1WK074/ (accessed on December 20, 2023).

Bar-Tal, Daniel. "Siege Mentality", Beyond Intractability, September 2004. http://www.beyondintractability.org (Accessed on January 23, 2013); Tae-Hwan Kwak, "North Korea's Bellicose Behavior and Peace-building on the Korean Peninsula", *IFES Forum,* May 6, 2013, http://ifes.kyungnam.ac.kr/eng/FRM/FRM_0201V.aspx?code= FRM130506_0001 (accessed on March 21, 2016).

Borger, Julian. "Vietnam summit: North Korea and the U.S. offer differing reasons for the failure of talks", *The Guardian,* March 1, 2019. https://www.theguardian.com/world/2019/feb/28/vietnam-summittrump-and-kim-play-down-hopes-of-quick-results-nuclear-talks (accessed on March 3, 2019).

Choe, Chang Man. *The Conclusion of a Peace Treaty: The North Korean Perspective* (Institute for Security & Development Policy, Stockholm, Sweden, 2010). http://isdp.eu/content/uploads/publications/2010_choe_the-conclusion-of-a-peace-treaty.pdf (accessed on April 21, 2019).

Choe, Sang-Hun. "North Korea Threatens to Scuttle with the U.S. and Resume Tests", The New York Times, March 15, 2019. https://www.nytimes.com/2019/03/15/world/asia/north-korea-kim-jong-un-nuclear.html (accessed on March 18, 2019).

Davenport, Kelsey. "North Korea Shifts on Denuclearization", *Arms Control Today,* September 2016, https://www.armscontrol.org/ACT/2016_09/News/North-Korea-Shifts-on-Denuclearization (accessed on March 13, 2017).

Jeong, Seoung-jo, 정성조, "中 왕이 '=美, 잘못된 中 인식 계속…北의 안보 우려 해결해야"(종합), 연합뉴스, 2024. 03. 07. https://www.yna.co.kr/view/AKR20240307135100009?section=news (검색일: 2024. 3.8)

Ji, Dagyum. "One year since the Panmunjom Declaration: How did we get here, where are we going?" *N.K. News.* April 26, 2019. https://www.nknews.org/2019/04/

one-year-after-panmunjom-declaration-how-did-we-get-here-where-are-we-going/?fbclid=IwAR3S9L-vH2r9ow58ZHIn3hlhUacRlYoNMNyBBAJBxn5ZdZoJjcVzhF UoXrM (accessed on April 30, 2019).

Jun, Bong-geun. "Three Key Lessons from Past North Korean Denuclearization Diplomacy", *United States Institute of Peace,* November 20, 2023. https://www.usip.org/publications/2023/11/three-key-lessons-past-north-korean-denuclearization-diplomacy (accessed on December 10, 2023).

"Kim Jong Un gives U.S. until year-end to change attitude", *Nikkei Asian Review*, April 13, 2019. https://asia.nikkei.com/Spotlight/N-Korea-at-crossroads/Kim-Jong-Un-gives-US-until-year-end-to-change-attitude (accessed on April 29, 2019).

Kimball, Daryl G. & Kelsey Davenport. "Paths Forward on Action-for-Action Processes for Denuclearization and a Peace Regime for the Korean Peninsula", *Arms Control Today*, Vol. 11, Issue 3, January 29, 2019. https://www.armscontrol.org/issue-briefs/2019-01/paths-forward-action-action-process-denuclearization-peace-regime-korean (accessed on February 21, 2019).

Kwak, Tae-Hwan. "A Creative Formula for Building a Korean Peninsula Peace Regime", (Ch. 2), in Tae-Hwan Kwak and Seung-Ho Joo, eds., *Peace Regime Building on the Korean Peninsula and Northeast Asian Security Cooperation* (Farnham, England: Ashgate, 2010).

Kwak, Tae-Hwan. "In Search of Denuclearization and a Peace Regime on the Korean Peninsula", *Journal of Peace and Unification*, Vol. 6, No. 2, Fall 2016, pp. 1-22.

Kwak, Tae-Hwan. "Will North Korea ever abandon nuclear weapons?" *N.K. News,* March 27, 2017.

Kwak, Tae-Hwan. "Inter-Korean Relations: From Nuclear Confrontation to Peaceful Coexistence", *The Korean Journal of Security Affairs,* 23-1 (June 2018), pp. 21-41.

Kwak, Tae-Hwan. "Denuclearization Negotiations between Washington and Pyongyang: Present Status and Future Prospects for 2019", *Diplomacy,* Vol. XLV, No. 1-2 (2019), pp. 46-47.

Kwak, Tae-Hwan. "Moon Jae-in government expects a new role as a party of the Korean Peninsula issue: 'a fusion approach' proposal", *Tongil News* (2019.3.25), http://www.tongilnews.com/news/articleView.html?idxno = 128221 (accessed on March 25, 2019).

Kwak, Tae-Hwan. "What should be done to Create Favorable Conditions for Dialogue among the ROK, the US, and the DPRK?" *IFES FORUM* NO. 2023-02 (2023-06-07), https://ifes.kyungnam.ac.kr/ifeseng/6629/subview.do?enc=Zm5jdDF8QEB8JTJGbXRybCUyRmlmZ XNlbmclMkYxMSUyRjgzMzQlMkZ2aWV3LmRvJTNGcGFnZSUzRDElMjZjdGdyVHl wZSUzRDAlMjZzcmNoQ29sdW1uJTNEc2olMjZzcmNoV29yZCUzRCUyNg%3D%3D (accessed on July 1, 2023).

Kwak, Tae-Hwan. "How Can the Korean Peninsula Avoid an Inadvertent Armed Conflict?" *IFES BRIEF NO. 2024-01,* file:///C:/Users/User/Downloads/IFES%20FORUM%20NO.2024-01-1.pdf (accessed on January 8, 2024).

Kwak, Tae-Hwan. "International Political Implications of North Korea's Strategic Change in South Korea", Tongil News. Jan. 23. 2024. Text in Korean. https://www.tongilnews.com/news/articleView.html?idxno=209900 (assessed on Jan. 23, 2024).

Landler, Mark. "Trump Says He's Open to Third North Korea Meeting, and 'Smaller Deals' Are Possible", *The New York Times*, April 11, 2019. https://www.nytimes.com/2019/04/11/us/politics/trump-north-korea-summit.html (accessed on April 13, 2019).

Lee, Jihye. "North Korea Confirms Kim Jong Un Ordered Rocket-Launcher Drill", *Bloomberg News,* May 5, 2019. https://www.bloomberg.com/news/articles/2019-05-04/south-korea-says-n-korea-fired-short-range-missile-joongang (accessed on May 5, 2019).

Martin, Timothy W. "Kim Jong Un Has a New Enemy No. 1—and It Isn't the U.S." *The Wall Street Journal,* Jan. 16, 2024. https://www.wsj.com/world/asia/kim-jong-un-has-a-new-enemy-no-1and-it-isnt-the-u-s-942eaa10?mod=asia_news_article_pos3 (accessed on January 17, 2024).

Moon, Chung-in & Young-Deok Shin, "South Korea Going Nuclear?" debates, driving forces, and prospects, *China International Strategy Review*, 28 November 2023, Volume 5, pages 157-170(2023), https://link.springer.com/article/10.1007/s42533-023-00143-4 (accessed on January 7, 2024).

Nerozzi, Timothy. "Kim Jong Un moves to modify North Korean constitution, write in South Korea as 'No. 1 enemy'", *Fox News,* Jan. 15, 2024. https://www.foxnews.com/world/kim-jong-un-moves-modify-north-korean-constitution-write-south-korea-no-1-enemy (accessed on January 17, 2024).

Office of the Director of National Intelligence. Annual Threat Assessment of the U.S. Intelligence Community (February 5, 2024), ODNI Releases its 2024 Annual Threat Assessment (March 12, 2024), https://www.dni.gov/files/ODNI/documents/assessments/ATA-2024-Unclassified-Report.pdf (assessed on March 13, 2024).

Pak, Jung H. "Why North Korea walked away from negotiations in Sweden", *Brookings,* October 18, 2019. https://www.brookings.edu/articles/why-north-korea-walked-away-from-negotiations-in-sweden/ (accessed on December 21, 2023).

Riechmann, Deb, Jonathan Lemire, and Foster Klug. "summit between Trump and Kim Jong-un ends early with no nuclear deal", *Associated Press,* February 28, 2019, https://www.

businessinsider.com/second-summit-between-trump-and-kim-jong-un-ends-early-2019-2 (accessed on March 3, 2019).

Remarks With Traveling Press; Secretary of State Michael R. Pompeo; ERT Manila, Philippines. https://www.state.gov/secretary/remarks/2019/02/289785.htm (accessed on March 28, 2019).

Riley-Smith, Ben. "Satellite images show North Korea rebuilding rocket launch site it had pledged to dismantle", The Telegraph, March 6, 2019. https://i.telegraph.co.uk/news/2019/03/06/north-korea-restores-missile-launch-site-john-bolton-warns-tougher/ (accessed on March 8, 2019).

Shin, Hyonhee. "South Korea's Moon pushes for a summit with North Korea's Kim despite nuclear standoff", Reuters, April 15, 2019. https://www.reuters.com/article/us-northkorea-southkorea-moon-idUSKCN1RR0NK (accessed on April 17, 2019).

Slavin, Barbara. "North Korea suggests peace treaty to settle nuclear dispute", *USA Today* (May 12, 2004), http://usatoday30.usatoday.com/news/world/2004-05-12-nkorea-treaty-usat_x.htm# (accessed on June 20, 2014).

Snyder, Scott A. "Why U.S.-North Korea Talks Failed Again", *Council on Foreign Relations,* October 8, 2019. https://www.cfr.org/in-brief/why-us-north-korea-talks-failed-again (accessed on December 20, 2023).

38 North /Robert Carlin. "North Korea Said It's Willing to Talk Denuclearization (But No One Noticed)", *The Diplomat*, July 13, 2016, http://thediplomat.com/2016/07/north-korea-said-its-willing-to-talk-denuclearization-but-no-one- (accessed on March 13, 2017).

"U.S. opposes incremental denuclearization of North Korea: envoy", *AFP News,* March 12, 2019. https://ph.news.yahoo.com/us-opposes-incremental-denuclearization-n-korea-envoy-161536597.html (accessed on March 29, 2019).

US White House. "Washington Declaration" (April 26, 2023) released by the White House, see https://www.whitehouse.gov/briefing-room/statements-releases/2023/04/26/washington-declaration-2/ (accessed on May 2, 2023).

US White House. "Joint Readout of the Inaugural U.S.-ROK Nuclear Consultative Group Meeting" (July 18, 2023). https://www.whitehouse.gov/briefing-room/statements-releases/2023/07/18/joint-readout-of-the-inaugural-u-s-rok-nuclear-consultative-group-meeting/ (accessed on July 20, 2023).

US White House. https://www.whitehouse.gov/briefing-room/statements-releases/2023/12/16/joint-press-statement-on-nuclear-consultative-group-meeting/ (accessed on December 16, 2023).

Ward Alex. "Why North Korea's 'projectiles' launch isn't a cause for concern—yet", *Vox*, May 4,

2019. https://www.vox.com/world/2019/5/4/18529307/north-korea-projectile-missile-trump-kim (accessed on May 5, 2019).

Wikipedia. "2018 North Korea-United States Singapore Summit", *Wikipedia,* https://en.wikipedia.org/wiki/2018_North_Korea%E2%80%93United_States_Singapore_Summit (accessed on December 23, 2023).

제4장

미·중 전략 경쟁 시대, 한반도의 미래

이상수

Ⅰ. 서론

2024년 대만 대선에서 대만 독립 성향의 반중인사 라이칭더가 총통으로 선출되어 향후 중국의 대 대만 강온 양면 압박은 더욱 거세질 것으로 전망된다. 대만을 둘러싼 미·중 간의 전략 경쟁의 심화로 인해 향후 한반도 비핵화를 위한 미·중 간의 협력이 난항을 겪을 것으로 전망된다. 왕이 중국 공산당 중앙외사판공실 주임 겸 외교부장은 이번 대만 총통선거(대선) 결과에 대해 "대만독립은 죽음의 길"이라며 대만병합에 대한 강한 의지를 내비쳤다.[1] 향후 중국의 대만에 대한 회색지대 전략과 통일전선 전략은 지속될 것이나 미·중 관계는 샌프란시스코 미·중 정상 간 합의로 양국의 갈등이 충돌로 발전하지 않도록 상호 긴장 수위를 조절하며 양국 간 이익균형을 취할 것으로 보인다.[2]

---

1 강상구, 中 왕이, 대만 대선 결과에 "대만독립은 죽음의 길", 조선일보. https://news.tvchosu.com (검색일: 2024. 1. 15)

2 Jacob Stokes, "Resisting China's Gray Zone Military Pressure on Taiwan", CNAS, Dec. 2023, *Report*, p. 3.

현재, 국제 정세는 미국과 중국 간의 전략적 경쟁으로 동북아의 긴장이 고조되는 시대로 접어들고 있다. 미·중 간의 경제, 기술, 군사 등 다양한 분야에서 벌어지는 경쟁은 전 세계에 영향을 미치고 있으며, 특히 한반도에서는 미래의 안보와 평화에 대한 새로운 도전과 기회가 동시에 나타나고 있다. 미국은 중국의 위협에 효과적으로 대응하기 위해 북대서양조약기구(NATO)에 준하는 아시아 판 나토 설립을 위한 TF 설치를 기획하고 있다. 미 하원 외교 위 소속 공화당 마이크 롤러 의원은 2023. 12월 5일 인태 조약기구에 관한 TF 설치 법안을 제출했다.[3] 또한 미 국방 수권 보고서에는 중국과 북한의 위협에 대응하기 위한 한·미·일·대만 간 정보 공유의 중요성을 강조하는 내용이 명시되었다. 향후 이러한 Chip 4 동맹이 군사안보 동맹으로 발전할 가능성이 높다.

미·중 간의 전략적 경쟁은 전통적인 국가 간 갈등이 아닌, 글로벌한 영향력과 리더십의 경쟁으로 확장되고 있다. 이러한 변화는 남중국해 영유권 분쟁과 대만 위기 사태로 인한 한반도의 안보환경에 새로운 우려를 불러일으키고 있다. 중국과 필리핀은 남중국해, 세컨드 토머스 암초 부근에서 자주 충돌하고 있는 상황이다. 중국은 대만과 일본에 대해 군사적 위협을 증가시키고 있고 한·미·일은 대만해협 평화와 안정의 중요성을 재확인하고 남중국해와 동중국해 항해의 자유를 위해 협력을 강화하고 있는 추세이다. 그중에서도 남북한 간의 관계, 한반도의 비핵화, 지역 안보 협력 등이 주요 관심사로 떠오르고 있다. 북한은 유엔 안전보장이사회 결의로 채택된 탄도미사일 기술을 사용한 우주 발사체를 쏘지 못하게 되어 있음에도 불구

---

3   전웅빈, 美 의회, "아시아판 나토 창설 검토 위한 TF구성법안 제출", 국민일보, https://m.kmib.co.kr (검색일: 2023. 12. 11)

하고 탄도미사일 기술로 군사용 인공위성을 궤도 위에 올려 긴장이 고조되고 있다. 또한 극초음속 미사일, 순항미사일, 핵 어뢰 시험발사로 인해 남북 간의 긴장 수위가 높아지고 있다.

현재 한반도 비핵화 문제와 관련하여 미국과 중국 사이에서 핵심적인 관점 차이가 존재한다. 중국은 북한의 비핵화에 미온적이며 미국이 먼저 북한의 우려를 해소해 줄 것을 주문하고 있다. 이러한 미·중의 한반도 비핵화에 대한 차이는 한반도에서 미·중 간의 전략적 경쟁을 반영하고 있다. 미국과 중국은 한반도의 안보와 안정을 향한 자신들만의 전략적 목표를 가지고 있으며, 이로 인해 한반도 지역에서의 긴장과 불확실성이 증대되고 있다. 이언 브레머 유라시아 그룹 회장은 2024년 11월 미 대선에서 트럼프가 당선된다면 현재의 남북관계에서 한국을 방어하겠다는 미국의 약속이 깨질 수 있다는 공포가 커질 수 있고 한국 내 자체 핵개발 요구가 증가할 수 있다고 전망했다. 프랜시스 후쿠야마는 트럼프가 재집권하면 미국 우선주의에 따라 동맹국에 대한 대외적 방어의무를 회피하기 위해 한국과 일본을 포함한 동맹을 희생시킬 수 있다고 주장했다.[4] 트럼프는 과거에도 북한과 직접 협상했고 트럼프 3기 때는 제재 완화를 대가로 북한 핵 동결을 수용할 수 있다는 것이다. 그 결과 북한의 핵보유국화로 한국 내 '자체 억제력'(indigenous deterrent)을 개발해야 한다는 목소리가 높아질 수 있다는 것이다.[5]

이러한 상황에서 한반도는 미래에 더 큰 도전과 기회를 안고 있다. 미·

4 　조성호, '역사의 종언' 후쿠야마 "트럼프, 동맹 희생시킬 수도 … 韓日도 해당", 조선일보, https://www. chosun.com (검색일: 2023. 2. 24)

5 　문병기, "합승 출발 트럼프 재선 때…한국 내 자체 핵개발 압박 커질 것", 동아일보, https://www.donga. com (검색일: 2024.1.19)

중 간의 경쟁이 증폭되는 상황에서 한반도는 국제 정세의 중심으로 떠오르면서 새로운 안보 패러다임이 필요한 상황이다. 본 논문의 목적은 한스 모르겐소의 국가핵심이익 이론을 바탕으로 미·중 전략 경쟁시대에 미국의 한국에 대한 핵심 이익과 중국의 북한에 대한 이익을 국가이익을 분류하는 객관적 요소로 분석한 후 한반도 안보와 미래 전망을 종합적으로 검토하고, 정책적 대응 방안을 모색하는 데 있다.

미·중 간의 전략적 경쟁은 단순히 양국 간의 이해관계에 그치지 않고, 남중국해 영유권 문제, 대만 급변사태 그리고 한반도 전체의 안보 구조와 미래 전망에 깊은 영향을 미칠 것으로 보이며 미래의 안보 위협에 효과적으로 대응하기 위해 연구와 분석이 필요하다. 이를 위해 제2장에서는 미·중 간 전략경쟁의 주요 이슈들을 설명하기 위해 국가의 핵심 이익 이론에 대해 살펴보고자 한다. 제3장에서는 미국과 중국의 한반도에 대한 정책을 국가 핵심 이익 차원에서 설명하고자 한다. 제4장에서는 미·중 전략 경쟁이 한반도에 안보 파급 영향을 분석하고자 한다. 제5장에서는 분석한 주요 내용을 요약하고 한반도 문제 해법을 위한 바람직한 정책대안을 제시하고자 한다.

II. 미·중 전략경쟁 주요 이슈

■ 미·중 전략경쟁의 주요 이슈

미·중 전략경쟁 시대는 미국과 중국 간의 글로벌 영향력, 경제, 기술, 군사 등 다양한 분야에서의 복합적이고 경쟁적인 상황을 나타내는 용어이다. 이 시대는 미국과 중국 간의 관계가 급변하고, 양국이 각자의 이해와 목표를 달성하기 위해 경쟁하고 있는 시기를 반영하고 있다. 중국은 핵미사일 전력을 확대하고 있어 한국과 일본이 미국의 확장억제를 불신하는 원인이 될 수 있다. 또한, 중국은 미국의 영향력을 견제하기 위해 러시아와 군사협력을 부각시키고 있다. 중국은 대만통일을 위해 군사력을 사용할 가능성을 시사하여 한국과 미국 일본 그리고 대만뿐만 아니라 국제사회도 긴장하고 있다.

미·중은 세계 최대의 경제 대국으로, 경제적 영향력을 활용하여 국제 사회에서의 지위를 증진시키고 있다. 무역 전쟁과 같은 경제적 갈등이 발생하면서 양국 간의 경제적 경쟁이 치열해지고 있다. 미·중은 고도의 기술과 혁신력을 보유하고 있으며, 인공 지능, 사이버 보안, 5G 통신 등 첨단 기술 분야에서의 지배력을 쟁취하기 위해 경쟁하고 있다. 특히 첨단 반도체는 미래의 산업과 군사안보에 큰 영향을 미칠 것으로 보이며 미국은 중국의 군사 굴기를 반도체 통제로 제어하고자 한다. 미·중은 군사적 영향력을 확대하고, 국제 정세에서의 지위를 강화하기 위해 상호 경쟁하고 있다. 군사력 증강과 함께 지역 간의 군사 전략적 영향력 경쟁도 시사되고 있다. 아시아-태평양 지역에서 미·중은 각각의 영향력을 증대시키기 위한 노력을 기울이고 있다. 지역 내에서의 동맹 관계 조성 및 군사적 활동을 통해 영향력을 높이려는 시도가 이루어지고 있다. 미·중은 국제 기구에서의 영향력을 강화하고, 기후 변화, 환경 문제, 감염병 대응 등 글로벌 이슈에서의 주도적 역할을 하고 있다.

세계는 미·중의 전략경쟁으로 인해 국제 정세가 재편되고 있다. 이는 기존의 국제 질서와 규칙, 동맹 체계 등에 변화를 가져올 가능성이 없지 않다. 미·중 간의 경제적 경쟁과 무역 갈등은 세계 경제에 큰 영향을 미치고 있다. 경제적 불안정성과 불확실성이 증가하고, 글로벌 공급망에서의 변화가 나타나고 있다. 미·중 간의 기술 경쟁은 새로운 기술의 발전과 함께 안보 위협을 증대시키고 있다. 특히 사이버 전쟁, 정보 전파, 기술 스파이 등이 주요 관심사로 떠오르고 있다. 미·중 전략경쟁 시대의 도래로 인해 국제 사회 전반에 변화가 예상되며, 이는 다양한 분야에서 영향을 미칠 것으로 보인다.

미·중 전략경쟁 시대는 미국과 중국 간의 경제, 기술, 군사 등 다양한 분야에서의 경쟁이 심화되고 있는 시기를 말한다. 이러한 경쟁은 국제 정세와 글로벌 이슈에 큰 영향을 미치고 있으며, 다양한 특징과 영향 요인이 동반되고 있다. 미·중 경쟁으로 나타나는 주요 특징은 기술과 경제의 선점 경쟁, 군사적 영향력 확장, 경제적 연결성과 불안정성, 지역 간 영향력 경쟁, 글로벌 공급망 변화, 첨단기술과 사이버 보안의 중요성 증대, 그리고 글로벌 환경문제와 국제 기구에서의 영향력 경쟁을 들 수 있다. 미·중 전략경쟁의 주요 부문은 다음 7가지로 요약할 수 있다.

첫째, 기술과 경제의 선점 경쟁으로 미·중 간에는 인공지능, 5G 통신, 사이버 보안 등과 같은 첨단 기술 분야에서의 선점 경쟁이 치열하게 벌어지고 있다. 양국은 이를 통해 경제력과 군사력을 증진시키고 국제 사회에서 영향력을 강화하려는 노력을 기울이고 있다. 둘째, 군사적 영향력 확장으로 미·중은 군사력 증강 및 군사 기밀의 확보를 통해 지역과 국제에서의 영향력을 증대시키고 있다. 국방 예산 증액, 군사 기술 혁신, 지역 간 군사 전략의 조정 등이 시사하는 바와 같이 군사적 영향력은 중요한 경쟁 분야 중 하나이다. 특히 남중국해와 타이완에서 미·중 간 대립이 심화되고 군사적 충돌의 위험성도 증가하고 있다. 셋째, 경제적 연결과 불안정성으로 미·중 간의 경제적 연결은 국제 무역, 금융, 투자 등 다양한 분야에서 진행되고 있고 경제적인 연결이 높아짐에 따라 양국 간의 경제적 충돌 가능성 또한 커지고 있으며, 이로 인한 불안정성이 국제 경제에 영향을 미칠 수 있다. 넷째, 지역 간 영향력 경쟁으로 미·중은 아시아-태평양 지역에서의 영향력 확대를 두고 경쟁하고 있다. 이는 국제 기구에서의 지위 획득, 국제 규칙의 제정에 영향을 미치고 있으며, 지역 간 동맹 체제에도 변화를 가져오고 있다. 다섯째 글로벌 공급망 변화로 미·중 간의 경쟁은 글로벌 공급망에서의 변화를 촉발시키고 있다. 양국 간의 무역 갈등과 보호무역주의적인 움직임은 국제 경제에 큰 영향을 미치고, 글로벌 공급망의 재조정이 진행 중이다. 여섯째, 테크놀로지와 사이버 보안의 중요성이 증대하고 있다. 기술의 발전과 디지털화가 미·중 간의 경쟁에서 중요한 역할을 하고 있다. 특히 인공지능, 사이버 보안, 5G 등의 분야에서의 경쟁이 급격히 심화되고 있다. 일곱째, 글로벌 환경문제와 국제 기구에서의 영향력 경쟁이다. 미·중은 국제적인 문제에 대한 대응에서도 영향력을 겨루고 있다. 특히 기후변화, 환경 문제, 감염병 대응 등 국제 협력이 필요한 문제들에서 미·중의 입장 차이가 노정된다. 미·중 전략경쟁 시대의 특징과 영향 요인은 국제 정세에 큰 변화를 가져오고 있으며, 이는 국제사회 전반에 미치는 영향이 확대되고 있다.

■ 분석이론

이 논문은 국가핵심이익이론을 중심으로 미·중 관계의 주요 이슈를 분석하고 미·중 전략경쟁이 한반도에 미치는 영향에 대해 논하고자 한다. 국가이익 개념은 국제관계를 분석함에 있어서 널리 사용되고 있지만 국가

이익에 대한 정의가 여전히 모호하고 이해하기 어려운 개념으로 남아 있다. 국가이익 개념의 창안자는 현실주의 학파였던 한스 모르겐소(Hans J. Morgenthau)이다. 한스 모르겐소는 국가 생존이 국가이익 개념에 있어서 최상의 가치이고 핵심 이익(core interest)이라고 주장한다. 국가 생존을 위해서는 국가의 영토보전과 정치적 경제 문화체제를 보전하는 것이 필수 요건이다.

곽태환 교수는 한스 모르겐소의 지도자나 정책결정자들이 결정하는 주관적인 국가이익을 객관화하여 국가이익 개념을 좀 더 명확하게 조작화하려 시도했다. 곽태환 교수는 국가이익을 핵심 이익, 전략적 이익, 그리고 부차적 이익 세 가지 단층으로 분류하여 설명하고 있다.[6]

첫째, 그 첨단에는 절대적이고 필요 불가결한 핵심 이익(core interest)이 위치하고 있다. 핵심 이익을 결정하는 객관적인 기준은 지정학적-전략적 요소들과 다른 국가들과의 역사적·경제적 그리고 군사적 관계, 그리고 국가 지도자의 정책 행위와 성명이다. 핵심 이익은 국가가 모든 힘을 다하여 보호하거나 증진하지 않으면 안 되는 성격의 국가이익이다. 국가 핵심 이익을 정의하자면 모든 국가들이 국가이익 중에서 심장부가 되는 핵심 이익을 갖고 있는데 핵심 이익은 국가의 생존에 치명적으로 중요한 것이다. 만약 이 국가의 핵심 이익이 위협을 받는다면 바로 국가의 생존이 위협받는 것으로써 정책결정자들에 의해 결정되는 이익으로 정의할 수 있다. 따라서 국가 핵심 이익을 보전하기 위해서는 전쟁도 불사하는 경우가 있다. 둘째, 국가의 존망에 결정적 역할을 하지 않는 국가이익이 2차적 국가이익으로 자리매김한다. 2차적 이익(secondary interest)인 전략적 이익(strategic interest)

---

6 곽태환, "국가의 핵심 이익이론 시각에서 본 한반도", 통일뉴스, https://www.tonilnews.com (2023. 11. 21)

은 필요하다면 양보하거나 타협할 수 있는 것이다. 셋째, 그다음으로 부차적 국가이익 이익이 3차적 국가이익으로 분류된다.

현재 한반도를 포함한 동아시아지역에서 미국의 핵심 이익은 한국, 일본, 호주, 대만을 포함한 동맹국 및 준동맹국을 중국과 북한의 위협으로부터 보호하는 것이다. 중국의 핵심 이익은 대만병합을 통한 영토완정과 남중국해 지역을 중국의 영역으로 차지하는 것이다. 이러한 미·중의 이해관계는 상호 대화와 타협으로 해결되어야 한다(그림 1 참조).

미·중의 냉전적 대립과 무력충돌은 한·미·일 대 북·중·러 대립구도를 더욱 강화시켜 남북 간 무력 대치가 장기화되어 위기관리의 필요성이 증대됨은 물론 한반도의 비핵화와 평화 프로세스가 지연됨을 의미한다.

〈그림 1〉 미중 전략 경쟁과 한반도 미래 분석의 흐름도

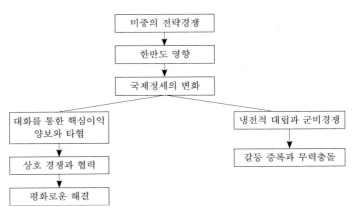

Ⅲ. 한반도의 현재 안보 상황

■ 한반도의 정치적 · 경제적 상황 분석

한반도의 정치경제적 상황은 매우 역동적이며 부침이 심하다. 북한과 남한 간의 관계, 국제사회와의 외교적 상호작용, 그리고 각 나라의 내부 정치와 경제 정책 등이 한반도의 정치경제적 상황에 영향을 미치고 있다. 북한의 경제 상황은 국제적 제재 그리고 내부의 생산성 부진 등으로 인해 어려움을 겪고 있고 이를 타개하기 위해 노력하지만 해결책은 제한적이다.

한반도 정세는 향후 미국의 대선과 한국의 총선 결과에 따라 대북정책에 상당한 영향을 미칠 것으로 전망된다. 현재 남북은 9 · 19 군사합의 파기선언으로 긴장 상태가 지속되고 있다. 한미 · 북한 간 경색 국면으로 북한의 핵문제 관련 협상을 진행하지 않고 있다. 미국은 한 · 미 · 일 안보협력 강화로 대중국 견제에 무게중심을 두고 있다. 특히 북한과 러시아의 군사협력이 강화되고 있는 추세하에 북한의 두 국가론에 기반한 전향적인 대남전략 변화와 전술 핵을 탑재 가능한 화성-9형 극초음속 미사일, 그리고 불화살 3-21 순항미사일 그리고 핵 어뢰 해일-5-23 시험발사로 인해 한반도에 긴장이 고조되고 있다(표 1 참조).

〈표 1〉 김정은 두 국가론을 보는 세 가지 시각

수세적 입장론	새로운 대남 군사적 공세 조치	생존을 위한 외교전략
- 통일 경쟁 피하고 자구책 모색	- 대남 대량 살상 핵 공격과 섬멸전 실행의 자유확보	- 한반도 현상유지 - 한국의 흡수통일 저지 - 북한의 영토주권 보장

자료: 전봉근, "김정은은 왜 민족주의 통일노선을 폐기했나?", 세종논평, No. 2024-03. https://www.sejong.org. (검색일: 2024. 1. 22)

〈그림 2〉 최근 발사 북한 미사일 종류

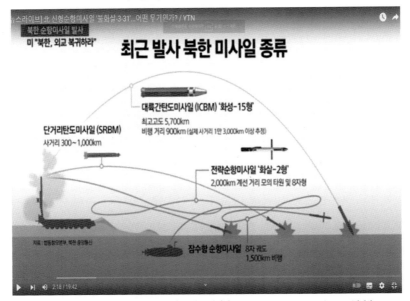

자료: 유튜브, 北 신형 순항미사일 '불화살-3-31'…어떤 무기인가?, YTN. https://www.youtube.com (검색일: 2024. 1. 25)

이러한 북한의 전략순항미사일 시험발사는 미사일 정확성 제고 및 한미 방어능력을 제한할 수 있는 역량 과시를 통해 미국을 압박하여 협상력을 제고하려는 의도로도 풀이할 수 있다.

곽태환 교수는 최근 김정은 국무위원장의 북한의 두 국가론을 포함한 대남정책 변화 동인을 다음 4가지 요인이 작용한 것으로 분석했다.[7] 첫째, 북한 당국은 윤석열 정부와 대화나 외교협상이 불가하기 때문에 통미봉남 정책으로 회기했다는 것이다. 둘째, 북한은 국제적 정상 국가로 북한체제 생존을 국제적 차원에서 보장받기를 원한다. 이를 위해 한반도에 두 주권국

---

7 곽태환, "북한의 대남전략 변화의 국제정치적 함의", 통일뉴스. https://www.tongilnews.com (검색일: 2024. 1. 23)

가가 존재한다는 사실을 명확히 세상에 알리고 유엔회원국의 일원으로 국제법의 보호를 받아 김정은 체제의 생존 보장을 확보하려는 의도이다. 셋째, 북한은 남북미 간 강대강 맞대응은 북한의 장기적 이익이 아님을 인식하고 남북 간에 냉각기를 가진 후 트럼프 대통령이 재선되면 강대강 맞대응이 우호적 맞대응으로 전환될 것을 기대한다. 넷째, 북한체제 내부의 불안감, 즉 남북 경제적 격차 심화로 인한 남한에 의한 흡수통일의 두려움이 증폭되어 북한체제의 보장을 얻기 위해 새로운 전략의 필요성을 인식했기 때문에 두 국가론을 주장한 것으로 추정한다는 것이다. 북한은 남한 반동문화 유입을 차단하는 정책으로 남한과의 절연을 통해 북한체제의 생존과 차별성을 유지하려 한다.

한국 정부의 북한의 도발에 대한 즉 · 강 · 끝 기조와 북한의 남한에 통일전략 변화로 인해 남북 간 강대강 대립 구도는 상당 기간 지속될 것으로 보여 남북 상호 간 위기관리가 요청되는 상황이다.

■ 미 · 중 전략경쟁 시대에 따른 한반도의 미래 전망

미 · 중 전략경쟁 시대에서 한반도의 미래 전망은 매우 동적이며 다양한 변수에 영향을 받을 것으로 전망된다. 안보 및 군사적 측면에서 북한의 핵무기 개발과 도발적 행동은 지역안보에 위협이 될 것으로 전망되며 이로 인해 미 · 중 간의 경쟁이 더욱 격화되어 한반도에서 긴장이 고조될 가능성이 있다. 미 · 중의 전략경쟁은 한반도에서 상이한 이해관계로 동맹을 강화하여 한반도에서 영향력을 확장하려는 경쟁이 예상된다. 경제적 측면에서 미 · 중 간 전략경쟁은 한중 간의 경제교류를 경색하게 하여 공동 투자협력이 위축될 것으로 전망된다.

정치적으로 미·중의 전략경쟁은 한반도 평화 프로세스에 장애물로 작용할 것으로 보인다. 미국의 대만에 대한 무기판매는 중국의 반발을 일으키고 북한 비핵화에 대한 미국의 대중 협조 요청에 대한 냉담한 반응을 일으키고 있다.

■ 미국의 한국에 대한 핵심 이익

미국의 한국에 대한 핵심 이익은 미·중 전략경쟁 시대에서 더욱 중요성을 갖고 있다. 미국의 한국에 대한 인식은 국가이익의 객관적 기준, 즉 지리적 전략적 요소, 역사적·경제적·정치적·군사적 유대관계, 그리고 국가 지도자의 정책과 행위로 판단해 볼 때 핵심 이익 지역으로 분류된다. 미국은 한국이 독자적 핵개발을 포기한다는 전제하에 확장억제를 제공할 것을 워싱턴 선언으로 공약하였고 세부적인 제도적 장치를 모색하기 위해 한국 정부와 협력하고 있는 상황이다(표 2 참조).

〈표 2〉 국가 핵심 이익 분류의 객관적 기준으로 본 미국과 한국과의 관계

국가 핵심 이익 규정의 객관적 요인	바이든 시대 미국의 한국에 대한 인식
지리적·전략적 요인	· 미국은 한국을 핵심 동맹이자 핵심 이익 지역으로 인식함 · 한미동맹은 북·중·러 견제의 전초지역임 · 북한의 핵무기 개발과 도발적인 행동은 미국의 국가안보에 도전을 제공하고 있는 상황하에 미국은 한국과의 동맹을 통해 지역 안정과 안보를 강화하고, 이를 통해 미국의 대중국 전략에 기여함 미국은 북한의 한국에 대한 핵 공격은 김정은 정권의 종말이라고 경고함 · 미국은 한국을 통해 중국의 영향력을 억제하고 균형을 유지하며, 넓은 아시아-태평양 지역에서의 미국의 영향력을 지속적으로 유지하고자 함 · 미국은 워싱턴 선언을 통해 핵전력 및 재래식 전력을 포함하여 한국에 대한 확장 억제력 제공을 공약함 · 미국은 한국과의 협력을 통해 지역 안보 문제에 대한 다자행동을 촉진하고 지역 안보 체계를 강화하고자 함 · 한반도에서 핵무기 확산 방지가 미국의 핵심 이익임

국가 핵심 이익 규정의 객관적 요인	바이든 시대 미국의 한국에 대한 인식
역사적 · 경제적 · 정치적 · 군사적 관계	· 6 · 25전쟁 때 파병으로 한반도 이남의 공산화를 저지한 이념적 핵심 이익(민주주의, 시장경제)을 공유한 지역 · 미국의 병참기지 역할과 한미 혼성 부대 편성으로 북 · 중 · 러 견제를 위한 전초기지 · 미국과 경제적 동맹관계
지도자의 선언	· 바이든은 한국에 대한 공격은 용인하지 않겠다고 공개적으로 선언

여러 측면에서 미국의 대한국 핵심 이익은 다음과 같이 요약할 수 있다. 미국은 한반도의 안정을 통해 미국의 지역안보를 도모하기 위해 한국과의 동맹을 강화함으로써 북한과 중국의 위협에 대응하고 있다. 특히 미국은 한국을 통해 중국의 영향력을 억제하고 인도 · 태평양지역에서 지속적으로 핵확산 방지를 위한 목표를 달성하고자 한다. 또한 한국과의 경제협력을 통해 양국 간의 경제적 이익을 확보함과 동시에 미국의 대중 공급망 재편을 위해 한국의 협력이 필요한 상황이다. 미국은 한국과 협력을 통해 지역안보 협력과 다자안보체제를 강화하고자 한다.

■ 중국의 북한에 대한 핵심 이익

중국의 대북 핵심 이익은 한반도 안정과 통일 방지이다. 북한의 급작스러운 붕괴나 지역 내 변동은 중국에 부정적인 영향을 미칠 수 있기 때문이다. 또한, 남북의 통일은 북한이라는 완충지대의 상실로 이어져 미국과 바로 국경선을 맞대면 중국의 안보 불안으로 이어질 수 있기 때문에 통일을 반대한다.

중국은 일면 북한의 비핵화를 지지하나 북한과의 경제협력을 통해 양국 간의 관계를 유지하면서 북한이 안정되고 발전하는 것을 중요시한다. 중국은 북한에서 급변사태가 발생하면 미국의 영향력이 확대될 것을 우려하고 있고 미국의 한반도 내 영향력을 제어하기 위한 노력을 기울이고 있다. 한반도는 중국에 경제적·군사적으로 중요한 지역이다. 중국은 경제발전을 위해 한반도의 안정을 원하고 북한과의 선린우호 관계 유지를 선호하고 있다(표 3). 하지만 미·중 전략경쟁 심화와 대만문제를 둘러싼 미·중 간의 갈등과 대결에 있어서 중국은 북한을 미국을 견제할 전략적 도구로 이용할 가능성도 전혀 배제할 수 없다.

〈표 3〉 국가 핵심 이익 분류의 객관적 기준으로 본 중국과 북한과의 관계

국가 핵심 이익 규정의 객관적 요인	시진핑 시대 중국의 북한에 대한 인식
지리적·전략적 요인	· 중국은 북한을 핵심 동맹이자 미국의 영향력을 견제할 완충지대로 북한을 핵심 이익 지역으로 인식함 · 북중 동맹은 한·미·일을 견제하는 안보협력체임 · 북한의 핵무기 개발과 도발적인 행동은 중국의 대미 영향력을 유지하는 데 필요한 행위로 인식 · 중국은 북한을 통해 미국의 영향력을 억제하고 균형을 유지하며, 남중국해와 대만에 대한 자기주장을 강화하고자 함 · 중국은 북한이 외부로부터 침략을 받을 때 군사적 지원을 약속함 · 중국은 북한과의 협력을 통해 대미 견제를 강화하고자 함 · 한반도에서 남북통일 방지와 현상유지가 중국의 핵심 이익임
역사적·경제적·정치적·군사적 관계	· 6·25전쟁 때 중국은 항미 원조로 한미와 유엔군의 북한 점령을 방어한 공산주의적 이념을 공유한 지역 · 북한과 경제적 협력관계
지도자의 선언	· 시진핑은 북한을 혈맹으로 인식

중국은 북한을 핵심 동맹이자 동북아에서 한·미·일의 영향력을 견제할 완충지대로 북한을 핵심 이익 지역으로 인식하고 있다. 북한의 핵무기 개발과 도발적·군사적 행동은 중국의 대한국 그리고 대미 영향력을 유지

하는 데 필요한 행위로 의식한다. 중국의 핵심 이익은 북한이 외부로부터 침략을 받을 때 군사적 지원을 통해 한반도에서 현상유지와 북한을 버퍼존으로 유지하는 것이 중국의 핵심 이익이다.

Ⅳ. 미·중 전략경쟁 시대의 한반도 영향 요인

동북아에는 미국의 영향력하에 이루어진 국제규범과 관습에 도전하는 중국의 도전과 이에 동조하는 북한과 러시아가 있다. 이들 3개국의 공통점은 권위주의적 통제사회라는 공통적인 특징이 있다. 이러한 특징은 인권과 민주주의를 중시하는 한·미·일과 뚜렷한 대조를 이룬다. 현재 동북아 지역에서 주요 안보 이슈는 양안관계의 위기, 남북 간의 군사적 대치, 남중국해와 동중국해에서의 중국의 자기주장 강화이다. 이러한 상황에서 양안 위기와 한반도에서 분쟁이 동시에 전개된다면 미국으로서 대응하기 어려운 상황으로 전개될 것이다. 이 장에서는 미·중의 대한반도 정책과 남북관계의 미래, 동중국해·남중국해, 대만 위기의 대한반도 파급 영향에 대해 간략히 짚어보고자 한다.

■ 미·중 관계의 한반도 영향

미·중의 관계가 한반도에 미치는 영향은 첫째, 미·중 갈등으로 인해 한반도의 안정과 평화가 위협받을 수 있다. 미·중은 지역 간의 영향력 경쟁을 하고 있으며 이로 인해 북한의 핵 문제, 제재 문제, 군사적 도발 문제에 대한 협상과 제재에 영향을 미칠 수 있다. 둘째, 미국과 중국의 경제 갈등은 한반도의 경제적 안정에 영향을 미칠 수 있다. 미국의 공급망 재편정책은 한국의 대중국 반도체 수출에 발목을 잡고 있고 중국의 대미제재는 한국이 중국으로부터 의존하는 원자재의 수입에 제동이 걸려 생산에 차질을 가져온다. 셋째, 미·중 간의 영향력 확대를 위한 갈등은 한반도에서 우선순위인 한반도 비핵화에 대한 양국 간 인식의 격차를 만들어 낸다. 중국은 한반도 비핵화를 빌미로 동북아에서 미국의 영향력을 약화시키고자 하며 미국은 한반도와 동북아지역의 군사적 균형을 위해 중국이 주장하는 쌍궤병행을 수용하지 않는다. 중국이 '한반도 해법'으로 주장해 온 쌍중단(북한의 핵·미사일 실험과 한-미의 대규모 군사훈련 중단), 쌍궤병행(비핵화와 평화체제 전환 동시 추진)은 미국의 대한반도 영향력 약화를 우려한 미국의 반대에 직면한다.[8]

남중국해와 동중국해 그리고 대만에서의 미·중 간의 갈등 고조는 유엔 안보리에서도 대북제재와 관련한 사안에 있어서 중국이 미국에 협조하지 않고 있고 반대를 위한 반대를 행사하고 있다. 특히 미국의 대대만 무기판매정책에 대해 중국은 대만의 독립을 부추기는 것이라고 항의하며 미국에 대해 말과 행동을 일치시키라고 비난하는 상황이다.

■ 한미관계의 한반도 영향

한미관계의 강화와 남북관계의 개선은 구조적으로 어려운 상황으로 판단된다. 북한은 한국이 미국과 협력하는 것을 외세에 의존하여 북한을 공격하는 것으로 인식하기 때문이다. 북한의 추가적인 ICBM 발사와 국경완충 구역에서 포 사격과 미사일 시험발사는 한·미·일 안보협력을 더욱 강

---

8   김외현, 쌍중단·쌍궤병행 현실화···"중국, 원하는 것 모두 얻었다" 한겨레신문, https://www.whani.co.kr (검색일: 2019. 10. 19)

화시키고 있다. 한미관계의 강화는 북·중·러의 협력 연대를 강화시켜 북한의 도발에 대한 유엔 차원의 징벌적 조치가 중국과 러시아의 비토에 부딪혀 무산되는 상황을 연출하고 있고 이와 함께 북한의 군사적 도발에 대한 운신의 폭을 넓혀주고 있다. 특히 2024년 미국 대선을 앞두고 북한은 대형 도발에 나설 수 있다는 전문가들의 관측이 나오고 있다. 북한은 바이든 행정부의 대북정책의 실패를 부각시키고 트럼프의 재선에 도움을 줄 수 있다는 정치적 판단일 수 있다. 향후 한·미·일 군사협력은 더욱 강화될 것으로 예상되며 북한 미사일 도발에 대한 협력을 강화하기 위해 미사일 경보정보를 실시간으로 공유하며 한·미·일 연합의 북핵 대응을 위한 다양한 군사훈련을 진행할 계획이다. 한·미·일에 대응하는 북·중·러의 군사협력에 있어서 중국은 북·중·러 군사협력에 대해 다소 유보적이다. 그 이유는 중국은 미국과의 경제적 교역으로 인해 미국과의 안정적인 통상관계를 원하기 때문이다. 현재 북한은 러시아에 탄약과 미사일을 제공하고 러시아는 그 대가로 우주 발사체 성능 향상을 위한 기술과 북한이 필요한 군사 기술을 제공하는 것으로 추정된다. 한·미·일의 북핵 대응 협력이 강화됨에 따라 북러 간의 군사협력도 더욱더 탄력을 받을 것으로 보이며 공생관계가 더욱 강화될 것으로 보인다.

■ 중국의 한반도 정책과 영향

중국의 대한반도 정책은 북한을 안정화시키는 것, 한반도 비핵화를 추진하는 것, 그리고 한반도에 대한 중국의 영향력을 확대하는 것으로 나누어 설명할 수 있다.

첫째, 북한의 안보와 안정을 지키는 것은 중국의 주된 목표의 하나이다. 그 이유는 북한은 중국과 접경하고 있고 북한의 불안정은 탈북 난민의 증가로 중국에 직접 영향을 미칠 수 있기 때문이다. 중국은 대국으로서 북한의 군사적 도발을 억제하고 지역 안정을 유지해야 할 책무를 가지고 있다. 둘째, 중국은 표면상 한반도 비핵화를 추진하는 것을 목표로 하고 있다. 그러나 한반도 비핵화 과정에서 북한의 비핵화보다 주한미군의 철수와 같은 미국 영향력 약화에 우선순위를 두기 때문에 미국의 셈법과 차이가 있다. 셋째, 중국은 한반도에서 영향력 확대를 위해 노력하고 있다. 중국은 한반도 문제에 대한 주요 관여국이며 이를 통해 한반도에서 중국의 영향력을 확대하여 중국의 영향력 강화와 이익을 추구하고자 한다.

■ 남중국해와 대만 위기의 대한반도 안보 파급 영향

대만 총통 선거가 친미 반중의 승리로 끝남에 따라 한국은 대만, 미국, 일본 등으로부터 민주주의 진영과의 공조를 강화하고 대만 문제에 관해 선명한 입장을 보이라는 외교적 압박을 받을 여지가 크다. 대만 해협에 긴장이 고조되어 미·중 관계가 악화된다면 이는 한반도 안보 정세에도 영향을 미치게 된다. 대만의 총통이 된 라이칭더는 차이잉원 총통 때보다 강경한 대중국 독립정책을 펼 가능성이 높고 이러한 경향은 중국을 자극해 무력 충돌의 가능성을 높일 수 있음을 경계해야 한다. 향후 대만에서 무력 충돌 리스크는 일상화될 수 있고 중국은 미국의 대만 방어 의지를 시험한 후 행동에 나설 수 있다.

특히 2024년 11월에 있을 미 대선에서 트럼프가 당선된다면 중국에는 대만을 무력으로 공격할 좋은 기회를 맞게 될지도 모른다. 트럼프는 대만 방어를 약속하지 않겠다고 선언하고 대만과 중국과의 딜을 통해 미국의 이익을 최대화하겠다는 셈법이다. 중국은 이미 동남 지역의 해안에 밀집 배치한 미사일 전력의 미국의 항모를 차단하는 전략을 실행하고 있다(그림 3 참조).

〈그림 3〉 중국 미사일 사거리 내 미군기지 위치

자료: 정재용, "中 남중국해 겨냥 전략 미사일기지 건설", 연합뉴스. https://m.yna.co.kr/view/AKR20100808015700074 (검색일: 2024. 1. 22)

현재 미국은 러-우크라이나 전쟁과 이스라엘-하마스 전쟁을 배후에서 지원하고 있고 동북아에서 제3 전선이나 제4 전선이 형성된다면 중국은 미국의 전쟁수행 능력 분산을 기회로 이용하여 대만을 무력으로 도발할 가능성이 커지게 될 것이다. 현재 중국은 해군력과 공군력을 강화하는 중이다 (그림 4 참조).

〈그림 4〉 기종별 PLA 공군항공기

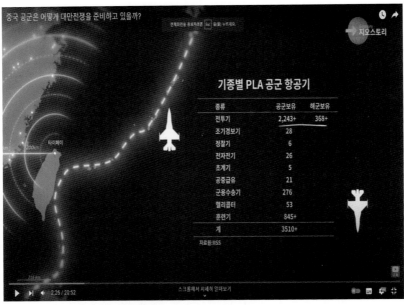

자료: 유튜브 지오스토리, "중국 공군은 어떻게 대만전쟁을 준비하고 있을까?" https://www.youtube.com/watch?v=U5 ho_ys55lU&t=8s (검색일: 2024. 1. 26)

양안 전면전이 발발할 경우 무역의존도가 약 75%로 세계 2위인 한국은 글로벌 공급망 재편에 따른 리스크를 겪게 되고 대만해협을 통과하는 한국의 물동량의 43%가 원거리를 우회해야 하는 물류비용이 발생하게 된다.

미국이 참전할 경우, 한국은 미국의 동맹으로서 연루의 위험성을 안게 된다. 양안 전면전일 경우 중국 인민해방군은 동부 전구와 북부 전구도 참전할 것으로 예상되어 한국의 서해와 남해 일부 해상에서 미 동맹국들과 중국과의 충돌이 불가피하게 될 것이다. 한국은 양안의 현상 유지를 위해 중국의 무력에 의한 현상 변경도 반대해야 하지만 대만의 국호 변경이나 중화민국 국가 폐지와 같은 독립선언과 같은 현상 변경 시도 역시 반대해야 한다.

■ 동북아 유사시 한 · 미 · 일 협력 과제

한 · 미 · 일은 캠프 데이비드 협정에 따라 양안 사태, 동중국해 영토분쟁, 그리고 북한의 군사도발과 같은 유사시 협력에 동의한 바 있다. 따라서 한 · 미 · 일은 양안 갈등을 외교적으로 해결하도록 국제사회와 협력을 강화하는 한편 중국의 오판에 의한 무력 충돌이 일어나지 않도록 한 · 미 · 일 군사적 방어능력을 강화하여 북한의 도발뿐만 아니라 중국과 대만 간 전면전에 대비해야 한다. 미국 군사력 평가기관 글로벌 파이어 파워(GFP)가 내놓은 '2024 글로벌 파이어 파워' 보고서에 따르면 한국은 핵무기를 제외한 군사력 평가지수에서 0.1416점을 받아 조사 대상국 145개국 가운데 5위를 기록했다(그림 5 참조).[9] 이 보고서에 따르면 미국이 1위(0.0699)이며 일본은 7위(0.1601)의 순위를 기록했다. 한 · 미 · 일이 군사적으로 협력하면 동북아에서 군사력지수 3위(0.0706)인 중국과 36위(0.5313)인 북한의 도발에 대한 억제력을 충분히 발휘하리라 평가된다(그림 5 참조).

---

9 이재윤, "한국 군사력 세계 5위…북한은 34—36위로 하락" 연합뉴스, https://www.yna.co.kr (2024. 1. 19)

〈그림 5〉 세계 군사력 순위

〈그림 5〉 세계 군사력 순위

자료: 이재윤, "한국 군사력 세계 5위…북한은 34→36위로 하락", 연합뉴스, https://www.yna.co.kr (2024. 1. 19)

GFP 군사력 평가지수는 0에 가까울수록 군사력이 강함을 의미하며 병력, 무기 수는 물론 경제력, 전시동원 가능 인력, 국방예산 등 60개 이상의 개별 항목 지표를 활용해 산출한다.

미·중 간의 전략적 경쟁 구도하에서 북러 간의 무기거래와 협력으로 인해 중국의 대북 영향력이 상대적으로 약화될 우려가 있다. 중국은 미국과의 경쟁에서 한반도 문제를 활용하여 미국의 주의를 분산시키고 국익을 추구하려는 행태를 보이고 있다. 중국은 미국의 압력에 대응하기 위해 북한과의 협력을 강화하고 있다. 중국은 북한을 통해 미국과의 협상력을 강화하고 자신의 이익을 보호하려는 의도를 노정한다. 이로 인해 북한의 전략적 가치가 높아지고 있다. 중국은 한·미·일 연합훈련을 견제하기 위해 러시아와 군사훈련 등 미국과의 경쟁에서 중국의 입지를 강화하려 시도하고 있다.

미·중 간 구체적 충돌을 시나리오별로 나누어 본다면 대만 위기, 한반도 위기, 그리고 대만과 한반도 동시 위기로 나누어 살펴볼 수 있다.

대만 위기

대만은 중국의 핵심 이익으로 간주되어 시진핑 주석은 2022년 10월 개최된 중국공산당 제20차 전국대표대회(중국공산당 창당 100주년)에서 2049년까지 대만을 통일하겠다는 의지를 표명했다. 대만의 대선 결과 독립주의자 라이칭더가 집권함에 따라 중국의 대만에 대한 통일전선전술은 더욱더 강화될 것으로 전망된다. 중국은 군사 및 경제적 수단을 통해 대만을 압박하는 빈도가 높아지면서 대만해협에서 위기의 일상화가 전개될 수 있다.[10] 대만은 TSMC(세계 최대 반도체 파운드리 업체)의 역량을 이용하여 국제사회를 끌어들여 중국에 대항하고자 할 것이다. 대만문제를 둘러싸고 미·중 간의 갈등이 첨예화됨에 따라 한국은 대만해협의 평화와 안정은 한반도 평화와 안정과 연결되어 있으므로 국제사회와 함께 '힘에 의한 일방적 현상 변경' 시도를 우려한다는 입장을 밝히는 것이 효과적이다.[11] 이와 동시에 한국은 대만의 독립 시도를 반대한다는 분명한 메시지를 전달할 필요성이 제기된다. 시진핑은 대만 대선 직후 대만인의 민심을 얻는 것이 중요하다는 입장

---

10 동서중국 브리프, "2024년 라이칭더 당선 이후 대만의 대내외 관계 변화와 전망", 동서대학교 중국연구센터, 제8호, 2024. 1. 19. p. 5.

11 정훈식, "대만 총통선거 결과와 한국의 외교전략", 에너지 경제. https://www.ekn.kr (검색일: 2024. 1. 17)

을 밝힌 바 있으므로 무력에 의한 현상 변경 시도는 자제하는 모양새를 취하고 있다. 그러나 대만 정치 리더십 내부에서 독립을 표명한다면 중국 공산당의 인내심은 한계에 도달할 수 있다.

대만 문제 해결을 위해 중국은 인민해방군을 동원할 권리를 가지고 있으며 중국의 일방적 군사작전이 시작된다면 미국은 국제사회와 연대하여 이를 저지하려 시도할 것이다.

미국 싱크 탱크인 전략국제문제연구소(CSIS)가 미국 전문가 53명과 대만의 전문가 35명을 대상으로 한 설문조사 결과 중국이 실행할 가장 가능성이 높은 시나리오는 대만 봉쇄이다.[12] 중국은 대만을 침공할 군사적 역량이 아직 부족하기 때문에 상륙보다는 대만의 교역을 차단하는 격리와 봉쇄를 시도할 가능성이 크다는 것이다. 대만은 에너지의 98%, 식량의 65%를 수입하고 있는 상황하에 봉쇄 시 미국의 지원이 없으면 최대 3개월 버틸 수 있다는 응답이 가장 많았다.

대만은 봉쇄에 가장 취약하며 중국이 대만을 포위 봉쇄 이후 타이완으로 들어가는 모든 배는 중국의 검색을 받도록 하여 대만의 항복을 받아낸다는 것이다. 그러나 CSIS 전문가 여론조사에 따르면 봉쇄만으로 불충분하며 무력 침공이 효과적이라는 전문가들의 의견이 지배적이다.[13]

무력 침공의 경우 미국은 대만 봉쇄를 돌파하기 위해 군사력을 사용할 것이며 일본은 미국의 지원국으로 간주되어 PLA의 군사 공격을 받게 되어 일본의 요나구니섬에서 오키나와를 거쳐 규슈에 이어지는 서부제도와 혼슈(본토)의 서쪽 절반이 PLA의 군사 표적이 될 것이다. 이와 함께 미 공군

---

12 김동현, "중, 대만 침공보다 봉쇄 가능성", 연합뉴스. https://www.yna.co.kr (검색일: 2023. 1. 23)

13 Bonny Lin, Brian Hart, Chen Ming-chi, Shen Ming-shih, Samantha Lu, Truly Tinsley, Yu-Ji(Grace) Liao, "Surveying the Experts", *Report*, CSIS, Jan. 2024. p. 8.

이 주둔하는 필리핀 북부도 PLA의 선제공격 타깃이 될 것이다(그림 6 참조).

〈그림 6〉 타이완 워게임

자료: KBS [창], "타이완 전쟁, 일본의 선택이 중요하다." https://www.youtube.com (검색일: 2023. 8. 8)

한·미·일은 중국과 대만 간 전면전에 대비뿐만 아니라 북한의 위협에 대응하기 위해 한·미·일 군사연합 훈련과 미사일 정보, 인텔리전스 실시간 공유를 통한 상황 발생 시 대응능력을 강화하고 해상경계 강화, 감시 정찰 활동을 통해 방어력을 강화해야 한다(그림 7 참조).

〈그림 7〉 일본 유엔군사령부 후방기지

김영은 기자 20230815

자료: 강국진, "한일 안보협력 불가피하지만 우려는 여전", 서울신문.
https://www.seoul.co.kr (검색일: 2023. 10. 5)

　윤 대통령은 광복절 경축사에서 "일본이 유엔사에 제공하는 후방 기지 7
곳의 역할은 북한의 남침을 차단하는 최대 억제 요인"이라고 평가하였고
대만 위기 시 한·미·일 안보협력은 중국의 도발 의지를 사전에 차단하여
전쟁을 예방하는 중요한 역할을 할 수 있을 것으로 기대된다.

한반도 위기

　영국의 그랜트 섑스 국방장관은 런던 랭커스터 하우스에서 한 연설에서
"5년 내 우리는 러시아, 이란, 북한을 포함하는 여러 분쟁 현장을 보게 될
것"이라고 언급했다.[14] 김정은은 2024년 1월 15일 평양에서 개최된 최고인

14　최윤정, "영 국방 5년 내 러, 중, 이란, 북한 관련 분쟁 예상…대비해야" 연합뉴스. https://www.yna.co.kr
　　(검색일: 2024. 1. 16)

민회의에서 한국의 북한 주적 간주로 인한 대응 차원에서 북한 헌법에 '대한민국 제1 적대국·불변의 주적'을 명기할 것과 "전쟁이 일어나는 경우에는 '대한민국을 완전히 점령·평정·수복하고 공화국 영역에 편입시키는 문제'를 반영하는 것이 중요하다는 것"을 역설하였다.

9·19 남북 군사합의가 파기된 이후 남북 간에 군사적 충돌을 완화할 완충구역은 완전히 사라지게 되어 남북 간 우발적 군사충돌이 전면전으로 확대될 우려가 점차 커지는 상황이다. 김정은 국무위원장은 "만일의 경우 발생할 수 있는 핵 위기 사태에 신속히 대응하고 핵 무력을 포함한 모든 물리적 수단과 역량을 동원해 남조선 전 영토를 평정할 준비에 박차를 가해 나가야 하겠다"라고 강조했다.[15]

남북 간 이러한 긴장 상황에 대응하기 위해서는 유사시를 대비하여 한·미·일 간 긴밀한 군사협력이 필요한 상황이다. 로버트 갈루치(Robert Gallucci) 전 국무부 북핵 특사는 외교안보 전문지 '내셔널 인터레스트' 기고에서 "2024년 동북아에서 핵전쟁이 일어날 수 있다는 생각을 최소한 염두에 둬야 한다고 주장했다.

갈루치는 핵전쟁이 발생할 2가지 시나리오를 제시했다.[16] 첫째, 미국과 중국이 대만과 대치하는 상황에서 북한이 중국의 독려로, 또는 독려가 없더라도 동북아시아에 있는 미국의 자산과 동맹에 핵 위협을 가해 중국을 지원하는 상황을 가정했다. 둘째, 북한은 남한이 북한의 지시에 따르도록 강압하고, 미국이 동맹을 돕기 위해 개입하는 것을 억제하는 수단으로 핵

---

15   김지연, "김정은 남조선 전 영토 평정 위한 대사변 준비에 계속 박차", 연합뉴스. https://www.yna.co.kr
    (검색일: 2024. 1. 22)

16   Robert Gallucci, Is Diplomacy Between the U.S. and North Korea Possible in 2024? *The National Interest.* https://nationalinterests.org (2024. 1. 16)

무기 사용을 결정하는 상황이 가능하다고 분석했다.

　갈루치는 동북아에서 우발적 핵전쟁을 예방하기 위해 북한의 비핵화보다 북미관계 정상화를 우선순위에 둬야 하며 "미국은 북한과 진심으로 관계 정상화를 추구하고, 그 과정에서 비핵화를 첫걸음이 아닌 더 장기적 목표로 둘 것"을 제언했다.

　북한 김정은 국무위원장은 최고인민회의 시정연설에서 "불법무법의 북방한계선을 비롯한 어떤 경계선도 허용될 수 없다"라며 북한이 선포한 영해를 0.001mm라도 침범한다면 곧 전쟁도발로 간주될 것"이라고 밝혀 NNL에서 국지적 충돌이 전면전으로 확대될 가능성도 전혀 배제할 수 없다(그림 8).

〈그림 8〉 북방한계선(NNL)과 북한 주장 서해 해상경계선

자료: 김예진 · 구현모, "김정은 해상국경 침범, 무력도발로 간주…NNL, 다시 화약고 되나" [NNL 무력화 도발]. http://www.segye.com (검색일: 2024. 2. 15)

　이러한 북한의 NNL 불인정 선언에 대한 한국의 입장은 어떤 경우도

NNL을 수호하겠다는 입장이므로 향후 이 지역에서 우발적 충돌의 가능성을 높이고 있어 위기관리가 필요한 상황이다.

대만과 한반도 동시다발 위기

중국이 대만을 무력으로 공격하기 전 미군의 전초기지가 되는 한국의 미군기지를 선제 공격하게 함으로써 미국이 대만 방어에 집중하지 못하게 할 수 있다. 이는 최악의 시나리오로 북·중 연합과 한·미·일이 군사적으로 충돌하는 시나리오이다. 이는 총체적 위기 시나리오로 제3차 세계대전으로 발전할 수 있는 시나리오이다. 미·중 양국이 긴장수위를 조절하면서 갈등이 충돌로 발전하지 않도록 예방적 관리가 중요하다. 양국은 이익의 균형을 취하면서 상대방의 레드 라인을 넘지 않도록 하여 충돌을 예방하는 것이 국가의 핵심 이익일 것이다.

한·미·일 협력과제

북한은 미국 대선에 개입할 목적으로 핵실험과 탄도미사일 도발을 할 가능성이 높다. 왜냐하면 북한에 적대적인 바이든 행정부의 외교적 실책을 부각시키기 위해 북미 간 긴장을 고조시키려고 하기 때문이다. 이는 한·미·일과 북·중·러 대립구도를 고착시켜 동북아에서 냉전 기류를 강하게 할 수 있다. 러시아는 푸틴 대통령의 5선이 유력하고 우크라이나 전쟁에서 우위를 점하면서 반미전선을 확대할 것이며 이를 위해 북·러관계를 더욱 밀접하게 할 것으로 보인다.[17]

---

17   최인영, "북·러 외교장관, 한반도 문제 논의…미 정책이 긴장 높여", 연합뉴스. https://www.yna.co.kr (검색일: 2024. 1. 16)

중국은 미국과의 전략 경쟁과 한·미·일의 견제를 고려해 북·중관계를 강화하고 북러와 공조할 가능성이 높다. 특히 북한의 무력도발에 대해 한미의 군사위협을 문제시하며 북한과 군사적으로 밀착하는 모습을 보일 것으로 예상된다.

북한의 도발을 억제하기 위한 한중 관계의 개선은 한·중·일 정상회담을 통한 3국 간 안보협력 강화가 필요하지만 중국은 적극적으로 나서고 있지 않은 상황이다. 미국 대선은 동맹을 경시하는 거래적 리더십을 가진 트럼프의 재선 가능성이 높아지고 있어 한반도 안보에 상당한 영향을 미칠 수 있다. 트럼프의 당선은 동맹국들에 방위비 증액을 요구할 가능성이 크고 합의가 안 되면 주한미군 철군도 강행할 것으로 보여 안보 불안이 가중될 수 있다.

일부 미국의 전략가들은 북한의 핵무기 능력이 미 본토 도시들을 타격하고 고도화될 것이 확실시되는 상황하에 뉴욕이나 LA 같은 미국 도시들을 북핵 공격에 노출시키지 않기 위해서는 한·일 양국의 핵무장을 허용하는 것이 아시아에서 북·중·러의 핵 위협을 견제하는 데 국방예산 측면에서 효율적이라는 것이다.[18] 이러한 논의는 과거 냉전시절 소련의 핵무기만 대응하던 시기와 달리 현재 미국이 처한 전략환경은 중국, 러시아, 북한과 이란의 핵미사일로부터도 미국과 동맹국들을 보호해야 하는 새로운 안보환경에 처해 있기 때문이라는 것이다. 미사일 방어체계를 구축한다 하더라도 방어망을 뚫는 미사일이 있을 수밖에 없기 때문에 적성국들로부터 미국과 동맹국들을 완벽히 방어할 수 없는 한계가 있으므로 비확산원칙에서 벗어

18 김영승, "한일 등 우호적 동맹의 핵무장을 許하라!" 월간조선, 2024 2월호, https://monthly.chosun.com (2024. 1. 22)

나 북한의 핵 위협에 처한 한국이나 일본에 핵보유나 준핵보유국으로의 전이를 우호적으로 도와야 한다는 논지이다. 북한은 2022년 30여 차례에 걸쳐 70여 발의 미사일을 발사했는데 8발이 대륙간탄도미사일이었고 2024년 초에 들어 미사일방어망을 뚫는 마하 10 속도의 변칙기동 극초음속미사일 시험발사에 성공함으로써 한국 내 자체 핵개발 주장에 힘이 실리고 있다.[19]

트럼프 집권 시 국방부 전략전력 기획담당 부차관보 엘브리지 콜비는 2024. 1월 20일 워싱턴 톡 대담에서 만약 중국이 대만을 무력으로 침공한다면 미국은 대만 방어에 우선순위를 둬야 하기 때문에 한국은 스스로 북한과 중국의 도발에 대응해야 한다고 주장했다.[20] 미국이 중국을 상대하는 제3 전선이 형성될 때는 미국의 동맹국 방어를 위한 대응에도 한계에 직면할 수 있다는 의미이다(표 4 참조). 이는 한국이 당장 핵 무장 하라는 의미는 아니라는 것이다. 한·미·일이 강점을 기반으로 한 핵 농축 협력 의제를 비롯하여 한·미·일 3국 간 현실적인 군사협력의 방안을 모색하는 것이 최선의 방도이다.

〈표 4〉 미국 개입 전선

미국의 제1 전선	미국의 제2 전선	미국의 제3 전선	미국의 제4 전선?
러시아-우크라이나 전쟁	이스라엘-하마스 후티 반군, 이란 억제	남중국해, 동중국해 및 대만 위기	한반도?

---

19 임은정, "한·미·일 원자력 협력에 관한 제언: 농축을 중심으로" 한국 비확산·원자력 저널, Vol. 16, 2023 Dec. p. 84.

20 워싱턴 톡, "'타이완 전쟁' 시 한국 스스로 방어해야…북한 남침해도 중국 격퇴가 우선." https://www.youtube.com/watch?v=K51XfkJ-b-I&t=139s.

현재 동북아는 군비경쟁과 국가 간 불신으로 인해 우발적 군사충돌의 가능성이 커지고 있다. 김정은 국무위원장은 적들의 도발로 "전쟁이 나면 핵무기 등 총동원해 대한민국을 괴멸"시키겠다고 경고한 바 있다. 이와 함께 전쟁 시에 대한민국을 완전히 점령해 공화국에 편입시키는 문제를 헌법에 반영해야 함을 강조했다.[21]

북한은 현재 약 45기의 핵무기를 보유한 것으로 추산되고 중국은 약 500개의 핵탄두를 보유 중이며 북한과 관계를 강화하는 러시아는 5,900개의 핵탄두를 보유 중이다.[22] 한국은 미국과 워싱턴 선언을 통해 미국의 핵우산이 제도적으로 강화되고 있다.

이 지역에서 핵심 이익은 전쟁 예방이 모든 나라의 공통 사항일 것이다. 핵무기 시대에 전쟁이 일어나면 관련국과 인접국은 모두 핵심 이익을 침해당하게 될 것이다. 따라서 한·미·일 협력과제는 외교적 노력과 군사적 예방조치를 통해 상호 충돌을 피하는 예방적 군사행동을 취할 필요성이 제기된다. 또한 북한과 같은 피포위 강박관념(Siege Mentality)에 사로잡힌 국가를 다루는 데 있어서는 인도주의와 상호 존중, 상호 이해를 바탕으로 대화와 협상 그리고 양보와 타협을 통해 갈등을 조정하고 대화의 분위기를 조성하여 긴장을 해소해 갈 필요성이 있다. 동북아에서 오판으로 인한 충돌을 막기 위해서는 국제사회와의 협력하에 한·미·일이 정보공유와 상황에 대한 투명성을 바탕으로 만반의 대비태세를 갖춤으로써 오판 방지와 현상 변경을 위한 선제도발의 의도를 꺾는 것이 중요하다.

---

21 김판, "김정은 전쟁 나면 핵무기 등 총동원해 대한민국 괴멸", 국민일보, https://n.news.naver (검색일: 2024. 1. 16)

22 길윤형, "미 국방부 중국 핵탄두 약 500기 보유 중", 한겨레신문, https://www.hani.co.kr (검색일: 2023. 10. 20)

현재 한·미·일 군사협력을 추동하는 요인은 한국 정부의 높은 북핵 위협 인식과 바이든 행정부의 대중국 견제를 위한 한·미·일 협력의 강조이다. 이와는 대조적으로 한·미·일 협력을 약화할 조건은 세 나라의 대중국 위협 인식 약화와 미국의 동맹 경시와 같은 국가전략 변화, 그리고 한국 정부의 대북위협 인식 약화는 한·미·일 협력에 대한 유인도 약화될 것으로 보인다. 향후 중국의 대만에 대한 군사적 위협 증가와 북한의 미사일 시험 발사 도발로 인해 한·미·일 군사안보 협력은 더욱 강화될 것으로 전망된다.

- **국제협력과 한반도 안정화 전략**

동북아와 한반도에서 미·중 갈등의 심화는 한반도에 깊은 영향을 줄 것으로 보인다. 한국에 있어서 미·중 갈등의 긍정적 요인은 미국과 중국 양국이 자기의 진영으로 한국을 유인하기 위한 인센티브 경쟁을 할 수 있다는 점이다. 부정적인 요인은 미·중 갈등이 한·미·일 대 북·중·러의 대립구도를 촉진시켜 역내 안보 질서의 불안정성을 증가시킬 것이라는 점이다. 미·중 갈등이 격화되면 한국은 동맹국에 연루될 위험성을 높이게 된다. 미·중이 군사적으로 충돌할 시 미국 편에 서지 않으면 동맹이 약해지고 방기될 수 있는 위험성도 배제할 수 없다. 미·중 갈등으로 인해 미·중 간 협력의 공간이 좁아짐에 따라 북핵 문제 해결을 위한 국제공조가 약화될 수 있다. 이로 인한 결과로 한반도 평화체제 구축과 한반도 통일에도 부정적일 수 있다. 이러한 미·중 갈등은 한국의 대내외 전략적 자율성과 주도력을 제약할 것이며 미·중 경쟁에의 연루 위험성과 한·미·일(남방 삼각 진영) 대 북·중·러(북방 삼각 진영) 대립구도 심화, 남북의 소통과 협력 약화를 초래하여 한국 정부의 대북 전략적 정책 선택의 자율성을 제약할 수 있다.

한반도 평화 프로세스를 이어가기 위해서는 남북한과 미국, 중국, 러시아 등 주변국들이 서로 협력하고 대화하는 것이 필요하다. 각 국가의 이익과 입장을 존중하면서도 한반도의 비핵화와 평화체제 구축을 공동 목표로 삼아야 한다. 비록 남북한 9·19 남북 군사합의가 파기되고 당분간 군사적 대치와 긴장이 고조되겠지만 이를 극복하기 위해 남북 간 특사파견을 통한 화해와 평화의 길을 모색해야 한다. 남북은 상호 비난과 상대방 지도자에게 욕설과 막말을 자제하고 협상의 존귀한 상대자로 인정하는 데서 출발해야 한다. 이를 통해 대화 분위기를 조성하여 정상회담과 군사회담을 재개하여 상호 신뢰를 쌓아 긴장을 완화하는 조처를 해야 한다. 긴장 완화를 통해 남북교류를 재개하고 경제협력과 인도적 문제 해결을 위해 함께 노력해야 한다.

미국은 북한이 핵과 미사일 도발에 대해 과도한 군사적 압박이나 제재를 가하지 않고 대화와 협상을 통해 북한의 비핵화를 유도하는 방안을 모색해야 한다. 이와 함께 한미동맹을 통한 확장억제의 제도화 수준을 높이기 위해 미국은 적극적으로 협력해야 한다. 중국은 북한의 핵과 미사일 개발에 반대해야 하지만 북한의 안전과 생존을 보장하는 데 도움을 줄 수 있어야 한다. 중국은 한·미·일과 전략적 대화를 활성화하고 양안 사태의 현상 유지와 한반도의 평화통일을 지원하는 데 기여해야 한다. 러시아는 우크라이나 전쟁으로 인해 북한으로부터 탄약과 미사일을 구매하고 있고 이는 한반도에서 긴장을 더욱 높일 수 있다. 러시아는 북한을 러시아-우크라이나 전쟁의 승리를 위한 병참지원국으로만 이용해서는 안 되고 북한의 정상화와 국제사회의 일원으로 역할을 하도록 도움을 줘야 한다. 또한, 북한에 영향력이 있는 러시아는 한반도 평화 프로세스가 진전되도록 북한에 영향력을 행사해야 한다.

곽태환 교수는 통일뉴스 "한반도 문제 해법을 위한 새로운 접근: 한미 북한 간 대화 여건 조성부터 시작하자"라는 칼럼에서 북한과의 대화 분위기 조성을 위해 다음 5개 정책을 제언한 바 있다.[23]

첫째, 대화 분위기 조성을 위해 남북미 3국이 대화 의지를 굳게 가지고 함께 노력해야 한다. 따라서 남북미 3국이 6개월 동안 상호 비방, 상대방에 대한 적대감 표현 자제와 특히 무력시위(군사적 도발)를 유예(모라토리엄)하자는 것이다. 이를 통해 남북 북미 간 대화 재개의 장으로 나올 수 있도록 분위기를 조성하자는 것이다.

둘째, 힘에 의한 군사안보와 한반도 평화 전략을 병진해서 추진해야 한다는 것이다.

셋째, 김정은 국무위원장이 행한 '조선(한)반도의 완전한 비핵화' 합의는 반드시 준수해야 한다. 김 위원장이 제안한 조선(한)반도의 비핵화를 위해 두 개 전제조건은 (1) 대북 적대시 정책 포기, (2) 북한체제의 보장이다. 김 위원장은 이 두 개의 전제조건이 충족되면 핵을 가질 필요가 없다고 약속했다. 향후 가칭 '한반도 평화조약' 체결을 통해 북한체제가 보장되면 김정은 위원장은 북한 핵을 포기하겠다는 약속을 지켜야 한다고 주장한다.

다섯째, 남 · 북 · 미 3자가 각국의 '핵심 이익'(core interest)을 존중해야 할 것이다. 현재 북한의 핵심 이익은 북한체제의 보장이며 체제 보장 없이는

───────────────
23 곽태환, "한반도 문제 해법을 위한 새로운 접근: 한미 북한 간 대화 여건부터 조성하자", 통일뉴스, https://www.tongilnews.com (검색일: 2023. 12. 5)

핵을 포기하지 않겠다는 입장이다. 따라서 남·북·미·중 4자 간 '한반도 평화조약 체결'을 통해 북한체제의 국제적 보장 장치와 한반도의 비핵화를 맞교환하는 것이다.

북한은 2023년 전원회의에서 현재 남북관계의 정세 평가를 통해 남북관계를 두 국가 관계로 규정하고 후 남한과의 동족 관계의 의미를 축소하였다. 2026년으로 예정된 조선노동당 9차 대회에서 노동당 규약을 개정하여 정책의 핵심 내용이 반영된다면 '두 국가 관계'는 김정은 정권하의 새로운 대남 정책 노선으로 자리매김할 것으로 전망된다.

북한의 핵 능력은 지난 수년간 고도화되고 있으며 핵탄두와 탄도미사일, EMP 등 다양한 핵전력을 갖추고 있다. 이에 대한 한국의 대응 방안으로 첫째, 외교 안보적 측면에서 한국은 북한의 비핵화를 위해 국제사회와 협력하고 경제제재를 유지하면서 대화의 문을 열어두어야 한다. 북한의 위협이 증대됨에 따라 그러한 위협들을 무시하는 것은 더 이상 유용한 정책이 아니다.[24] 이와 함께 미국과의 확장억제 제도화 수준을 높이기 위해 핵 사용에 대한 정책적 협의를 지속해야 한다.

둘째, 국방 군사 전략 측면에서 북한의 핵 공격을 사전에 탐지하고 선제적으로 정밀 타격할 수 있는 핵 방어 태세를 갖출 수 있는 3축 체계를 발전시켜 가야 한다. 북한의 지상 및 수중 핵무기를 무력화하는 수중 공격 드론, 사이버 방호능력, 특수부대, 로봇, 스텔스 드론 전력을 발전시켜야 한다. 이를 위해 감시정찰 및 정밀타격전력과 미사일방어체계를 강화하고 응징 무기의 파괴력을 높이고 한미 연합방위태세를 발전시켜 가야 한다. 핵전쟁의

---

24 Editorial Board, "As North Korea's threat grows, ignoring it is not working", *Washington Post*. https://www.washingtonpost.com (검색일: 2024. 1. 24)

예방적 차원에서 북한의 핵 사용 문턱을 높이고 핵전쟁으로 확전을 방지하기 위해 핵 위기관리 매뉴얼 작성을 통해 핵전쟁으로 발전되지 않도록 예방적 조치도 동시에 강구해야 한다.

V. 결론

동북아 전략경쟁의 주체인 미·중의 핵심 이익은 상호 충돌을 예방하는 것이다. 남북한의 핵심 이익 역시 전쟁을 예방하고 한반도 평화 프로세스를 지속하는 것이다. 대만해협의 위기는 한반도 안보에 직접적인 영향을 미칠 것으로 보인다. 대만해협에서 무력 충돌이 발생하여 미국이 개입하면 한미동맹관계인 한국은 자동 개입하지 않더라도 연루의 소지가 발생하게 된다. 현재 한국은 미국과의 동맹을 유지하며 중국과의 협력을 추구해야 하는 어려운 상황에 처해 있다. 만약 한국이 미국의 대만 지원에 동참하면 중국의 경제적·군사적 압박을 받을 수 있고 중립을 지킨다면 미국의 불신을 초래하여 동맹이 약화될 수 있다. 또한, 대만의 독립을 지지한다면 중국의 무력 공격을 유발할 수 있다. 중국의 입장을 지지하는 북한은 대만해협에서 긴장이 고조되는 상황에서 핵·미사일 개발을 지속하고 군사적 도발을 감행할 수 있다. 이런 상황이 전개된다면 한반도 평화와 안정을 위한 미·중 협력은 더욱 어려워질 수 있다. 한국은 미국과 동맹을 강화하면서도 중국과 협력을 유지하고 대만의 인권과 민주주의를 존중하면서도 중국의 무력 통일 시도와 대만의 독립을 모두 반대해야 한다.

한국은 중견국으로서 초월적 외교력을 발휘하여 미·중 간의 대화와 협력을 촉구하고 양안 관계에 있어서 평화의 중재자 역할을 감당해야 한다.

한국은 미·중 사이에 선택을 강요 받는 상황이 되지 않도록 외교정책에 있어서 운신의 폭을 넓혀야 한다. 미·중 전략경쟁이 심화됨에 따라 중국은 상해 협력기구 글로벌 사우스와 협력 강화를 통해 미국과 협력하는 동맹국들을 견제하려 시도할 것이다.

한미동맹을 기반으로 한국은 한·미·일 미사일 방어체계의 호환성을 강화하고 이를 위해 필요한 미사일 발사 플랫폼과 관련된 센서 업그레이드, 요격미사일 공동 개선 등 서둘러 추진해야 한다. 이와 함께 주한미군뿐만 아니라, 서울 자체를 방어하기 위한 한국군 자체의 대공미사일 방어체계를 구축해야 한다. 향후 상당 기간 동안 남북은 긴장이 지속될 것으로 전망되며 충돌 예방을 위한 위기관리에 노력해야 한다.

미국 대선에서 트럼프가 당선되어 주한미군 철군이 단행될 수 있음을 상기하고 방위비 분담금 인상을 위한 대미 협상에 대비할 필요성이 제기된다. 한국의 장기적 국익을 위해서는 합리적인 협상을 통해 주둔비용을 인상하고 농축 관련 재협상을 통해 원자력 주권을 회복함과 동시에 주한미군이 철수되지 않도록 외교적 노력을 기울여야 할 것이다. 일본과 같은 잠재적 핵 능력 보유를 위해 정권 차원에서 리더십을 발휘하여 미국을 설득하고 관련 산업정책을 체계적으로 입안 추진할 필요성이 제기된다.

향후 한국은 유엔이 선언하고 힘에 의해 유지되는 NNL을 인정하지 않고 도발하는 북한의 행태에 엄중히 대응할 필요성이 제기된다. 이에 대응하기 위해 한미연합으로 정기적 서해 도서방어훈련을 정례화하여 현상을 타파하려는 북의 의도를 꺾어야 한다. 북한은 러시아에 전략 미사일을 판매하고 내부적으로 생필품에 대한 수요를 충족시키지 못하는 상황에서 전면전은 원하지 않는 것으로 판단된다. 북한을 대화의 장으로 유인하기 위해 북의 존재를 인정하고 남북평화공존을 위한 규범 마련과 제도화 그리고 북한의 변화를 끌어내기 위해 남한 내부의 공감대 형성이 필요하다. 미 · 중의 전략적 경쟁 심화는 한반도에 냉전의 기류를 형성하므로 이를 타개하기 위해 대중국 대러시아 전략을 마련하여 남북이 적대적 공존이 아닌 평화적 공존의 남북관계 발전을 이루어 내야 한다. 이와 함께 한반도의 비핵화 평화체제를 위한 창의적 로드맵을 마련하여 북 · 중 · 러를 비롯한 주변 강국의 지원과 지지를 유도해야 한다.

참고문헌

강국진. "한일 안보협력 불가피하지만 우려는 여전." 서울신문, https://www.seoul.co.kr (검색일: 2023. 10. 5).

강상구. 中 왕이, 대만 대선 결과에 "대만독립은 죽음의 길." 조선일보, https://news.tvchosu.com (검색일: 2024. 1. 15).

곽태환. "국가의 핵심 이익론 시각에서 본 한반도." 통일뉴스, https://www.tonilnews.com (2023. 11. 21).

_____. "북한의 대남전략 변화의 국제정치적 함의." 통일뉴스, https://www.tongilnews.com (검색일: 2024. 1. 23).

_____. "한반도 문제 해법을 위한 새로운 접근: 한미 북한 간 대화 여건부터 조성하자." 통일뉴스, https://www.tongilnews.com (검색일: 2023. 12. 5).

길윤형, "미 국방부 중국 핵탄두 약 500기 보유 중." 한겨레신문, https://www.hani.co.kr (검색일: 2023. 10. 20).

김동현. "중, 대만 침공보다 봉쇄 가능성." 연합뉴스, https://www.yna.co.kr (검색일: 2023. 1. 23).

김영승. "한일 등 우호적 동맹의 핵무장을 許하라!" 월간조선 2024 2월호, https://monthly.chosun.com (2024. 1. 22).

김예진 · 구현모. "김정은 해상국경 침범, 무력도발로 간주...NNL, 다시 화약고 되나[NNL 무력화 도발], http://www.segye.com (검색일: 2024. 2. 15).

김외현. 쌍중단 · 쌍궤병행 현실화…"중국, 원하는 것 모두 얻었다." 한겨레신문, https://wwwhani.co.kr (검색일: 2019. 10. 19).

김지연. "김정은 남조선 전 영토 평정 위한 대 사변 준비에 계속 박차." 연합뉴스, https://www.yna.
co.kr (검색일: 2024. 1. 22).

김관. "김정은 전쟁 나면 핵무기 등 총 동원해 대한민국 괴멸." 국민일보, https://n.news.naver (검색
일: 2024. 1. 16).

동서중국 브리프. "2024년 라이칭더 당선 이후 대만의 대내외 관계 변화와 전망." 동서대학교 중국
연구센터, 제8호, 2024. 1. 19. p. 5.

문병기. "합승 출발 트럼프 재선 때…한국 내 자체 핵개발 압박 커질 것." 동아일보, https://www.
donga.com (검색일: 2024. 1. 19).

워싱턴 톡. "'타이완 전쟁' 시 한국 스스로 방어해야…북한 남침해도 중국 격퇴가 우선." https://
www.youtube.com/watch?v=K51XfkJ-b-I&t=139s.

유튜브. 지오스토리, "중국 공군은 어떻게 대만전쟁을 준비하고 있을까?", https://www.youtube.
com/watch?v=U5ho_ys55IU&t=8s (검색일: 2024. 1. 26).

_____. 北 신형순항미사일 '불화살-3-31'…어떤 무기인가? YTN, https://www.youtube.com (검색
일: 2024. 1. 25).

이재윤, "한국 군사력 세계 5위…북한은 34—36위로 하락." 연합뉴스, https://www.yna.co.kr (2024.
1. 19).

임은정. "한·미·일 원자력 협력에 관한 제언: 농축을 중심으로." 한국 비확산·원자력 저널 Vol.
16, 2023 Dec. p. 84.

전봉근, "김정은은 왜 민족주의 통일노선을 폐기했나?" 세종논평, No. 2024-03, https://www.
sejong.org (검색일: 2024. 1. 22).

전웅빈. 美의회, "아시아판 나토 창설 검토 위한 TF구성법안 제출." 국민일보, https://m.kmib.co.kr
(검색일: 2023. 12. 11).

정재용. "中 남중국해 겨냥 전략 미사일기지 건설." 연합뉴스, https://m.yna.co.kr/view/
AKR20100808015700074 (검색일: 2024. 1. 22).

정훈식. "대만 총통선거 결과와 한국의 외교전략." 에너지 경제, https://www.ekn.kr (검색일: 2024. 1.
17).

조성호. '역사의 종언' 후쿠야마 "트럼프, 동맹 희생시킬 수도 … 韓日도 해당." 조선일보, https://
www.chosun.com (검색일: 2023. 2. 24).

최윤정. "영 국방, 5년 내 러, 중, 이란, 북한 관련 분쟁 예상…대비해야." 연합뉴스, https://www.
yna.co.kr (검색일: 2024. 1. 16).

최인영. "북·러 외교장관, 한반도 문제논의…미 정책이 긴장 높여." 연합뉴스, https://www.yna.
co.kr (검색일: 2024. 1.16).

Editorial Board. "As North Korea's threat grows, ignoring it is not working." *Washington Post*,
https://www.washingtonpost.com (검색일: 2024. 1. 24).

Gallucci Robert. Is Diplomacy Between the U.S. and North Korea Possible in 2024? *The National Interest*, https://nationalinterests.org (2024. 1. 16).

KBS [창]. "타이완 전쟁, 일본의 선택이 중요하다," https://www.youtube.com (검색일: 2023. 8. 8).

Lin Bonny, Brian Hart, Chen Ming-chi, Shen Ming-shih, Samantha Lu, Truly Tinsley, Yu-Ji(Grace) Liao. "Surveying the Experts", *Report*, CSIS, Jan. 2024. p. 8.

Stokes Jacob. "Resisting China's Gray Zone Military Pressure on Taiwan." CNAS, Dec. 2023, *Report*, p. 3.

제5장

한반도 평화 통일의 문제점과 전망

이승우

I. 서문

한반도의 평화통일은 대한민국 헌법의 명확한 요청이다. 그리고 5000년
의 역사를 가진 단일민족임을 자랑하는 홍익인간의 후예인 우리 한민족의
숙원이다. 그러나 이런 원론적인 명제가 통일을 가능케 하지는 못한다. 왜
냐하면 남북을 둘러싼 여러 조건이 한반도의 평화통일을 방해하고 있기 때
문이다. 통일을 방해하는 원인과 조건을 적시하고 어떻게 그 조건을 통일
에 유리하게 바꿀 수 있는지 방법을 찾아내야 한다.

1950-60년대의 냉전체제 아래서 남북통일을 성사시킨다는 것은 무척
어려웠다. 세계는 미소를 중심으로 정치적으로 또 경제적으로도 나누어져
있었기 때문이다. 소련과 미국의 냉전 체제는 이데올로기의 정치적 대립일
뿐만 아니라, 공산주의와 자본주의 간 경제제도의 효율성을 검증하는 경쟁
의 시대였다. 두 세력 간의 대화와 교류는 찾아보기 어려웠다. 두 진영은 정
치적 그리고 경제적으로 각자의 제도적 실험만 해 왔던 것이다.

미소 냉전체제 아래 이런 경향은 남북한의 상황에서도 예외는 아니었다. 대화의 단절뿐만 아니라 사소한 군사적 분쟁이 남북한 사이에 자주 있어 왔다. 1971년 헨리 키신저의 중국 비밀방문과 1972년 닉슨과 모택동과의 정상회담 후, 세계는 이념에 기반한 외교에서 국익에 기반한 실리외교로 전환하기 시작했다. 소련 견제를 위해 이념을 버리고 중국과 외교관계를 수립하는 미국의 입장은 실리외교의 전형이라고 생각한다. 이런 흐름 속에서 남북한도 1972년 7·4 공동성명을 발표하였고, 남북교류의 물꼬를 트는 듯했다. 자주적·평화적 그리고 민족적 대단결로 통일을 도모하자는 남북공동성명은 통일이 성큼 다가온 듯했다. 그러나 남북한 지도자, 박정희와 김일성은 각각 정권 유지의 수단으로 7·4 공동성명을 이용했다. 성명 발표 후, 박정희는 유신헌법을 제정하고 김일성은 주체사상을 헌법에 규범화했으며 주석제도를 만들어 영구집권의 발판을 마련했다.[1]

실리외교라는 세계사적 흐름 속에서도 남북한 독재자들의 잘못된 선택 때문에 통일에 대한 실질적인 논의와 진전은 없었다. 남과 북이 합의된 통일 방안 하나 마련하지 못하고 오늘에 이르고 있다. 국제적 흐름이 통일에 유리하더라도 지도자의 잘못된 정권 유지욕이 어떻게 통일의 가능성을 없앨 수 있는지를 보여주는 대표적 사례이다. 특히 두 독재자의 정치적 후손들은 각각 남북한 기득권층에 뿌리 박혀 있으며 통일 반대세력으로 분명히 잔존하고 있음을 기억해야 할 것이다.

그러나 남북통일의 세계적 흐름은 미중 수교에서 물꼬가 트이고 소련 해체에서 통일의 물줄기가 흐르기 시작했고, 노태우 정부의 북방정책 그리고

---

1 한겨레 창간 기획 [창간 기획] 정전협정·한미동맹 70년, "박정희·김일성 간접대화로 7·4성명···이후 분단독재의 길" (2023.05.22). https://www.hani.co.kr/arti/politics/politics_general/1092696.html (검색일: 2024.01.05)

중국의 2001년 세계무역기구(WTO) 가입으로 한반도 통일의 국제적인 큰 조건은 형성되었다고 생각하였다.

그때 남북통일의 문제는 남북이 어떻게 대화와 타협으로 합의를 통해 통일을 이루어 내느냐가 관건인 시기였다. 우리만 평화통일에 합의했다면 충분히 러시아와 중국을 외교적으로 설득이 가능했다고 생각한다. 우방국 미국을 설득하고 나서 미국을 통해 일본을 설득했다면 충분히 통일을 이룰 수 있지 않았나 필자는 생각하였다. 그러나 국제적 흐름이 매우 호의적이었음에도 불구하고 남북은 통일의 기회를 살리지 못했다.

남북이 가지는 입장의 차이는 너무도 컸다. 사상적 차이뿐만 아니라, 특히 북한이 느끼는 안보적 위험은 매우 컸다. 왜냐하면 지속적인 한미 연합 군사훈련 때문이었다. 남한은 이 점을 충분히 이해하지 못했고 한미훈련은 규모와 질적인 면에서 매년 강화되었다. 결국 북한은 한미의 안보적 위협을 효율적으로 대응하기 위해 자체 핵무기 개발이란 악수를 두게 되었던 것이다.

이 점은 남북통일을 논의하기에 앞서 북핵 문제를 해결하지 않을 수 없는 난제를 남한에 가져왔다. 이것은 미국이 주도하는 핵확산금지조약(NPT) 체제의 문제이기 때문이다. 지난 40년간 통일문제는 한 치의 진전도 없으며 북핵문제가 남북의 선결과제가 되었다. NPT는 미국이 주도하는 체제이며 북한 비핵화는 미국이 NPT 체제 유지를 위해 절대적으로 풀어야 하는 문제이기 때문이다. 그만큼 남북한의 통일 논의는 제2선으로 물러나게 되었다.

현재 북한은 미중러일남북의 6자 회담 실패와, 오바마 8년간의 전략적 인내정책의 실패로 핵무기를 50-60기를 가지고 있는 사실상의 핵무기 보유국이 되었다. 이런 와중에 미중의 경제적 격차가 줄어들고 몇몇 첨단 기술 분야에서 중국이 미국을 추월하는 사태가 벌어졌다. 미국은 더 이상 WTO 체제로 중국을 상대하지 않을 것임을 분명히 했다. 첨단 기술과 반도체의 통제를 통해 중국의 경제발전을 제어할 의도를 분명히 했다. 실로 미중 패권 경쟁의 시대가 되었다. 한편 중국과 대만의 양안 문제는 미중 전략 경쟁을 더욱 가열화시키고 있다. 그러나 윤석열 정부는 미국 편들기를 공식화했고 양안문제에 대한 중국의 외교정책을 비판하기에 이르렀다. 중국 정부의 반한국 정책으로 말미암아 중국의 한국 물품 수입량은 급격히 줄어들고 급기야 한국은 무역적자 세계 200위라는 경제 현실을 직면하고 있다.[2]

더욱이 2022년 2월 24일 러시아가 우크라이나를 침략하고 유럽과 미국이 우크라이나를 지원하면서, 미러의 경쟁도 본격화되었다. 윤 정부는 우크라이나에 포탄을 우회 지원하면서 미국 편들기를 공식화했다. 러시아는 더 이상 한국과 우호관계가 아니며, 경제적 상호 의존성 또한 심각히 줄어들었다.

이런 와중에 군사적으로 한미일 3국 안보협력이 강화되면서, 한편 북중러 3국 안보협력이 강화되고 있다. 특히 북러 간 밀착으로 인공위성과 군사적 협력까지 공식화했다. 러-우크라이나 전쟁에서 북한은 러시아에 포탄을 공급했다. 따라서 북한은 남한을 제1 적대국으로 헌법에 명시하기에 이르렀다. 그리고 김정은은 민족과 통일이라는 개념을 없애라는 명령을 했다.[3] 수시로 북한은 최신 무기와 탄도미사일을 시험발사 하고 있으며 한국

---

2 동아일보, "상반기 무역적자 개선에도 세계순위 '뚝'…韓, 208개국 중 200위" (2023.10.20), https://www. donga.com/news/Economy/article/all/20231020/121757277/1 (검색일: 2024.01.03)

3 조선일보, "김정은 '헌법에 대한민국 제1 적대국·불변의 주적' 명기해야" (2024.01.16), https://www.

정부는 이런 북한의 무력시위를 도발로 간주한다. 이에 대한 한국 정부는 북한의 무력도발에 대한 대응원칙을 즉-강-끝(즉시, 강력하게, 끝까지)으로 설정하고 대한민국 영토에 대한 무력도발 시 강대강 맞대응을 선포하였다. 또 윤 정부는 휴전선 부근에서 대북 전단살포를 허용했다. 이런 적대적 강대강 맞대응 전략으로 우발적 무력 충돌로 인한 한반도에서 전면적인 전쟁을 매우 걱정해야 하는 형국이다.

　이러한 남북 대치 상황과 미중 패권경쟁 그리고 한미일과 북중러의 양극화된 동북아의 새로운 국제질서 속에서 평화통일에 유리한 조건들은 찾아보기 어렵다. 그럼에도 불구하고 필자는 평화통일을 지향하는 헌법의 취지에 맞게 그리고 남북관계와 국제관계에서 드러난 역사적 사실을 바탕으로 현실을 객관적으로 진단하고 평화통일을 위한 방안을 모색해야 할 것이라고 주장한다. 그것은 우리 헌법이 국민에게 주는 시대적 요청이라고 생각한다. 그것은 다른 말로 하면 어떻게 남북한 관계와 동북아의 국제 관계를 평화통일에 유리한 조건으로 만들어 가느냐의 문제일 것이다. 적절한 조건이 형성되면 그에 합당한 결과는 인과법칙에 의해 분명히 일어난다고 생각한다. 평화통일의 문제도 마찬가지라고 생각한다. 적절한 조건이 형성되면 평화통일은 반드시 이룩되는 것이다. 헌법의 취지에 맞게 남북과 국제관계 그리고 역사적 사실에 대한 정확한 분석을 바탕으로 평화통일을 위한 필요충분 조건들을 이 논문을 통해 제시해 보기로 하겠다.[4]

---

chosun.com/politics/politics_general/2024/01/16/BZSXUVTT5BGSDINA7EVFY6RNUI/ (검색일: 2024.01.20)

4 곽태환, "한반도 평화와 통일의 8대 저해 핵심 요인은?", 통일뉴스 (2021.10.05), https://www.tongilnews. com/news/articleView.html?idxno=203329 (검색일: 2024.01.05)

II. 한반도 평화통일의 문제점

필자는 한반도의 평화와 통일의 문제점을 8개 항목으로 나누어 아래와 같이 분석하고자 한다.

■ **남북의 긴장 완화와 평화통일을 위해서는 남북 간 상호 신뢰가 먼저 회복되어야 한다**

문재인 전 정부가 북미 간 교량역할(bridge-building role)을 바탕으로 북한 비핵화를 위해 북미 대화를 유도하고 남북관계의 긴장 완화를 위해 노력한 점은 높이 평가되어야 마땅하다. 어떤 정부도 북미 정상회담을 성사시키지는 못했다는 점에서 문재인 전 정부의 외교에 대한 긍정적 평가는 당연하다. 그러나 유감스럽게도 제2차 하노이 북미정상회담은 결렬로 끝나게 되었다. 결렬 이후 연이은 북한의 대미 비난과 대화의 단절로 이어졌다. 그리고 2020년 6월 16일 남북공동연락사무소를 북한이 파괴하는 사건은 남북이 그동안 쌓아온 신뢰가 일시에 무너지는 순간이었다. 북미 협상이 실패한 것에 대한 분풀이로 보인다. 미국의 입장에 대한 정확하지 않은 정보를 제공한 문 정부에 대한 분노의 표현이기도 했다. 또한 문 정부의 말을 너무 믿었던 것에서 오는 김정은의 실망감의 표현이었다고 생각한다.

북미 협상 결렬이라는 한 사건이 남북관계 전반의 단절이라는 극단적 결과로 이어진 데는 남북 간의 견고한 상호 신뢰의 부족이 이유라고 생각한다. 서로의 입장과 사정에 대한 확고한 이해와 신뢰가 있었다면 이런 일은 결코 일어나지 않았을 것이다. 또다시 남과 북은 대화 단절과 고조된 긴장의 시대로 회귀했다. 남북 간 우발적 무력 충돌이 예상되는 시대가 도래하게 된 것이다.

문 정부의 한반도 비핵화 문제 해결을 위한 선한 의지에 바탕을 둔 외교이더라도, 신뢰가 구축되지 않은 상태에서는 실패할 경우, 남북관계를 더욱 악화시킨다는 점을 보여준다. 남한 정부는 북미 협상이 실패로 돌아설 경우, 남북관계 악화의 가능성을 예측했어야 했다. 그리고 그 실패가 남북관계에 미치는 악영향에 대비해야 했다. 또 남북의 신뢰 기반이 빈약하다는 점을 통찰했어야 했다. 북미 협상이 결렬될 경우, 남북이 대화 단절로 가지 않도록 속도 조절 내지 대책을 미리 준비했어야 했다. 북미 협상 결렬의 가능성을 파악하지 못하고, 협상 시도에만 매진하고 협상의 성공 가능성만 부각시켜 김정은을 설득했다면 너무도 경솔한 외교였다고 생각한다. 이 점은 문 정부의 가장 큰 외교적 실패로 남을 것이다. 그 원인은 남북의 빈약한 상호 신뢰 기반을 통찰하지 못한 것이다. 만약 내년 트럼프가 재집권할 경우, 다시 북미 비핵화 협상 가능성이 대두되더라도, 협상 결렬 가능성을 전제한 대책 마련과 신중한 외교전략이 마련되어야 할 것이다.

현재 윤 정부는 북미 협상 결렬이 가져온 남북의 극한적 긴장 상황에서 북한과 강대강 전략으로 맞서고 있다. 9·19 군사합의는 완전히 파기되었다. 북한의 정치적 비난에 대해서는 즉각적으로 남한도 비난의 언어로 대응하고 북한의 미사일 발사에 대해서는 군사분계선 남쪽 해상의 포 발사로 대응하고 있다. 군사 분계선 근처에는 정찰기가 다시 뜨고 있다. 접경지역 부근에서 북한 정권 비난 유인물을 풍선을 통해 띄우는 것을 남한 정부는 허용했다. 이 모두가 우발적 무력 충돌이 일어날 수 있는 상황이다. 상대방의 도발에 대한 즉각적 대응으로 전면전으로 전개될 개연성이 높아지고 있다. 이 경우 핵전쟁은 필연적으로 일어날 것이다.[5] 한반도에서 핵전쟁은 우리 민족의 공멸임에 분명하다.

그러면 어떻게 한반도의 핵전쟁을 막고 다시 남북의 긴장 상황을 완화하고 평화통일의 길로 갈 수 있을까? 천 리 길도 한 걸음부터라는 말이 있듯이 첫째는 남북의 견고한 상호 신뢰의 회복이다. 상호 신뢰 회복을 위해서는 서로의 입장에 대한 이해가 중요하다. 지난 30년 동안 북한이 지속적으로 주장해 온 것은 북한체제의 보장과 미국의 적대시 정책 철회이다. 이 말의 의미는 북한이 한미의 군사력 때문에 북한체제의 위협을 느끼고 있다는 점이다.

현재 한미와 북한 국력 면에서 너무 큰 차이가 난다. 북한은 2022년 일인당 GDP가 1,000달러 정도밖에 되지 않는다. 총 GDP는 35조 정도이다. 핵무기를 제외하고 재래식 전력은 성능 면에서 모두 노후화되어 있다. 북한의 국방비는 5조 정도이다. 이에 반해, 남한의 GDP는 약 2,000조, 일인당 GDP는 3만 달러를 넘었다. 그리고 일 년 국방예산은 60조에 이른다. 이에 더해, 미국의 2024년 한 해 예산은 약 9,100조, 국방예산은 약 1,154조 원 규모이다.[6] 핵무기, 항공모함, 전략폭격기, 스텔스 전투기 등 세계 최고의 최첨단 무기를 소유하고 있다.

한국은 미국과 군사동맹을 맺고 있다. 매년 대규모 한미 연합 군사훈련을 실시해 오고 있다. 명목상 방어훈련이라고 하지만, 북한의 입장에서는 체제의 위협을 느끼지 않을 수 없다. 한미 연합훈련 시 전개되는 첨단 무

---

5 곽태환, "한반도에 핵전쟁의 먹구름이 밀려오고 있는가?", 통일뉴스 (2022.01.15). https://www.tongilnews.com/news/articleView.html?idxno=204104 (검색일: 2024.01.07)

6 세계일보, "명실상부 '천조국'… 바이든, 미국방수권법안 서명" (2023.12.24). https://www.segye.com/newsView/20231224504516 (검색일: 2024.01.07)

기는 미 항공모함, 핵잠수함, 공군 전략폭격기 B-1B, 한국 공군기 F-15K, KF-16, 한국군의 중거리 미사일 천궁과 현궁이 있다. 특히 현무5는 핵무기를 제외하고 재래식 무기에 있어서 세계 최강의 화력을 자랑한다. 핵무기를 사용하지 않더라도 단 몇 시간 안에 북한을 초토화할 수 있는 전력이다.

이런 한미동맹의 훈련을 두고 북한이 체제위협을 느끼지 않는다고 생각하는 것은 상식적이지 않다. 더욱이, 2023년 워싱턴 선언을 통해 한미일 삼각공조를 공식화했다. 이로 인해 북한이 느끼는 체제의 위협감은 배로 증가했다고 생각한다. 곽태환 교수는 이러한 북한체제를 위협하는 것을 북한지도부의 피포위 강박증(siege mentality)[7]을 악화한다고 표현했다. 남북의 신뢰 구축의 단초는 남한 정부가 어떻게 북한지도부의 체제 위협감을 완화내지 해소해 주는가에 달려 있다고 생각한다.

이에 대한 정답은 간단하다. 연례적 한미 연합훈련의 전략 자산 전개를 줄이거나 잠정적으로 중단하는 것이다. 또 만약 그래도 연합훈련을 해야 한다면, 가급적 휴전선에서 멀리 떨어진 곳에서 해야 할 것이다. 훈련에 앞서 북한에 한미 군사훈련의 위치와 시간에 대해 사전통보 해 주고 훈련의 목적이 방어적이며 북한을 침략할 의도가 없음을 선언해야 한다. 동시에 미군의 전략자산은 전개하지 않아야 한다. 이런 노력들이 수년간 지속될 때, 북한체제의 위협감은 완화될 것이다. 그때야 대화 분위기 조성이 되어 여지가 조금 생기게 될 것이다. 미국의 조건 없는 대화 제안은 북한체제의 위협이 사라질 때만 받아들여질 것이다.

이런 대화를 통해 남북의 산재한 이산가족 상봉 문제, 식량과 의료품 지

---

7   곽태환, "한반도 문제 해결을 위해 동북아체제의 구조적 변화가 필요하다", 통일뉴스 (2016.06.01). https://www.tongilnews.com/news/articleView.html?idxno=116879 (검색일: 2024.01.08)

원 문제, 문화교류, 관광문제, 그리고 종국적으로 경제적 협력문제가 어느 정도 성사되어야 한다. 이럴 경우에만, 특정 협상의 결렬이 남북의 대화 단절을 가져오지 못할 것이다. 이럴 때만 남북의 신뢰는 회복되었다고 할 수 있을 것이다. 그리고 남북이 이런 신뢰를 구축할 때만 남북의 긴장 완화와 평화통일을 위한 느리지만 견고한 첫발을 내디뎠다고 할 수 있을 것이다.

■ 한반도의 비핵화 이슈는 핵 동결 협상이 우선적으로 타결되고 장기적 협상을 통해 북한의 핵 문제 해법은 점차적으로 단계적으로 추진되어야 한다

NPT 체제는 미국에 국제질서 유지를 가능하게 하는 가장 중요한 조약이다. NPT 체제가 규정한 원칙이 무너지면 미국이 세계 패권과 국제질서를 유지할 명분과 물리적 힘이 약해질 것이다. NPT는 핵무기의 확산을 방지하고 핵전쟁을 예방하는 것을 목적으로 한다. 그리고 NPT에 가입한 국가는 핵의 평화적 사용을 위해 핵 기술을 전수 받는다.

NPT는 1967년 이전에 핵실험을 한 5개국인 미국, 영국, 프랑스, 러시아 그리고 중국을 제외하고는 핵무기를 가지지 못하도록 한 국제조약이다. 서명한 국가는 북한을 포함해 191개국에 이른다. 다수의 국가가 참여한 만큼, 미국이 NPT를 주도적으로 규범화하고 지켜내는 한, 미국의 세계 패권은 유지되는 것이다. 인도, 파키스탄 그리고 이스라엘이 핵무기를 보유하나 미국이 규범적 처벌을 하기는 어렵다. NPT에 가입을 하지 않았기 때문이다. 그들의 핵은 자체적 기술이다. 북한은 1985년에 가입했고 2003년에 탈퇴했다. 그사이 핵 사용 기술의 다수를 무상으로 전수받았다. 그러나 북한은 핵무기를 개발했다. 미국의 입장에서는 분명한 NPT 규정 위반이다. 북한

이 처벌되지 않고는 NPT 국제질서와 존립 자체가 위험하다.

이런 점에서 대북제재는 정당화되고 무역이 차단된 북한은 경제적으로 궁핍한 삶을 지난 30여 년을 살아온 것이다. 그동안 미중러일남북 6국이 참여한 6자 회담이 여러 차례 개최되었지만 모두 실패로 끝났다. 그사이 북한은 핵실험에 성공하고 현재 35-65기의 핵무기를 가지고 있는 것으로 추정된다.[8]

미국은 NPT가 가지는 패권유지 수단으로서의 가치를 생각할 때, 북한 NPT 위반 행위는 묵과할 수 없는 것이다. 북한의 NPT 복귀가 강제되지 않으면 나머지 185개국의 NPT 체제 가입국이 핵무기 개발을 타진할 가능성이 크다. 핵 도미노 현상이 일어날 공산이 크다. 특히 이란의 핵개발은 중동의 역학관계를 변화시킨다. 이 지역에서의 미국 패권의 실추를 의미한다. 또한 남한과 일본은 실질적으로 핵무기 개발 능력을 가지고 있다. 다만 미국의 우방으로 충실히 NPT 체제를 수용하는 것이다.

북한을 단죄하고 한반도의 비핵화를 성취하지 않고는 현재의 세계질서를 주도하며 패권을 유지할 규범적 명분이 사라지는 것이다. 이런 점에서 미국은 반드시 한반도의 비핵화를 성취해야 한다. 그렇지 않고는 미국의 대북 압박과 제재는 지속될 것이다. 그만큼 한반도의 긴장은 고조된다. 따라서 한반도의 비핵화 없이는 한반도의 긴장 완화와 평화통일은 불가능하다고 생각한다.

2012년 4월 13일 개정된 김일성-김정일 헌법에서 북한이 핵 국가임을 명문화했다. 6차례 핵실험을 통해 사실상의 핵보유국이 되었다. 이 점은 미

---

8   통일뉴스, SIPRI "북한 핵탄두 30기 보유, 최대 70기 조립 가능" (2023.06.13), https://www.tongilnews.com/news/articleView.html?idxno=208216 (검색일: 2024.01.10)

전문가들도 인정하는 바이다. 또 김정은은 핵무기 사용을 법제화했다. 이 모두가 한미연합군의 군사적 위협에 대한 대응적 조치라고 생각한다.

이런 상황에서 한반도의 비핵화로 가기 위한 한 가지 방법은 북핵 일괄 타결이 아닌 핵 동결이 선행되어야 한다는 점이다. 한반도의 비핵화를 최종 목표로 하고 선행 조건들을 만들어 나가야 한다. 사실상의 핵무기 보유 국가를 일괄타결 방식으로 핵을 포기시킨다는 것은 상식적이지 않다. 핵 포기에 대한 경제적 반대급부와 체제보장이 명백하지 않기 때문이다. 합리적 인간은 자신이 가진 소중한 것을 합당한 대가 없이 교환하지 않는다.

김정은은 한반도 비핵화의 두 개 전제조건으로 (1) 대북 적대시 정책 철회, (2) 북한체제의 보장을 제안한 바 있다. 이 제안을 받아들여야 핵 협상이 진행될 것이다. 현재 미국은 조건 없는 대화만 주장할 뿐, 위 두 제안에 대한 일언의 언급도 없다. 이런 상황에서 한반도 비핵화의 단초는 미국의 입장 변화에 있다. 핵 협상에 앞서 김정은 위원장의 두 개 조건 수용을 고려하겠다는 선언을 필요로 한다. 그러고 나서 조건 없는 대화를 제안한다면 북한은 수락할 것으로 확신한다.[9]

북한이 수많은 경제적 어려움에도 불구하고 핵무기를 완성시킨 것은 한미연합군으로부터 북한체제를 보호하기 위한 것이다. 미국이 북핵 협상을 원한다면 북한의 이러한 두 요구가 받아들여져야 한다. 그리고 북미 협상을 통해 핵 동결을 우선적으로 타결하고 장기적으로 로드맵을 만들어 대북 제재 해제, 경제적 지원을 조건으로 핵무기를 감축시켜 나가야 할 것이다.

이렇게 한다면 미국이 NPT 체제를 통해 세계 패권을 유지하는 데도 문

---

9   곽태환, "현시점에서 북한이 핵 포기를 할 수 없는 이유", Break News (2022.08.23), https://m.breaknews.com/918051 (검색일: 2024.01.09)

제가 없을 것이다. 효과적으로 NPT 규정 위반 행위국을 처벌하고 결국 NPT 체제로 복귀시킨 선례로 남을 것이다. 이 경우 NPT 국제체제의 질서는 유지될 것이고 동시에 미국의 국가이익도 신장될 것으로 생각한다.

■ 한미일 군사동맹은 막아 내야 한다

제2차 세계대전 후의 세계사의 흐름은 자국의 안보에 기반한 군사적 동맹구조가 경제적 연관 구조를 견인한 구조이다. 미국은 제2차 세계대전 때 연합국의 일원으로 유럽전선에 참여했다. 전쟁 승리 후, 1948년에는 마셜 플랜을 통해 유럽 부흥정책을 추진했다. 현재의 가치로 1,300억 달러의 원조를 유럽에 지원했다. 이후, 1949년 미국은 NATO 북대서양 조약기구를 서유럽의 여러 국가를 공산국가 소련에 대항하는 군사동맹체제로 만들었다.

1950년 6월 15일 한국전쟁 발발 후, 미국은 즉시 참전했다. 전쟁이 종전된 직후, 1953년 10월 1일 한미 방위조약이 체결되었다. 북한의 재남침을 막아낼 목적이었다. 더불어 미국의 한국에 대한 경제원조도 증가되었다. 또한 미국 주도의 자본주의 시스템에 한국이 자연스럽게 편입하며 고도 성장을 이룰 수 있는 배경이 되었다.

남한 내부의 여러 경제정책이 실패하더라도 미국이라는 경제적 뒷배는 한국 경제가 나락으로 빠지는 것을 방지해 주었다고 생각한다. 남한은 공산주의에 대항하는 미국의 전략적 요충지였다. 남한의 경제적 타락과 사회적 혼란은 미국의 동북아 안보 전략에도 도움이 되지 않는 것이었다. 이런 상황에서 경제적 차관뿐만 아니라 기술 이전도 수월하게 해 주었다. 물론 미국이 주도적으로 한국의 경제적 성장을 이룬 것이 아니라, 한국 정부와 국민의 주도적 노력이 있었기에 미국의 경제적 원조도 효과가 있었다고 생각한다. 다만 한미 군사동맹이 한미의 경제적 관계를 더욱 밀착시켰다는 점은 부인할 수 없다고 생각한다.

최근 윤 정부는 한미일 3국 간 안보협력이 강화되고 있는 것은 러시아의 입장에서는 동북아에서 미국의 군사적 패권의 강화로 보일 것이다. 당연히 북한의 군사적 협력이 필요한 구조이다. 마침 우크라이나 전쟁에 러시아에 대한 북한의 폭탄 공급은 북러 간 밀착을 가속화시켰다. 북한의 인공위성 발사 성공에 러시아의 기술적 협력이 있었다는 것은 주지의 사실이다.[10] 현재 발표된 푸틴의 북한 방문 계획은 북러의 군사적 밀착을 공식화할 것이다. 과거 소련과 맺었던 전쟁 발발 시 소련이 자동개입 한다는 조약이 북러 사이에 재현될 수도 있다. 이 경우, 북러 관계는 한미동맹에 준하는 관계가 될 것이다. 이것은 한미동맹이 한미의 경제적 협력을 가속화시켰듯이 북러의 경제적 협력을 가속화시킬 것이다. 북한 입장에서는 북미 협상에 목맬 절실한 이유가 사라진 것이다.

북러의 밀착은 중국 쪽에서 보면, 러시아와 중국의 전통적인 역학관계를 고려할 때, 반가운 일이 아니다. 당연히 외교적 견제가 들어가야 하는 사건이다. 그러나 한미일의 군사적 공조는 오히려 중국이 러시아와 협력하는 구조를 만들 공산이 크다.[11] 한미일의 군사적 공조는 중국에도 안보적 위협임에 분명하다. 중국 혼자서 한미일 3국의 군사력을 막아 내기는 역부족이다. 일본은 세계 5위, 한국은 6위의 군사력을 갖고 있는 국가이다.

---

10 조선일보, 김정은·푸틴 정상회담 "군사협력 논의… 위성개발 도울 것" (2023.09.13). https://www.chosun.com/international/2023/09/13/TDSWBWHNUZF35PIX2H7L7H6VCQ/ (검색일: 2024.01.10)

11 조선일보, "푸틴, 친구 시진핑과 만날 것… 한미일 공조 맞서 북중러 연대 가속" (2023.09.02). https://www.chosun.com/international/international_general/2023/09/02/KPLPHAUVAZFIHILB6VKLIXWCQY/ (검색일: 2024.01.11)

이 경우, UN 안보리의 대북제재는 더 이상 실효성이 없다. 북중러는 군사적 협력과 함께 자연스럽게 경제적 협력을 가속화시킬 것이기 때문이다. 이 경우, 북중러는 긴밀한 지역 내지 단일 경제권으로 발전할 가능성이 크다. 북한은 더 이상, 대북제재 완화를 목적으로 하는 북미 협상에 집착할 필요가 없게 될 것이다.

이런 상황에서 우리가 우려할 점은 남북대화와 교류의 가능성이 극도로 줄어든다는 점이다. 이것은 동시에 통일의 가능성도 줄어든다는 점이다. 이런 상황에서 남은 문제는 현 정부하에서 한미일 공조가 동맹으로까지 발전하느냐 그렇지 않느냐이다. 동맹의 의미는 한미일의 군사적 협력이 법제화되고 제도화된다는 점이다. 결국 군사적 활동이 획일화될 것이다. 한국의 외교가 남북관계를 선도하고 동북아의 긴장관계를 완화시키기가 구조적으로 어렵다는 것을 의미한다. 한국의 외교적 입지는 극도로 줄어든다. 미일의 안보적 입장을 추종할 공산이 매우 높다.

중국이 지속적으로 말해 왔듯이, 한미동맹은 이해하나, 한일동맹은 중국을 주적으로 간주하는 것이라고 주장했다. 한미일 동맹이 성사될 경우, 더 이상 중국과의 호혜적 외교관계는 어렵다고 봐야 한다. 경제적 관계도 더욱 단절되어 갈 것이다. 중국은 한반도 평화와 통일 프로세스에서 핵심 당사자이기 때문에 한미일 동맹은 중국이 남북통일을 반대하는 명확한 국가로 돌변하게 될 것이다. 이 입장은 러시아도 마찬가지라고 생각한다. 이런 점을 고려할 때, 현재의 한미일 안보협력에서 한미일 3국 간 군사동맹으로 발전하지 못하도록 막아 내는 것이 앞으로 남북관계의 진전과 평화통일을 위한 가장 시급한 외교적 현안이 되어야 한다고 생각한다.

■ 남북한은 기본조약 체결을 시도할 시점에 왔다

국제관계에서 일어나는 모든 현상은 국제적 역학관계와 국내의 정치, 경제적 요인에 의해 결정된다. 국제적 압력과 당사국의 대응 외교정책을 국제관계 제 현상의 원인으로 생각하는 균형 잡힌 시각이라고 본다. 그러나 단기적 현상이 아닌 장기적인 현상은 어떨까? 특히 한 국가의 생존을 목적으로 하는 외교정책이 국제적 역학관계라는 객관적 조건을 기준으로 할지 아니면 국내적 상황이라는 내재적 요인을 더 큰 기준으로 할지는 명백해 보인다. 필자는 전자라고 생각한다.

북한의 경우, 1945년 해방 이후, 소련의 도움으로 정부를 수립하고 국공 내전에서 모택동을 도와 중국과 우호관계를 유지해 왔다. 그리고 6 · 25 전쟁은 중국과 소련의 승인하에 북한이 일으켰음은 역사적 사실로 밝혀졌다.[12] 해방 이후 중소와 이와 같은 우호관계를 이용해 선린 외교를 해 왔다. 그러나 1969년 우수리강에서의 중소 영토 분쟁은 북한에 외교정책의 변화를 종용했다.

양국은 북한을 자기편으로 끌어들이기 위해 노력했다. 이런 와중에 북한외교는 위기에 봉착했다. 자칫, 한쪽으로 기울어지는 편중외교를 했다가는 북한체제의 생존이 위험해질 수 있었다. 중소 분쟁은 북한에 생존을 위한 새로운 외교정책을 요구했다. 국내적으로는 1972년 주체사상을 내세워 중소에 의존하지 않는 주석체제를 만들었다. 외교도 선린외교가 아니라, 중소 모두에게 거리를 두는 등거리 주체외교였다. 중소는 가까운 이웃 나라에 불과하게 되었다. 더 이상 북한의 생존을 위한 필수적인 우방국가는 되

---

12   한국역사문화신문, "6 · 25 남침 극비문서 공개, 김일성 스탈린 모택동의 합작품" (2019.07.08). https://www.ns-times.com/news/view.php?bIdx=2359 (검색일: 2024.01.07)

지 못했다. 이제 북한의 생존은 자신의 주체적인 외교정책에 달려 있는 것이다. 이것은 역학관계의 정교한 계산에서 온다.

그러나 김일성 이후 김정일까지 한 번도 남북의 민족적 특수관계를 부정하지는 않았다. 오히려 이런 특수관계를 이용했다. 북한의 고려민주연방통일창립방안(DFRK)도 1민족, 1국가라는 민족주의에 바탕을 둔다. 같은 민족의 당연한 발로라고 평가할 수도 있다. 그러나 근본적인 이유는 북한체제의 생존에 더 유리했기 때문이라고 생각한다.

이런 현상은 북한의 핵개발 후에 확연히 드러난다. 중국과 러시아가 명백히 북 핵개발을 반대하고 미국이 주도하는 NPT 체제를 유지하려고 할 때, 남북의 특수관계는 하나의 희망이고 미국과의 적대관계를 약화시키는 좋은 외교수단이었다. 그 덕분에 6자회담하에서 북한에 경수로까지 지어주는 단계까지 간 것이다. 그러나 추후, 북한은 모든 약속을 포기하고 핵 보유를 공식화한다. 체제 생존을 위한 최후의 결단이었다고 생각한다.

북한이 사실상의 핵보유국이 된 이후에도 중국은 여전히 NPT 가입국으로 미국의 요청에 따라 수출과 금융 제재나 에너지 공급을 조절하며 북한을 통제해 왔다. 러시아도 북한에 경제적-군사적 측면에서 큰 도움이 되지 못했다. 수십 년 주체외교를 한 당연한 결과이다. 미국이 완전한 검증 가능한 불가역적인 한반도 비핵화(CVID) 정책을 통해 북한을 압박할 때, 문재인 전 정부를 북미 협상을 주선할 유일한 수단으로 고려했다고 본다. 그리고 두 번의 정상회담까지 가는 성과를 이루었다. 그만큼 민족주의에 근거한 특수관계 정책은 북한의 생존에 도움이 되는 방향으로 작동해 왔던 것이다. 또 미국의 경제적 대북제재를 받고 군사적으로도 체제 위협을 받고 있는 상황에서 한국과의 특수관계를 포기하는 것은 북한체제의 생존에 유리하지 않았던 것으로 보인다. 하노이 북미 협상이 결렬되고 결국 북미 협상이 실패했을 때도, 북한은 남한을 비난만 했을 뿐 남북의 특수관계 설정은 변화가 없었다. 대미 연락통으로 한국을 여전히 고려했음을 시사한다.

그러나 윤 정부 이후 상황은 달라졌다. 윤 정부는 자체 핵무장을 주장하고 핵우산을 완벽히 보장 받기 위해 한미 핵 컨설팅 그룹을 만들었다. 한미 군사훈련은 고강도로 전략자산 전개가 빈번했다. 북한체제에는 더욱 위협적인 상황이 되었다. 더욱이 미중 패권경쟁은 고도화되고 미국의 중국 봉쇄정책은 군사적-경제적으로 노골화되었다. 이제 미중의 협력관계는 더이상 기대하기 어려운 형국이다.[13]

유럽에서는 미러가 우크라이나를 두고 군사적으로 대립하고 있다. 미국은 천문학적 군사원조를 하고 있다. 러시아도 모든 전력을 총 집중하고 있다. 급기야 북한에 무기를 구입하는 실정에 이르렀다.[14]

이런 상황에서 북한을 NPT 법규 위반국으로 범죄화하는 미국의 정책은 더 이상 실효성이 없다. NPT규범에 근거한 북한에 대한 미국의 비핵화 강요 방법, 즉 대북제재는 안보리에서 중러의 반대로 실효성이 없게 되었다. 북한이 더 이상 체제 생존을 위해 미국과 협상할 필요가 없게 된 것이다. 중러가 미국과 대립각을 세우는 한, 북한은 중러와 협력해 북한체제를 보장 받을 수 있는 형국이다. 특히 한미일 군사공조는 북중러의 군사공조도 가속화시켰다. 아울러 북한이 중러와 경제적 협력을 할 여지도 넓혔다. 북미관계 개선 없이도 북한체제의 생존을 보장받는 쪽으로 가고 있는 것이

13　뉴스 핌, "치열해진 미중 패권 경쟁...반도체 · 대만 등 전방위 확전" (2023.01.01), https://www.newspim.com/news/view/20221230000674 (검색일: 2024.01.05)

14　BBC NEWS 코리아, "미국, 북한의 러시아 군사장비 지원 포착. 컨테이너 10개 분량" (2023.10.15), https://www.bbc.com/korean/articles/c2j915x8p3no (검색일: 2024.01.07)

다. 또한 윤 정부가 북한과의 관계 개선을 위한 실질적인 노력을 하지 않는 점을 고려할 때, 남한의 외교적 이용 가치도 없어진 것으로 판단했다고 생각한다.

최근 김정은이 발표한 한반도에서의 "두 국가론"은 이런 맥락에서 충분히 이해될 수 있다.[15] 북한이 현 국제관계를 고려해서 자신의 체제 생존을 위해 민족주의를 버린 것이다. 중러의 울타리 안에서 체제를 보장 받겠다는 뜻이다. 이런 상황에서 남북한의 특수관계는 더 이상 유지되기 어렵다. 이제 우리는 한반도의 탈민족주의 시대를 접하게 된 것이다. 그리고 통일이 될 때까지 남북한을 잠정적 특수관계로 규정한 1991년 남북 기본합의서를 재고해야 할 시점이 되었다.

남북은 1991년 유엔에 동시 가입해 두 개의 독립국가로 인정 받았다. 현대가 '독립국가 시대'라는 세계사적 보편성을 고려하면 남북의 특수관계는 한시적인 것으로 치부될 수도 있을 것이다. 국제적 사실보다는 민족적 당위에 근거한 남북의 특수관계 설정이 한반도 평화와 통일을 해결하지 못했음을 인정해야 하는 시점에 온 듯하다.

이제 남북 모두 세계의 300여 개국과 외교관계를 맺고 있듯이 남북도 국제법인 조약에 의거한 외교관계를 국가 대 국가로 체결하여야 한다. 북중러와 한미일의 군사적 대립은 긴장 속의 안정이다. 이것은 영원한 체제 보장을 담보하지 못한다. 전쟁의 발발 가능성을 시간이 갈수록 높이기 때문이다.

더욱이 양쪽이 모두 핵무기를 가지고 있는 상황에서 전쟁은 전멸이다.

---

15 한겨레신문, "김정은 '두 개의 조선'론은 흡수통일, 정권붕괴 회피 전략" (2024.01.02), https://www.hani.co.kr/arti/politics/defense/1122529.html (검색일: 2024.01.11)

그 전장이 한반도가 될 것임은 명약관화하다. 이 경우, 미국의 압도적 군사력을 고려할 때, 한미가 승리할 것이고 북한체제의 종말이 될 것이다. 북한의 외교정책이 체제 보장을 위해 일관되게 실행되어 온 것을 고려하면, 남한과 외교적 대립관계를 지속할 이유는 장기적 관점에서는 없다고 생각한다. 또한 남한 정부도 국민의 생명을 위해 전쟁을 막아야 함은 너무나도 당연하다. 이 점에서 남북화해의 가능성은 여전히 존재한다.

이제 전쟁을 했던 미국과 베트남이 외교관계를 수립했듯이 남북도 냉정하게 국익을 계산해서 조약을 통한 외교관계 정립에 노력해야 할 것이다. 민족 간의 협상은 상대방에 대한 기대심리가 크겠지만, 국가 간의 협상은 정확히 주고받는 것이다. 오히려 감정적으로 협상이 깨질 이유는 낮아질 것이다. 이제 정확히 주고받을 게 무엇인지 계산하고 판단하면 된다. 그것은 체제 보장과 경제적 이익이 기본이 된다. 체제 보장을 목적으로 하면서 경제적 궁핍에 처한 북한이 남북 기본조약체결에 근거한 외교관계를 반대할 이유가 없다고 생각한다. 그것이 북한 체제유지에 더 도움이 되기 때문이다. 이제 남은 문제는 어떻게 북한의 체제 보장 위주의 외교정책을 이해하고 북한이 수용할 수 있는 외교적 의제를 제안하느냐이다. 그 출발은 북한체제를 어떤 경우에도 보장한다는 남한 정부의 공식적 성명 발표가 될 것이다.

■ 남북의 공통된 통일 방안으로서 먼저 남북 간 경제적 통합을 고려해야 한다

독일 철학자 헤겔은 "진리는 전체이다. 그리고 그 전체는 자기 완성의 과정"이라고 말했다. 이 말을 해석하면 진리는 전체 속에 하나의 완성체가 되

어 가는 과정이라고 말할 수 있을 것이다. 전체라는 개념을 완성된 상태로 보지 않고 하나의 완성체가 되어 가는 변화의 과정이라고 본 점은 현재 한반도의 분단과 남북통일의 대의를 고려할 때 시사하는 바가 크다.

한민족에게 시대적 진리는 통일이다. 그리고 그 통일은 자기 완성의 과정이라 할 수 있다. 1960년 이후, 남북은 완전한 정치적 통일을 목표로 무수히 협상해 왔다. 그러나 60여 년이 흘렀지만 남북통일 문제는 한 치의 진전도 없었다. 여러 원인이 있겠지만 협상이 정치적 통일을 최종적 목표로 해서 진행되었기 때문이라고 생각한다. 최종적 목표가 상이할 때, 근본적인 합의가 어려울 뿐만 아니라, 경제적 상호 필요성이 있더라도 근본적인 상이함 때문에 경제적 협상마저도 깨지기 쉬웠던 것이다. 오히려 통일의 개념을 완전한 정치적 통일이 아닌 완전한 정치적 통일로 가기 위한 과정으로 정의하면, 경제적 통일 개념도 남북 협상의 최종 목표로 설정될 수 있을 것이다. 이럴 경우, 쌍방이 협상의 목적을 확실히 이해하는 한, 정치적 문제가 협상을 방해하는 일은 없을 것이다.

현재 남한의 민족공동체 통일 방안[16]과 북한의 고려연방제 통일 방안은 모두 정치적 통일을 최종 목표로 한다. 그러나 방법에 있어서는 차이가 있다. 전자는 화해와 협력 과정, 남북연합 그리고 통일국가의 세 단계로 나누어져 있다. 70여 년의 분단으로 형성된 남북의 이질감을 화해와 협력 과정을 통해 극복해 나가고, 어느 정도 동질감이 형성되면 남북연합 단계로 진입하고 마지막으로, 정치적 통일 논의를 통해 종국적으로 통일국가를 이룩한다는 것이다.

---

16 곽태환, "국제정치 속의 한반도 –평화와 통일구상–", 도서출판 서울프레스 (1999.06.21), p. 88.

이에 반해, 북한은 고려연방제 통일 방안을 제시하고 있다.[17] 남한의 '민족공동체 통일 방안'과는 달리, 과도기로서 고려민주연방공화국을 남북이 합의에 의해 먼저 건설하고, 즉 형식적 통일을 먼저 하고 나중에 실질적인 동질감을 회복하자는 주장이다. 실질적 통일이 될 때까지 남북한이 각자의 현 체제를 그대로 인정하고 유지하며, '대 민족회의'를 구성하고 민족적 합의를 통해 단일의 통일국가(제도 통일 & 체제 통일)를 추후 건설한다는 내용이다. 이에 앞선 북한의 요구 조건은 대한민국에 주한미군 철수, 국가보안법 폐지, 대한민국 내의 공산당 활동 합법화이다.

두 통일 방안이 통일을 위한 남북 연합이라는 과도기적 단계를 상정하고 있으나, 북한이 고려민주연방국이라는 형식적 통일국가를 먼저 상정한 점에서 두 방안은 본질적인 차이가 있다. 전자가 아래서 위로의 bottom up 방식이면 후자는 위에서 아래로의 top down 방식이다. 상이한 접근 방식이 논의를 통해 종국적 합의를 도출하기는 어렵다고 생각한다. 또 북한의 통일의 세 가지 요구 조건은 남한 보수파에게 북한의 통일안은 전술이며 최종 전략은 적화통일이라는 강력한 통일 반대 명분을 준다. 특히 남한 내부의 보수와 진보의 팽팽한 대립, 한미동맹 그리고 자유민주적 헌법질서를 고려할 때, 북한의 세 가지 요구 조건 때문에 북한과의 합의 통일은 현실적으로 더욱 불가능하다고 생각한다.

우여곡절 끝에 통일이 되더라도 남한이 통일비용을 감당할 수 있을지, 또 남한 내부의 북한 지원을 위한 국민적 합의가 가능할지도 미지수다. 진보와 보수 사이의 정치적 갈등은 더 치열해질 것이다. 이 경우, 다시 남한의 경제적 생존을 위해 다시 남한 내부에서 남북관계 단절 논의가 시작될 수

---

17   ibid.

도 있다. 따라서 북한이 남한에 버금가는 경제적 성장 없이 정치적 통일을 한 경우, 남한의 북한 지원에 대한 보수와 진보 사이의 반목으로 또 다른 남북 분단의 단초가 될 수 있다고 생각한다.

북한의 공식적 통일 방안에 따르면 연방국은 남북연합단계에서 각자의 군사권과 외교권을 행사하고 각 지역 정부는 행정권을 보유한다. 특히 군사권의 최고 결정권을 누가 가지느냐는 쉽게 합의될 문제가 아니다. 어느 쪽도 상대방에게 동의하기 어렵다. 무력 통일의 위협을 내포하기 때문이다. 예를 들면 예멘이 합의에 의해 통일된 후, 다시 분단된 것도 군사권과 행정권을 분리하고 일방이 군부를 장악했기 때문이다. 통일의 합의는 깨어지고 군부의 쿠데타가 일어났다. 현재 예멘은 내전 상태이다. 한 국가에서 한 민족이지만 사상과 이념이 다른 두 세력이 권력을 이분화할 때, 군부를 차지한 세력이 체제전복을 기도할 수 있음을 보여주는 좋은 사례이다.[18]

위와 같은 남북 통일 방안의 상이점을 고려하면 합의에 의한 통일은 현실적으로 매우 어렵다고 생각한다. 필자가 보기에 남북한의 통일 방안의 근본적인 한계는 정치적 통일을 전제하고 그 목표를 성취하기 위해 화해, 협력, 교류의 과정을 목적화하지 않고 도구화했다는 점이라고 생각한다.

화해, 협력, 교류는 분명히 통일로 가는 과정에 있음에 분명하다. 특히 정치적인 협력이 어렵다면 경제적 화해 협력 교류를 실질적인 통일 개념으로 재구성할 필요가 있다고 생각한다. 그리고 경제적 통일을 목적으로 남북이 통일 논의를 한다면 정치적 입장의 차이에서 오는 불협화음을 피할 수 있을 것이다. 경제적 교류는 개성공단 재개방 등이 단초가 될 수 있다. 아울러

---

18 뉴데일리, "통일만 하면 O.K.? '무조건 통일' 결과 '예멘내전'" (2017.07.27). https://www.newdaily.co.kr/ site/data/html/2017/07/27/2017072700066.html (검색일: 2024.01.16)

북한의 전기 문제를 해결하기 위한 발전소 건설, 식량 문제 해결을 위한 쌀 지원, 화물 이동을 위한 철도건설 등도 단초가 될 수 있다.

경제적 통합을 위해서는 남북이 통일 문제에 대해 경제와 정치의 분리 원칙을 준수해야 한다. 또 경제 교류의 원활화를 위해서 북한 비핵화가 해결되어야 한다. 미국의 대북제재가 해결되어야 경제적 통합 논의는 실질적 진전이 있을 것이다.

그러나 경제적 통합 방안은 정치적 통일을 부정하지는 않는다. 현실적으로 정치적 통일 합의가 불가능하다는 점을 인정하고 합의가 보다 더 가능한 경제적 통합에 집중하자는 것이다. 그리고 이 경제적 통합안은 경제적 협력을 통해 북한의 경제가 남한 정도로 발전할 때까지, 남북의 정치적 통일을 목적으로 한 어떤 방안도 선택하지 않는 중도적 통일 방안이다. 그리고 남북의 경제 수준이 동일해지면 시민들의 자발적 정치적 통일 논의가 시작할 것이라는 점을 전제한 것이다. 두 국가의 경제 수준이 유사한 수준까지 갔을 때, 남북한 시민들의 통일에 대한 강한 염원과 자발적인 정치적 통일 논의 가능성을 강력하게 믿는 것이다.[19]

세계사의 보편성을 고려할 때, 현시대는 단일민족국가 시대임이 분명하다. 우리 민족도 이러한 인류 역사 발전의 예외일 수는 없다. 그리고 경제 수준이 거의 동일 수준으로 되면 남북 주민의 단일 시장 요구는 필연적일 것이다. 8,000만의 단일 시장이 형성되고 내수가 진작되고 국내총생산(GDP)은 상승하고 경제주체의 이윤 추구에 효율적으로 기여할 것이기 때문이다. 이것은 경제체제의 완전한 통합으로 발전할 것이다. 경제 통합은

---

19 곽태환, "한반도 평화와 통일의 8대 저해 핵심 요인은?", 통일뉴스 (2021.10.05), https://www.tongilnews. com/news/articleView.html?idxno=203329 (검색일: 2024.01.05)

정치적 통합 요구를 필연적으로 가져올 것으로 믿는다. 단일국가 시대라는 세계사의 보편성에 자연스럽게 한민족도 편승할 것으로 생각한다.

이때 남북한 정부의 정치적 통일 논의는 실질적인 진전이 있을 것으로 확신한다. 경제적 통합안을 추진하면 정치적 통일로 가는 길은 그만큼 더 디고 멀다. 그러나 보다 더 확실한 한반도 평화와 통일의 실현 가능성을 가지게 되는 것이다. 우리의 통일 논의가 남북한의 정치적 현실을 인정하지 않고 이념에 치우치고 정치적 통일만을 최종 목표로 논의한다면 남북의 평화통일은 요원할 것이라고 생각한다. 따라서 남과 북이 경제적 통합안을 먼저 채택하고 이를 한반도 평화통일 과정에 있어 중간단계로 추진해야 할 것이다.

■ 한반도 평화체제 구축과 비핵화는 동시에 병행 추진되어야 한다

한반도 평화체제 구축은 난제 중의 난제이다. 통일로 가기 위한 가장 주요한 조건이라 해도 과언이 아니다. 그러나 이런 조건을 성취하기에는 한반도를 둘러싼 국제 정세가 불리하게 형성되고 있다.

미중 전략경쟁은 현시대의 상수가 되었다. 중국이 미국 국내총생산(GDP) 의 80%에 육박하고 있다.[20] 호주전략정책연구소 2023년 보고서에 따르면 첨단기술 면에서는 특히 AI, 신소재, 에너지와 환경, 양자역학, 바이오 기술, 내비게이션과 로봇기술에서 중국이 미국을 큰 차이로 제치고 압도적인 1위를 차지했다.[21] 더욱이 중국이 국제특허 출원 건수에서 2019년

---

20 서울신문, "중국 GDP, 미국의 80%까지 추격… 1년 만에 격차 10% 줄였다" (2022.1.20). https://www.seoul.co.kr/news/international/china/2022/01/20/20220120012022 (검색일: 2024.01.15)

21 ASPI Australian Strategic Policy Institute, Policy Brief Report No. 69/2023, p.1. https://ad-aspi.s3.ap-southeast-2.amazonaws.com/2023-03/ASPIs%20Critical%20Technology%20Tracker_0.pdf?VersionId=ndm5v4DRMfpLvu.x69Bi_VUdMVLp07jw (accessed on Sep. 1, 2023)

부터 미국을 추월했다.[22] 반도체 설비와 생산 분야에서 뒤지지만 미국의
중국 봉쇄정책에도 불구하고 중국의 화웨이 기업은 5나노 반도체까지 자
체 개발하고 있다.[23] 미국은 자유민주주의에 기반한 가치동맹을 내세워, 첨
단기술의 상용화에 필요한 첨단설비와 반도체의 중국 유입을 막기 위해
IPEP(인도태평양경제포럼)와 Chip 4 동맹을 형성하고 군사적으로 중국을 봉
쇄하기 위해 Quad, AUKUS와 Five Eyes를 만들었다.

이에 대해 중국은 '인류운명공동체'와 '신형대국관계'라는 기치 아래 새
로운 다극화된 국제질서 구축 차원에서 미국과 서방을 제외한 여러 3세계
국가를 규합하기 위해, 경제기구인 상하이협력기구(SCO)를 설립했다.[24] 그
리고 금융기구인 아시아인프라투자은행(AIIB)을 설립했다. 더욱이 중국, 브
라질, 러시아, 인도 그리고 사우스 아프리카를 주축으로 지역 정치경제 공
동체인 BRICS를 설립했다. 추후 이란과 이집트 등 다수의 중동 국가와 아
프리카 국가들이 참여하고 있다. BRICS는 서방의 G7에 비견될 수 있다.
세계 면적의 30%, 세계 GDP의 33% 그리고 인구의 45%를 차지한다. 그
리고 4.5조 달러의 외환보유액 보유고를 가지고 있다. 이 모두가 중국의
주도하에 이루어졌다. 특히 구매력 기준 GDP에서는 세계 경제의 36%를
BRICS가 차지하며 29.9%의 G7을 능가하고 있다.[25]

이제 세계는 미국 중심의 1극체제에서 분명히 다극체제로 변화되고 있

22　Koreadaily, "미국, 국제특허 4년 연속 세계 2위…7만15건 출원 중국 1위" (2023.03.02). https://news.
　　koreadaily.com/2023/03/02/society/generalsociety/20230302210722654.html (검색일: 2024.01.15)

23　중앙일보, "화웨이 이번엔 5나노칩 장착한 노트북 내놨다" (2023.12.13). https://www.joongang.co.kr/
　　article/25214620#home (검색일: 2024.01.09)

24　곽태환 외 공저, "한반도 비핵 평화체제의 모색" 중 제8장 정재홍, "미중전략경쟁 격화와 한반도 평화체
　　제 구축의 필요성" (2023.9.28), pp. 242-244.

25　NEWSCAFE, "브릭스 11개국 GDP 36% vs G7 29.9%" (2023.09.01). https://www.newstomato.com/one/
　　view.aspx?seq=1199647 (검색일: 2024.01.08)

는 것이다.[26] 이러한 경제적 힘의 대립은 더 이상 한반도에서의 상황 변화가 일방에 의해서 좌우될 수 없음을 보여준다. 이제는 한반도 통일을 위해 미국과 서방에 치우친 외교가 아니라 중국과 그 협력국들에 대한 외교도 치밀하게 준비되어야 한다. 통일의 문제는 점점 더 고차 방정식이 되어 가고 있다.

2022년 2월 발발한 우크라이나 전쟁은 미국이 유럽 국가를 통제하는 강력한 수단으로 작용했다. 러시아의 인접국인 우크라이나를 NATO에 가입시킨다는 발상은 전쟁을 조장한 측면이 있다. 미국의 외교전략은 러시아와 서방의 대립구도를 계획하고 짜인 것이다. EU의 러시아산 가스에 대한 과중한 수입 의존도는 미국의 우려를 자아내었다. 특히 NATO의 결집력 약화로 이어졌다. 서방에서 패권을 견고히 하려는 미국이 동진정책으로 러시아를 압박하고 이에 우크라이나가 NATO 가입 시도로 미국 정책에 편승했다. 이것은 러시아가 우크라이나를 침략할 수 있는 명분을 조성해 준 것이다.[27] 러시아는 NATO의 전략자산이 러-우크라이나 국경선에 배치될 가능성을 사전에 예방하려는 의도였다. 현재 러-우 전쟁은 소강상태로 접어들고 있다. 미국 지원은 점점 줄어들고 있다. 결국은 협상을 통해 러시아의 의도대로 완충지역이 형성되며 전쟁은 종결될 것으로 생각한다.

러-우 전쟁으로 말미암아 미국은 다시 NATO를 중심으로 유럽을 외교적으로 통제하고 러시아에 대항한 구도로 정착시켰다. 유럽에서 미국의 패권은 러시아와의 대립구도로 유지되는 것이다. 그뿐만 아니라 자유민주주

---

26 곽태환 외 공저, "한반도 비핵 평화체제의 모색" 중 8장 정재흥, "미중전략경쟁 격화와 한반도 평화체제 구축의 필요성" (2023.9.28), p. 249.

27 경향신문, "뚜렷해진 미국의 세계전략과 한반도" (2022.05.10), https://m.khan.co.kr/opinion/column/article/202205100300085#c2b (검색일: 2024.01.09)

의 가치동맹을 내세워 한국과 일본까지도 NATO에 연계시키려 하고 있다. 한국에는 우크라이나에 실탄과 포탄을 공급하도록 관철했다. 결국 한국은 러시아와 경제관계까지 단절되는 참상에 직면했다. 이제 러시아에 통일을 위한 남한의 이해나 협력을 구하기는 어렵게 되었다. 더욱이 캠프 데이비드 선언으로 한미일은 유사시 군사협력을 명문화했다. 그리고 정례적인 한미일 합동군사훈련에 합의했다. 그러나 완전한 단일 군사동맹국의 체계는 갖추지 못했다. 그럼에도 불구하고 이 선언은 인도태평양 전략에 입각해서 중국을 주적으로 분명히 했다.[28] 만약, 한미일 군사공조가 한미일 군사동맹으로 발전한다면 남한은 중국의 공식적 주적이 되는 것이다. 한미동맹은 허용하되 한일동맹은 반대한다는 점을 중국은 일관되게 말해 왔기 때문이다.

이러한 상황은 서로 경쟁관계에 있는 러시아와 중국의 군사적 협력의 기회를 제공했다. 2023년 10월 러시아 푸틴 대통령이 중국을 방문해 '반서방 연합'을 강조했다.[29] 또 러시아는 북한에 포탄을 구입했고 반대급부로 북한에 인공위성 발사체 기술을 전수했다. 한미일 군사공조에 대응하는 북중러 군사적 협력이 진행되고 있는 것이다.

이러한 군사적 대립 상황은 북한이 자연스럽게 중러의 경제권에 편승할 가능성이 커지고 있다. 더 이상, 북미 협상 타결을 통해 경제제재를 풀지 않아도 북한체제를 유지할 방도가 생긴 것이다. 특히 남한과의 관계를 적대적 교전국으로 정의한 것은 더 이상 민족주의에 바탕한 통일을 염두에 두

28　한국일보, "한미일 결국에는 '중국' 겨눴다…" (2023.08.19). https://m.hankookilbo.com/News/Read/A2023081915290005731 (검색일: 2024.01.04)

29　경향신문, "시진핑·푸틴, 더 공고해진 '반서방 연대'" (2023.10.18). https://m.khan.co.kr/world/world-general/article/202310182159005 (검색일: 2024.01.03)

지 않고 중러의 경제적 · 군사적 울타리 안에서 체제 보장을 공고히 하겠다는 뜻이다.[30] 북중러와 한미일의 군사적 대립구도에서 남북 통일의 가능성이 극도로 작아지게 된 것이다.

또한 대만문제에서 하나의 중국 원칙은 1979년 미중수교와 1971년 중국의 UN 가입의 대전제였다.[31] 그럼에도 불구하고 중국을 봉쇄할 수 있는 전략적 이익 때문에 미국은 대만을 포기하지 못하고 있다. 지속적으로 전략 자산을 공급하고 있다. 또 한국의 윤 대통령은 양안문제를 두고 규범에 입각한 국제질서를 유지해야 한다고 한 점은 중국이 한국을 더 이상 '전략적 동반자관계'로 보지 않도록 쐐기를 박았다고 생각한다.[32] 미국의 인도 태평양전략에 편승하며 중국의 통일 의지를 부정한 말이기 때문이다. 남북 문제에 있어 중국의 도움을 받기도 매우 어려운 형국이다.

위에서 살펴보았듯이 미국의 힘은 점점 빠지고 중국은 부상하고 있다. 우크라이나 전쟁으로 말미암아 북한은 경제적-군사적인 면에서 유리한 국면을 선점하고 있다. 더 이상 핵 협상을 하지 않아도 체제를 유지할 수 있는 국제역학이 형성된 것이다. 이런 상황에서 사실상의 핵보유국인 북한에 CVID(complete, verifiable, irreversible denuclearization)에 입각한 先(선) 핵 포기를 강요한다는 것은 전혀 실효성이 없다고 생각한다. 이런 미 행정부의 주장은 북한체제의 현실을 모르는 무지에서 나왔든지 아니면 비핵화보다는 한반도의 긴장관계를 유지하며 패권을 유지해 보려는 계산에서 나왔다고

---

30 김연철, "민족주의의 종언", 한겨레신문 (2024.02.05). https://www.hani.co.kr/arti/opinion/column/1127231.html (검색일: 2024.02.06)

31 경향신문, "중 '하나의 중국 원칙과 미 '하나의 중국 정책'의 간극" (2022.05.25). https://m.khan.co.kr/world/china/article/202205251626021#c2b (검색일: 2024.01.04)

32 Voice of America, "미 국무부, 중국 윤 대통령 비난에 '한국과 타이완 문제 계속 협력할 것'" (2023.04.21). https://www.voakorea.com/a/7061200.html (검색일: 2024.01.05)

생각된다. 만약 미국이 북미 협상을 타결하고 아니면 북한은 완전히 중러의 경제적 군사적 협력국이 될 것이다. 그리고 중러의 묵인 아래 북한 비핵화는 더 이상 협의되지 않을 것이다. 중러의 반대로 안보리 대북제재도 추가로 작동하지 않을 것이다. NPT(Non-Proliferation Treaty) 체제 위반국 북한을 사실상의 핵보유국으로 방치하며 어떤 조치도 하지 않는 것은 미국 패권을 약화시키는 현상을 가져올 것이다. 추후 안보의 위기에 직면한 여타 국가들이 북한의 선례를 따를 수 있기 때문이다.

그럼에도 불구하고 한반도의 평화체제를 통일의 최고 전제 조건으로 생각하고 또 성취하고자 한다면 미국이 주도하는 NPT 체제의 유지를 위해 비핵화는 선결 조건이 되어야 한다. 세계가 다극체제로 변화하는 과정에 있지만 미국은 여전히 패권국이며 한반도 문제의 최대 변수이기 때문이다. 한반도 비핵화는 미국을 한반도 문제에 적극적으로 개입하게 하는 유일한 수단이며 한반도 평화체제 구축을 설득할 수 있는 유일한 기회이기 때문이다. 미국의 우선 동의 없이 한반도 평화체제 구축의 진척은 없을 것이다.

미국 주도의 NPT 체제는 여전히 중국과 러시아도 동의하는 체제이다. 그러나 사실상의 핵보유국이 된 북한을 보면서 선 핵 폐기라는 전제는 더 이상 유효하지 않다고 생각한다. 현시점의 우선적 과제는 핵 동결이다.[33] 핵 폐기는 장기적인 목표로 상정되어야 한다. 그리고 핵 동결과 핵 폐기로 가는 과정을 단계별로 정하고 일정단계가 완료될 때마다 경제적인 반대급부는 분명히 주어져야 비핵화 협상은 타결될 것이다. 이런 과정으로 가기 위해 남한은 외교 총력을 기울여야 할 것이다.

---

33   한겨레신문, "미 매체 '트럼프, 북한 핵 능력동결 검토' 보도… 한반도 비핵화 출렁" (2023.12.14), https://www.hani.co.kr/arti/international/america/1120390.html (검색일: 2024.01.06)

그리고 이런 과정에서 평화체제 구축도 동시에 제기되어야 한다. 비핵화가 진전되는 상황에서 명분상 한반도 평화체제 구축에 반대할 합리적 이유가 미국에는 없다. 여전히 동북아에서 여전히 전략적으로 열세에 있는 중국과 러시아도 반대할 이유가 없다.

북한에는 체제 보장과 적대시 정책을 보장할 수 있는 조치로서 주한미군 감축, 한미군사훈련의 축소 그리고 전략자산 전개의 자제를 약속해야 한다. 미국의 사려 깊은 협조가 요구되는 사안이다. 핵 동결과 연계된다면 충분히 미국도 고려할 만한 사안이다. 한국 외교가 대미 외교에서 평화체제 구축을 위해 꼭 풀어야 할 선결 조건이다.

중국의 경우, 남한의 평화체제 구축에 동조하게 하기 위해서는 현재의 대중국 외교 정책을 다시 '전략적 동반자 관계'로 전환해야 한다. 경제적인 공생관계로 바꾸어야 한다. 그리고 한미일 군사 공조를 줄여 나가야 한다. 한미동맹을 축으로 한 안보정책을 재정립해야 한다. 중국과 전략적 동반자 관계와 한미동맹은 양립 가능하다. 중국이 여러 차례 수용하는 입장을 밝힌 바 있다.

러시아의 경우도, 기존의 북방외교를 되살려 기존의 경제와 과학기술적 협력관계를 되살려야 한다. 남한의 기업들이 러시아에 투자할 수 있도록 여건을 마련하며 경제적 상호관계를 증대시켜야 한다. 그래야 러시아를 통해 북한에 대한 간접적 압력이 가능한 것이다. 그만큼 북미 간 한반도 비핵화 협상의 가능성은 높아지는 것이다.

일본은 현재 자체적으로 북일관계 수립을 시도하고 있다. 자국의 납치자 문제 해결이나 희토류 등의 광물 자원 확보가 이유일 것이다. 평화체제 구축에 동의할지는 미지수이다. 전통적으로 한반도의 긴장은 일본에 이익을 가져왔기 때문이다. 그러나 일본의 미국 외교 의존도를 생각할 때 미국이 동의하는 한 일본도 평화체제를 반대하지 못할 것으로 생각한다.

한반도의 평화체제 구축은 통일의 여러 충분조건 중에 가장 중요한 조건 중 하나이다. 한반도를 둘러싸고 있는 미중일러 동의 없이는 완성될 수 없기 때문이다. 또 현재의 다극화된 국제관계에서 북한이 중러와 경제적·군사적으로 밀착되고 한미일도 군사공조가 빈번한 상황에서 주변국의 한반도 긴장 완화와 평화체제의 중요성에 대한 진실한 이해 없이는 평화통일은 요원하기 때문이다. 결국 한반도 평화체제 구축과 평화통일의 외교적 성취 요인은 기본적으로 동일하다. 주변국의 동의와 협조 없이 평화체제 구축과 평화통일은 불가능하기 때문이다. 이런 상황에서 한반도의 비핵화 협상은 미국을 협상의 장으로 적극적으로 나오게 하고 합리적 대안을 모색하게 함으로써 한반도 평화체제 구축을 선도할 것으로 확신한다. 따라서 한반도 평화체제 구축과 비핵화는 병행 추진되어야 한다.[34] 한국 외교의 탁월한 능력이 요구되는 시점이다.

■ 미중 전략경쟁 시대, 한국 정부는 균형외교를 재추진해야 한다

2001년 WTO 체제에 중국이 가입한 후, 중국은 미국뿐만 아니라 전 세계 공장으로서 역할을 해 왔다. 현재 세계 174개국에서 중국은 무역흑자를 기록하고 있다.[35] 미국이 중국의 WTO 가입을 승인한 것은 미국 다국적 기업들의 필요에 의한 것이다. 값싼 노동력과 대형시장을 확보한다는 이유였

---

34 곽태환, "한반도 평화와 통일의 8대 저해 핵심 요인은?", 통일뉴스 (2021.10.05), https://www.tongilnews.com/news/articleView.html?idxno=203329 (검색일: 2024.01.05)

35 MADTIMES, "중국의 무역 파트너" (2023.08.26), https://www.madtimes.org/news/articleView.html?idxno=18582 (검색일: 2023.12.15)

다. 자본주의 논리를 따르는 기업의 이윤 추구에 기인한 당연한 결과이었다. 미 정부도 중국의 WTO 가입과 시장의 개방은 중국의 권위주의 체제가 무너지고 서서히 자본주의화 되며 자연히 민주화될 것이라고 낙관했다.

그러나 미국의 예측과는 달리, 자본주의 경제체제는 상당히 정착되었으나 정치적으로는 중국의 권위주의적 사회주의체제가 더욱 공고해졌다. 더욱이 군사적-경제적 그리고 첨단 기술 면에서 패권국 미국을 위협하는 경쟁국이 될 것이라고는 아무도 예측하지 못했다. 이것은 자본주의화 물결 이후 붕괴된 소련의 경우를 중국에도 정식화한 미국 정부의 오류였다. 자본주의와 민주화의 상관성을 인과성으로 잘못 판단하고 중국 공산당의 체제 장악력을 과소평가한 결과였다.[36]

최근 미국이 추진하고 있는 인도태평양전략, 인도태평양 경제포럼(IPEP), Chip 4 동맹, Quad, Aukus, Five eyes, 한미일 군사공조(캠프 데이비드 선언) 등 모두가 경제적-군사적으로 중국을 봉쇄해 계속 패권을 유지하려는 미국의 마지막 수단들이다. 초기에 극단적인 Decoupling 전략으로 중국을 봉쇄하려 했지만 이미 미중의 경제적 상호 의존성은 미중의 극단적 단절을 허용하지 않았다. 오히려 Derisking 전략으로 전면적인 봉쇄가 아니라 첨단기술에 한해서 미국과 우방국의 안보를 보호한다는 명분으로 중국 봉쇄의 강도를 낮추었다. 이것은 미국이 첨단기술에 한해서는 경쟁을 하되, 다른 경제 분야에 대해서는 중국과 공생하겠다는 것이다.[37]

이런 미중 전략경쟁의 와중에 한국은 미중 사이에서 선택을 강요 받고

36 나무위키, "미국-중국 패권 경쟁"(2024.02.24).
    https://namu.wiki/w/%EB%AF%B8%EA%B5%AD-%EC%A4%91%EA%B5%AD%20
    %ED%8C%A8%EA%B6%8C%20%EA%B2%BD%EC%9F%81 (검색일: 2024.02.25).
37 WHYTIMES, "미국이 대중 전략을 디커플링에서 디리스킹으로 바꾼 이유"(2023.06.07). https://
    whytimes.kr/m/view.php?idx=15178&mcode= (검색일: 2023.12.17)

있다. 미중 전략경쟁 전까지 유지되던 중국과의 전략적 동반자 관계와 한미동맹의 병행 정책은 강력한 도전을 받고 있다.

현 윤 정부의 외교적 입장은 미국의 중국 봉쇄정책에 편승하려는 경향이 명백해 보인다. IPEP(인도태평양경제포럼), Chip 4 동맹 그리고 캠프 데이비드 선언에 참여했기 때문이다. 특히 윤 대통령의 대만문제 관련해 중국의 대만 통일 의지를 견제하는 듯한 성명은 중국이 한국과 전략적 동반자 관계를 파기할 수 있는 명분을 주었다고 생각한다. 현재 한중의 경제적 상호 의존성은 급격히 하락하고 있다.[38]

현재 한국은 북한과의 한반도 비핵화 협상과 한반도 평화체제 구축에 절대적으로 필요한 동반자 중국을 잃어가고 있다. 한국이 한미일 공조로 대중 견제를 목표로 밀착하는 한, 중국은 세력 균형을 위에서 북한과 러시아와 자연히 협력할 수밖에 없다. 하노이 회담 이후 북미관계가 단절된 상황에서 북한도 자국의 경제 상황을 해결하기 위해 중러의 원조가 절실한 입장이다. 중러의 대립관계에서 주체적 등거리 외교를 수십 년간 펼쳐온 북한에 중러를 통해 적극적으로 실리를 챙길 수 있는 국제적 상황이 펼쳐진 것이다. 명실공히 북중러와 한미일의 군사적-경제적 대립 구도가 정착되어 가는 과정에 있다.[39]

더욱이 북한은 "남북은 더 이상 동족이 아니라 적대적 교전국"이라 규정함으로써 민족주의를 탈피하고 남북관계의 특수성을 배제하고 체제 보장에 유리한 외교정책을 펼쳐 나가겠다는 점을 명백히 하고 있다. 미중 패권

---

38 한겨레신문, "대중 무역수지, 92년 수교 이후 첫 적자" (2024.01.02), https://www.hani.co.kr/arti/economy/economy_general/1122511.html#cb (검색일: 2024.01.07)

39 서울신문, "북중러 밀착 속, 북러 강력한 결속 과시… 한미일과 대립 심화되는 신냉전 기폭제" (2023.09.14),
https://www.seoul.co.kr/news/2023/09/14/20230914003003 (검색일: 2023.12.16)

경쟁과 러-우크라이나 전쟁에서 나타난 중러와 미국의 대립은 북한이 중러와 외교관계를 밀착하는 한 체제보장은 확실한 것으로 볼 공산이 크다.

북중우호방위조약과 러시아의 전신인 소련과 맺은 북소방위조약은 모두가 유사시 군사 개입 조항을 가지고 있다. 북한이 중러와 외교적 관계를 돈독히 하는 한, 당연히 중러와 군사적 관계도 긴밀해질 것이다. 한미 연합 군사훈련을 대북침략 훈련으로 간주하는 북한에 체제 보장을 확실시 하는 큰 방어적 울타리를 확보해 준 모양새가 되었다. 이럴 경우, 유엔 안전보장이사회의 결의를 통한 대북 공격은 불가능할 뿐만 아니라, 미국의 독자 공격도 어렵다고 생각된다. 또한 북한이 핵무기를 가지고 있는 상황에서 미국의 선제적 핵무기 공격도 개연성이 낮다고 생각한다. 북한의 핵무기를 이용한 반격능력 때문이다. 북한의 ICBM은 미국 본토까지 타격 능력을 보유한다. 2023년 11월 22일 군사정찰위성의 대기권 진입이 성공했다.[40] 이는 ICBM(대륙간탄도미사일) 발사체 기술과 동일한 것이다.

이런 형국에서는 남북의 평화통일을 헌법에 규정하고 민족적 사명으로 간주하는 대한민국 외교는 절체절명의 위기에 처해 있다. 미중 전략경쟁 속에서 원칙 없는 무분별한 미국 외교 정책에 대한 편승이 통일과는 돌이킬 수 없는 길로 가고 있는 것이다. 북미와 남북 협상은 요원해지고 북한은 중러의 울타리 안에서 체제 보장에 안주할 것이기 때문이다.

현시점에서 정부가 할 수 있는 일은 중국과의 경제적 측면에서 전략적 동반자 관계를 복원할 수 있는 방법을 찾아내는 것이다. 그리고 동맹국 미국에 한국의 절박한 대중무역 적자[41]와 대북관계 단절에 대한 이해를 구하

---

40 VOAKOREA, "북한 정찰 위성 기술진전 빨라… 해상도 낮아도 군사적으로 유용" (2023.11.22), https://www.voakorea.com/a/7365246.html (검색일: 2023.12.18)

41 동아일보, "상반기 무역적자 개선에도 세계순위 '뚝'… 韓, 208개국 중 200위" (2023.10.20), https://www.

는 노력을 지속적으로 하는 것이다. 물론 한미동맹의 견고한 바탕은 흔들릴 수 없다. 한반도뿐만 아니라 동북아 전쟁 억지력으로 여전히 작동하기 때문이다.

이는 미중 전략경쟁 시대에 한국 정부는 균형외교를 재실현하는 것이다. 위에서 살펴보았듯이 균형외교를 통해 중국과 경쟁적 공생관계를 복원하지 않는 한 남북통일은 요원해질 것이다. 한국의 균형외교 복원은 세 가지 측면에서 한국에 도움이 된다[42] 첫째, 한국의 경제력에 도움이 된다. 경제적 성장 없이는 군사력 성장도 불가능하다. 경제는 안보에 그만큼 중요한 것이다. 경제와 안보의 필수 불가결한 관계를 경제안보라 한다. 윤 정부의 출범 이전까지 남한의 중국과 무역거래량은 전체 무역량의 25%를 차지했고 최대 무역흑자국이었다. 그러나 2023년 한국은 세계 200위라는 최대 무역적자국이 되었다. 중국은 한국의 최대 적자국으로 전환되었다.[43] 한국이 중국 경제 규모에 상응하는 대체시장을 발견하지 않는 한 GDP 성장률 감소와 경제력 약화 그리고 군사력 저하는 분명해 보인다. 중국과의 경제적·전략적 동반자 관계 복원은 한국의 경제력 약화를 방지하고 결과적으로 한국의 경제안보를 강화할 것이다.

둘째, 북중러와 한미일의 군사적 대립구도에서 남북한은 두 세력의 최전선이 된다. 우발적 무력 충돌 시 가장 큰 피해를 입는 것은 명약관화하다. 국가의 헌법적 임무가 국민의 재산과 생명을 보호하는 것이란 점을 고려할 때 있을 수 없는 일이다. 균형외교는 북중러와 한미일의 군사적 대립구도

donga.com/news/Economy/article/all/20231020/121757277/1 (검색일: 2023.12.27)

42   곽태환, "미중 전략경쟁 시대, 한국 정부의 균형외교 재조명", 통일뉴스 (2022.11.23), https://www.tongilnews.com/news/articleView.html?idxno=206697 (검색일: 2023.12.20)

43   연합뉴스, "한때 한국 최대 무역 흑자국 중국…이제는 최대 적자국으로" (2023.03.28), https://www.yna.co.kr/view/AKR20230328029600003 (검색일: 2024.01.10)

를 완화하고 한반도에서 전쟁의 발생 가능성을 현격히 줄일 것이다.

셋째, 균형외교는 중국을 북한 비핵화 과정에서 북한을 설득할 수 있는 레버리지로 이용할 수 있다. 중국과의 경제적 상호 의존성에서 기인한 한국의 영향력 확대 때문이다. 또 중국은 한국전쟁 당시, 정전선언의 당사자이므로 당연히 종전선언의 당사자가 되는 것이 이론상 맞다. 한반도 평화체제 구축을 위해서 필수 불가결한 국가이기 때문이다. 미중 간의 한국의 균형외교는 중국이 남북통일에 찬성하는 국가로 만드는 데 초석을 다질 것으로 판단된다.

미중 간 균형외교를 포기하고 미국에 편승하는 가치외교는 장기적 관점에서 남북 분단을 고착화하는 것이다. 통일의 씨앗을 완전히 자르는 것이다. 현 정부는 한민족의 역사에 분단을 영원히 고착화한 반민족적 정부로 남을 것인지 아니면 어려운 국제 상황에서도 최대한의 노력을 하며 민족적 양심을 지킬 것인지 그리고 통일의 가능성을 살려 놓을 것인지 깊이 고민해야 할 것이다. 대한민국 헌법과 민족사적 관점에서 균형외교 정책은 민족 분단의 고착화를 막아내는 가장 효과적인 외교정책이라고 판단된다.

■ 평화통일을 위한 국민적 합의가 도출되어야 한다

한반도의 평화통일을 위한 국민적 합의가 도출되어야 함은 너무나도 당연하다. 왜냐하면 통일은 서로 다른 두 체제를 하나로 합치는 문제이며 이것은 국민의 생활권의 확대, 국가경제의 확장과 새로운 자원의 개발과 배분 방식, 법규범의 새로운 제정과 그에 따른 권리와 의무의 축소 내지 확대 그리고 세금의 징수 영역의 확대와 세금 사용의 지역별 배분 방식의 문제 등, 국민의 삶에 직접적인 영향을 미치기 때문이다. 따라서 국민적 합의가 없는 통일은 정당하지도 않을 뿐만 아니라, 통일이 성공하더라도 새롭게 드러난 제반 문제들을 해결하는 데 바탕이 되는 국민적 합의의 부재로 한반도 통일체제의 지속성을 보장하기도 어려울 것이다.

현재까지 한국 정부는 정파적 입장에서 평화통일 문제와 대북정책을 추진해 왔다. 진실한 국민적 합의가 없는 정부 주도의 정책들이었다. 또 보수와 진보의 상반된 대북관으로 말미암아, 대북정책의 일관성도 없었다. 김대중, 노무현 정부가 이룩한 6·15선언과 10·4 선언에 기인한 남북의 화해 분위기를 보수정권인 이명박-박근혜 정부가 일순간에 허물어버렸다. 개성공단 폐쇄는 그 대표적 사례다.

진보정권의 대북 정책은 북한을 대화와 협상의 대상으로 본다면 보수정권은 북한 체제를 기본적으로 악마화하고 압박과 경제제재의 대상으로 본다. 일반적으로 진보정권은 외교로 남북 문제를 해결해 나가기를 원하는 반면, 보수정권은 대북압박정책을 통해 북한의 변화를 압박해 왔다.

이런 대북정책의 상반된 차이에서 합의점을 찾기는 매우 어렵다. 따라서 양쪽의 견해차를 줄이고 국민적 합의를 얻는 유일한 방법은 국민들 사이의 사회적 논의를 통해 견해의 차이를 장기적이고 점차적으로 줄여 나가는 수밖에 없다. 선거제 민주제도의 특성상 대북정책의 담당자인 정치지도자들과 정부는 사회적 논의의 결과와 국민적 합의를 수용치 않을 수 없다.

사회적 논의란, 평화통일에 전제되는 질문들, 예를 들어 대북문제, 남북관계 그리고 한반도의 미래상과 같은 질문들을 찾아내고 지속적으로 그리고 전국적으로 시민단체들이 주축이 되어 자발적으로 논의하는 것을 의미한다.

논의를 하는 방법은 첫째, 시민단체를 주축으로 한 협의체를 만들고 둘째, 대표성을 가지는 논의 참여자를 객관적인 방법으로 좌우의 이념에 치우침 없이 성별, 나이, 직업, 종교, 특정단체, 지역, 정치 성향 등 여러 범주를 고려하여 일정 명을 선정하는 것이다. 셋째, 평화통일에 전제된 질문을 제시하고 자유롭게 토론한다. 넷째, 어느 정도 의견이 수렴되면 의결과정을 통해 합의된 사항을 발표한다. 다섯째, 통합협의체를 만들어 재논의와 의결을 통해 최종적 합의안인 '통일국민협약'을 만든다.[44]

이런 논의의 과정은 여러 단체가 여러 지역에서 주기적으로 주관하되 논의 참여자의 선정과정에 임의성과 선정기준의 객관성이 담보되어야 한다. 이런 방식으로 평화통일 관련된 모든 이슈들이 주기적으로 논의되고 합의한 후에는 모든 협의체들이 포함된 통합협의체를 만든 뒤, 마지막 논의와 의결을 거쳐 최종적 합의를 도출하는 것이다. 그리고 정부의 관련 기관에 최종적 합의사항을 "통일국민협약"의 이름으로 제출하는 것이다. 이런 과정은 전 국민적 공감대를 이룰 때까지 여러 번 반복되어야 한다. 결국은 국회에서 제출된 "통일국민협약"[45]들을 재논의하고 골격은 유지한 채 수정보완 후, 의결과정을 거쳐 법제화시키는 것이다. 그래야, 정권이 바뀌더라도 평화통일 관련 정책은 일관성 있게 지속될 수 있는 것이다.

또한 남북의 정부대표나 정상 사이에 합의된 사항도 가급적 국회의결을 통해 반드시 비준해야 한다.[46] 그래야 법제화되고 보수와 진보 중, 어느 정

---

44 정주진(성공회대), "한반도 평화를 위한 평화구축과 '평화·통일 사회적 대화'의 유효성", 통일과 평화 (14집 2호 · 2022), p.484.
    https://ipus.snu.ac.kr/wp-content/uploads/2023/01/%EC%B5%9C%EC%A2%85%ED%86%B5%EC%9D%BC%EA%B3%BC-%ED%8F%89%ED%99%94-14%EC%A7%91-2%ED%98%B8-13-%EC%A0%95%EC%A3%BC%EC%A7%84.pdf (검색일: 2024.01.03)

45 ibid.

46 곽태환, "한반도 평화와 통일의 8대 저해 핵심 요인은?", 통일뉴스 (2021.10.05), https://www.tongilnews.com/news/articleView.html?idxno=203329 (검색일: 2024.01.05)

부가 재집권해도 이전 정부가 이룩한 남북관계를 진전시킨 업적을 쉽게 허물 수 없는 것이다. 그만큼 평화통일로 가는 계단은 정부가 바뀔 때마다 차곡차곡 쌓이는 것이다. 이런 측면에서 평화통일을 위한 정부정책의 일관성과 연속성은 무엇보다 중요하며, 그 중심에 평화통일에 대한 사회적 논의에 바탕을 둔 국민적 합의가 있음을 명심해야 할 것이다.

III. 한반도 평화통일의 전망

현시점의 한반도 상황을 고려해 평화통일에 대한 전망을 하려고 한다. 하노이 회담 결렬 이후, 북한은 모든 연락 가능한 직통선 6개를 모두 끊어버렸다. 정부의 공식적 대화뿐만 아니라 비공식적 대화 채널마저 단절된 상태이다. 한미 군사훈련에서 항공모함 등 전략자산 전개는 더욱 고도화되고 북한체제의 위협은 날로 증가하고 있다. 이에 대한 대응으로 북한은 단·중·장거리 탄도미사일 시험발사를 연속적으로 실시하고 있다. 더욱이 남한은 풍선을 이용한 대북전단을 북한에 띄워 보내는 행위를 합법화했다. 대북전단에는 김정은 체제에 대한 비난 글이 담겨 있다. 이에 북한은 대북전단 살포를 체제 위협 행위로 간주하고 격추하겠다고 하는 실정이다. 남북 간의 우발적인 교전이 우려되는 상황이다.[47]

한편, 한미일은 캠프 데이비드 선언을 통해 한미일 군사안보협력을 공식화했다. 미국과 일본의 중국 봉쇄를 위한 인도태평양전략의 하위개념이며 중국과 러시아를 사실상의 주적으로 간주한 선언이다. 북한의 침략을 방어하기 위한 한미동맹과는 본질적으로 다른 내용이다. 이에 대응해 북중러의

---

47 한겨레신문, "우발적 전쟁이 핵전쟁 부를 수도… 남북대화 힘들면 자제부터" (2024.01.22), https://www.hani.co.kr/arti/politics/defense/1125315.html (검색일: 2024.01.23)

군사적 협력도 추진되는 상황이다. 이미 북한은 러시아에 우크라이나 전쟁에서 필요한 탄약을 공급했고 러시아는 북한에 인공위성 발사체 기술을 전수했다. 러시아의 푸틴은 2023년 10월에 반서방 연합 강화의 목적으로 시진핑 중국 총서기와 정상회담을 한 바 있다. 중국이 과거에 누누이 말해 왔듯이 한미동맹은 인정하나 한일동맹은 중국을 주적으로 돌리는 행위라고 경고한 바 있다. 한미일 대 북중러의 군사적 대립구도가 구조화된다면 최전선은 한반도일 것이다. 지금 한반도는 일촉즉발의 전쟁 위기에 직면하고 있는 것이다.

이런 상황에서 앞에서 지적한 바와 같이 윤석열 정부는 균형외교를 포기하고 미국의 인도태평양전략에 편승할 것을 공식화했다. 미국의 세계 패권 유지에 일익을 담당하겠다는 의도이다. 러시아를 비난하며 우크라이나에 무기를 공급하고 중국의 대만 통일정책에도 반대의 뜻을 표했다. 북한과는 어떤 대화 채널도 시도하지 않고 있다. '담대한 구상'을 통해 북한의 선 비핵화 조치를 다시 주장하고 있다. 북한의 체제를 보장하겠다는 어떤 선언적 제스처도 없다. 북한이 대화로 나올 가능성은 매우 낮다. 이에 북한은 민족 개념을 포기하고 적대적 교전국으로 남한을 규정했다. 남북한을 특수관계로 규정한 1991년에 작성한 남북기본합의서를 전면적으로 파기한 것이다.

더욱이 국내적으로는 보수와 진보 사이의 대립은 더욱 첨예해졌다. 정부와 야당의 소통은 물론 여당과 야당 사이의 소통도 찾아보기 어렵다. 따라서 평화통일을 성취하기 위해 필수 불가결한 조건이 국민적 합의를 도출하기 위한 정치적·사회적 환경은 조성되지 않았을 뿐만 아니라 오히려 와해되는 상황이다.

이런 현 상황을 고려할 때, 단기적으로는 평화통일은 기대하기 어렵다고 판단된다. 중요한 점은 어떻게 한반도의 국내적 그리고 국제적 상황을 장기적으로 평화통일에 유리하게 만들어 가느냐가 관건이다. 그 해답은 필자가 제시한 평화통일을 위한 8대 필요충분 조건에 있다. 이 8가지 조건을 남한의 어느 정부라도 구현해 낸다면 한반도의 평화통일은 기대해 볼 수 있는 것이다. 그렇지 않으면 한반도는 한미일 대 북중러의 군사대립하에 최전선으로 자리매김하며 전쟁의 위험을 상시적으로 직면하게 될 것이다. 그것은 우발적 무력 충돌로 인한 국지전이 될 수도 있고 전면적인 핵전쟁으로 진전될 수도 있다고 생각한다. 이런 일은 결코 있어서는 안 된다. 남북과 미국의 보유무기 수준으로 볼 때, 대규모 인명 살상은 명약관화하다. 따라서 남한 정부가 필자의 평화통일을 위한 필요충분 조건들을 심각히 고려하고 민족의 미래를 위해 현명한 판단을 해 주길 진심으로 바란다.

IV. 결론

한반도 평화통일은 단기적으로 매우 어렵다. 어떤 정파가 남한 정권을 잡더라도 임기 내에 해결될 수 없는 일이다. 10년이 걸릴지 아니면 100년이 걸릴지 아무도 모르는 일이다. 또 어떤 특정 세력이나 남북 일방에 의해서 그리고 남북의 합의만에 의해서도 가능하지 않다. 특히 6·25전쟁 당사자인 중국과 미국이 종전 선언에 먼저 동의해야 하고 러시아와 일본이 외교적으로 방해하지 말아야 가능한 일이기 때문이다. 따라서 통일 문제는 동북아의 국제역학상 복잡하고 많은 변수들이 존재한다.

결국, 한반도 평화통일을 저해하는 요인을 분석하고 이것을 평화통일의 필요충분 조건으로 바꾸어 나가는 노력이 가장 중요하다고 하겠다. 필자가 제시한 8대 필요충분 조건은 그런 노력의 과정에 있다고 생각한다. 보다 많은 전문가들이 한반도를 둘러싼 국제관계와 남북 관계의 변화에 따라 추가적인 평화통일 저해 요인과 필요충분 조건을 제시하기를 기대한다. 이런 연속적인 과정을 통해 평화통일의 가능성은 점점 더 커질 것으로 확신한다.

그리고 제안된 필요충분 조건들이 정부의 정책으로써 적당한지 여러 전문가 그룹과 의회 그리고 정부의 유관 기관에서 논의되고 판단되어야 한다. 그리고 국민에게 평화통일 정책으로 널리 홍보되고 국민적 합의에 도달할 수 있도록 사회적 논의의 장을 정부는 마련해 주어야 한다.

통일 문제는 관심의 문제이다. 정책입안자와 국민의 관심이 통일에서 멀어지면 결코 통일은 성취될 수 없다. 따라서 평화통일의 저해 요인과 필요충분조건은 무엇인가에 대한 질문을 한반도 상황의 변화에 따라 끊임없이 물어야 한다. 정부의 역할은 이런 물음을 지속할 수 있는 환경을 조성하는 것이다. 그리고 좋은 방안을 채택하고 국민적 합의를 도출해 내는 과정이 필요하다.

정부의 이러한 주도적 노력 아래, 평화통일의 필요충분조건에 대한 물음을 지속하려는 국민 다수가 존재해야 한다. 그리고 사회적 논의를 통해 평화통일 방안에 대한 국민적 합의가 도출되어야 한다. 이러한 국민적 합의가 있는 한, 남한 정부도 필연적으로 평화통일의 필요충분조건들을 실행해 나갈 경우에만 평화통일에 한 발짝 나아갈 수 있다고 확신한다.

국민적 합의가 평화통일의 필요충분조건의 바탕이 되는 이유는 결국 통일도 국민의 삶의 영역과 질에 대한 문제이고 국민 스스로가 선택해야 할 문제이기 때문이다. 따라서 필자의 논문이 보다 많은 국민이 평화통일의 필요충분조건에 대해 관심을 가지고 지속적으로 평화통일 방안을 제시하는 좋은 계기가 되기를 진심으로 바란다.

참고문헌

경향신문, "시진핑·푸틴, 더 공고해진 '반서방 연대'", (2023.10.18). https://m.khan.co.kr/world/world-general/article/202310182159005

경향신문, "뚜렷해진 미국의 세계전략과 한반도", (2022.05.10). https://m.khan.co.kr/opinion/column/article/202205100300085#c2b

경향신문, "중 '하나의 중국 원칙'과 미 '하나의 중국 정책'의 간극", (2022.05.25). https://m.khan.co.kr/world/china/article/202205251626021#c2b

곽태환, "미중 전략경쟁 시대, 한국 정부의 균형외교 재조명", 통일뉴스 (2022.11.23). https://www.tongilnews.com/news/articleView.html?idxno=206697

곽태환, "한반도 평화와 통일의 8대 저해 핵심 요인은?", 통일뉴스 (2021.10.05). https://www.tongilnews.com/news/articleView.html?idxno=203329)

곽태환, "한반도에 핵전쟁의 먹구름이 밀려오고 있는가?", 통일뉴스 (2022.01.15). https://www.tongilnews.com/news/articleView.html?idxno=204104

곽태환, "한반도 문제 해결을 위해 동북아체제의 구조적 변화가 필요하다", 통일뉴스 (2016.06.01). https://www.tongilnews.com/news/articleView.html?idxno=116879

곽태환, "현시점에서 북한이 핵 포기를 할 수 없는 이유", Break News (2022.08.23). https://m.breaknews.com/918051

곽태환, "국제정치 속의 한반도 -평화와 통일구상-", 도서출판 서울프레스 (1999.06.21).

곽태환 외 공저 "한반도 비핵 평화체제의 모색" 중 제8장 정재홍, "미중전략경쟁 격화와 한반도 평화체제 구축의 필요성" (2023.9.28).

김연철, "민족주의의 종언", 한겨레신문 (2024.02.05). https://www.hani.co.kr/arti/opinion/column/1127231.html

나무위키, "미국-중국 패권 경쟁" (2024.02.24).
https://namu.wiki/w/%EB%AF%B8%EA%B5%AD-%EC%A4%91%EA%B5%AD%20%ED%8C%A8%EA%B6%8C%20%EA%B2%BD%EC%9F%81

뉴데일리, "통일만 하면 O.K.? '무조건 통일' 결과 '예멘내전'" (2017.07.27). https://www.newdaily.co.kr/site/data/html/2017/07/27/2017072700066.html

뉴스핌, "치열해진 미중 패권 경쟁…반도체·대만 등 전방위 확전" (2023.01.01). https://www.newspim.com/news/view/20221230000674

동아일보, "상반기 무역적자 개선에도 세계순위 '뚝'…韓, 208개국 중 200위" (2023.10.20). https://www.donga.com/news/Economy/article/all/20231020/121757277/1

서울신문, "중국 GDP, 미국의 80%까지 추격… 1년 만에 격차 10% 줄였다" (2022.1.20). https://www.seoul.co.kr/news/international/china/2022/01/20/20220120012022

서울신문, "북중러 밀착 속, 북러 강력한 결속 과시… 한미일과 대립 심화되는 신냉전 기폭제" (2023.09.14). https://www.seoul.co.kr/news/2023/09/14/20230914003003

세계일보, "명실상부 '천조국'… 바이든, 미국방수권법안 서명" (2023.12.24). ttps://www.segye.com/newsView/20231224504516

연합뉴스, "한때 한국 최대 무역 흑자국 중국…이제는 최대 적자국으로" (2023.03.28). https://www.yna.co.kr/view/AKR20230328029600003

정주진(성공회대), "한반도 평화를 위한 평화구축과 '평화·통일 사회적 대화'의 유효성" 통일과 평화 (14집 2호 · 2022). https://ipus.snu.ac.kr/wp-content/uploads/2023/01/%EC%B5%9C%EC%A2%85%ED%86%B5%EC%9D%BC%EA%B3%BC-%ED%8F%89%ED%99%94-14%EC%A7%91-2%ED%98%B8-13-%EC%A0%95%EC%A3%BC%EC%A7%84.pdf

조선일보, 김정은·푸틴 정상회담 "군사협력 논의… 위성개발 도울 것" (2023.09.13). https://www.chosun.com/international/2023/09/13/TDSWBWHNUZF35PIX2H7L7H6VCQ/

조선일보, "푸틴, 친구 시진핑과 만날 것… 한미일 공조 맞서 북중러 연대 가속" (2023.09.02). https://www.chosun.com/international/international_general/2023/09/02/KPLPHAUVAZFIHILB6VKLIXWCQY/

조선일보, "김정은 '헌법에 '대한민국 제1 적대국·불변의 주적' 명기해야'" (2024.01.16). https://www.chosun.com/politics/politics_general/2024/01/16/BZSXUVTT5BGSDINA7EVFY6RNUI/

중앙일보, "화웨이 이번엔 5나노칩 장착한 노트북 내놨다" (2023.12.13). https://www.joongang.co.kr/article/25214620#home

통일뉴스, SIPRI "북한 핵탄두 30기 보유, 최대 70기 조립 가능" (2023.06.13). https://www.tongilnews.com/news/articleView.html?idxno=208216

한겨레신문, "우발적 전쟁이 핵전쟁 부를 수도… 남북대화 힘들면 자제부터" (2024.01.22). https://www.hani.co.kr/arti/politics/defense/1125315.html

한겨레신문, "미 매체 '트럼프, 북한 핵 능력동결 검토' 보도… 한반도 비핵화 출렁" (2023.12.14). https://www.hani.co.kr/arti/international/america/1120390.html

한겨레신문, "대중 무역수지, 92년 수교 이후 첫 적자"(2024.01.02). https://www.hani.co.kr/arti/economy/economy_general/1122511.html#cb

한겨레신문, "김정은 '두 개의 조선'론은 흡수통일.정권붕괴 회피 전략"(2024.01.02). https://www.hani.co.kr/arti/politics/defense/1122529.html

한겨레 창간 기획 [창간 기획] 정전협정 · 한미동맹 70년, "박정희 · 김일성 간접대화로 7 · 4 성명…이후 분단독재의 길"(2023.05.22). https://www.hani.co.kr/arti/politics/politics_general/1092696.html

한국역사문화신문, "6 · 25 남침 극비문서 공개, 김일성 스탈린 모택동의 합작품"(2019.07.08). https://www.ns-times.com/news/view.php?bIdx=2359

한국일보, "한미일 결국에는 '중국' 겨눴다…"(2023.08.19). https://m.hankookilbo.com/News/Read/A2023081915290005731

ASPI Australian Strategic Policy Institute, Policy Brief Report No. 69/2023, https://ad-aspi.s3.ap-southeast-2.amazonaws.com/2023-03/ASPIs%20Critical%20Technology%20Tracker_0.pdf?VersionId=ndm5v4DRMfpL.vu.x69Bi_VUdMVLp07jw (accessed on Sep. 1, 2023)

BBC NEWS 코리아, "미국, 북한의 러시아 군사장비 지원 포착. 컨테이너 10개 분량"(2023.10.15). https://www.bbc.com/korean/articles/c2j915x8p3no

Koreadaily, "미국, 국제특허 4년 연속 세계 2위…7만 15건 출원 중국 1위"(2023.03.02). https://news.koreadaily.com/2023/03/02/society/generalsociety/20230302210722654.html

MADTIMES, "중국의 무역 파트너"(2023.08.26). https://www.madtimes.org/news/articleView.html?idxno=18582

NEWSCAFE, "브릭스 11개국 GDP 36% vs G7 29.9%"(2023.09.01). https://www.newstomato.com/one/view.aspx?seq=1199647

VOAKOREA, "북한 정찰 위성 기술진전 빨라… 해상도 낮아도 군사적으로 유용"(2023.11.22). https://www.voakorea.com/a/7365246.html

Voice of America, "미국무부, 중국 윤 대통령 비난에 "한국과 타이완 문제 계속 협력할 것"(2023.04.21). https://www.voakorea.com/a/7061200.html

WHYTIMES, "미국이 대중 전략을 디커플링에서 디리스킹으로 바꾼 이유"(2023.06.07). https://whytimes.kr/m/view.php?idx=15178&mcode=

2

국제협력
차원

제6장

한반도 문제해법:
미국의 새로운 역할

안태형

I. 서론

지금 세계는 1980년대 후반부터 촉발된 소련의 몰락과 사회주의권의 붕괴로 인해 20세기 대부분의 국제정세를 지배해 왔던 냉전체제가 무너지고 이후 미국 중심의 패권체제 혹은 단극체제가 유지되어 온 이래 가장 큰 변화를 목도하고 있다. 독일의 올라프 숄츠 총리는 이 변화를 "The Global Zeitenwende(epochal tectonic schrift)"로 부르기도 했다.[1]

이러한 변화는 정치군사적 분야뿐 아니라 경제, 사회, 문화, 환경 등 모든 분야에 걸쳐 나타나고 있으며, 긴밀히 연결되어 서로 영향을 주고받으면서 전개되고 있다. 정치군사적 분야에서는 미중 무역전쟁을 거쳐 전방위적으로 전개되고 있는 미중 패권경쟁, 현재 2년 넘게 지속되고 있는 러시아-우크라이나 전쟁(War in Ukraine), 작년 10월 이후 계속되고 있는 이스라엘-

---

[1] Olaf Scholz, "The Global Zeitenwende: How to Avoid a New Cold War in a Multipolar Era", *Foreign Affairs*, January/February 2023, pp. 22-38.

하마스 전쟁(War in Gaza) 등으로 인해 국제정치적 갈등과 위기, 국가안보적 불완전성이 지속되는 "지정학의 귀환(The Return of Geopolitics)"으로 불리는 양상이 전개되고 있다.

경제적 분야에서도 다중경제블록화 등으로 인해 국제경제가 세계화와 자유무역질서에서 후퇴해서 경제안보와 보호무역질서의 흐름이 강화되는 추세가 전개되고 있으며, 국제사회는 이 외에도 팬데믹, 기후위기, 재난 등의 환경위기와 인공지능(AI) 등의 급속한 발전으로 인한 대처 방안을 마련해야 하는 상황에 직면하고 있다.

한반도를 둘러싼 국제 정세와 남북관계도 최근 몇 년간 급속한 변화와 불안정, 위기를 경험하고 있다. 2017년 북한의 핵실험과 미사일 실험을 둘러싸고 당시 미국의 트럼프 대통령과 북한의 김정은 위원장 사이에 군사적 대치와 무력 충돌의 가능성이 고조되기도 했으나 2018년 한국의 문재인 대통령의 한반도 평화프로세스와 북미 간 중재외교, 미중 간 균형외교 등의 성공에 힘입어 남북 간 세 차례에 걸친 남북정상회담과 판문점 선언, 평양선언 등이 성사되었고 싱가포르 북미정상회담이 이루어지기도 했다.

그러나 2019년 하노이에서 북한과 미국의 협상이 결렬되고 2000년 코로나 바이러스가 전 세계를 강타하면서 모든 남북관계와 북미관계는 단절되는 상황을 맞이했다. 그 이후 미국에서는 트럼프 행정부의 뒤를 이어 바이든 행정부가 등장했고 한국에서는 문재인 정부의 뒤를 이어 윤석열 정부가 등장하면서 한반도를 둘러싼 국제 정세는 한미일 대 북중러의 대결구도가 빠르게 심화되고 확장되면서 새로운 위기국면을 맞이하고 있다.

최근 이렇게 새롭게 재편된 국제 정세와 한반도 정세에 미국의 역할과 정책 변화가 가장 중요한 변수였음을 고려해 볼 때 불안정과 위기의 국제질서를 다시 안정시키고, 갈등과 대결 양상으로 치닫는 한반도에 평화프로세스를 재가동시키기 위해서는 미국의 창의적이고 건설적인 역할이 필요함은 너무나 당연하다 하겠다.[2] 이에 이 논문은 이렇게 변화된 국제정치적 지형 안에서 한반도의 평화와 통일을 위한 미국의 역할에 대한 이론적·역사적·정책적 검토과정을 거쳐 결론적으로 몇 가지 정책적 제안을 하는 것을 목표로 삼는다.

이를 위해 이 논문은 바이든 행정부의 외교정책과 북미관계를 중심으로 한반도 정책에 대한 목표와 정책을 검토하고, 올해 대선에서 승리할 수도 있는 트럼프 전 대통령과의 정책적 차이를 비교해 본 후, 한반도 문제의 해결과 평화 정착을 위한 미국의 역할을 제언하고자 한다. 미국의 대외정책과 한반도정책을 검토하기 위해 전 행정부와 현 행정부의 정책을 비교사적으로 되짚어보는 것은 항상 중요하겠지만 특히 올해 대선에서 재격돌해 바이든이나 트럼프 둘 중 하나가 다시 대통령으로 당선이 될 현 상황에서는 그 중요성이 더욱더 크다 하겠다.

Ⅱ. 바이든 행정부의 외교정책과 인도태평양 정책

바이든 대통령은 2020년 대통령 선거를 앞둔 해에 **Foreign Affairs**에 발표한 글에서 미국 외교정책의 목표와 방향, 전략 등을 제시했다.[3] 그에 따르

---

2 이러한 측면에서 최근 John Delury는 바이든 행정부의 적극적 북한정책을 건의하기도 했으나 대선을 몇 달 남겨두지 않은 현 상황에서 바이든 행정부가 리스크가 있는 이러한 정책을 취할 것 같지는 않다. John Delury, "A Solution on North Korea Is There, if Biden Will Only Grasp It", *New York Times*, March 16, 2024, at https://www.nytimes.com/2024/03/16/opinion/north-korea-kim-jong-un-peace.html (accessed on Mar. 16, 2024)

3 Joseph R. Biden, Jr., "Why America Must Lead Again: Rescuing U.S. Foreign Policy after Trump", *Foreign Affairs*, March/April 2020, pp. 64-76.

면, 미국이 직면해야 할 전 지구적 도전은 더욱더 복잡해지고 긴급해진 반면에 트럼프 대통령 당선 이후의 미국은 신뢰도와 영향력이 대부분의 영역에서 매우 빠르게 하락했다. 그는 만약 대통령에 당선된다면 미국의 민주주의를 회복하고 경제를 보호하며 리더십을 되찾을 것이라고 약속한다. 특히 그는 대통령에 당선되면 당선 첫해에 세계 민주주의 정상회의를 개최하겠다고 약속했다.

중산층을 위한 외교정책이라는 슬로건 아래 그는 미국을 경제적 성공으로 이끌겠다고 말한다. 경제안보는 이제 국가안보의 핵심적 요소이며 이를 위해 경제인프라에 대규모로 투자하고 공정무역과 규칙에 기반한 세계경제를 건설하겠다고 약속한다.

바이든은 중국이 미국에 대한 특별한 도전이며 미국은 중국의 도전에 단호하게 맞서야 한다고 주장한다. 글로벌 어젠다에 대응하기 위해 중국과의 협력을 유지하는 한편, 규칙을 준수하지 않는 중국의 도전에 효율적으로 대처하기 위해서 미국은 동맹국들이나 파트너들과 함께 연합전선을 유지해야만 한다.

바이든은 필요하다면 미국의 군사력에 의존하겠지만 무력 사용은 최후의 수단이 되어야 하며 아프가니스탄 전쟁처럼 미국의 국익에 도움이 되지 않는 전쟁들을 끝내겠다고 약속했다. 그는 무력 사용보다는 외교가 문제해결의 방법으로 선행되어야 하며 외교를 미국 외교정책에서 첫 번째 수단으로 사용해야 한다고 말한다. 그는 트럼프와 달리 나토 NATO를 강화시키고 푸틴의 러시아를 저지하며, 북미와 유럽을 넘어 호주, 일본, 한국, 인도, 인도네시아 등과의 동맹도 강화하겠다고 약속한다. 또한 이스라엘에 대한 안보공약을 준수하며 남미와 아프리카의 파트너들과의 협력도 강화할 것을 다짐한다.

미국은 기후위기 대처에 리더십을 발휘할 것이며 국내에서 재생에너지 개발을 위한 대규모의 투자를 진행시키고 이를 위해 다른 국가들에도 영향력을 발휘할 것이다. 바이든은 당선된다면 취임 첫날 파리기후협약에 복귀할 것이며 중국에 대한 압력을 포함해서 기후위기 극복을 위한 전 세계적 노력을 경주할 것이라고 밝혔다.

한편 그는 이란과 북한의 핵확산을 저지하기 위해 노력할 것이며 미국이 가지고 있는 핵무기는 오직 억제용으로만 사용하고 미국이 핵공격을 받을 경우에만 보복용으로 사용할 것이라고 말했다. 그는 마지막으로 5G나 인공지능과 같은 첨단기술의 경우 민주주의와 경제번영을 위해서만 사용되도록 만들겠다고 말했다. 그는 결론적으로 현재와 미래의 긴박한 도전들에 대처하기 위해서는 미국의 리더십이 회복되어야만 한다고 주장한다.

또한 바이든 대통령은 취임사에서 "동맹을 복원하고 세계와 협력할 것", 파리기후협약에 즉시 복귀할 것, 더 나아가 세계보건기구와 유엔인권이사회에도 복귀할 것 등을 약속하며 주요 외교정책 공약을 바로 이행하기 시작했다.[4]

한편 2022년 10월 12일에 백악관에서 발표한 미국의 국가안보전략보고서에 따르면, 바이든 행정부는 지금 세계는 "탈냉전의 시대"에서 "전략적 경쟁의 시대"로 진입했다고 정의하고 있으며, 러시아는 즉각적 위협 immediate threat, 중국은 가장 중요한 경쟁국 the most consequential competitor, 북한은 도전 소국 small challenger state으로 규정하고 있다. 이

---

4 Joseph R. Biden, Jr., "Inaugural Address", *The White House*, at https://www.whitehouse.gov/briefing-room/speeches-remarks/2021/01/20/inaugural-address-by-president-joseph-r-biden-jr/ (accessed on Feb. 15, 2024)

러한 상황에서 미국은 한편으로는 "전략적 경쟁", 다른 한편으로는 "미국의 국익 추구를 위한 협력", 즉 경쟁과 협력을 동시에 강조하고 있다.[5]

바이든 행정부의 국가안보보좌관인 제이크 설리번은 2023년 말 Foreign Affairs에 발표한 글에서 미국 외교정책의 목표는 상호 의존의 시대적 도전에 대한 대응이 되어야 한다면서 바이든 행정부의 외교정책에 대해서 자세히 설명하고 있다.[6] 그에 따르면 이제 탈냉전의 시대는 끝났다. 세계는 전략적 경쟁의 시대에 돌입했고 새로운 도전에 맞서기 위해 과거의 정책적 전제는 폐기되어야 한다. 미국의 미래는 지정학적 경쟁에서 우위를 유지하고 전 지구적 문제들에 대한 대응에 리더십을 발휘하는 것에 달려 있다. 이를 위해 미국은 동맹관계를 개선하고 강화할 것이다.

국내적으로는 수출규제 등을 통해 국내 제조업을 보호하고 대규모의 인프라투자와 첨단기술투자 등을 통해 포용적 경제성장과 경제탄력성, 국가안보 강화를 달성하고자 한다. 또한 공급망 안정화를 통해 주요 자원이나 에너지 등에 대한 해외 의존성, 특히 중국 의존성을 약화시키고자 한다. 또한 낙후된 방위산업을 지원하고 재래식 무기와 핵무기 등의 전력 강화를 위해 계속 투자할 것이다. 국제적 경쟁이 심화되는 상황에서 미국은 국내 정책과 외교정책 사이의 담을 허물고 성공적 외교정책을 위한 공적 투자를 확대해 나갈 것이다.

바이든 행정부는 동맹관계를 현대화시킬 것이며 유럽에서는 나토를 중심으로 러시아 등의 군사적 도전에 대처할 것이며 아시아에서는 미국, 일

5　The White House, *National Security Strategy*, October 12, 2022, at https://www.whitehouse.gov/wp-content/uploads/2022/10/Biden-Harris-Administrations-National-Security-Strategy-10.2022.pdf (accessed on Feb. 15)

6　Jake Sullivan, "The Sources of American Power: A Foreign Policy for a Changed World", *Foreign Affairs*, November/December 2023, pp. 8-29.

본, 한국으로 이어지는 삼각협력의 강화와 확장억제전략 등을 통해 북한 등의 위협에 맞설 것이다. 또한 AUKUS와 Quad, IPEF 등의 기구와 필리핀, 베트남, 인도 등과의 협력을 통해 인도태평양 지역에서 미국의 국익을 보호할 것이다. 이 외에도 아프리카나 남미, 중동 국가들과의 파트너십을 강화하고 전 세계의 민주주의를 수호하기 위해 노력할 것이다.

또한 미국은 지속 가능한 발전, 글로벌 인프라 구축, 보건, 기후변화 대응 등을 위해 노력하고 IMF나 세계은행, WTO, 국제연합 등 기존 국제기구의 혁신을 위해 노력할 것이다. 미국은 인공지능을 비롯한 기술발전적 측면에서도 안전성과 책임성을 강화하기 위해 노력하고 자유롭고 개방적이며 번영하며 안전한 국제질서 구축을 위한 노력도 계속해 나갈 것이다.

1990년대 미국은 주로 전쟁을 겪은 나라들의 회복을 돕기 위해 노력했고 9·11 이후에는 테러리스트에 대한 대응에 힘썼다. 그때는 강대국 사이의 갈등이 중요한 문제가 아니었다. 그러나 러시아의 2008년 조지아 침공과 2014년 우크라이나 침공, 중국의 군비강화와 지역분쟁 등을 계기로 상황이 바뀌기 시작했다. 이제 이러한 새로운 변화와 더불어 미국은 강대국들의 공격을 억제하고 격퇴하기 위해 철저히 준비하고 더 나아가 "힘의 상황 situations of strength"를 창출하기 위해 노력할 것이다.

미국은 중국이 세계 무대에서 중요한 역할을 하기를 기대한다. 우리는 중국과의 무역과 투자도 계속할 예정이지만 만약 중국이 불공정한 관행으로 미국의 국익을 위협한다면 물러서지 않을 것이다. 미국은 중국과의 디커플링decouple을 추구하는 것이 아니라 디리스킹de-risk를 추구한다.[7] 미

---

7 미국은 바이든 행정부 초기까지 중국과의 디커플링 정책을 추구하다가 디리스킹 정책으로 선회했다. 이는 중국의 반발에 대한 반응이라기보다는 중국과의 디커플링 정책은 복합적 상호 의존(complex interdependence)으로 인해 달성하기 어려운 목표라는 것을 깨달았기 때문이라고 생각된다. 이에 대해서는

국과 중국은 상호 긴장을 낮추고 공통의 도전에 협력해서 대응하기 위해 경쟁을 관리할 수 있는 방법을 찾을 필요가 있다.

미국은 제2차 세계대전 이후 맡았던 국제사회의 역할에서 세 번째 국면에 진입했다. 첫 번째 국면은 트루먼 행정부 때 민주주의를 강화하고 소련을 봉쇄하는 것이었고 두 번째 국면은 냉전 이후 미국 패권체제에서 미국 주도의 규칙기반 세계질서를 구축하는 것이었다. 이제 세 번째 국면에 진입한 미국의 역할은 상호 의존적 경쟁과 초국가적 도전의 시대에 대비하는 것이며 이를 위해 기존의 정책적 전제들에 대해 근본적인 비판과 성찰이 필요하다.

바이든 대통령과 설리번 국가안보보좌관의 논의를 종합해 보면 바이든 행정부의 외교정책은 탈냉전이 끝나고 강대국 정치가 귀환한 상호 의존의 시대적 도전에 대응하기 위해 미국은 민주주의와 규칙기반 세계질서를 수호하고 미국의 리더십을 회복하고 유지하며 중국의 도전에 대비하는 것을 목표로 한다. 그러나 중국에 대한 입장은 바이든 행정부 출범 초기의 강력한 대응이 점점 완화되는 것을 볼 수 있는데 이는 대중국 정책의 변화와 더불어 설리번이 미국은 중국과의 디커플링을 추구하는 것이 아니라 디리스킹을 추구할 뿐이라는 말에서도 다시 한번 확인할 수 있다.

한편, 바이든 행정부는 기존의 아시아태평양이라는 개념을 대체한 트럼프 행정부의 인도태평양 전략을 보완해 추진하고 있다. 오바마 행정부 시기의 아시아회귀 pivot to Asia 정책, 혹은 아시아재균형 rebalancing Asia 정책과 트럼프 행정부 시기의 자유와 개방의 인도태평양 free and open

---

Robert O. Keohane and Joseph S. Nye, "Power and Interdependence", *Survival* 15 (4), July 1973, pp. 158–165; Robert O. Keohane and Joseph S. Nye, "Globalization: What's New? What's Not? (And So What?)" *Foreign Policy* 118, pp. 104–119를 참조하라.

Indo-Pacific 정책, 또는 인도태평양Indo-Pacific 전략을 계승한 바이든 행정부의 인도태평양 이니셔티브 Indo-Pacific Initiative나 인도태평양 지역 Indo-Pacific region 정책은 트럼프 행정부 시기의 인도태평양 전략을 다면화시키고 연성권력 soft power의 자원을 확대해서 트럼프 행정부 시기보다 더욱 세련되고 효율적으로 가동하고 있다. 또한 바이든 행정부의 인도태평양 정책은 자유, 민주주의, 인권 등의 가치를 중심으로 추진되고 있으며 동맹을 중시하고 다자주의적 관점에서 접근하고자 한다. 그러나 인도태평양 지역에 대한 미국의 전략은 대중국 정책 이상의 의미가 있는 것이 사실이지만 여전히 대중국 정책이 그 핵심적 위치를 차지하고 있다.[8]

바이든 행정부가 2022년 2월에 발표한 [미국의 인도태평양 전략]에 따르면, 미국은 인도태평양 국가이며, 세계 그 어느 지역보다 이 지역에 가장 많은 해외주둔 미군이 배치되어 있고, 이 지역은 앞으로도 미국에 대한 영향력이 증가할 것으로 보고 있다. 인도태평양 지역은 미국의 안보와 번영에 오랫동안 사활적 중요성을 지녀왔으며 바이든 행정부는 동맹국과 파트너들과 더불어 이 지역에 대한 미국의 역할을 강화할 것이다. 미국의 역량 강화는 중국의 도전에 대한 대응뿐만 아니라 기후 변화와 팬데믹, 북한의 위협 등에 대한 공동대응을 위한 것이기도 하다. 이를 위해 미국은 자유롭고 개방된 인도태평양, 인도태평양 지역 내외곽 연결, 인도태평양의 번영, 인도태평양의 안보, 21세기 초국가적 위협에 대한 지역협력 등의 다섯 가지 전략적 목표를 위해 노력할 것이다.[9] 이렇듯이 한반도를 포함한 인도태

---

8 김재천, "바이든 행정부의 인도태평양 전략: 전략의 성격과 성패의 관건", *신아세아*, 29권 2호, 2022년 여름, pp. 1-26.

9 The White House, *Indo-Pacific Strategy of the United States*, February, 2022, at https://www.whitehouse. gov/wp-content/uploads/2022/02/U.S.-Indo-Pacific-Strategy.pdf (accessed on Feb. 20, 2024)

평양 지역은 바이든 행정부에서도 미국의 국익에 사활적인 이해관계를 지니는 지역으로 평가되고 있음을 알 수 있다.[10]

Ⅲ. 바이든 행정부의 한반도 정책

바이든 행정부는 출범 당시 전임 트럼프 행정부와는 매우 차별화된 국내정책과 외교정책을 펼칠 것으로 예상되었고 한반도 문제와 관련해서도 트럼프 행정부와 뚜렷이 구별되는 청책을 펼칠 것으로 예상되었다. 이 과정에서 많은 이들이 바이든 행정부가 트럼프 행정부의 "최대압박과 관여 Maximum Pressure and Engagement" 정책(이후 주로 최대압박정책으로 표기됨)이나 그 이전 오바마 행정부의 "전략적 인내 Strategic Patience" 정책의 성과는 계승하고 한계는 극복하면서 보다 적극적이고 평화 지향적인 한반도 정책을 수립하기를 기대했다. 바이든 대통령은 후보 시절 이미 한반도 비핵화를 위한 북한과의 협상에서 "협상실무진들에게 힘을 실어 주고 북한의 비핵화라는 공통된 목표를 위해 우리의 동맹국이나 중국을 포함한 한반도 문제 관련국들과 지속적으로 협력할 것"을 약속했다.

그러나 바이든 행정부가 출범 초기부터 북핵 문제와 한반도 문제에 주목하기는 어려웠다. 미국은 물론 세계가 여전히 코로나바이러스 팬데믹으로 매우 힘들어했던 때였을 뿐 아니라 바이든 대통령은 미국의 경제회복과 중국 문제, 아프가니스탄 전쟁 등의 긴급한 의제에 집중해야만 했기 때문이다. 이러한 상황에서 바이든 행정부 초기 한반도 문제 담당 라인업은 국무

---

10 미국의 인도태평양 정책을 더욱 강화해야 한다는 최근 주장에 대해서는 Mercy A. Kuo, "The 'Lost Decade' of the US Pivot to Asia: Insights from Richard Fontaine", *The Diplomat*, March 18, 2024, at https://thediplomat.com/2024/03/the-lost-decade-of-the-us-pivot-to-asia/ (accessed on Mar. 18, 2024) 를 참조하라.

장관 토니 블링컨 전 부장관, 국무부 부장관 웬디 셔먼 전 정무차관, 국무부 정무차관 빅토리아 눌런드 전 차관보, 국무부 동아태 담당 차관보 대니얼 크리튼브링크 전 주베트남 대사, 국무부 동아태 담당 부차관보 정 박 전 CIA 동아태 미션센터 국장, 백악관 국가안보보좌관 제이크 설리번 전 부통령 국가안보보좌관, 백악관 국가안전보장회의 인도태평양 조정관 커트 캠벨 전 국무부 동아태 담당 차관보, 국방장관 로이드 오스틴 전 중부사령관, 국가정보국장 에브릴 헤인스 전 CIA 부국장 등으로 짜여졌다. 초기에는 대북정책특별대표와 대북인권특사는 아직 임명되지 않았다. 그러나 이들 중 많은 이들이 북한의 비핵화가 실현 불가능한 목표라거나 북한 정부는 신뢰할 만한 협상파트너가 아니라고 주장해 왔던 인물들이었으며 토니 블링컨 국무장관은 지명자 시절 "북한이 협상에 복귀하도록 하기 위해 효과적인 압력 방법을 찾을 것"이라고 말하고,[11] 장관 임명 후 "한국전쟁 종전선언은 동맹국들과 파트너들의 안전보장이 확보된 이후에 이루어져야 한다"라고 주장했다.[12]

한편 바이든 행정부는 취임 약 3개월 만에 대북정책 리뷰를 끝내고 새로운 대북정책을 공개했다. "실용적이고 조정된 접근법 practical and calibrated approach"로 불리는 이 새로운 대북정책은 한반도의 완전한 비핵화를 목표로 하면서도 트럼프식의 일괄타결 a grand bargain 방식 혹은 전부 아니면 전무 all-or-nothing 방식과 오바마식의 전략적 인내 strategic

---

11   Jeongmin Kim, "Biden's Secretary of State Nominee Vows to 'Increase Pressure' on North Korea", *NK News*, January 20, 2021, at https://www.nknews.org/2021/01/bidens-secretary-of-state-nominee-vows-to-increase-pressure-on-north-korea/ (accessed on Feb. 15, 2024)

12   KBS World, "Blinken Emphasizes Need to Advance Security before Considering End to Korean War", March 11, 2021, at https://world.kbs.co.kr/service/news_view.htm?lang=e&Seq_Code=160084&fbclid=IwAR00rSiV0zG3jZnlANE3XP5zTofAJD_zQyIpkPCI3-xwvTPaKnIIV-KSP8M (accessed on Feb. 15, 2024)

patience 방식 모두를 거부하면서 새로운 길을 모색하겠다는 의지를 표명했다.[13] 그러나 이러한 의지에도 불구하고 바이든 행정부의 대북정책은 오바마 행정부의 전략적 인내 정책과 크게 다르지 않게 된다. 물론 이러한 상황에는 북한의 강대강 정책, 한국의 정권 교체, 우크라이나 전쟁과 이스라엘-팔레스타인 전쟁 등이 중요 요인으로 작용하기도 했으나 북핵 문제와 한반도 문제를 선제적 proactively으로 해결하고자 하는 바이든 정부의 정치적 의지의 결여도 매우 중요한 요인이었다고 할 수 있다.

2021년 5월 21일 바이든 대통령과 문재인 대통령의 워싱턴 한미정상회담에서 두 정상은 남북대화와 북미대화를 위해 계속 노력하고 한반도의 완전한 비핵화와 항구적 평화를 위해 함께 노력한다고 발표했으나 이는 원론적인 합의에 그쳤을 뿐 보다 구체적인 실행계획이나 제안 등은 합의되지 않았다는 한계를 지녔다고 할 수 있다. 한편 바이든 대통령은 회담 직후 기자회견을 통해 성 김 대사를 대북특별대표로 임명했다.

또한 문재인 대통령이 9월 21일 유엔총회 기조연설에서 "한반도 종전선언을 위해 국제사회가 힘을 모아줄 것"을 촉구하면서 남북미 3자 또는 남북미중 4자의 종전선언이 "한반도에서 화해와 협력의 새로운 질서를 만드는 중요한 출발점이 될 것"이며 "한국전쟁 당사국들이 모여 종전선언을 이뤄낼 때 비핵화의 불가역적 진전과 함께 완전한 평화가 시작될 수 있다"라고 주장했을 때,[14] 제이크 설리번 국가안보보좌관은 한미가 종전선언에 대해 다른 관점을 가지고 있을 수 있다면서 우회적으로 종전선언에 대한 거

---

13 John Hudson and Ellen Nakashima, "Biden Administration Forges New Path on North Korea Crisis in Wake of Trump and Obama Failures", *Washington Post*, April 30, 2021.

14 문재인, "제76차 유엔총회기조연설", *대한민국 외교부*, at https://overseas.mofa.go.kr/un-ko/brd/m_23242/view.do?seq=72 (accessed on Feb. 15, 2024)

부 의사를 내비치기도 했다.

2022년 2월 러시아가 우크라이나를 침공하자 이를 규탄하기 위한 결의안이 유엔총회에서 한국과 미국을 포함해서 141개국의 압도적 지지 속에 채택되었는데 이 투표에서 북한은 결의안 채택에 반대했다. 반대표를 던진 국가는 러시아와 북한을 포함해서 다섯 국가뿐이었다.[15] 한편, 3월 9일 실시된 한국의 대선에서 야당 후보로 나온 윤석열 후보가 당선되면서 새로운 정부는 대북 강경책 등 이전 문재인 정부와 외교정책이나 대북정책에 있어서 큰 차별성을 보일 것으로 전망되었다. 결국 북한과 한국의 이러한 변화들은 한반도를 둘러싸고 한미일 대 북중러의 신냉전 전선이 형성되는 계기로 작용하게 된다. 한편 바이든 행정부는 3월 핵공격을 받았을 때만 핵무기를 사용하겠다는 바이든의 공약을 사실상 폐기함으로써 한국을 포함 동맹국들에 핵우산을 강화할 것으로 전망되었다.

2022년 4월에는 필립 골드버그 주한미국 대사 지명자가 상원 외교위원회 인사청문회에서 북한을 불량정권 rogue regime이라고 부르면서 완전하고 검증 가능하며 불가역적인 비핵화(CVID)가 미국의 비확산 목표와 부합한다고 밝혔다. 또한 골드버그 지명자는 북한의 추가 도발 가능성을 우려하면서 외교적 해법과 함께 북한을 대화 테이블로 끌어내기 위한 제재의 중요성을 강조했다.[16]

2022년 5월에는 윤석열 대통령과 바이든 대통령이 서울 용산 대통령실 청사에서 한미정상회담을 가졌다. 이 회담에서는 연합방위태세 강화를 위

---

15 강건택, "러 우크라 침공에 반대한 유엔⋯한국 등 141개국 '압도적 지지'", 연합뉴스, 2022년 3월 3일, at https://www.yna.co.kr/view/AKR20220303005753072 (accessed on Feb. 15, 2024)

16 류지복, 이상헌, 변덕근, "주한미대사 지명자 '북한은 불량정권'⋯ CVID는 비확산 목표 부합", 연합뉴스, 2022년 4월 8일, at https://www.yna.co.kr/view/AKR20220408002051071 (accessed on Feb. 15, 2024)

한 한미연합연습 및 훈련 확대를 위한 협의 개시, 한미확장억제전략협의체(EDSCG) 재가동, 미군 전략자산 전개 재확인 등이 합의되었다. 이날 성명에서 양 정상은 한반도의 완전한 비핵화에 대한 의지를 재확인했으나 2018년 판문점 선언, 싱가포르 공동성명 등 북한 관련 과거 합의는 언급되지 않았다.[17]

5월 26일 유엔 안전보장이사회에서 대북 제재 결의안이 부결되었다. 북한의 ICBM 시험 재개를 규탄하기 위한 제재 결의안이 15년 만에 거부권을 행사한 중국과 러시아의 반대로 부결된 것이다.[18] 한편, 6월 29일 윤석열 대통령은 대한민국 대통령으로서는 처음으로 스페인 마드리드에서 열린 나토 정상회의에 참석했다. 바이든 대통령은 이번 나토 정상회의가 동맹을 강화하고 현재와 미래의 도전에 대응하는 '역사적인 회의'였다고 평가했다. 윤석열 대통령은 한국과 나토가 새로운 파트너십 체결을 통해 협력이 확대되고 나토 주재 한국 대표부 개설로 소통이 보다 제도화될 수 있기를 기대한다고 밝혔다.[19] 북한은 외무성 대변인을 통해 나토 정상회의를 비난했다.

한편 윤석열 정부는 8월 15일 대북 로드맵인 '담대한 구상'을 공개했고 이는 큰 틀에서 이명박 정부의 '비핵 개방 3000'을 계승한 것이다. 북한은 18일 김여정 부부장의 담화를 통해 윤석열 그 인간 자체가 싫다면서 윤석열 정부의 '담대한 구상' 제안을 일축했다.[20] 더 나아가 북한은 9월 8일 '조

---

17   정아란, "한미 '한반도 주변 연합훈련 확대… 한반도 완전한 비핵화 목표'", 연합뉴스, 2022년 5월 21일, at https://www.yna.co.kr/view/AKR20220521047552001 (accessed on Feb. 15, 2024)

18   이광길, "안보리 대북 제재 결의안 부결… '중러 거부권 행사'", 통일뉴스, 2022년 5월 27일, at https://www.tongilnews.com/news/articleView.html?idxno=205146 (accessed on Feb. 15, 2024)

19   조은정, "바이든 '나토 정상회의 역사적… 한국-나토 새 파트너십 체결 예정'", VOA Korea at https://www.voakorea.com/a/6640352.html (accessed on Feb. 15, 2024)

20   김여정, "허망한 꿈을 꾸지 말라-김여정 조선로동당 중앙위원회 부부장 담화", 조선중앙통신, 2022년 8

선민주주의인민공화국 핵무력정책에 대하여(핵무력법안)'를 만장일치로 채택 법제화를 마무리했고 이 법안에서 핵 선제공격 5대 조건을 천명했다.[21]

북한이 미사일 시험발사 등을 계속하자 한국에서는 자체 핵무장이나 미국의 전술핵 재배치 등의 여론이 나타났다. 그러나 바이든 행정부는 핵을 포함한 모든 방어역량으로 한국에 확장억제를 제공하겠다고 약속하면서 한국의 자체 핵무장이나 전술핵 재배치 주장에 대해서는 여러 차례에 걸쳐 반대를 명확히 했다. 10월 12일 발표된 국가안보전략에서도 한반도와 관련해 "완전한 비핵화를 향한 가시적인 진전을 이루기 위해 북한과 지속적인 외교를 추구할 것"이라면서 "동시에 북한의 대량살상무기와 미사일 위협에 직면해 확장 억제력을 강화"할 것을 명확히 했다.[22]

11월 3일 워싱턴에서 열린 제54차 한미안보협의회(SCM) 공동성명에서는 "오스틴 장관은 미국이나 동맹국 및 우방국들에 대한 비전략핵(전술핵)을 포함한 어떠한 핵공격도 용납할 수 없으며, 이는 김정은 정권의 종말을 초래할 것이라고 경고하였다"라는 내용이 명시되었다. 이는 북한에 대한 강력한 경고 메시지로 읽히는데 미국의 이런 표현은 10월 27일 발표한 '2022 핵태세보고서'에서도 들어간 것으로 이 보고서에는 "김(정은) 정권이 핵무기를 사용하고 살아남을 수 있는 시나리오는 없다"라면서 "북한이 미국이나 동맹국, 파트너에게 핵공격을 하는 것은 용납할 수 없으며 정권

월 19일, at https://www.tongilnews.com/news/articleView.html?idxno=205927 (accessed on Feb. 15, 2024)

21   김치관, "김정은 '절대로 먼저 비핵화란 없으며… 협상도 흥정물도 없다'", 통일뉴스, 2022년 9월 9일, at https://www.tongilnews.com/news/articleView.html?idxno=206114#:~:text=%EA%B9%80%20%EC%9C%84%EC%9B%90%EC%9E%A5%EC%9D%80%20%E2%80%9C%EC%A0%88%EB%8C%80%EB%A1%9C%20%EB%A8%BC%EC%A0%80,%ED%81%AC%EB%82%98%ED%81%B0%20%EC%9E%90%EB%9E%91%E2%80%9D%EC%9D%B4%EB%9D%BC%EA%B3%A0%20%EB%82%B4%EC%84%B8%EC%9B%A0%EB%8B%A4 (accessed on Feb. 15, 2024)

22   이계환, "미 '국가안보전략' 발표… '북과 비핵화 외교-확장억제 강화'", 통일뉴스, 2022년 10월 13일, at https://www.tongilnews.com/news/articleView.html?idxno=206383 (accessed on Feb. 15, 2024)

의 종말로 귀결될 것"이라고 명시했다.[23] 한편, 2022년의 한미안보협의회 공동성명은 한국에 윤석열 정부의 등장으로 인해 문재인 정부의 그전 해와 여러 면에서 많은 변화를 보였다.

한편, 11월 8일에는 미국에서 중간선거가 열려 하원에서는 222 대 213 으로 공화당이 다수당의 지위를 탈환했고 상원에서는 무소속 포함 51 대 49로 민주당이 다수당의 지위를 가까스로 유지했다. 11월 13일에는 한미 일 정상이 캄보디아 프놈펜에서 만나 대북억제와 대중견제 강화를 골자로 하는 "인도태평양 한미일 3국 파트너십에 대한 프놈펜 성명"을 채택했다. 그리고 이 공동성명에서 바이든 대통령은 한국과 일본에 대한 미국의 확장 억제 강화 공약은 강력해질 뿐이라는 점을 재확인했다. 북한에 대한 한미 일 확장억제 강화에 북한의 최선희 외무상은 담화를 통해 '정비례한 군사 적 대응'을 공언했다.[24]

11월 28일에는 윤석열 대통령이 한미동맹을 한미 우주동맹으로 발전시 키고 국제사회와 우주 안보 협력을 확대해 나가겠다고 밝혔고 같은 날 주 한미군은 우주군 구성군사령부가 곧 창설될 예정이라고 밝혔다. 미국 본토 를 제외한 지역사령부에 우주군 예하 부대가 창설되는 것은 11월 22일 인 도태평양사령부 산하의 구성군사령부 출범에 이어 주한미군이 두 번째인 것으로 알려졌다.[25] 한편, 12월 13일 한국은 미국의 미사일 방어체제(MD) 에 참여할 의사가 없다고 밝혔으나 미국은 한국과 깊은 안보 협력 관계를

---

23 하채림, "SCM 공동성명에 '김정은 정권 종말' 문구 첫 명시… 북 반발할 듯", *연합뉴스*, 2022년 11월 4일, at https://www.yna.co.kr/view/AKR20221104019700504 (accessed on Feb. 15, 2024)

24 이승현, "북 최선희 외무상, 한미일 확장억제 강화에 '군사적 대응 맹렬해 질 것' 경고", *통일뉴스*, 2022 년 11월 17일, at https://www.tongilnews.com/news/articleView.html?idxno=206655 (accessed on Feb. 15, 2024)

25 박동정, "주한미군 '우주군 부대 몇 주 안에 창설…곧 발표될 것'", *VOA Korea*, 2022년 11월 29일, at https://www.voakorea.com/a/6853712.html (accessed on Feb. 15, 2024)

갖고 있다면서 가능성을 열어뒀다.[26]

2023년은 한국전쟁 정전협정과 한미동맹 70주년이 되는 해였다. 그러나 2023년은 북한의 탄도미사일 발사와 함께 시작되었다. 이는 2023년도 한반도에서는 대화와 타협 대신 갈등과 위기가 계속되리라는 상징과도 같았다. 김정은 위원장은 미국과 한국의 위협에 맞서기 위해 핵무기 생산을 기하급수적으로 증가시킬 것이라고 공언했다.[27] 윤석열 대통령은 9·19군사합의 효력 정지 검토를 지시하고 1월 11일에는 "대한민국이 전술핵을 배치한다든지 자체 핵을 보유할 수도 있다"라고 말했다. 이에 미 백악관은 "미국과 바이든 대통령은 여전히 한반도의 완전한 비핵화에 전념하고 있다"라면서 한국의 핵보유를 반대한다는 입장을 분명히 했고[28] 윤석열 대통령은 NPT체제를 존중하는 것이 현실적이고 합리적인 것이라며 물러서는 모습을 보였다.[29]

한편 바이든 대통령은 6년 동안 공석이었던 북한인권특사에 줄리 터너 국무부 동아시아태평양 담당 과장을 지명했다. 공화당이 다수당이 된 미 하원에서는 한반도 관련 상임위 요직을 공화당 대북 강경파로 불리는 의원들로 물갈이가 되었다. 한국에서는 2023년 발간된 2022년 국방백서에서 북한정권과 북한군을 6년 만에 적으로 명시했다.[30] 윤석열 대통령은 제3자

26　이재호, "한국, MD 참여 없다고 했지만 미국은 '한국과 긴밀히 협력'", 프레시안, 2022년 12월 14일, at https://pressian.com/pages/articles/2022121410082279805 (accessed on Feb. 15, 2024)

27　Colin Zwirko, "Kim Jong Un Vows to 'Exponentially' Increase Nuke Production to Counter US, ROK", *NK News*, January 1, 2023, at https://www.nknews.org/2023/01/kim-jong-un-vows-to-exponentially-increase-nuke-production-to-counter-us-rok/ (accessed on Feb. 15, 2024)

28　이광길, "미 백악관, '바이든 대통령은 한반도 비핵화에 전념'", 통일뉴스, 2023년 1월 13일, at https://www.tongilnews.com/news/articleView.html?idxno=207056 (accessed on Feb. 15, 2024)

29　정아란, 이동환, "윤 대통령 'NPT 존중이 현실적… 일 안보강화 크게 문제 안돼", 연합뉴스, 2023년 1월 20일, at https://www.yna.co.kr/view/AKR20230120019000001 (accessed on Feb 15, 2024)

30　Hyung-jin Kim, "South Korea Defense Report Revives 'Enemy' Label for North", *The Diplomat*, February 17, 2023, at https://thediplomat.com/2023/02/south-korea-defense-report-revives-enemy-

변제방식의 '강제징용해법'을 발표한 뒤, 3월 16일 도쿄 총리관저에서 기시다 후미오 총리와 정상회담을 가진 후 공동기자회견에서 합의사항을 발표했다. 한편, 3월 21일에는 푸틴 대통령과 시진핑 주석이 모스크바 크렘린궁에서 정상회담을 가진 후 공동성명을 발표했다. 4월 17일 유엔안보리에서는 12일에는 북한이 발사한 ICBM 화성-18형에 대한 대응책을 논의했으나 합의에 실패했다. 비슷한 시기에 열린 한일정상회담과 중러정상회담, 그리고 유엔안보리에서의 미국 대 중러의 대결 양상은 한반도에서 펼쳐지고 있는 한미일 대 북중러 대결 양상을 상징적으로 보여주는 이벤트였다. 여기에 윤석열 대통령은 우크라이나에 한국산 무기 지원을 시사하면서 이 대결구도를 더욱 고착화시키는 계기로 만들었다.[31]

4월 26일 윤석열 대통령과 바이든 대통령은 백악관 정상회담 후 한미동맹 70주년 공동성명을 발표하고 미국의 확장억제 강화 방안을 담은 '워싱턴 선언'을 공식 채택했다. '워싱턴 선언'을 통해 윤석열 대통령은 핵확산금지조약(NPT) 의무에 대한 한국의 오랜 공약 및 한미 원자력 협정 준수를 약속했고 이에 대해 바이든 대통령은 핵협의그룹(NCG) 설치와 미국 전략자산의 정례적 가시성 증진을 약속했다. 5월 7일 기시다 후미오 일본 총리가 방한해서 윤석열 대통령과 한일정상회담을 갖고 한미일 북한 미사일 경보 정보의 실시간 공유를 조속히 구축하기로 했다. 윤석열 대통령과 바이든 대통령은 일본 히로시마에서 열린 G7 정상회담에 참석해서 한미일 정상회담을 가졌다. 김정은 위원장은 6월에는 러시아의 국경일을 맞아 푸틴 대통령에 대한 완전한 지지와 연대를 약속하고 7월에는 러시아와 중국 대

label-for-north/ (accessed on Feb. 15, 2024)

31 조성흠, 장동우, 오수진, "러 '한, 우크라 무기공급은 전쟁개입 의미'… 양국 긴장 고조되나", 연합뉴스, 2023년 4월 19일, at https://www.yna.co.kr/view/AKR20230419157152009 (accessed on Feb. 15, 2024)

표단과 함께 전승 70돌 열병식을 참관했다.

8월 18일 한미일 정상은 미국의 캠프데이비드에서 3국 정상회담을 갖고 합의 내용을 문서화한 '캠프 데이비드 정신', '캠프 데이비드 원칙', '3자 협의에 대한 공약' 등 세 건을 채택했다. 또한 "한미동맹과 미일동맹 간 전략적 공조를 강화하고, 3국 안보협력을 새로운 수준으로" 끌어올리며 "공동의 이익과 안보에 영향을 미치는 지역적 도전, 도발, 위협 대응을 조율하기 위한 3자 차원의 신속한 협의"를 약속했다. 그리고 한미일 정상회의를 최소 연 1회 이상 개최하기로 했다.[32] 이렇듯 한미일이 동맹에 준하는 체제로 발전함으로써 한반도를 둘러싼 한미일 대 북중러 대결구도가 공식적으로 완성되었다.

한편 9월 13일 러시아의 아무르주 보스토치니 우주기지에서 김정은 위원장과 푸틴 대통령 사이의 북러정상회담이 열렸다. 이 회담에서 북한은 우크라에서 전쟁 중인 러시아에 무기와 탄약을 공급하고, 그 대가로 러시아는 북한이 필요로 하는 군사정찰위성 등 첨단 군사기술과 식량 등을 지원하기로 약속할 것으로 추측되었다.[33] 그러나 북한과 러시아의 이러한 관계증진은 단지 서로의 단기적 필요에 의해 이루어진 전술적 관계라거나 북한의 절망감 때문에 어쩔 수 없이 촉발된 이벤트였다기보다는 북한 외교정책의 근본적 변화를 보여주는 것으로 북한이 미국과의 관계개선을 완전히 포기한 것이라는 분석도 제기되었다.[34]

32 안용수, 이동환, "한미일 정상 '공동위협 즉각 공조'··· 최소 연 1회 정상회의 정례화", *연합뉴스*, 2023년 8월 19일, at https://www.yna.co.kr/view/IPT20230819000001365 (accessed on Feb. 15, 2024)

33 이광길, "김정은-푸틴, 보스토치니 우주기지서 만나", *통일뉴스*, 2023년 9월 13일, at https://www.tongilnews.com/news/articleView.html?idxno=208943 (accessed on Feb. 15, 2024)

34 Robert L. Carlin and Siegfried S. Hecker, "Putin-Kim Summit Starts a New Era for North Korea", *Foreign Policy*, September 12, 2023, at https://foreignpolicy.com/2023/09/12/putin-kim-russia-north-korea-summit-weapons-ammunition-us-nuclear-weapons-missiles-ukraine-war/ (accessed on Feb. 15,

김정은 위원장은 9월 26-7일에 열린 최고인민회의에서 "전 지구적 범위에서 '신냉전' 구도가 현실화되고 주권국가들의 존립과 인민들의 생존권이 엄중히 위협당하고 있는 현 상황"에서 "핵보유국으로서 나라의 생존권과 발전권을 담보하고 전쟁을 억제하며 지역과 세계의 평화와 안정을 수호하기 위하여 핵무기 발전을 고도화한다"라는 내용을 헌법에 명기하기로 결정했다. 이는 2022년 9월 최고인민회의에서 핵무력정책을 법령으로 채택하고 '불가역적인 핵보유국 지위'를 공표한 데 이어 핵무력 발전쟁책을 영구화하겠다는 강력한 의지를 드러낸 것으로 보인다. 이로써 한반도의 비핵화는 더욱더 멀어지게 되었다.[35] 한편, 미국 국방부는 "2023 WMD 대응 전략"에서 북한을 "지속적인 위협"으로 지목했다.

11월 16일 한미일 정상은 미국 샌프란시스코에서 열린 아시아태평양경제협력체(APEC) 정상회의에 참석 도중 별도로 회동을 갖고 협력을 다짐했다. 한편, 윤석열 대통령은 시진핑 중국 주석과 따로 만남을 갖기를 원했으나 시진핑 주석은 바이든 대통령, 기시다 총리와는 따로 만남을 가지면서도 윤석열 대통령과의 만남은 거절했다. 이러한 태도는 한반도를 둘러싼 한미일 대 북중러 구도를 다시 한번 확인시켜 주는 사건이었다.

한편 북한은 11월 21일 정찰위성을 발사했고 이에 윤석열 정부가 9·19 군사합의 효력 일부 정지를 의결하자 11월 23일 9·19군사 분야 합의에 따라 중지했던 모든 군사적 조치들을 즉각 회복할 것이라면서 실질적 합의

2024); Marialaura De Angelis, "How great power competition is shaping North Korea's grand strategy", *NK News*, February 27, 2024, at https://www.nknews.org/pro/how-great-power-competition-is-shaping-north-koreas-grand-strategy/ (accessed on Feb. 27, 2024)

35 김지연, "북핵협상 더 난항 겪나… 김정은, 핵무력 헌법화에 신냉전 재천명", 연합뉴스, at https://www.yna.co.kr/view/AKR20231209030600001 (accessed on Feb. 15, 2024)

파기를 선언했다.[36] 미국에서는 커트 캠벨 국무부 부장관 지명자가 12월 7일 상원 외교위원회 인준청문회에서 "북한은 미국과의 외교에 더 이상 관심이 없다"라면서 "억제력에 더 집중해야 한다"라고 주장했다. 또한 그는 "인도-태평양 QUAD, AUKU, 일본 및 한국과의 삼각협력, 나토 확장 등에 적절한 자원과 제도화를 보장할 것"을 밝혔다.[37]

12월 9일에는 제이크 설리번 미국 국가안보보좌관, 조태용 한국 국가안보실장, 아키바 다케오 일본 국가안전보장 국장이 서울에서 회담을 갖고 북한의 핵과 미사일 위협의 '뇌관'을 제거하기 위한 대북 신이니셔티브의 추진을 공개했다. 한미일은 단지 북한의 위협에 대한 대응을 벗어나 밀착하는 북중러를 견제하고 인도태평양 지역을 중심으로 한 '가치 중심'의 외교 전략에 합의했다. 설리번 보좌관은 한미일 3국 협력의 핵심은 "더 자유롭고, 더 개방적이고, 더 번영하고, 더 안전한 인도태평양을" 만드는 것이라면서 3국 협력의 범위가 한반도와 동북아를 넘어 인도태평양 지역까지 확장되는 것이라는 점을 명확히 했다.[38]

12월 15일 워싱턴에서 열린 제2차 핵협의그룹(NCG) 회의에서 한미 양국은 2024년 중반까지 핵전략 기획과 운용에 관한 가이드라인을 만들고 이를 통해 6월 정도에 확장억제체제 구축을 완성하기로 합의했다. 또한 핵위기 시 한미 정상 간 즉각적으로 통화할 수 있는 시스템도 구축되고 있으며 이를 위해 양국 정상에 휴대장비도 전달됐다고 밝혔다.[39] 이에 대해 북

36 이승현, "북국방성 성명, '중지했던 모든 군사적 조치 즉시 회복할 것'", 통일뉴스, 2023년 11월 23일, at https://www.tongilnews.com/news/articleView.html?idxno=209488 (accessed on Feb. 15, 2024)

37 이광길, "캠벨 '북, 미국과의 외교에 관심 없어… 억제에 집중해야'", 통일뉴스, 2023년 12월 8일, at https://www.tongilnews.com/news/articleView.html?idxno=209599 (accessed on Feb. 15, 2024)

38 곽민서, "더 밀착하는 한미일… 북핵 '원점차단'에 북중러 견제까지", 연합뉴스, 2023년 12월 9일, at https://www.yna.co.kr/view/AKR20230928035200504 (accessed on Feb. 15, 2024)

39 강병철, 김경희, "한미훈련에 핵작전 시나리오 포함… 위기 시 정상 핫라인 가동", 연합뉴스, 2023년 12월

한은 명백한 선전포고라면서 강하게 반발했다.

2024년 벽두부터 북한은 한국에 대해 매우 강경한 정책을 들고 나왔다. 2023년 말 김정은 위원장은 남북관계는 적대적인 두 국가관계로 고착되었으며 대한민국과는 통일이 성사될 수 없다고 선언했다.[40] 뒤이어 최선희 외무상은 대남기구 폐지에 착수했다. 또한 김정은 위원장은 군수공장 시찰 중 "대한민국 족속들을 우리의 주적으로 단정"하고 "자위적 국방력과 핵전쟁 억제력 강화"를 강조했다. 더 나아가 "대한민국이… 우리의 주권과 안전을 위협하려 든다면… 완전히 초토화해 버릴 것"이라고 말했다.[41] 또한 김정은은 "조선반도에서 전쟁이 일어나는 경우에는 대한민국을 완전히 점령, 평정, 수복하고 공화국령역에 편입"시킬 것이라고 말했다.[42] 이에 대해 로버트 칼린과 지그프리드 해커는 "한반도가 한국전쟁 이후 가장 위험한 상황"에 놓였다면서 "김정은이 전쟁을 결심했다"라고 주장했다.[43] 그러나 대다수의 전문가들이 칼린과 해커의 주장은 과장된 측면이 있다고 그들의 주장을 반박했다.[44]

16일, at https://www.yna.co.kr/view/AKR20231216015151071 (accessed on Feb. 15, 2024)

40 이승현, "'대적 두 국가관계 고착'.. '흡수통일' 주장 남은 통일상대 아니야", 통일뉴스, 2023년 12월 31일, at https://www.tongilnews.com/news/articleView.html?idxno=209748 (accessed on Feb. 15, 2024)

41 이승현, "김정은 위원장, '대한민국은 북의 주적…기회 오면 완전 초토화'", 통일뉴스, 2024년 1월 10일, at https://www.tongilnews.com/news/articleView.html?idxno=209816 (accessed on Feb. 15, 2024)

42 이승현, "김정은 위원장, '전쟁 시 대한민국 완전 점령' 헌법화 제시", 통일뉴스, 2024년 1월 16일, at https://www.tongilnews.com/news/articleView.html?idxno=209852 (accessed on Feb. 15, 2024)

43 Robert L. Carlin and Siegfried Hecker, "Is Kim Jong Un Preparing for War?" *38 North*, January 11, 2024, at https://www.38north.org/2024/01/is-kim-jong-un-preparing-for-war/ (accessed on Feb. 15, 2024)

44 이 이슈에 대한 *The National Interest*지의 논쟁을 참조하라.

Ⅳ. 트럼프 전 대통령의 외교정책과 한반도정책

　바이든 행정부의 외교정책과 한반도정책에 이어 트럼프 행정부의 외교정책과 한반도정책을 함께 검토하고 비교하는 이유는 트럼프 전 대통령이 올해 실시될 대선에서 다시 대통령에 당선될 가능성이 있기 때문이다. 트럼프 전 대통령은 수많은 사법리스크와 대선후보 자격논란에도 불구하고 공화당 대선후보 경선에서 승리를 거듭하고 3월 5일 슈퍼화요일 경선을 통해 니키 헤일리가 후보를 사퇴함으로써 공화당 대선후보로 사실상 확정되었다. 트럼프가 2016년에 대통령에 당선되었을 당시에는 트럼프가 워싱턴 정가의 아웃사이더로서 외교 경험이 전무했기 때문에 그의 발언과 선거공약들에도 불구하고 그가 실제로 어떤 외교정책을 펼칠지에 대해서 예측하기가 매우 어려웠다면 이제는 그가 대통령에 다시 당선된다면 어떤 외교정책과 한반도정책을 펼칠지 가늠해 볼 수 있는 근거가 훨씬 많아졌다.

　트럼프 전 대통령은 2016년 대통령 선거유세 당시 "위대한 미국 재건 Make America Great Again"이라는 선거 슬로건을 앞세워 민주당 후보였던 힐러리 클린턴에게 승리했다. 트럼프 행정부 외교정책의 특징은 미국 우선주의 America First, 외교적 고립주의, 경제적 보호무역주의, 외교정책에 대한 지경학적 geoeconomic 접근, 마지막으로 오바마 전 대통령의 정치적 유산을 되돌리는 것 등으로 요약될 수 있다. 이를 위해 트럼프 행정부는 환태평양 파트너십 Trans-Pacific Partnership과 파리기후협약에서 탈퇴하고 이란 핵합의를 철회하고 중국과의 관세전쟁, 무역전쟁을 시작했다.

　트럼프 행정부는 한반도 문제와 관련하여 2017년에 북한과의 긴장이 고조되자 유엔안보리에서 대북제재결의안 2371호, 2375호, 2397호 등을 통과시키고 8월에는 북한에 대해 "화염과 분노"에 직면할 것이라고 위협하고[45] 9월에는 유엔총회 연설에서 북한을 완전히 파괴할 것이라고 발언하는 등 북한에 대한 강경한 자세를 유지했다. 2018년 1월에는 "내 핵버튼이 훨씬 더 크다"라며 북한을 조롱하기까지 했다.[46] 그러나 이후 태도를 바꿔 3월에는 김정은 위원장과의 회담에 합의했고, 6월 싱가포르에서 역사적인 제1차 북미정상회담이 진행되어 6월 12일 싱가포르 공동성명을 발표했다. 싱가포르 공동성명을 통해 북한과 미국은 새로운 북미관계의 수립, 한반도 평화체제 구축, 한반도의 완전한 비핵화, 한국전쟁 유골 발굴과 송환 등에 합의했다.

그러나 2019년 2월 베트남 하노이에서 진행된 제2차 북미정상회담에서 두 정상이 합의문 도출에 실패하면서 북미관계는 다시 후퇴하기 시작했다. 이후에도 6월 판문점에서 남, 북, 미 3국 정상회동, 스웨덴에서 북미실무협상 등이 진행되었지만 합의점을 찾는 데 실패했으며 결국 2020년 전 세계를 휩쓴 코로나바이러스 팬데믹으로 인해 북미관계는 완전한 단절을 맞이했다.

하노이 정상회담의 실패에는 여러 요인이 작용했으나 미국 측의 원인만 나열해 본다면 회담이 진행되던 당시 미국 내에서 트럼프의 변호사였던 마이클 코헨 청문회 진행, 국가안보보좌관 존 볼턴의 CVID 요구에 준하는 대북 강경 자세, 북한의 제재완화 요구에 대한 거부, 북한의 영변핵시설 양보에 만족하지 않고 북한에 더 큰 양보 요구, 그리고 이에 대한 북한의 거

---

45 Peter Baker and Choe Sang-Hun, "Trump Threatens 'Fire and Fury' Against North Korea if It Endangers U.S.", *New York Times*, August 8, 2017.

46 Peter Baker and Michael Tackett, "Trump Says His 'Nuclear Button' Is 'Much Bigger' Than North Korea's", *New York Times*, January 2, 2018.

부 등이었다고 할 수 있다. 이후에 만약 미국이 북한의 영변핵시설 해체에 대한 제의를 받아들였다면 이는 북한 핵능력의 80% 정도를 감축시키는 수준이었다는 연구결과가 나오기도 했다.[47] 어쨌든 하노이 회담의 실패로 인해 2019년 12월 31일 북한은 김정은 위원장이 "새로운 길"과 "정면돌파전"을 내세우면서 미국과의 대화단절을 선언했다.[48]

이렇듯이 트럼프 행정부의 대북정책은 2017년의 초강경 정책에서 2018년에서 2019년 초에 이르는 기간 동안의 대화와 협상 정책, 하노이 회담 협상결렬 이후 소강 상태에 이어 2020년 코로나바이러스 팬데믹으로 인한 완전한 협상 단절의 단계를 거치면서 롤러코스터와 같은 큰 변화를 겪었다. 이러한 상황에서 바이든 대통령은 2020년 대선 후보 시절 대북정책을 보다 더 일관성 있게 추진할 것이며 자신은 탑다운 top down 방식보다는 바텀업 bottom up 방식을 선호할 것이라고 밝히기도 했다.

한편, 트럼프 전 대통령은 2020년 대선 과정에서 자신이 재선에 성공하면 한미동맹을 날려버리겠다고 한 것으로 드러났다. 워싱턴포스트지의 기자인 캐럴 리어닉과 필립 러커가 쓴 "나 홀로 고칠 수 있어: 도널드 트럼프의 재앙적 마지막 해"라는 책에 따르면, 트럼프는 비공개 석상에서 나토에서 탈퇴하고 한국과의 동맹을 날려버리는 것을 추구하겠다고 시사했다고 한다. 트럼프는 두 번째 임기에 이렇게 할 거라고 말했다고 전해진다.[49] 그런데 트럼프 전 대통령의 이 발언은 최근 그의 나토 관련 발언을 통해 유추

---

47 Gil Yun-hyung, "Kim-Trump Summit in Hanoi Could Have Eliminated 80% of N. Korea's Nuclear Capacity, A Report Says", 한겨레신문, 2021년 7월 16일, at https://english.hani.co.kr/arti/english_edition/e_northkorea/1003871.html (accessed on Feb. 15, 2024)

48 Choe Sang-Hun, "What Kim Jong-un's Latest Threats Say About His Trump Strategy", *New York Times*, January 1, 2020.

49 류지복, "트럼프, 대선 당시 '재선하면 한미동맹 날려버릴 것' 언급", 연합뉴스, 2021년 7월 14일, at https://www.yna.co.kr/view/AKR20210714002600071 (accessed on Feb. 15, 2024)

해 볼 때 거의 사실일 것으로 보인다. 트럼프 전 대통령은 사우스캐롤라이나 대선경선 유세에서 방위비를 분담하지 않는 동맹국은 보호하지 않을 것이며, 러시아가 원하는 대로 하라고 격려할 것이라고 말하면서 나토논쟁에 다시 불을 지폈다.[50] 또한, 한미 양국이 11차 SMA 종료 기한을 2년 가까이 남겨둔 시점에 방위비 협상을 시작하는 것은 매우 이례적인데, 이를 두고 오는 11월 미국 대선에서 트럼프 전 대통령의 재선 가능성을 염두에 둔 포석이라는 관측도 제기되었다.[51]

또한 트럼프 전 대통령은 올해 선거에서 다시 승리한다면 북한의 비핵화를 포기하고 핵무기 증강을 막기 위해 재정적 인센티브를 제공할 생각을 갖고 있는 것으로 알려졌다. 트럼프 전 대통령은 북한의 비핵화가 불가능한 목표이며 이러한 상황에서 북한과 비핵화 협상을 계속하는 것은 시간낭비일 뿐이며 그 시간과 노력을 중국과의 경쟁에 더 쏟아부어야 한다고 생각한다는 것이다.[52] 트럼프 대통령은 본인의 소셜미디어 플랫폼인 트루쓰소셜 Truth Social을 통해 이 보도를 사실이 아니라며 즉시 부인했지만 최근 그의 재임 시절 국가안보보좌관이었던 존 볼턴은 트럼프가 다시 대통령

50 Peter Baker, "Favoring Foes Over Friends, Trump Threatens to Upend International Order", *New York Times*, February 11, 2024; 최근 트럼프는 자신의 발언이 협상 전략이었다고 변명했다. Clayton Vickers, "Trump defends NATO threats as 'a form of negotiation'", *The Hill*, March 19, 2024, at https://thehill.com/policy/international/4542440-trump-defends-nato-threats-as-a-form-of-negotiation/ (accessed on Mar. 20, 2024)

51 김효정, 김동현, "한미, 차기 방위비 협상대표 임명…조만간 협상 착수할 듯", 연합뉴스, 2024년 3월 5일, at https://www.yna.co.kr/view/AKR20240305036652071?section=politics/all&site=major_news02 (accessed on Mar. 5, 2024)

52 Alexander Ward, "Trump Considers Overhauling His Approach to North Korea if He Wins in 2024", *Politico*, December 13, 2023, at https://www.politico.com/news/2023/12/13/trump-north-korea-nuclear-weapons-plan-00131469#:~:text=Foreign%20Affairs-,Trump%20considers%20overhauling%20his%20approach%20to%20North%20Korea%20if%20he,Washington's%20overall%20approach%20to%20Pyongyang (accessed on Feb. 15, 2024)

에 당선된다면 북한과 경솔한 협상을 다시 시도할 것이라고 경고했다.[53] 빅터 차도 트럼프가 대통령이 되면 "주한미군 철수나 한미 군사 훈련을 중단할 가능성이" 있으며, 한국이 독자 핵무장에 나서더라도 개의치 않을 것이라고 주장했다.[54] 더 나아가 만약 트럼프가 다시 당선된다면 유력한 국방장관 후보로 점쳐지고 있는 전 국방장관 대행 크리스 밀러는 최근 인터뷰에서 트럼프의 아이디어에 대해 "안 될 이유가 뭔가"라며 긍정적 반응을 보이기도 했다.[55] 이러한 상황에서 김정은 위원장은 바이든 대통령보다는 트럼프 전 대통령과의 협상을 선호하며, 다가오는 미국 대선에서 트럼프의 승리를 바라고 있는 것으로 보인다.[56]

Ⅴ. 한반도 평화를 위한 미국의 역할

한반도는 일본의 한반도 식민지배와 제2차 세계대전 후 국제적 차원에서 시작된 냉전으로 인해 분단되었다. 당시 한민족 대다수는 분단에 반대했지만 냉전과 국제관계의 역학 때문에 38선을 경계로 하는 분단을 어쩔 수 없이 받아들여야만 했고, 그 결과 38선 이남에는 미군이, 38선 이북에는 소련군이 각각 주둔했다. 더 나아가 1950년에 시작된 한국전쟁은 수많은

---

53 The Korea Times, "Bolton warns Trump could seek 'reckless' deal on NK nuclear program if reelected", January 31, 2024, at https://www.koreatimes.co.kr/www/world/2024/01/501_367923.html (accessed on Feb. 15, 2024)

54 송진원, "빅터차 '트럼프, 韓 핵무장 신경 안 쓸 것…주한미군 철수 가능성'", 연합뉴스, 2024년 3월 19일, at https://www.yna.co.kr/view/AKR20240319064800081?section=international/all&site=major_news02 (accessed on Mar. 19, 2024)

55 The Dong-A Ilbo, "Time to prepare for possible chaos on Korean peninsula", March 18, 2024, at https://www.donga.com/en/List/article/all/20240318/4820278/1 (accessed on Mar. 18, 2024)

56 Thomas Schafer, "Why North Korea wants another chance with Donald Trump", NPR, February 28, 2024, at https://www.npr.org/2024/02/28/1233985916/north-korea-diplomacy-trump-germany-former-ambassador (accessed on Feb. 29, 2024)

인명피해와 재산피해를 발생시켰을 뿐 아니라 남북분단과 남북대결을 더욱 고착화시켰다.

그로부터 40년 정도 지난 후 미국과 소련이 주도했던 냉전질서는 소련과 동구권의 붕괴로 인해 막을 내리게 되지만 한반도에서는 냉전의 유산인 남북분단이 여전히 유지되고 있으며 이로 인해 한반도는 여전히 대립과 갈등으로 인해 많은 희생과 고통을 감내하고 있다. 특히 한반도에서는 한국전쟁을 공식적으로 끝내기 위한 종전협정이 아직까지도 이루어지지 않고 있기 때문에 휴전으로 인한 준전시 상태가 여전히 진행 중이다. 이러한 한반도의 군사적 불안정성은 단지 한반도의 안전만을 위협할 뿐 아니라 동아시아의 안정과 세계평화에도 큰 위협이 되고 있다.

한반도에서 군사적 긴장을 제거하고 항구적 평화를 이루기 위한 가장 확실한 방법은 언어와 민족, 역사와 문화를 함께 공유하는 두 국가가 통일을 이루는 것이다. 그러나 이러한 통일은 전쟁이나 강압으로 이뤄져서는 안 되기 때문에 매우 점진적이고 장기적인 과정이 필요하다. 그러므로 통일을 이루기 전까지는 한반도에서 반드시 평화가 정착되어야 하며, 평화는 통일을 이루기 위한 필수적 조건이며 방법이기도 하다.

그동안 한반도에서는 평화를 정착시키기 위한 많은 노력이 진행되어 왔지만 가장 최근의 노력은 한반도의 완전한 비핵화와 항구적 평화체제 수립, 안정적이고 지속적인 남북관계, 한반도에서 경제적 공동번영을 목표로 한 문재인 정부의 한반도 평화구상이다. 최근 미국도 한반도의 비핵화와 평화체제 구축을 위한 노력에 함께해 왔다. 2018년 당시 미국의 트럼프 대통령과 북한의 지도자 김정은 위원장이 사상 최초의 북미정상회담을 진행하고 싱가포르 공동성명을 발표했으며 2019년에는 베트남의 하노이에서 제2차 북미정상회담을 갖기도 했다. 그러나 안타깝게도 그 후 북미 간의 의견 차이와 코로나바이러스 팬데믹 상황으로 인해 더 이상의 진전을 이루지 못했고 그 후 상황은 더욱 악화되었다.

이와 같은 상황에서 미국은 한반도의 평화와 통일을 위해 앞으로 어떤 역할을 할 수 있을까? 미국은 여전히 세계 최강대국이며 외교, 국제협력, 인도주의적 지원 등을 통해 세계평화에 기여할 수 있다. 또한 미국의 안보와 경제번영은 국제질서의 안정, 번영과 긴밀히 연결되어 있기 때문에 세계평화는 미국의 국익에도 직결되는 문제이다. 특히 미국은 한반도의 평화와 안정을 위해 노력해야 한다. 이를 위해 미국 정부는 먼저 북핵문제를 대화와 협상을 통한 외교적 방식으로 해결해야 한다. 한반도에서는 국지적 무력 충돌도 쉽게 전면전이나 국제전으로 확산될 수 있으므로 무력을 사용해서 북핵문제를 해결하려는 생각은 버려야만 한다.

그리고 북핵문제의 해결과 한반도 평화체제 구축은 동전의 양면이기 때문에 북핵문제의 해결을 위해서는 한국전쟁 종전선언, 대북제재 완화 또는 해제, 평화조약 체결, 북미관계 정상화 등이 함께 이뤄져야만 한다. 이 과정에서 미국은 동맹국이자 파트너인 한국 정부와 긴밀히 협조해야 한다. 그러나 무엇보다도 미국이 한반도의 평화와 통일에 기여하기 위해서는 새로운 사고가 필요하다. 정략적 차원의 접근이나 진영논리에서 벗어나야만 한다.

2018년 트럼프 대통령과 김정은 위원장의 싱가포르 북미정상회담이 열릴 당시 이를 바라보는 미국의 의회나 언론, 미국 외교정책이나 한반도 문제를 연구하는 전문가들의 시선은 대체로 우호적이지 않았다. 이들은 북미정상회담이 열리기 전부터 회담의 성공 가능성과 북한의 비핵화 의지에 대해 회의적인 시선을 보냈고 회담 이후에도 싱가포르 공동성명의 성과나 의미 등에 대한 평가보다는 트럼프 대통령이 북한에 대해 일방적으로 양보했다거나 독재자에게 정당성을 부여해 줬다거나 오직 본인의 정치적 선전을 위한 하나의 쇼에 불과하고 그 목적을 위해 김정은과 사진을 찍으러 간 것이라고 비난했다. 특히 트럼프 대통령의 한미연합군사훈련 중단 발표가 많은 비판을 받았다.[57]

특히 주류언론이나 민주당의 비판이 거셌다. 뉴욕타임스는 트럼프 대통령의 한반도 정책은 과거의 실패를 반복할 가능성이 높다는 기사를 내보냈고 AP통신은 북한이 북미정상회담 비용을 지불하지 않을 것이라고 보도했다. 척 슈머를 비롯한 민주당 상원의원들은 트럼프에게 보낸 공개서한에서 북한에 대해 양보하지 말 것과 핵무기뿐 아니라 생화학무기 사찰까지 요구했다. 민주당 성향의 브루킹스 연구소도 트럼프 대통령의 한반도 정책과 북한의 비핵화 의지에 대해 회의적인 시각을 꾸준히 내비쳤으며 포린폴리시는 트럼프 대통령이 북한 인권문제를 의제에 올려야 한다고 주장했다. 민주당 상원의원인 크리스 머피와 태미 덕워스는 북미정상회담 다음 날인 6월 13일 트럼프 대통령의 주한미군 감축 조치를 막기 위한 법안을 발의하기도 했다.[58]

원래 북한에 대해서 전통적으로 강경한 입장이었던 공화당의 비판이야 어느 정도 예상되었던 것이었다 하더라도 민주당의 비판은 예상 밖이었다. 클린턴 행정부 이후 전통적으로 다자외교와 대화와 협상을 통한 북핵문제 해결을 주장해 왔던 민주당이 이러한 정책에 기반한 북미정상회담을 신랄

---

57 안태형, "미국 조야는 여전히 신중론, 한인 사회, 지지 얻고자 총력", 통일시대, Vol. 145, 2018년 11월, pp. 34-37.
58 Ibid.

하게 비난한 것은 진영논리나 정략 정치라는 차원을 넘어서 이해하기 힘든 측면이 있다. 물론 정치적 양극화의 심화로 인해 미국에서도 진영논리적 사고나 정치정략적 사고에서 자유로울 수 없겠지만 그렇다 하더라도 미국이 한반도 문제 해결과 한반도의 평화와 통일에 기여하고자 한다면 가장 이러한 진영논리적 사고에서 벗어나는 것이 필요하다.

그러나 미국이 한반도의 평화와 통일에 기여하기 위해서는 북미관계의 개선이 필요하고 이를 위해서는 싱가포르공동성명의 합의 정신으로부터 다시 시작해야 한다. 오바마 행정부에서 백악관 국가안보회의 대량살상무기 조정관을 지낸 게리 세이모어도 싱가포르 공동성명이 "완벽하지 않고 흠이 있지만 협상의 토대가 되기에는 충분하다"라며 "비핵화, 한반도 평화와 안보, 미-북 관계 정상화 등 주요 요소들을 담고 있기 때문"이라고 말했으며, 스콧 스나이더 미 외교협회 한미정책국장도 싱가포르 합의가 북한과의 추가 협상을 위한 토대가 될 수 있다고 말했다.[59] 또한 보다 근본적으로는 한반도 문제에 대한 새로운 접근과 사고 a new approach and thinking이 필요하다. 한반도 분단의 역사에 대한 이해가 선행되어야 하며, 북한 체제가 가지고 있는 피포위 강박증 siege mentality에 대한 올바른 분석도 필요하다.[60] 그리고 북한이라는 국가단위를 현실주의적 관점에서 접근할 필요가 있다.[61]

---

59 이계환, "바이든 행정부의 대북정책에서 북미 싱가포르 합의는?" 통일뉴스, 2021년 4월 29일, at https://www.tongilnews.com/news/articleView.html?idxno=201889 (accessed on Feb. 15, 2024)

60 곽태환, "현시점에서 북한이 핵 포기를 할 수 없는 이유는?" *Break News*, 2022년 8월 23일, at https://m.breaknews.com/918051 (accessed on Feb. 15, 2024)

61 Hazel Smith, "Bad, Mad, Sad or Rational Actor? Why the 'Securitization' Paradigm makes for Poor Policy Analysis of North Korea", *International Affairs*, Volume 76, Issue 3, July 2000, pp. 593-617; Denny Roy, "North Korea and the 'Madman' Theory", *Security Dialogue*, Volume 25, Issue 3, 1994, pp. 307-316.

한편, 미국의 대북정책은 획기적인 변화가 필요하다. 적어도 단시간 내에 북핵 문제를 해결하고 한반도 비핵화를 이루는 것은 거의 불가능하다. 지금 상황에서 북한이 갑자기 핵을 포기할 이유도 없지만 비핵화 과정을 시작하더라도 완전한 비핵화까지 수십 년이 걸린다. 그러므로 이제 한반도의 비핵화를 미국의 대북 정책의 목표로 계속 유지하기보다는 북한의 핵동결과 한반도에서 전쟁 방지를 위한 위기 관리가 일차적인 목표가 되어야 한다. 대니얼 디페트리스도 같은 이유로 미국이 북한의 비핵화를 협상 목표로 하는 것을 이제 포기해야 한다고 주장한다. 좋든지 싫든지 간에 북한은 핵보유국이라는 것이다. 올해 미 대선의 승자가 누가 되든지 간에 두 옵션 중 하나를 선택해야 하는데 첫째는 아직도 단기간 내에 북한의 비핵화가 가능하다는 망상 아래서 이제까지 실패했던 방법과 수단들을 다시 써 보는 것, 둘째는 북한이 핵보유국이라는 사실을 인정하고 북한이 체제의 생존을 위해 핵무기를 쉽게 양보하는 상황은 오지 않을 것이라는 사실을 인정하는 것이다.[62] 이러한 주장은 이제 관계, 정계, 군사계, 언론계, 학계 등을 통해 확산되고 있는 추세다.[63]

---

62 Daniel R. DePetris, "The U.S. Needs a Dramatic Shift in North Korea Policy, Trump Might Have the Right Idea", *MSNBC*, at https://www.msnbc.com/opinion/msnbc-opinion/north-korea-nuclear-weapons-trump-rcna130437 (accessed on Feb. 15, 2024)

63 미 관계의 경우, Michael Lee, "U.S. willing to take 'interim steps' toward North's denuclearization, says White House official", *Korea Joongang Daily*, March 5, 2024, at https://koreajoongangdaily.joins.com/news/2024-03-04/national/diplomacy/US-willing-to-take-interim-steps-toward-Norths-denuclearization-says-senior-Washington-official/1994375 (accessed on March 5, 2024); 장용훈, "미 대북전략 조정하나…비핵화 중간단계 '위협감소' 주목", 연합뉴스, 2024년 3월 9일, at https://www.yna.co.kr/view/AKR20240308089400504?section=north-korea/all (accessed on March 9, 2024); 정계의 경우, 김난영, "미 하원의원 'CVID 가능성 없어… 북 핵보유 동결로 가야'", *NEWSIS*, 2023년 7월 28일, at https://mobile.newsis.com/view.html?ar_id=NISX20230728_0002393783 (accessed on Feb. 15, 2024); 미 군사계의 경우, 이광길, "주한미군사령관 '대북 초점, 핵개발 중단서 핵사용 억제로 바뀌어'", 통일뉴스, 2024년 3월 12일, at https://www.tongilnews.com/news/articleView.html?idxno=210216 (accessed on March 12, 2024); 미 언론계의 경우, Gearoid Reidy, "The West Has Failed: North Korea Is a Nuclear State", *Bloomberg*,

이러한 상황에서도 최근 한국과 미국 양국은 북한의 완전한 비핵화가 공동목표라는 점을 다시 한번 확인했다.[64] 물론 미국이 북한을 핵보유국으로 인정할 수 없는 이유가 있다. 먼저, 북한을 핵보유국으로 인정함으로써 NPT를 탈퇴하고 NPT체제 밖에서 핵개발에 성공한 나라로 선례를 만들고 싶지 않기 때문이다. 미국의 세계핵전략은 NPT체제에 기반하고 있으며 아직 미국은 NPT체제를 유지하고자 한다.[65] 둘째, 북한을 핵보유국으로 인정하면 동아시아에서 핵도미노 현상을 막기 어렵다. 한국, 일본, 대만 등이 모두 핵을 보유하고자 시도할 것이다. 그러면 동아시아에서부터 NPT체제가 무너질 가능성이 높다. 셋째, 핵보유국 인정은 북한이 핵개발 초기부터 꾸준히 제기해 왔던 이슈다. 미국이 아무런 대가 없이 북한을 핵보유국으로 인정한다면 북한에 대한 일방적 양보로 비칠 가능성이 있다. 넷째, 북한을 핵보유국으로 인정하면 북한이 바라는 대로 미국과 북한은 비핵화 협상

2022년 10월 23일, at https://www.bloomberg.com/opinion/articles/2022-10-23/north-korea-is-a-nuclear-state-the-west-has-failed?embedded-checkout=true (accessed on Feb. 15, 2024); 미 학계의 경우, Michael O'Hanlon, "Halfway Deal: How Joe Biden Can Cap North Korea's Nuclear Weapons Program", *The National Interest*, February 5, 2024, at https://nationalinterest.org/blog/korea-watch/halfway-deal-how-joe-biden-can-cap-north-koreas-nuclear-weapons-program-209126#:~:text=Such%20an%20agreement%20would%20cap,the%20event%20of%20North%20Korean (accessed on Feb. 15, 2024); 장이주, "미 대북정책, '완전한 비핵화' 대신 '핵무기 감축'으로 전환해야", *SP News*, 2023년 12월 29일, at https://www.spnews.co.kr/news/articleView.html?idxno=74966 (accessed on Feb. 15, 2024)

64 Kim Seung-yeon, "S. Korea, U.S. reaffirm commitment to complete N.K. denuclearization after North's missile launch", *Yonhap News Agency*, March 18, 2024, at https://en.yna.co.kr/view/AEN20240318007500315?input=rss&section=news (accessed on Mar. 18, 2024)

65 미국이 NPT체제(핵비확산 체제)를 유지시키고 싶어 하는 데에는 여러 가지 이유가 있을 수 있지만, 그중 하나는 세계 각지에서 많은 동맹국/파트너들과 안보협력관계를 유지하고 있는 미국이 핵을 가진 북한이나 이란과의 지역 분쟁에 동맹관계나 확장억제전략을 통한 자동 개입에 대한 리스크를 줄이고 싶어 하기 때문이다. 미국의 동맹국가와 안보협력국가의 현황에 대해서는 Jim Garamone, "Tailoring U.S. Outreach to Indo-Pacific Allies, Partners", *U.S. Department of Defense*, June 15, 2023, at https://www.defense.gov/News/News-Stories/Article/Article/3430129/tailoring-us-outreach-to-indo-pacific-allies-partners/ (accessed on Mar. 9, 2024); CIA, *The World Factbook*, at https://www.cia.gov/the-world-factbook/countries/united-states/#military-and-security (accessed on Mar. 9, 2024)를 참조하라.

이 아니라 핵국가 대 핵국가로서 핵군축 협상을 진행해야 할 수도 있다. 이 또한 미국이 바라는 바는 아닐 것이다. 이러한 이유로 미국은 북한을 핵보유국으로 인정해 주기가 어려운 것이다. 결국 미국은 북한을 공식적(de jure) 핵보유국이나 실질적(de facto) 핵보유국으로 인정하기 어려운 딜레마에 처해 있는 현실이다.[66]

그러나 앞에서도 논의했듯이 외교적 고립주의와 지경학적 접근을 선호하는 트럼프가 올해 다시 대통령으로 당선된다면 상황은 크게 달라질 수도 있다.[67] 트럼프는 그의 부인에도 불구하고 북한을 핵보유국으로 인정할 가능성이 있을 뿐 아니라 더 나아가 북한과의 관계개선을 시도하고 한미동맹 폐기나 아니면 주한미군 철수도 고려할 수 있다. 만약 그렇게 된다면 한국에서 지금은 워싱턴 합의로 묶여 있는 자체 핵무장 논의가 다시 본격화될 가능성이 높다.[68]

한국의 자체 핵무장 시도에는 찬반 논의가 있다. 자체 핵무장을 찬성하는 쪽은 북한의 비핵화는 불가능하고 북핵은 이제 분명하고도 현실적 위협

---

66   이우탁, "'北, 러시아와 협력으로 핵보유국 인정 기대' 의미와 전망은", *연합뉴스*, 2024년 3월 12일, at https://www.yna.co.kr/view/AKR20240312123000009?section=north-korea/all (accessed on March 12, 2014)

67   Ravi Agrawal, "How Trump Is Mobilizing an Isolationist Worldview", *Foreign Policy*, February 29, 2024, at https://foreignpolicy.com/2024/02/29/trump-isolationist-worldview-americans-survey/ (accessed on Feb. 29, 2024); Gideon Rose, "Isolationism 2.0: Donald Trump and the Future of the Liberal Order", *The National Interest*, March 5, 2024, at https://nationalinterest.org/feature/isolationism-20-donald-trump-and-future-liberal-order-209880 (accessed on March 6, 2024); 고립주의는 아니지만 미국이 "억제된" 외교정책을 채택해야 한다는 주장에 대해서는 Stephen M. Walt, "It's Not too Late for Restrained U.S. Foreign Policy", *Foreign Policy*, March 14, 2024, at https://foreignpolicy.com/2024/03/14/united-states-realism-restraint-great-power-strategy/ (accessed on Mar. 14, 2024)를 참조하라.

68   Doug Bandow, "Why Trump is Right about North Korea: At Least He is Interested in Breaking with the Past and Facing Reality about Nukes", *Responsible Statecraft*, December 19, 2023, at https://responsiblestatecraft.org/donald-trump-north-korea/ (accessed on Feb. 20, 2024); 서울평양뉴스 편집팀, "'동맹 경시' 트럼프 복귀 시, 방위비 분담·북핵 등 격랑 속으로", *SPN News*, 2024년 3월 20일, at https://www.spnews.co.kr/news/articleView.html?idxno=77983 (accessed on Mar. 20, 2024)

이며, 이로 인해 한국의 안보위기가 심화된 상황이고, 이러한 상황에서 미국의 확장억제 약속만으로는 북핵 대응에 부족하기 때문에 미국의 전술핵 재배치나 한국의 자체 핵무장이 필요하다고 주장한다. 반대하는 쪽은 한국이 핵을 보유한다면 한반도 비핵화는 영원히 불가능하고, 필연적으로 동아시아의 핵도미노 현상을 유발할 것이며, 이로 인해 동아시아지역에서 핵군비경쟁이 발생할 것이며, 한국이 자체핵무장을 시도하면 NPT나 IAEA 등 국제사회의 제재에 직면하게 될 것이고, 무엇보다도 미국이 반대할 것이며, 동아시아에서 군사적 충돌이 발생하면 중국과 러시아 등의 즉각적 공격목표가 될 것이라고 주장한다.

앞에서도 언급했듯이, 바이든 행정부는 한반도의 자체핵무장이나 독자적 핵개발에 반대하고 있다. 한편 한국인들을 대상으로 한 최근의 여론조사에 따르면 응답자의 91%가 북한의 비핵화는 불가능할 것이라고 대답했고, 60.8%가 미국이 자국에 대한 북한의 핵 공격 가능성을 무릅쓰고 한반도 유사시 핵 억지력을 행사할 것이라고 생각하지 않는다고 대답했으며, 72.8%가 한국의 독자적 핵개발이 필요하다고 대답했다.[69] 아마도 지금은 한반도를 둘러싼 상황이 그다지 희망적이지 않아서 이런 조사결과가 나온 점도 있을 것이다. 그렇더라도 지금은 한국이 결국 이와 같은 최후의 선택을 해야 하는 상황이 오지 않도록 어렵더라도 한반도 평화구축을 위해 포기하지 않는 미국의 노력이 그 어느 때보다도 필요하다는 생각이다.

---

69 최종현학술원, 제2차 '북핵 위기와 안보상황 인식' 갤럽 여론조사 결과 공개, 2024년 2월 6일, at https://www.chey.org/Kor/Event/eventView.aspx?seq=186&V_SEQ=143 (accessed on Feb. 15, 2024)

VI. 결론

1980년대 후반 탈냉전의 시기에 전 세계가 급변의 시기를 경험한 이후 처음으로 세계가 다시 한번 급변의 시기를 경험하고 있다. 그러나 탈냉전 시기의 변화가 일각에서 제기된 가능성에 대한 회의에도 불구하고, 자유민주주의 질서의 확대, 자유무역과 경제 성장, 핵전쟁의 위험과 공포의 균형으로부터의 해방 등 많은 희망과 기대를 가져다주는 변화였다면, 지금의 변화는 국제정치질서의 불안정성 증가, 보호주의와 다중블럭화가 심화되는 세계무역질서, 기후변화나 팬데믹에 대한 공포, 우크라이나 전쟁 등 강대국 정치의 귀환 등 많은 불안과 근심을 가져다주는 변화다.

한반도 상황도 크게 다르지 않다. 불과 몇 년 전 몇 차례의 남북정상회담과 판문점 선언, 평양 선언, 9·19군사합의 등의 남북 간 역사적 합의들, 또 두 차례의 역사적 북미정상회담과 싱가포르공동성명, 이 과정에서 북한의 가시적 비핵화 조치들이 한반도의 평화와 안정, 번영과 통일의 마중물이 되는 듯 보였으나 지금은 어느새 모두 신기루처럼 사라져버리고 이제 한반도에는 강대강의 상호 적대적 정책과 남북 간 무력시위와 군사적 대결로 인해 많은 사람들이 이러다가 혹시 전쟁이라도 나지 않을까 하는 위기와 불안감 속에 살고 있다. 지난 몇 년 사이 남북 간에 얼마나 많은 미사일 시험 발사와 포사격, 전략자산 전개와 연합군사훈련 등이 이뤄졌는지 생각해 보면 숨이 막힐 정도다.

국제관계에서 평화와 번영으로 가는 길이 어느 한 국가만의 노력으로 이루어지는 것이 아니듯이, 지금의 위기와 불안정도 어느 한 국가만의 책임은 아닐 것이다. 그러나 그렇다고 하더라도 여전히 최강대국으로서 세계

곳곳에서 막대한 영향력을 행사하고 있는 미국의 역할은 그 어떤 국가보다도 중요하다고 하겠다.[70] 이는 한반도의 평화를 위해서도 마찬가지다. 한반도의 평화와 안정, 번영과 통일을 위한 미국의 창조적이고 건설적인 역할을 기대해 본다. 한반도에서 한미일 대 북중러라는 암울한 대결구도가 해체되고 평화 지향적 국제관계 질서가 들어서길 기대해 본다.[71] 그리고 올해 미 대선에서 어떤 정부가 들어서더라도 그 출발점은 한반도를 새로운 관점에서 접근하고 또 창의적이고 혁신적인 사고로 한반도 문제를 해결해 나가려는 자세가 아닐까 한다.

보다 구체적으로는 급변하는 국제 정세와 한반도 정세에 맞춰 한반도 평화를 위한 외교적 목표와 전략적 과제 등에 대한 재평가가 필요하다. 아마도 한반도의 비핵화는 장기적 과제로 설정하고, 중단기적으로는 북한을 실질적 핵보유국으로 인정한 후 핵군비 경쟁 대신 핵동결이나 핵군축 노력이 필요할 것이다. 또한 남북과 주변 강대국들 사이의 협력을 통한 한반도를 둘러싼 군사적 긴장 완화와 위협 감소를 위한 노력이 필요할 것이다. 이를 위해 미국은 북미관계 발전을 위한 신뢰 형성과 남북관계 개선을 위한 중재, 그리고 남북미 협력의 선순환 형성을 위한 노력을 기울여야 할 것이다.

---

70   Fareed Zakaria, "The Self-Doubting Superpower", *Foreign Affairs* 103, No. 1 (January/February 2024), pp. 38-54.

71   북한, 중국, 러시아 3자 관계의 역동성에 대해서는 김연철, "김정은 집권기 북중러 삼각관계: 세 개 양자관계의 역동성", *한국과 국제정치*, 제39권, 제4호, 2023년 겨울, 통권 123호, pp. 99-130을 참조하라. 한편, 북한, 중국, 러시아의 3국 협력이 오래가지 못할 것이라는 주장도 제기되고 있다. 이에 대해서는 Oriana Skylar Mastro, "The Next Tripartite Pact? China, Russia, and North Korea's New Team Is Not Built to Last", *Foreign Affairs*, February 19, 2024, at https://www.foreignaffairs.com/china/next-tripartite-pact (accessed on Feb. 20, 2024)

참고문헌

강건택. "러 우크라 침공에 반대한 유엔···한국 등 141개국 '압도적 지지.'" *연합뉴스*, 2022년 3월 3
일. https://www.yna.co.kr/view/AKR20220303005753072.

강병철, 김경희. "한미훈련에 핵작전 시나리오 포함··· 위기 시 정상 핫라인 가동." *연합뉴스*, 2023
년 12월 16일. https://www.yna.co.kr/view/AKR20231216015151071.

곽민서. "더 밀착하는 한미일··· 북핵 '원점차단'에 북중러 견제까지." *연합뉴스*, 2023년 12월 9일.
https://www.yna.co.kr/view/AKR20230928035200504.

곽태환. "현시점에서 북한이 핵 포기를 할 수 없는 이유는?" *Break News*, 2022년 8월 23일. https://
m.breaknews.com/918051.

김난영. "미 하원의원 'CVID 가능성 없어··· 북 핵보유 동결로 가야.'" *NEWSIS*, 2023년 7월 28일.
https://mobile.newsis.com/view.html?ar_id=NISX20230728_0002393783.

김여정. "허망한 꿈을 꾸지 말라-김여정 조선로동당 중앙위원회 부부장 담화." *조선중앙통신*, 2022
년 8월 19일. https://www.tongilnews.com/news/articleView.html?idxno=205927.

김연철. "김정은 집권기 북중러 삼각관계: 세 개 양자관계의 역동성." *한국과 국제정치* 123, Vol. 39,
No. 4 (2023년 겨울): 99-130.

김재천. "바이든 행정부의 인도태평양 전략: 전략의 성격과 성패의 관건." *신아세아* 29, 2호 (2022년
여름): 1-26.

김지연. "북핵협상 더 난항 겪나··· 김정은, 핵무력 헌법화에 신냉전 재천명." *연합뉴스*, 2023년 12
월 9일. https://www.yna.co.kr/view/AKR20231209030600001.

김치관. "김정은 '절대로 먼저 비핵화란 없으며··· 협상도 흥정물도 없다.'" *통일뉴스*, 2022년 9
월 9일. https://www.tongilnews.com/news/articleView.html?idxno=206114#:~:text
=%EA%B9%80%20%EC%9C%84%EC%9B%90%EC%9E%A5%EC%9D%80%20
%E2%80%9C%EC%A0%88%EB%8C%80%EB%A1%9C%20
%EB%A8%BC%EC%A0%80,%ED%81%AC%EB%82%98%ED%81%B0%20%EC%9E%
90%EB%9E%91%E2%80%9D%EC%9D%B4%EB%9D%BC%EA%B3%A0%20%EB%82
%B4%EC%84%B8%EC%9B%A0%EB%8B%A4.

김효정, 김동현. "한미, 차기 방위비 협상대표 임명···조만간 협상 착수할 듯." *연합뉴스*, 2024
년 3월 5일. https://www.yna.co.kr/view/AKR20240305036652071?section=politics/
all&site=major_news02.

류지복. "트럼프, 대선 당시 '재선하면 한미동맹 날려버릴 것' 언급." *연합뉴스*, 2021년 7월 14일.
https://www.yna.co.kr/view/AKR20210714002600071.

류지복, 이상헌, 변덕근. "주한미대사 지명자 '북한은 불량정권··· CVID는 비확산 목표 부합.'" 연
합뉴스, 2022년 4월 8일. https://www.yna.co.kr/view/AKR20220408002051071.

문재인. "제76차 유엔총회기조연설." Accessed February 15, 2024. https://overseas.mofa.go.kr/un-ko/brd/m_23242/view.do?seq=72.

박동정. "주한미군 '우주군 부대 몇 주 안에 창설…곧 발표될 것.'" *VOA Korea*, 2022년 11월 29일. https://www.voakorea.com/a/6853712.html.

서울평양뉴스 편집팀. "'동맹 경시' 트럼프 복귀 시, 방위비 분담·북핵 등 격랑 속으로." *SPN News*, 2024년 3월 20일. https://www.spnews.co.kr/news/articleView.html?idxno=77983.

송진원. "빅터차 '트럼프, 韓 핵무장 신경 안 쓸 것…주한미군 철수 가능성.'" 연합뉴스, 2024년 3월 19일. https://www.yna.co.kr/view/AKR20240319064800081?section=international/all&site=major_news02.

안용수, 이동환. "한미일 정상 '공동위협 즉각 공조'… 최소 연1회 정상회의 정례화." *연합뉴스*, 2023년 8월 19일. https://www.yna.co.kr/view/IPT20230819000001365.

안태형. "미국 조야는 여전히 신중론, 한인 사회, 지지 언고자 총력." 통일시대 145 (2018년 11월): 34-37.

이계환. "바이든 행정부의 대북정책에서 북미 싱가포르 합의는?" 통일뉴스, 2021년 4월 29일. https://www.tongilnews.com/news/articleView.html?idxno=201889.

이계환. "미 '국가안보전략' 발표… '북과 비핵화 외교-확장억제 강화.'" 통일뉴스, 2022년 10월 13일. https://www.tongilnews.com/news/articleView.html?idxno=206383.

이광길. "안보리 대북 제재 결의안 부결… '중러 거부권 행사.'" 통일뉴스, 2022년 5월 27일. https://www.tongilnews.com/news/articleView.html?idxno=205146.

이광길. "미 백악관, '바이든 대통령은 한반도 비핵화에 전념.'" 통일뉴스, 2023년 1월 13일. https://www.tongilnews.com/news/articleView.html?idxno=207056.

이광길. "김정은-푸틴, 보스토치니 우주기지서 만나." 통일뉴스, 2023년 9월 13일. https://www.tongilnews.com/news/articleView.html?idxno=208943.

이광길. "캠벨 '북, 미국과의 외교에 관심 없어… 억제에 집중해야.'" 통일뉴스, 2023년 12월 8일. https://www.tongilnews.com/news/articleView.html?idxno=209599.

이광길. "주한미군사령관 '대북 초점, 핵개발 중단서 핵사용 억제로 바뀌어.'" 통일뉴스, 2024년 3월 12일. https://www.tongilnews.com/news/articleView.html?idxno=210216.

이승현. "북 최선희 외무상, 한미일 확장억제 강화에 '군사적 대응 맹렬해질 것' 경고." 통일뉴스, 2022년 11월 17일. https://www.tongilnews.com/news/articleView.html?idxno=206655.

이승현. "북국방성 성명, '중지했던 모든 군사적 조치 즉시 회복할 것.'" 통일뉴스, 2023년 11월 23일. https://www.tongilnews.com/news/articleView.html?idxno=209488.

이승현. "'적대적 두 국가관계 고착'… '흡수통일' 주장 남은 통일상대 아니야." 통일뉴스, 2023년 12월 31일. https://www.tongilnews.com/news/articleView.html?idxno=209748.

이승현. "김정은 위원장, '대한민국은 북의 주적..기회 오면 완전 초토화.'" 통일뉴스, 2024년 1월 10

일. https://www.tongilnews.com/news/articleView.html?idxno=209816.

이승현. "김정은 위원장, '전쟁 시 대한민국 완전 점령' 헌법화 제시." 통일뉴스, 2024년 1월 16일. https://www.tongilnews.com/news/articleView.html?idxno=209852.

이우탁. "'北, 러시아와 협력으로 핵보유국 인정 기대' 의미와 전망은." 연합뉴스, 2024년 3월 12일. https://www.yna.co.kr/view/AKR20240312123000009?section=north-korea/all.

이재호. "한국, MD 참여 없다고 했지만 미국은 '한국과 긴밀히 협력.'" 프레시안, 2022년 12월 14일. https://pressian.com/pages/articles/2022121410082279805.

장용훈. "미 대북전략 조정하나…비핵화 중간단계 '위협감소' 주목." 연합뉴스, 2024년 3월 9일. https://www.yna.co.kr/view/AKR20240308089400504?section=north-korea/all.

장이주. "미 대북정책, '완전한 비핵화' 대신 '핵무기 감축'으로 전환해야." SP News, 2023년 12월 29일. https://www.spnews.co.kr/news/articleView.html?idxno=74966.

정아란. "한미 '한반도 주변 연합훈련 확대… 한반도 완전한 비핵화 목표.'" 연합뉴스, 2022년 5월 21일. https://www.yna.co.kr/view/AKR20220521047552001.

정아란, 이동환. "윤 대통령 'NPT 존중이 현실적… 일 안보강화 크게 문제 안 돼.'" 연합뉴스, 2023년 1월 20일. https://www.yna.co.kr/view/AKR20230120019000001.

조성흠, 장동우, 오수진. "러 '한, 우크라 무기공급은 전쟁개입 의미'… 양국 긴장 고조되나." 연합뉴스, 2023년 4월 19일. https://www.yna.co.kr/view/AKR20230419157152009.

조은정. "바이든 '나토 정상회의 역사적… 한국-나토 새 파트너십 체결 예정.'" VOA Korea, 2022년 7월 1일. https://www.voakorea.com/a/6640352.html.

최종현학술원. "제2차 '북핵 위기와 안보상황 인식' 갤럽 여론조사 결과 공개." 2024년 2월 6일. https://www.chey.org/Kor/Event/eventView.aspx?seq=186&V_SEQ=143.

하채림. "SCM공동성명에 '김정은 정권 종말' 문구 첫 명시… 북 반발할 듯." 연합뉴스, 2022년 11월 4일. https://www.yna.co.kr/view/AKR20221104019700504.

Agrawal, Ravi. "How Trump Is Mobilizing an Isolationist Worldview." *Foreign Policy*, February 29, 2024. https://foreignpolicy.com/2024/02/29/trump-isolationist-worldview-americans-survey/.

Baker, Peter. "Favoring Foes Over Friends, Trump Threatens to Upend International Order." *New York Times*, February 11, 2024.

Baker, Peter and Choe Sang-Hun. "Trump Threatens 'Fire and Fury' Against North Korea if It Endangers U.S." *New York Times*, August 8, 2017.

Baker, Peter and Michael Tackett. "Trump Says His 'Nuclear Button' Is 'Much Bigger' Than North Korea's." *New York Times*, January 2, 2018.

Bandow, Doug. "Why Trump is Right about North Korea: At Least He is Interested in Breaking with the Past and Facing Reality about Nukes." *Responsible Statecraft*, December 19, 2023.

https://responsiblestatecraft.org/donald-trump-north-korea/.

Biden, Joseph R. Jr. "Why America Must Lead Again: Rescuing U.S. Foreign Policy after Trump." *Foreign Affairs* 99, no. 2 (March/April 2020): 64-76.

Biden, Joseph R. Biden, Jr. "Inaugural Address." Accessed February 15, 2024. https://www.whitehouse.gov/briefing-room/speeches-remarks/2021/01/20/inaugural-address-by-president-joseph-r-biden-jr/.

Carlin, Robert L. and Siegfried S. Hecker. "Putin-Kim Summit Starts a New Era for North Korea." *Foreign Policy*, September 12, 2023. https://foreignpolicy.com/2023/09/12/putin-kim-russia-north-korea-summit-weapons-ammunition-us-nuclear-weapons-missiles-ukraine-war/.

Carlin, Robert L. and Siegfried Hecker. "Is Kim Jong Un Preparing for War?" *38 North*, January 11, 2024. https://www.38north.org/2024/01/is-kim-jong-un-preparing-for-war/.

Choe, Sang-Hun. "What Kim Jong-un's Latest Threats Say About His Trump Strategy." *New York Times*, January 1, 2020.

CIA. *The World Factbook*. https://www.cia.gov/the-world-factbook/countries/united-states/#military-and-security.

De Angelis, Marialaura. "How great power competition is shaping North Korea's grand strategy." *NK News*, February 27, 2024. https://www.nknews.org/pro/how-great-power-competition-is-shaping-north-koreas-grand-strategy/.

Delury, John. "A Solution on North Korea Is There, if Biden Will Only Grasp It." *New York Times*, March 16, 2024.

DePetris, Daniel R. "The U.S. Needs a Dramatic Shift in North Korea Policy. Trump Might Have the Right Idea." *MSNBC*, December 19, 2023. https://www.msnbc.com/opinion/msnbc-opinion/north-korea-nuclear-weapons-trump-rcna130437.

Garamone, Jim. "Tailoring U.S. Outreach to Indo-Pacific Allies, Partners." *U.S. Department of Defense*, June 15, 2023. https://www.defense.gov/News/News-Stories/Article/Article/3430129/tailoring-us-outreach-to-indo-pacific-allies-partners/.

Gil, Yun-hyung. "Kim-Trump Summit in Hanoi Could Have Eliminated 80% of N. Korea's Nuclear Capacity, A Report Says." 한겨레신문, 2021년 7월 16일. https://english.hani.co.kr/arti/english_edition/e_northkorea/1003871.html.

Hudson, John, and Ellen Nakashima. "Biden Administration Forges New Path on North Korea Crisis in Wake of Trump and Obama Failures." *Washington Post*, April 30, 2021.

KBS World. "Blinken Emphasizes Need to Advance Security before Considering End to Korean War." March 11, 2021. https://world.kbs.co.kr/service/news_view.htm?lang=e&Seq_Code=

160084&fbclid=IwAR00rSiV0zG3jZnlANE3XP5zTofAJD_zQyIpkPCI3-xwvTPaKnIIV-KSP8M.

Keohane, Robert O. and Joseph S. Nye. "Power and Interdependence." *Survival* 15, no. 4: 158-165.

Keohane, Robert O. and Joseph S. Nye. "Globalization: What's New? What's Not? (And So What)?" *Foreign Policy* 118: 104-119.

Kim, Hyung-jin. "South Korea Defense Report Revives 'Enemy' Label for North." *The Diplomat*, February 17, 2023. https://thediplomat.com/2023/02/south-korea-defense-report-revives-enemy-label-for-north/.

Kim, Jeongmin. "Biden's Secretary of State Nominee Vows to 'Increase Pressure' on North Korea." *NK News*, January 20, 2021. https://www.nknews.org/2021/01/bidens-secretary-of-state-nominee-vows-to-increase-pressure-on-north-korea/.

Kim, Seung-yeon. "S. Korea, U.S. reaffirm commitment to complete N.K. denuclearization after North's missile launch." *Yonhap News Agency*, March 18, 2024. https://en.yna.co.kr/view/AEN20240318007500315?input=rss&section=news.

Kuo, Mercy A. "The 'Lost Decade' of the US Pivot to Asia: Insights from Richard Fontaine." *The Diplomat*, March 18, 2024. https://thediplomat.com/2024/03/the-lost-decade-of-the-us-pivot-to-asia/.

Lee, Michael. "U.S. willing to take 'interim steps' toward North's denuclearization, says White House official." *Korea Joongang Daily*, March 5, 2024. https://koreajoongangdaily.joins.com/news/2024-03-04/national/diplomacy/US-willing-to-take-interim-steps-toward-Norths-denuclearization-says-senior-Washington-official/1994375.

Mastro, Oriana Skylar. "The Next Tripartite Pact? China, Russia, and North Korea's New Team Is Not Built to Last." *Foreign Affairs*, February 19, 2024. https://www.foreignaffairs.com/china/next-tripartite-pact.

O'Hanlon, Michael. "Halfway Deal: How Joe Biden Can Cap North Korea's Nuclear Weapons Program." *The National Interest*, February 5, 2024. https://nationalinterest.org/blog/korea-watch/halfway-deal-how-joe-biden-can-cap-north-koreas-nuclear-weapons-program-209126#:~:text=Such%20an%20agreement%20would%20cap,the%20event%20of%20North%20Korean.

Riedy, Gearoid. "The West Has Failed: North Korea Is a Nuclear State." *Bloomberg*, 2022년 10월 23일. https://www.bloomberg.com/opinion/articles/2022-10-23/north-korea-is-a-nuclear-state-the-west-has-failed?embedded-checkout=true.

Rose, Gideon. "Isolationism 2.0: Donald Trump and the Future of the Liberal Order." *The National*

Interest, March 5, 2024. https://nationalinterest.org/feature/isolationism-20-donald-trump-and-future-liberal-order-209880.

Roy, Denny. "North Korea and the 'Madman' Theory." *Security Dialogue* 25, Issue 3 (1994): 307-316.

Schafer, Thomas. "Why North Korea wants another chance with Donald Trump." *NPR*, February 28, 2024. https://www.npr.org/2024/02/28/1233985916/north-korea-diplomacy-trump-germany-former-ambassador.

Scholz, Olaf Scholz. "The Global Zeitenwende: How to Avoid a New Cold War in a Multipolar Era." *Foreign* Affairs 102, no. 1 (January/February 2023): 22-38.

Smith, Hazel. "Bad, Mad, Sad or Rational Actor? Why the 'Securitization' Paradigm makes for Poor Policy Analysis of North Korea." *International Affairs* 76, Issue 3, (July 2000): 593-617.

Sullivan, Jake. "The Sources of American Power: A Foreign Policy for a Changed World." *Foreign Affairs* 102, no. 6 (November/December 2023): 8-29.

The Dong-A Ilbo. "Time to prepare for possible chaos on Korean peninsula." March 18, 2024. https://www.donga.com/en/east/article/all/20240318/4820278/1.

The Korea Times. "Bolton warns Trump could seek 'reckless' deal on NK nuclear program if reelected." January 31, 2024. https://www.koreatimes.co.kr/www/world/2024/01/501_367923.html.

The National Interest. "Korea Watch." Accessed February 20, 2024. https://nationalinterest.org/blog/korea-watch.

The White House. "Indo-Pacific Strategy of the United States." Accessed February 20, 2024. https://www.whitehouse.gov/wp-content/uploads/2022/02/U.S.-Indo-Pacific-Strategy.pdf.

The White House. "National Security Strategy." Accessed February 15, 2024. https://www.whitehouse.gov/wp-content/uploads/2022/10/Biden-Harris-Administrations-National-Security-Strategy-10.2022.pdf.

Vickers, Clayton. "Trump defends NATO threats as 'a form of negotiation.'" *The Hill*, March 19, 2024. https://thehill.com/policy/international/4542440-trump-defends-nato-threats-as-a-form-of-negotiation/.

Walt, Stephen M. "It's Not too Late for Restrained U.S. Foreign Policy." *Foreign Policy*, March 14, 2024. https://foreignpolicy.com/2024/03/14/united-states-realism-restraint-great-power-strategy/.

Ward, Alexander. "Trump Considers Overhauling His Approach to North Korea if He Wins in 2024." *Politico*, December 13, 2023. https://www.politico.com/news/2023/12/13/trump-

north-korea-nuclear-weapons-plan-00131469#:~:text=Foreign%20Affairs-,Trump%20
considers%20overhauling%20his%20approach%20to%20North%20Korea%20if%20
he,Washington's%20overall%20approach%20to%20Pyongyang.

Zakaria, Fareed. "The Self-Doubting Superpower." *Foreign Affairs* 103, No. 1 (January/February
2024), pp. 38-54.

Zwirko, Colin. "Kim Jong Un Vows to 'Exponentially' Increase Nuke Production to Counter US,
ROK." *NK News*, January 1, 2023. https://www.nknews.org/2023/01/kim-jong-un-vows-
to-exponentially-increase-nuke-production-to-counter-us-rok/.

제7장

한반도 문제해법과
중국의 새로운 역할

이희옥

I. 서론

미중 전략경쟁이 구조화되고 있다. 중국의 명목 GDP가 미국의 70% 수준에 도달하면서 미국의 중국 때리기(China bashing)가 본격화되고 있다. 이러한 현상은 중국에 대한 미국인들의 부정적 여론이 높다는 점에서 공화당과 민주당 정부가 대중국 정책을 추진하는 데 있어 국내 정치적 부담도 크지 않다.[1]

미국은 국제질서에서 중국의 역할을 부분적으로 수용하고 인정하지만, 규칙에 기반한 국제질서(rule-based international order)에 도전하는 것은 허용

---

[1] 미국은 중국 위협에 대한 민주당과 공화당의 의견이 수렴되고 있고, 어떻게 대응할 것인가에 대한 방법론의 차이가 있다. Mel Gurtov and Mark Selden, "The Dangerous New US Consensus on China and the Future of US-China Relations", *The Asia-Pacific Journal* (Japan Focus) (Vol. 17, No.5 (Aug. 1, 2019) "China is not enemy", *The Washington Post* (2019.7.2.); "Conservative Republicans especially likely to say China is the top threat to the U.S." https://www.pewresearch.org/short-reads/2023/07/27/americans-name-china-as-the-country-posing-the-greatest-threat-to-the-us/sr_2023-07-27_us-threat-and-ally_3/ (검색일: 2024.1.9)

하지 않고 있다.[2] 이것은 미국이 패권을 보호하기 위해 견지해 온 미국 예외주의(American exceptionalism)의 원칙이었다.[3] 구체적으로는 미국은 다음과 같은 대중국 견제정책을 추진하고 있다. 첫째, 인도-태평양전략을 통해 이 지역에서 미국의 개입능력을 확대해 중국의 영향력을 축소시킨다. 둘째, 인도-태평양 경제프레임 워크(IPEF)와 같은 다자경제의 프레임을 통해 미국의 영향력을 확대한다. 셋째, 한미일 안보협력을 강화하고 전략자산을 적극 투사하는 등 아시아에서 미국의 존재감을 과시한다. 넷째, 중국을 유일한 경쟁자로 간주하고 동맹국가와 우호국가(like minded countries)와 함께 민주와 독재의 구도를 선명하게 만든다는 것이다.[4]

한편 중국도 미국이 주도한 자유주의 국제질서에서 단순한 하나의 행위자 역할에서 벗어나 정체성의 정치(politics of identity)를 추구하고 있고, 다양한 중국식 외교 담론을 제시하면서 본격적인 제도와 이데올로기 경쟁을 시도하고 있다. 예컨대 신형대국관계와 이를 계승한 신형국제질서가 그것이다. 신형대국관계는 ① 불충돌과 비대항(비군사적 방식으로 미국과 지속적 경쟁), ② 상호 공영(새로운 국제적 지위를 반영한 상호 평등, 상호 호혜 관계), ③ 상호 존중(상호 핵심이익 혹은 전략적으로 중요한 사안에 대한 존중)이며,[5] 신형국제질

---

2   오바마 정부도 중국과 같은 국가에 국제경제 질서의 규칙을 쓰게 할 수 없다고 밝힌 바 있다. The White House, "Statement by the President on the Trans-Pacific Partnership." https://www.whitehouse.gov/the-press-office/2015/10/05/statement-president-trans-pacific-partnership (검색일: 2016.11.7)

3   Buzan은 미국 예외주의를 자유주의, 도덕주의, 고립주의, 반국가주의로 보았다. 즉 타국의 모범이자 개입을 통해 세계를 변화시킨다는 것이다. Barry Buzan, *The United States and the Great Powers: World Politics in the Twenty-First Century,* (Cambridge: Polity Press, Buzan, 2004), pp. 154-164.

4   다만 미국은 대중국 견제의 목표가 자국의 경제적 이익을 보호하는 데 주력하고 있고 동맹재(alliance goods)를 제공하지 못하고 있다는 비판도 있다. Chad P. Brown and Douglas A. Irwin, "Trump's Assault on the Global Trading System and Why Decoupling from China Will Change Everything" *Foreign Affairs,* Vol.98, No.5 (Sep-Oct, 2019).

5   중국 예외주의를 강대국 개혁주의(Great Power Reformism), 관용적 평화주의(Benevolent Pacifism), 조화로운 포용주의(harmonious inclusionism)로 주장하기도 한다. Feng Zhang, "The Rise of Chinese exceptionalism in international relations." *European Journal of International Relations,* Vol. 1, No. 24 (2013), pp. 311-314.

서는 국제체제의 기본 특징을 개방과 포용으로 간주하면서 협력공영의 처리원칙, 다극화 추진, 동반자관계를 구축하고자 한다.[6]

물론 중국은 종합 국력의 한계 때문에 당분간 미국이 주도하는 자유주의 국제질서를 타파하고 대안의 질서를 구축하기는 어렵다.[7] 중국 스스로 G2 국가가 아니라 '개발도상국의 대국'이라고 간주하고, '싸우지만, 판을 깨지 않아야 한다'(鬪而不破)라는 차원에서 전략적 절제를 유지하고 있다. 즉 중국은 자국의 주변에서 안정적 교두보를 확보해 장기적으로 사회주의 현대화 강국을 건설한다는 국가 대전략을 추진하고 있다.[8] 일대일로 이니셔티브(BRI) 추진, 아시아 인프라 투자은행 건설, 상하이 협력기구(SCO)와 브릭스(BRICs)의 확대, 포괄적 경제동반자협정(RCEP) 체결, 글로벌 사우스 정책을 추진해 왔다.

이러한 미중 전략경쟁은 아시아의 균열대(fault line)인 대만, 남중국해는 물론이고 한반도의 안보환경에 크게 영향을 미치고 있다. 무엇보다 한반도에서 한미일 안보협력이 공고화되고 미국은 확장억지(extended deterrence)를 위한 전략자산을 적극적으로 전개하고 있으며 한미 양국은 '핵협의그룹'(Nuclear Consultative Group)을 신설하기도 했다.[9] 또한 중국은 이러한 미국의 한반도 정책이 중국을 겨냥하고 있다고 반발하면서 윤석열 정부 출범 이후 한중관계에도 부정적 영향을 미치고 있다. 다만 중국은 미중 전략경쟁의 전선(戰線)이 대만해협 위기, 남중국해 갈등, 러시아-우크라이나 전쟁,

---

6 李文, "告別霸权时代新型国际秩序的四个重要特点", 『人民论坛·学术前沿』(2017年 2月).

7 러시 도시는 중국의 대외정책은 약화시키기(Blunt), 구축하기(Build)를 통해 대체(Displace)하려는 것으로 보았다. Rush Doshi, *The Long Game: China's Grand Strategy to Displace American Order,* (Oxford University Press, 2021).

8 『人民日報』(2013.10.25).

9 대한민국 대통령실, "한미 핵협의그룹(NCG) 공동언론발표문." http://president.go.kr/newsroom/press/emxyMDyk (검색일: 2024.1.25)

이스라엘-팔레스타인 분쟁에 이어 한반도까지 확대되는 것에 대해서는 크게 우려하고 있다. 실제로 중국은 유엔안보리 대북한 경제제재를 지속적으로 유지하고 있고, 북중러 군사협력에도 신중하게 접근하고 있다.

더구나 한반도 문제의 당사자인 남북한이 상대를 서로 적국으로 간주한다는 점에서 더욱 복잡해졌다.[10] 한국 정부가 북한이 핵을 포기해야 협력한다는 대담한 구상이나 '자유의 북진'에 기초한 통일구상을 전개하면서 사실상 흡수통일을 추진하고 있다. 김정은 정권도 "(남북한을) 적대적 두 개의 국가 관계이며 전쟁 중인 두 개의 교전국가 간 관계"[11]로 규정하고 남한과 관련된 기관 및 단체, 법령, 합의서 등을 폐기했다. 그럼에도 불구하고 미국은 한반도 문제에서의 외교적 해법만을 강조할 뿐, 북한과 북핵문제를 외교정책의 우선순위에 두지 않았고, 중국도 미국이나 남북한이 먼저 움직이지 않는 상황에서 연루(entrapment)의 위험을 최대한 피하고자 했다. 이런 상황에서 한반도 평화라는 기회의 창이 닫히면서 취약성의 창이 열리고 있다.

이 글은 한반도 문제가 미중 전략경쟁의 종속변수로 전락하고 있는 점을 주목하면서 한반도 위기가 고조되는 것을 낮출 수 있는 방안의 하나로 중국 역할론을 주목했다. 즉 한반도 문제의 과도한 국제화가 한반도 안보환경을 악화시키고 있고 남북관계와 북미관계가 탈출구를 찾지 못하는 상황에서 상대적으로 대북한 영향력을 지닌 중국의 역할론을 통해 한반도 평화의 가능성과 한계를 분석하고자 했다.[12] 물론 한중관계의 교착이 지속되면,

---

10 대한민국 국방부, 『국방백서』(대한민국 국방부, 2022), p. 39; 북한도 2022년 12월 당중앙위원회 제8기 제6차 전원회의 확대회의에, 우리를 '의심할 바 없는 명백한 적'이라고 지칭하였다. 『조선중앙통신』 (2023.12.28).

11 『조선중앙통신』(2023.12.31), 『로동신문』(2024.1.16).

12 이희옥, "중국의 대북한 영향력과 북중관계의 재정상화", 『중소연구』42권 3호 (2018).

중국 역할론의 한계도 분명하다. 그러나 중국이 미중 관계의 안정을 바라고 있고 한반도에서 전쟁을 방지하고 한반도 비핵화 입장을 유지하고 있으며, 한국의 지나친 대미경사정책을 방지하기 위해 한국을 끌어들일 정책적 유인도 있기 때문이다.

II. 한반도의 외부 안보환경: 미중 전략경쟁의 심화

■ 키신저 질서의 해체

미중관계는 1972년 데탕트, 1979년 미중수교 이후 굴곡이 있었지만, 대체로 책임 있는 이해상관자(responsible stakeholder)로서 협력적 관계를 유지해 왔다. 그 배경에는 중국이 아태 지역에서 미국의 패권적 지위를 현실적으로 수용했고, 미국도 개혁개방을 통해 중국을 자유주의 국제질서에 편입시키고자 했다. 이처럼 미중 간 이익의 균형을 모색한 현상을 '키신저 질서'라고 부를 수 있다.[13] 그러나 이 질서는 미국 패권이 상대적으로 쇠퇴하고 중국의 부상이 본격화되면서 흔들리기 시작했다. 중국은 미국의 봉쇄를 더 이상 수용하고자 하지 않았고, 미국도 중국 부상의 속도를 약화시키고자 했다. 그리고 2018년부터 시작된 미중 무역마찰은 키신저 질서를 결정적으로 해체하는 계기가 되었다.[14] 미국은 효용극대화(efficiency maximizing)를 위해 구축했던 글로벌 가치사슬체계를 버리고 사실상 중상주의 정책을 전개했고[15] '힘을 통한 평화'로 중국을 전방위적으로 압박했다. 중국도 강

13　Gideon Rachman, "The Asian strategic order is dying", *Financial Times* (Aug 5, 2019).

14　헨리 키신저가 중국의 역사복합체를 정확하게 파악하고 미중 협력체제에 기초한 공진이 필요하다고 주장했으나, 이에 대한 상반된 평가도 있다. Henry Kissinger, *On China* (New York: Penguin Press, 2011); Kurt M Campbell, Ely Ratner, "The China Reckoning: How Beijing Defied American Expectations", *Foreign Affairs*, Vol.97, Iss.2, (Mar/Apr 2018), pp. 60-70.

15　Chad P. Brown and Douglas A. Irwin, "Trump's Assault on the Global Trading System and Why

력한 시장의 힘을 바탕으로 미국의 힘을 약화시키고 대안의 질서를 만들기 시작하면서 미국의 공세에 대응하기 시작했다.[16]

이러한 현상은 무엇보다 팍스 아메리카나(Pax America)를 유지해 왔던 미국의 군사력, 경제력, 국제기구, 소프트파워 등 모든 부분이 상대적으로 쇠퇴했기 때문이다. 첫째, 미국의 패권을 구성하는 군사력이다. 특히 지구 공역통제(command of the commons) 수준을 보여주는 핵 항모, 4-5세대 전술 항공기, 조기경보기 등은 중국과 비교할 때, 미국은 압도적 우위에 있다.[17] 그러나 미국은 세계경찰로서 군사력을 투사해야 하지만, 미국 경제를 회복시키고 패권을 유지하기 위해서는 이러한 재정을 홀로 감당하기 어렵게 되었다. 최근 미국이 유럽에 더 많은 군비부담을 요구하고 동아시아에서 한미일 안보협력을 강화한 이유도 이러한 미국안보의 외주화(outsourcing)라고 볼 수 있다.

둘째, 미국과 중국의 경제력은 2023년 말 명목 국내총생산 기준으로 각각 약 27조 달러, 17조 7천억 달러이다. 이 추세라면 명목 GDP 기준으로 2030년경 미중 경제력은 역전될 수도 있다.[18] 무엇보다 미국은 세계경제위기를 해결하고 최종채권자(lender of last resort)가 되어야 하지만 실제로는 채무자가 되었고 오히려 중국이 글로벌 경제위기 때마다 세계경제 회복의 동력을 제공했다. 특히 중국은 권위주의 체제의 특성 때문에 시장에서의 혁

Decoupling from China Will Change Everything" *Foreign Affairs*, Vol. 98, No. 5 (Sep-Oct, 2019); Irwin Stelzer, "Don't call it a trade war" *The American Interest* (Aug. 13, 2019). https://www.hudson.org/research/15248-don-t-call-it-a-trade-war (검색일: 2019.12.2)

16 John J. Mearsheimer, "Bound to Fail: The Rise and Fall of the Liberal International Order", *International Security*, Vol. 43, No. 4 (Spring 2019).

17 Stephen Brooks and Williams Wohlforth, "The Rise of and Fall of Great Powers in the 21st Century: China's Rise and the Fate of America's Global Position", *International Security*, 40-3 (Winter 2015-2016), p. 20.

18 https://www.imf.org/external/datamapper/profile/CHN (검색일: 2024.3.8)

신이 부족할 것이라는 통념을 깨고 최첨단 기술 분야에서 미국과의 격차를 줄이기도 했다.

셋째, 팍스 아메리카나는 유엔, 국제통화기금, 세계은행 등 다양한 국제 기구에 의해 유지되어 왔으나, 이들 기구와 조직에서 중국의 영향력이 점차 확대되었다. 중국은 기존의 국제기구를 보완할 수 있는 다양한 지역 전략을 통해 주변국과 협력과 연대를 강화해 왔다. 물론 중국이 주도하는 국제기구나 지역기구의 영향력과 지속 가능성은 한계는 있지만, 국제사회에서 중국의 위상을 높였다. 특히 시진핑 체제 등장 이후 신형국제관계, 인류운명공동체, 글로벌 문명 이니셔티브, 글로벌 발전 이니셔티브, 글로벌 문명 이니셔티브 등 담론권력(discourse power)을 강화하는 것도 이러한 맥락이다.

넷째, 미국은 2008년 금융위기를 대처하는 과정에서 미국의 소프트파워가 크게 약화되었다. 특히 미국은 공화당과 민주당 정부 모두 자국 우선주의를 실현하기 위해 동맹국을 압박했고, 글로벌 공공재(global public goods)를 제공하는 데 실패했다. 그 결과 자유주의 국제경제 질서가 유일한 대안이라는 주장도 도전에 직면했다. 바이든 정부가 대외정책 슬로건을 글로벌 리더십의 회복에 둔 것도 이러한 미국의 위기를 반영한 것이었다. 반면 중국은 개발도상국에 대한 조건 없는 금융지원, 공적개발원조(ODA)의 추진, 아시아인프라투자은행(AIIB) 설치, 일대일로 프로젝트의 새로운 변화를 통해 중국의 연선국가들과 협력을 강화했다.[19]

---

19 "Full text of Xi Jinping's keynote speech at 3rd Belt and Road Forum for Int'l Cooperation" https://english.news.cn/20231018/7bfc16ac51d443c6a7a00ce25c972104/c.html (검색일: 2024.3.20). 중국은 일대일로 10년을 맞아 '작고 아름다운(小而美) 프로젝트'를 통해 연선국가들의 효능감을 높이고자 했다.

■ 미중 전략경쟁과 중국의 정책조정

미중 간 국력을 기존의 측정 방식인 군사력, 경제력, 과학기술 능력을 유량(flow)이 아닌 축적량(stock)으로 측정하거나, 자원 총량만을 계산한 총지표(gross indicator)가 아니라 복지부담과 국가안보 비용을 고려한 순지표(net indicator)로 평가하면, 여전히 국력의 격차는 크다.[20] 실제로 2023년 말 중국의 1인당 국내총생산은 1만 2,386달러(미국은 8만 3,000달러)에 불과하며, 핵심 과학기술 영역에서도 미국을 추격하는 데 한계가 있다. 실제로 기술 로열티 수입, 노벨상 수상자, 연구개발(R&D) 등으로 표출되는 산출(output)능력에서 미국과 중국의 국력 격차는 뚜렷하다. 따라서 중국도 주권, 불개입, 자결권, 강대국 우위라는 베스트팔렌 체제(Westphalia system), 그리고 개방성과 규칙에 기초한 자유주의 국제질서라는 두 개의 프로젝트에 의해 형성된 자유-베스트팔렌 질서를 현실적으로 수용하고 있다. 즉 중국은 자유주의 국제질서 내에서 패권을 반대하지만 자유주의 국제질서 그 자체를 문제 삼지는 않는다.

사실 중국이 이미 강대국이 되었다는 주장이 있으나, 현실적으로는 개발도상국의 대국과 강대국이라는 이중적 정체성(dual identity)을 가지고 있다.[21] 또한, 중국은 미국과 세계를 공동으로 통치한다는 의미의 G2 체제에 대해 부정적이고, 힘의 분산에 기초한 다극화를 선호하고 있다.[22] 이런 점에서 실제로 미중 전략경쟁에 대한 중국의 대응도 비교적 신중하다. 물론 기존행동에 대한 반성이 필요하다는 성찰론, 부상한 힘을 바탕으로 미국에

---

20   Michal Beckley, "The Power of Nations: Measuring What Matters", *International Security*, Vol. 43, No.2 (Fall 2018), pp. 7-44.

21   Yan Xuetong, "Becoming Strong: The New Chinese Foreign Policy", *Foreign Affairs*, (July/August 2021), pp. 40-47.

22   https://www.gov.cn/yaowen/liebiao/202403/content_6937732.htm° (검색일: 2024.3.25)

대항해야 한다는 행동론이 있으나 주류적 견해는 아니다. 이와는 달리 정책 영역에서는 미중 전략경쟁의 확대를 막아야 한다는 신중론, 충돌을 줄이고 실력을 양성해 장기전에 대비해야 한다는 준비론이 넓게 형성되어 있다. 요컨대 미중관계를 낙관적으로 전망하는 경향은 줄었으나, 최소한 안정적으로 관리해야 한다는 흐름이 강하다.[23]

따라서 중국은 미국의 대중국 공세에 대해 사안별로 순응, 적응, 대응전략을 모색하고 있다. 첫째, 순응이다. 무역 불균형 개선 등 미국의 경제적 요구에 대해서는 적극적 협상을 통해 문제를 해결하고자 한다. 둘째, 적응이다. 더 많은 외자기업에 대한 개방, 지적 재산권 보호, 국제규범 준수 등의 문제에 대해서는 절충주의적 해법을 제시한다. 셋째, 대응이다. 중국의 산업전략 자체를 공격하는 '발전권'에 대해서는 핵심이익으로 간주하고 강력하게 대응한다. 최근 경제안보의 맥락에서 대중국 공급망 디커플링 시도에 대해 중국이 대응하는 이유도 여기에 있다.[24]

이와 함께 중국은 향후 미중 간 게임 체인저(game changer)에 대비하기 위해 통신장비, 빅데이터, 인공지능, 위성항법장치, 양자컴퓨팅 기술을 통해 '추격국가의 건너뛰기(jumping)전략'을 본격화하고 있다.[25] 실제로 시진핑 체제는 과학기술 경쟁력 확보를 중요한 국정과제로 제시했고, 이를 위해 막대한 연구개발 예산을 투사하고 있다. 심지어 중국공산당 지도부의 집체학습에서도 빅데이터, 블록체인, 인공지능, 양자역학 등의 주제가 논의되고

---

23 "Read out of President Joe Biden's Meeting with President Xi Jinping of the People's Republic of China." https://www.whitehouse.gov/briefing-room/statements-releases/2023/11/15/readout-of-president-joe-bidens-meeting-with-president-xi-jinping-of-the-peoples-republic-of-china-2/ (검색일: 2024.3.7)

24 중국의 반간첩법 제정도 이러한 의미가 있다. "中华人民共和国反间谍法." https://npc.gov.cn/npc/c30834/202304/a386e8ffa3d94047ab2f0d89b1ea73c 4.shtml (검색일: 2023.7.11)

25 이희옥 편, 『궐위의 시대: 미국과 중국이 사는 법』(서울: 선인출판사, 2021), pp. 203-224.

있다.

이러한 상황에서 신냉전 논의가 등장했다.[26] 그러나 새로운 냉전은 바람직하지 않고 피해야 한다. 우선 샌프란시스코 체제 이후 형성된 구냉전과 소련과 동유럽 몰락 이후 형성된 탈냉전 이후의 신냉전은 어떠한 차이가 있는가? 구냉전은 자본주의와 사회주의라는 적대적 이데올로기, 두 진영으로 분리된 경제블록, 적대적 군사동맹을 통해 이루어졌다. 그러나 현재의 미중관계와 국제질서는 어떻게 전개되고 있는가?

첫째, 미국과 중국이 본격적인 체제, 제도, 이념을 둘러싸고 경쟁하지만, 중국 모델이나 이데올로기 수출을 시도하지 않는다. 무엇보다 중국은 부분적으로 글로벌 리더십을 확보했으나, 다른 국가들이 이를 인정하는 팔로우십(followership)은 부족하다. 둘째, 미중 경제관계는 상호 의존이 무기화(weaponised)되어 있다. 2023년 미중 무역규모는 전년 대비 일부 줄었으나, 여전히 5,750억 달러에 달하며 중국의 대미국 무역흑자도 2,800억 달러를 기록했다.[27] 셋째, 중국외교정책은 기본적으로 비동맹 국가를 유지하고 있으며 글로벌 군사투사력(global military reach)의 한계도 명확하다. 중국은 군사적으로 여전히 지역 강대국 수준에 불과하며 군사적 게임 체인저를 시도할 수 있는 역량의 한계가 분명하다.

이런 점에서 현실적으로 미중 전략경쟁이 완전한 디커플링으로 발전하기는 어렵다. 특히 다국적 기업은 세계의 최대 소비시장으로 등장한 중국

---

26 Susan L. shirk, *Overreach: How China Derailed Its Peaceful Rise*, (Oxford University Press, 2022), p. 1. 그녀는 "A new cold war has already begun"이라고 밝혔고, 퍼거슨 교수도 냉전의 입구에 도착했다고 주장했다. Niall Ferguson, "The New cold War: It's with China, and It Has Already Begun", *New York Times* (Dec. 2, 2019).

27 "Total value of U.S. trade in goods (export and import) with China from 2014 to 2023." https://www.statista.com/statistics/277679/total-value-of-us-trade-in-goods-with-china-since-2006/ (검색일: 2023. 3.10)

을 떠나는 것도 현실적으로 가능하지 않다. 따라서 미국도 '신냉전'을 기획하기보다는 냉전스타일의 정책을 추진한다고 볼 수 있다. 그럼에도 불구하고 이러한 장기적 신냉전의 '분위기'는 미국과 중국과 동시에 의존이 높은 한국을 비롯한 중견 국가들은 미국으로부터 연대를 그리고 중국으로부터 전략적 자율성을 요구 받으면서 선택의 딜레마에 빠지고 있다.

Ⅲ. 중국의 대한반도 정책과 한반도 재균형

■ 중국의 대한반도 정책기조

미국은 패권의 상대적 쇠퇴 속에서 동북아시아 세력균형을 자국에 유리한 방향으로 만들고자 하며, 특히 전통적인 양자 및 지역동맹을 활용해 중국의 힘을 약화시키고자 했다. 사실 미국이 추구하는 '힘을 통한 평화'(peace through power)도 동맹을 유지하고 건설하기 위한 것이다.[28] 이런 상황에서 미국의 동맹 만들기(alliance making)와 중국의 동맹 깨기(alliance breaking)가 충돌하고 있다. 특히 중국은 중국공산당 창당 100년과 중화인민공화국 건국 100년이라는 이른바 '두 개의 백 년'을 준비하는 과정에서 미국이 주도하는 국제질서에 대해 순응도가 점차 떨어지고 있다.

중국의 대한반도 정책도 이러한 미중관계와 동아시아의 역학관계 속에서 새로운 한반도 재균형을 추진하고 있다. 그 논리는 다음과 같다. 첫째, 북한이 핵과 미사일 실험을 지속하면서 북중관계가 악화되고 중국의 전략적 부담이 증가되었으나, 한중관계가 그 전략적 공백을 메우기 어렵다. 둘째, 한미동맹과 한미일 안보협력이 강화되면서 한중관계가 악화되었으나,

---

28 Alexander Gray, Peter Navarro, "Donald Trump's Peace Through Strength Vision for the Asia-Pacific", *Foreign Policy* (Nov. 7, 2016).

이것이 북중관계 발전을 추동하지는 않는다. 셋째, 한반도 문제 해법에서 한중 간 정책이 유사성이 있을 수 있으나, 한반도 비핵화 문제나 통일문제가 획기적으로 진전되기 어렵다. 넷째, 한중관계 교착 국면이 나타날 수 있으나, 중국의 한반도 비핵화 정책은 그 자체로 일관성을 유지할 것이다. 다섯째, 한미일 대 북중러 구도가 나타나고 있고 북러 군사협력이 발전해도,[29] 중국은 북중러 군사협력과 북중 군사협력에는 비판적이다.

이러한 구조적 제약 속에서 중국의 한반도 정책에서 지속과 변화가 동시에 나타나고 있다. 전통적으로 중국의 한반도 정책은 한반도의 평화와 안정, 한반도 비핵화, 대화와 협상을 통한 해결이라는 3원칙이었다. 즉 한반도의 평화와 안정은 정책 목표이고, 한반도 비핵화는 이를 달성하는 수단이며, 대화와 협상을 통한 해결은 방법론이다.[30] 그리고 북핵문제에 대한 해법도 제시하면서 북핵위험과 북한위험을 구분했다. 즉 북핵을 비판하면서도 이를 해결하기 위해서는 주변 국가들의 시간과 인내가 필요하며, 모든 문제를 북한체제 변화라는 환원론에 빠질 경우 북핵문제를 효과적으로 해결할 수 없다고 보았다.

이런 점에서 먼저 북핵을 동결하고 한반도 비핵화 논의를 시작하는 것이 현실적이라고 보고, 쌍중단(雙暫停)과 쌍궤병행(雙軌並行) 방안을 제시했다.[31] 쌍중단은 북한의 핵과 미사일의 실험 중단과 한미 연합군사훈련을 동시에

---

29 김연철, "김정은 집권기 북·중·러 삼각관계: 세 개 양자관계의 역동성", 『한국과 국제정치』39호4호 (2023년 겨울), pp. 99-130.

30 "王毅强调中方在朝鲜半岛问题上三个 '坚持'立场." http://news.xinhuanet.com/world/201304/13/c_115377162.htm (검색일: 2013.4.30); 이희옥, "중국의 신형대국론과 한중관계의 재구성", 『중국학연구』67호(2014), pp. 261-280.

31 쌍잠정 중단은 2015년 1월 9일 북한이 관련 대화채널을 통해 미국에 제기했다. 이후 잠정정지(暫停)를 정지(停止)로 변경했으나, 미국은 이러한 북한의 요구를 거절했다. 중국은 북한의 요구를 수용해 2016년 2월 17일 왕이 외교부장이 공식적으로 제기했다. https://www.fmprc.gov.cn/web/wjdt_674879/fyrbt_674889/t1341284.shtml (검색일: 2017.4.9)

중지하는 것으로 북한의 미국의 대북 적대시 정책에 대한 비판을 수용한 것이다. 한편 한반도 비핵화와 한반도 평화체제를 동시에 논의해야 한다는 쌍궤병행 방안은 한국과 미국이 주장해 온 '선 비핵화, 후 평화협정'과 북한이 주장해 온 '선 평화협정, 후 비핵화'를 절충한 것이다. 그리고 일종의 '단계적 해법'을 포함한 중-러 공동 이니셔티브를 제시하기도 했다.[32]

그러나 이러한 중국의 해법은 미국의 전략적 인내의 지속과 북한의 장거리 미사일과 정찰위성 발사 등으로 인해 현실적으로 유지되기 어렵다. 이러한 상황에서 중국은 미국 책임론에 근거한 정치적 해결을 강조하고 있다. 즉, 첫째, 한반도 문제 해결 과정이 정체되었던 이유는 미국이 북한이 취한 비핵화 조치에 대해 상응 조치를 하지 않고 북한의 합리적인 우려를 중시하지 않고 있기 때문이다. 따라서 의미 있는 북미대화를 시작해야 한다. 둘째, 중국은 유엔의 안보리 관련 결의안을 성실히 집행하고 있으나, 안보리의 결의안은 제재만이 아니라 대화도 강조하고 있다. 따라서 제재만을 강조하고 대화 프로세스를 경시해서는 안 된다. 셋째, 중국은 한반도 평화와 안정 수호에 노력해 왔고, 한반도 문제의 대화 해결 프로세스를 추진해 왔다. 중국은 한반도 문제에서 대화를 촉진할 것이고, 이를 통해 한반도의 장기적인 평화와 안정을 추구할 것이다.[33]

이러한 정치적 해결방식은 한중 간 중국의 한반도 문제에서의 역할논쟁을 불러오기도 했다. 우선 한국 윤석열 정부는 다음과 같이 강조했다. "북한 비핵화를 끌어내기 위해 최선의 노력을 기울이는 것이 중국에도 유리할

---

32 "中华人民共和国外交部和俄罗斯联邦外交部关于朝鲜半岛问题的联合声明." https://www.fmprc.gov.cn/web/gjhdq_676201/gj_676203/oz_678770/1206_679110/1207_679122/t1475362.shtml (검색일: 2017.7.10)

33 "外交部发言人毛宁主持例行记者会." (검색일: 2024.3.1)

것이며, 중국은 북한에 상당한 영향을 줄 수 있는 충분한 능력과 국제사회에서의 책무가 있다고 생각한다…. 안보리 상임이사국이자 인접국으로서 중국이 더욱 적극적이고 건설적인 역할을 해 주기를 기대한다",[34] "중국이 이의를 제기하고 비판하려면 (북한의) 핵 위협을 줄여주든가, 안보리 제재는 지켜줘야 한다…. 안보리 결의를 위반한 것에 대해 (대북) 제재에 전혀 동참하지 않으면서 어떻게 하라는 이야기이냐…. 한미가 핵을 포함한 확장억제를 강화할 수밖에 없는 것은 선택의 여지가 없다",[35] "북한 핵 개발이 역내 질서의 불안을 가중하는 등 중국의 국익 측면에서도 결코 바람직하지 않은 결과를 초래하고 있다는 점도 고려해야 할 것"[36]이라고 주장했다.

반면 중국은 "한국이 남북관계를 적극적으로 개선해 나가기를 희망한다…. 북한이 호응해 온다면 담대한 구상이 잘 이행되도록 적극 지지하고 협력할 것이다",[37] "중국은 마땅히 다해야 할 국제의무를 성실히 이행하고 있다…. 각 측이 한반도 문제의 증상을 명확히 인식하고 증상에 맞게 약을 투여하기를 바란다…. '연목구어'(緣木求魚)를 해서는 안 된다"[38]고 주장했다. 중국의 이러한 변화된 인식은 중국의 대외정책 변화를 반영하고 있다는 시각도 있다. 첫째, 2008년 미국의 금융위기 이후 중국의 대미 인식이 변하고 미국의 대중국 압박정책이 강화되면서 한미일 대 북중러 구조 속에서 북한의 전략적 가치를 다시 주목했다.[39] 둘째, 미중 전략경쟁이 구조화되

---

34   "대한민국 정책브리핑." https://www.korea.kr/news/policyNewsView.do?newsId=148908346 (검색일: 2024.3.1)

35   『한겨레신문』(2023.5.5).

36   "尹-시진핑, 발리서 첫 회담." https://www.yna.co.kr/view/AKR20221115154452001 (검색일: 2024.3.1)

37   "习近平会见韩国总统尹锡悦." https://www.mfa.gov.cn/web/zyxw/202211/t20221115_10975673.shtml (검색일: 2024.3.1)

38   "外交部发言人毛宁主持例行记者会." https://www.mfa.gov.cn/web/wjdt_674879/fyrbt_674889/202305/t20230504_11070424.shtml (검색일: 2024.3.1)

39   이희옥, 최소령, "시진핑 시기 평시외교의 인식과 담론구조", 『중국지식네트워크』21권(2023), pp. 243-

면서 중국이 한반도에서 미중 전략경쟁의 전선이 확대되는 것을 원하지 않았다. 셋째, 한중관계도 악화되어 한국의 한미일 안보협력과 대미 경사정책이 심화되는 것을 방지하고자 했다.[40]

이렇게 보면 중국의 대한반도 정책은 한중관계와 북중관계도 양자관계를 넘어 지역안보질서와 미중관계라는 보다 큰 틀에서 접근하고 있다. 이로 인해 한반도 문제의 '재(再)국제화'가 나타나고 있다. 특히 미중 전략경쟁이 구조화되고 남북관계의 교착국면이 지속되고 상대적으로 한미일 안보협력이 심화될 경우 한반도문제는 미중관계의 종속변수가 되어 해결과정이 복잡하고 지체될 가능성이 높아진다.

■ 한중 간 한반도 이슈: 인식 차이, 기대 차이, 역할 차이

현재 양국관계 정상화를 가로막는 것은 구조적이다. 다시 말해 한중관계에서 돌발사건이 발생했다면, 대화와 협상을 통해 '이익의 균형'을 찾을 수 있다. 그러나 현재 한중관계는 지정학, 지경학, 지문화적 리스크가 얽혀 있다는 점에서 문제를 해결하는 데 많은 시간과 비용이 필요하다. 특히 2016년 사드 배치와 이에 따른 중국의 경제적 보복 이후 상호 인식의 차이, 기대의 차이, 역할의 차이가 확대되었다.

특히 윤석열 정부의 대중국정책은 '비정상의 정상화'에 초점을 두고 있다. 그 배경은 다음과 같다. (1) 사실상 신냉전이 도래한 상황에서 '가치의 진영화'를 통해 글로벌 보편을 추구한다. (2) 과거 안미경중(安美經中)을 벗어나 안미경미(安美經美)를 추진하는 것은 불가피하다. (3) 대만 문제는 한

281.

40   김흥규, "시진핑 시기 중국의 대한반도 전략사고의 변화와 함의", 『전략연구』22권 4호(2015).

반도 문제와 연계될 위험이 있다. 즉 중국의 대만에 대한 현상변경 시도는 북한의 도발을 불러올 수 있다. (4) 중국이 북핵 저지와 북한체제 문제에 대한 전향적 조치를 취해야 한다. (5) 한국이 제한적 손상(limited damage)을 입더라도 대중국 정책에 대해 원칙을 고수해야 한다. (6) 북한의 핵보유 시도보다 국제사회의 대북제재 의지가 압도해야 하고, 북한이 국제제재의 피로를 견디지 못할 때 대화에 나올 것이다. (7) 가치와 이념이 외교에 반영되어야 하며 북한 급변사태에 대비해야 한다.

그러나 중국은 이러한 한국의 대중국정책에 대해 비판적이다. 즉 (1) 한일관계 개선, 한미관계 심화, 한미일 안보협력을 공고화한 이후 새로운 한중관계를 모색한다는 이른바 '단계론'은 수용할 수 없다. (2) 한미동맹을 강화할수록 중국이 한국을 전략적으로 주목할 것이라는 '동맹 환원론'은 비현실적이다. (3) 중국의 주권인 대만 문제와 주권국가인 북한을 연계하는 것은 모순적이다. (4) 사회주의 정체성을 강조하는 중국에 가치외교의 진영화를 추진하는 것은 전략적 협력공간이 제약된다. (5) 한중관계 교착의 원인은 중국이 아니라 한국의 외교정책 변화에 있다. (6) 시진핑 주석의 한중관계 어젠다인 사드 배치, 타이완 문제, 신장-위구르 인권 및 티베트 이슈, 인태전략, 한미동맹의 지역화, 공급망 디커플링, 북한 비핵화에 대해서는 중국의 입장 변화가 없다. (7) 한반도 문제는 대화와 협상을 통한 정치적 해결이 필요하고 한반도 비핵화 동력이 약화한 상태에서 중국이 북한에 영향력을 행사하도록 요구하는 것은 한계가 있다.

이러한 한중관계의 교착은 북중관계와 북한문제에 새로운 변화를 가져왔다. 북한이 대륙간탄도미사일과 인공위성 발사에 대해 중국은 '제재가 문제를 해결할 수 없다'고 주장하면서 러시아와 함께 미국의 추가 대북제재안에 반대했다. 오히려 북한의 핵과 미사일 개발 활동과 대규모 한미연합훈련을 동시에 중단하는 이른바 '쌍중단' 해법이 시효를 다한 상황에서 미국이 원하는 방향으로 중국이 북한을 다루지는 않겠다는 것을 분명히 하고 있다. 더구나 미국의 대중국 압박이 강화될수록 중국도 북중러 협력에 기댈 수밖에 없고, 한반도 문제 해결 과정에서 중국 역할론의 공간도 좁아질 것이다. 특히 한미일 안보협력의 강화와 한일 양국이 옵저버 자격으로 NATO 정상회의에 참석한 것도 한반도 정세에 영향을 주었다. 북한은 우크라이나 전쟁의 원인을 NATO의 동진(東進)에서 찾는 러시아 입장을 적극적으로 지지했고, 중국도 러시아와 우크라이나 사이에서 중립을 취하고 있지만, 나토는 유럽을 어지럽히고 아태지역까지 위험에 빠뜨리려는 행동을 포기해야 한다고 반발하면서 러시아를 심정적으로 지원하고 있다. 결국, 중국의 대북한 건설적 역할은 북한이 7차 핵실험과 같은 새로운 상황전개가 아니라면, 신중하게 접근할 것이고 북한의 행동 변화를 전제로 한 한중 협력 공간도 제약될 수밖에 없다.

Ⅳ. 한중관계와 한반도 평화의 쟁점

현재 한중관계는 양자요인보다는 주로 외생변수가 개입되어 있다. 첫째, 한반도 통일문제이다. 중국은 한반도통일에 대해 원론적이지만 공식적으로 지지해 왔고 자주적이고 평화적 방식을 주장해 왔다. 따라서 중국은 한국 주도의 통일논의를 공식적으로 지지하지 않았고 윤석열 정부의 자유민주주의 통일정책에 대해서도 비판적이다. 여기에 북한이 '두 개의 적대국가' 개념을 공식적으로 제기했다. 이것은 북한의 국가 정체성을 '통일지향 분단국'이 아닌 '독자적 사회주의 국가'로 변경하는 것이라는 점에서 한반도 통일에 대한 한중 협력의 공간을 더욱 제약할 것이다. 일단 중국은 한반도에서 불확실성과 불안정성을 효과적으로 관리하는 한편 한반도통일보다 평화공존을 강조할 것이고 향후 중립적 평화국가로 유도할 것으로 보인다. 무엇보다 미중 종합 국력의 차이가 분명한 상황에서 한반도 현상타파가 가져올 역내 역학관계의 변화가 중국에 유리할 것이라는 확신이 없다. 특히 변화된 남북관계를 반영해 한국 내에서 새로운 통일 방안을 논의하고 합의를 추구하지 않을 경우, 중국이 한반도 통일을 지지할 가능성은 낮다.

둘째, 한미동맹이다. 역대 한국 정부는 정도의 차이는 있으나 기본적으로 한미동맹의 축을 유지했고 현실적으로 한미관계와 한중관계에는 전략적 차등화가 있었다. 중국도 그동안 한반도에서의 미국의 역외균형자(offshore balancer) 역할을 현실적으로 수용해 왔으나, 한국의 대미경사정책이 심화되고 남북관계가 교착되면서 한미동맹에 대해 비판수위를 높였다. 즉 한미동맹을 강화해 중국을 정책 변화를 유도하거나 한국이 미국의 대중국 포위망에 참여할 때마다 강력하게 반발하고 있다. 특히 한미 양국이 가치외교를 강조하고 한일관계 개선을 한미일 안보협력을 강화하기 시작하자, 동맹의 지역화를 본격적으로 비판했다.

셋째, 북한과 북핵문제이다. 중국은 강압외교(coercive diplomacy)를 통해 북한의 도발의지를 꺾고, 북한이 비핵화를 선택하지 않으면 체제변화도 배제하지 않아야 한다는 한국의 주장에 반대해 왔다. 이와는 달리 한반도 비핵화를 추구하고 북핵실험을 비판하면서도 북한정권에 대해서는 점진적 체제 진화를 지지하고 있다. 특히 중국은 일정한 비핵화 프로세스가 가동되거나 합의할 수 있는 역진방지 시스템이 작동하면 비핵화 완료 전이라도 평화체제를 가동해야 한다고 주장한다. 왜냐하면 중국은 평화협정 체결의 현실적 쟁점은 핵문제이고 핵문제의 핵심은 안전보장 문제이며, 안전보장 문제의 핵심은 미국에 달려 있다고 보기 때문이다. 즉 북미대화와 협상이 정전협정을 평화체제로 바꾸는 핵심 변수라고 보았다.

넷째, 사드(THAAD) 등 전략자산의 전개 문제이다. 한중 양국은 2017년 10월 31일 '한중관계 개선관련' 협의결과를 발표했다. 그러나 중국은 사드 배치가 북핵과 직접 연계되어 있다는 주장을 반대했다. 반면 한국은 사드 배치가 북핵 위협을 막기 위한 방어용 무기이자 자위권이라는 인식을 유지하고 있다. 특히 윤석열 정부 출범 이후 사드를 정식으로 배치하고 다양한 미군의 전략자산을 한국에 전개하면서 새로운 갈등이 등장했다. 중국은 "미국의 대북한 견제가 실제로는 중국 견제에 있다"[41]고 보고 있다. 미국이 중거리 핵전력조약(INF)을 탈퇴한 상황에서 해당 무기체계를 한반도나 중국의 주변 지역에 배치할 경우, 중국은 이를 존재론적 안보(ontological security)로 간주하면서 한중관계가 더욱 악화될 수 있다.

다섯째, 상호 핵심이익에 대한 갈등이다. 특히 중국은 대만 이슈에 대해 민감하게 반응하고 있다. 한국은 "(힘에 의한 현상 변경 또는 어느 일방에 의한 현상 변경을 반대하며) 대만해협의 평화와 안정을 지지하고 하나의 중국이라는 입장(원칙)을 존중한다",[42] 대만문제는 단순한 중국 대만의 문제가 아니라,

---

41　李熙玉, "韓中關係的新轉折", 『成均中國觀察』 16期(2016), pp. 6-11; 중국은 사드 배치의 목표가 단순하게 북한의 미사일 발사를 억제하기 위한 제한된 무기체계라는 데에 동의하지 않고 있다. 이와는 달리 다른 측면을 주목했다. (1) 미국의 아시아 재균형의 일환으로 한미일 안보협력을 통해 중국을 견제하거나 봉쇄하기 위한 장기 전략의 일환이다. (2) 사드 시스템이 현재의 북한위협에 대처하기 위한 방어체계라는 것은 위장이며, 미래시점을 위한 전략 무기이자, 요격시스템으로 변환해 공격 무기화될 수 있다. 즉 중국의 사드 문제의 본질이 미국의 아시아 지역에 미사일 방어체계를 기존의 유럽의 미사일 방어체계와 연동해 글로벌 시스템을 구축하려는 것으로 보고 있다. (3) 북한의 방사포 발사와 같이 사드 배치를 통해 북한의 위협을 효과적으로 제어하기 어렵다는 현실론이다.

42　"China lodges complaint over South Korean president's 'erroneous' Taiwan remarks" *Reuters* (April 23,

---

북한 이슈와 연결된 글로벌 이슈라고 강조하고 있다. 반면 중국은 대만은 내정에 속하는 '핵심이익의 핵심이익'이고, 주권국가인 북한과 중국 이슈를 연계하는 데 강력하게 반대하고 있다.

V. 한반도 평화를 위한 긴 여정

세계화가 후퇴하고 있다. 과거의 글로벌 가치사슬은 파괴되었고 최근에는 이제 경제와 안보가 결합된 공급망 분리 또는 절연(insulation)이 나타나기 시작했다. 미국은 중국의 기술 부상의 시간을 지체시키고 사다리를 걷어차고(kicking away ladders) 있다. 이러한 상황에서 개별 국가도 경제안보 딜레마가 높아지면서 자국 중심주의가 강화되고 있다. 패권국가인 미국도 예외가 아니다. 형식적으로 자유주의 국제질서라고 쓰고 실제적으로는 신중상주의로 접근하고 있고, 가치외교도 사실상 이데올로기에 기초한 이념외교, 진영외교로 변질되었다.

한국은 윤석열 정부 출범 이후 글로벌 중추국가라는 '정체성의 외교'를 추구하면서 중국에 대해 다음과 같이 요구하고 있다. 즉 한미, 한일, 한미일 관계 발전은 한국이 능동적으로 선택한 것이다, 한미일 협력이 특정 국가를 배제하거나 소외시키는 배타적인 협력을 추구하는 것이 아니라 포용적·건설적 협력체를 목표로 하는 것이다, 한미일 협력과 한중 협력은 배치되는 것이 아니다, 북한의 미사일 위협 고도화에 따라 한미일 안보협력의 심화를 가져왔다, 고위급 소통기제와 로드맵과 방안을 마련해야 한다는 것이

2023); "Yoon Suk Yeol said increased tensions around Taiwan were due to attempts to change the status quo by force, and he opposed such a change." https://www.reuters.com/world/asia-pacific/china-lodges-complaint-over-south-korean-presidents-erroneous-taiwan-remarks-2023-04-23/ (검색일: 2024.1.8)

다. 그러나 중국은 한국 외교정책이 미국에 종속되어 있고 자주성이 결여되어 있다고 인식하면서 점차 한반도 문제를 미중관계의 틀 속에서 처리하는 것이 거래비용을 줄일 수 있다고 보고 있다.

따라서 한국의 대중 정책도 기존의 종속형 연동구조에 대한 성찰이 필요하다. 과거 한국의 대중국 정책은 한반도 및 양자관계의 관리에 주력했고 근본적인 한반도 문제 해결을 위한 중국 변수를 적극적으로 고려하지 못했다. 심지어 북한의 고립이나 북한 체제전환을 위해 한중 협력이 필요하다고 주장하기도 했고 한미동맹을 강화할수록 중국이 한국의 전략적 가치를 주목할 것이라고 보기도 했다. 이렇다 보니, 남북관계와 북중관계 및 한중관계의 전략적 선순환구조를 만들지 못했다. 따라서 '비핵화를 통한 평화'와 '평화를 통한 비핵화'를 결합하는 한편 장기적 북한의 진화(regime evolution)를 위한 한중 협력과 공동중재자 역할이 필요하다. 그리고 한미동맹과 한중 간 전략적 협력동반자관계가 긴밀하게 연동되어 있다는 점에서 확대균형(extended equilibrium)을 추구하고 한국의 대외정책의 철학과 비전을 새롭게 확립하는 것도 중요하다. 현재 한반도 긴장이 고조되고 있고 평화의 창이 서서히 닫히고 있다. 특히 북한은 두 개의 적대 국가론을 제기하면서 근본적 판의 변화를 가져오고 있으며, 우발적 충돌의 가능성도 높아지고 있다.[43]

이런 점에서 무엇보다 한반도 긴장을 낮추고 외교를 복원하기 위해 '지금 여기서' 한반도 평화정착의 외교전략을 다시 수립해야 한다. 북한도 전쟁 언술과 남북한 관계 단절 노선을 분리했다는 점에서 한중 정부의 대응

---

43 Robert L. Carin and Siegfried S. Hecker, "Is Kim Jong Un Preparing for War?" *38 North* (January 11, 2024). 그러나 이것은 새로운 주장이 아니며, 미국 대선을 앞둔 협상력 제고의 목적이라는 측면도 있으나, 과거와 달라진 점도 분명하다.

방향에 따라 남북관계의 진로가 달라질 수 있다는 것을 의미한다. 따라서 신중하고 절제된 대응이 필요하고, 한미 그리고 한중 간 위기관리가 중요하다. 이런 점을 고려해 중장기적 한반도 평화를 위한 한중 협력의 과제와 방향을 제시해 본다.[44]

첫째, 한중 양국은 한반도 비핵화라는 목표를 분명히 하고 전쟁과 위기의 일상화를 막기 위한 한중 공동중재자 방안이 필요하다.[45] 필요하다면 중국이 핵우산을 제공하는 것을 포함한 다양한 방안도 논의할 필요가 있다. 왜냐하면, 북한은 미중 신냉전 현상을 활용해 북러 군사협력을 강화하면서 비핵화 협조체제를 이완시키는 한편 국제사회의 비핵화 회의론과 핵군축에 편승해 유리한 협상고지를 차지하고자 할 것이기 때문이다. 이처럼 북핵문제가 해결되지 않으면, 한반도에서 미국의 영향력이 지속적으로 증가하고 관련 당사국들의 군비경쟁이 강화되며, 한미일 대 북중러 구도가 정착될 위험도 높다.

둘째, 한국과 중국이 북한과 미국의 요구를 단순히 전달하고 절충하는 중재자 역할을 넘어서야 한다. 구체적 로드맵과 시간표를 지닌 창의적인 베이징 프로세스와 서울 프로세스를 결합해 북미 양국을 새로운 방식으로 설득해야 한다. 기존의 방법과 로드맵으로는 한반도 비핵화의 진전을 기대하기 어렵다는 점에서 '핵 활동 동결 후 스냅 백(snap back) 조항'을 포함한 과감한 대미 설득도 필요하다.[46]

---

44 이희옥, 『궐위의 시대: 미국과 중국이 사는 법』(서울: 선인출판사, 2021), pp. 365-368.

45 윤석열 정부는 담대한 구상은 북한의 핵위협은 억제하고, 핵개발은 단념시키며, 대화 · 외교를 통해 비핵화를 추진하는 총체적 접근으로 북한이 비핵화 대화에 복귀할 수밖에 없는 전략적 환경을 조성하고자 하는 것이다. 즉 ① 비핵화 협상 전: 북한의 비핵화 대화 복귀 견인, ② 비핵화 협상: 과감한 초기 조치와 포괄적 합의, ③ 비핵화 이행: 포괄적 상응조치 등이다. "담대한 구상." https://www.mofa.go.kr/www/wpge/m_25492/contents.do (검색일: 2024.3.10)

46 이희옥, "말 북한 도발 막으려면 평창올림픽 때 돌파력 살려야", 『중앙일보』(2019.11.22).

셋째, 한반도 비핵화의 해법은 일괄 타결과 단계적 해법을 결합해야 한다. 2019년 3월 베트남 하노이에서 열린 북미 정상회담 실패 이후 한반도 문제는 수렁에 빠졌다. 이것은 미국의 대북한 정책과 북한의 피(被)포위 의식에 대한 근본적인 해결이 어렵다는 것을 의미한다. 모든 일괄 타결은 단계적이며, 모든 단계적 해법은 일괄 타결 속에서 이루어질 수밖에 없다.

넷째, 한국은 한미동맹의 틀 내에서 중국을 선택적으로 불러들이는 단계론을 접고 계기마다 평화를 관리하는 이중, 삼중의 안전망을 설치하고 다층적으로 움직일 필요가 있다. 사안별로 남북중, 남북러, 한중러라는 다양한 소다자 회의를 기획해 기존의 한미일, 남북미 등의 소다자 채널과 결합할 필요가 있다. 필요하다면 접경지역의 경제협력을 통해 북한의 개혁개방을 위한 획기적인 환경을 만들어 북한을 포함한 한반도 전체를 엮는 가치사슬체계를 구상할 필요가 있다. 구체적으로 관광산업을 연계한 남북철도연결, 위생방역협력, 농업협력, 대북제재 면제를 활용한 공용 인프라 건설 등을 추진할 수도 있다.

다섯째, 미중 관계와 북핵 문제의 분리 접근이다. 한반도 이슈를 미중관계의 종속변수로 보면 한반도 비핵-평화의 의제가 유실된다는 점에서 이를 분리해 접근하면서 한중 공동의 이해사안이 되도록 관리해야 한다. 한중 간에 이 문제에 대한 일정한 공감대를 유지하는 것이 한반도 긴장을 낮출 수 있고, 필요하다면 한반도의 평화와 안정(정세안정)과 북한 비핵화를 구분해 한반도의 안정을 정책의 우선순위로 삼을 필요도 있다.

여섯째, 한미일 대 북중러 프레임을 극복해야 한다. 이런 점에서 한국외교는 중국, 러시아, 북한을 분리해 접근할 필요성이 있다. 중국은 북중러 군사협력 및 북러 군사협력에 소극적이며 중러관계의 안정화에도 불구하고 러시아-우크라이나 전쟁 등에서 비교적 신중한 자세를 취하고 있다.

참고문헌

국가안보실, 『윤석열 정부의 국가안보전략: 자유, 평화, 번영의 글로벌 중추국가』, (대통령실 국가안보실, 2023).

김연철, "김정은 집권기 북 · 중 · 러 삼각관계: 세 개 양자관계의 역동성", 『한국과 국제정치』39권 4호 (2023년 겨울).

김흥규, "시진핑 시기 중국의 대한반도 전략사고의 변화와 함의", 『전략연구』22권 4호 (2015).

대한민국 국방부, 『국방백서』(대한민국 국방부, 2022).

성균중국연구소 편, 『일대일로 다이제스트』(서울: 다산출판사, 2015).

이희옥, "중국의 신형대국론과 한중관계의 재구성", 『중국학연구』67호 (2014).

이희옥, "중국의 대북한 영향력과 북중관계의 재정상화", 『중소연구』42권 3호 (2018).

이희옥 편, 『궐위의 시대: 미국과 중국이 사는 법』(서울: 선인출판사, 2021).

이희옥, 최소령, "시진핑 시기 평시외교의 인식과 담론구조", 『중국지식네트워크』21권 (2023).

李熙玉, "韓中關係的新轉折", 『成均中國觀察』16期 (2016).

李文 , "告别霸权时代新型国际秩序的四个重要特点, 『人民论坛 · 学术前沿』(2017年 2月).

Beckley, Michal, "The Power of Nations: Measuring What Matters", *International Security*, Vol. 43, No.2 (Fall 2018).

Buzan, Barry, *The United States and the Great Powers: World Politics in the Twenty-First Century*. (Cambridge: Polity Press. Buzan, 2004).

Brooks, Stephen and Williams Wohlforth, "The Rise of and Fall of Great Powers in the 21st Century: China's Rise and the Fate of America's Global Position", *International Security*, 40-3 (Winter 2015-2016).

Brown, P. Chad, and Irwin, Douglas A, "Trump's Assault on the Global Trading System and Why Decoupling from China Will Change Everything" *Foreign Affairs*, Vol.98, No.5 (Sep-Oct, 2019).

Campbell, Kurt M, and Ely Ratner, "The China Reckoning: How Beijing Defied American Expectations" *Foreign Affairs*, Vol.97, Iss.2 (Mar/Apr 2018).

Carin, Robert L. and Siegfried S. Hecker, "Is Kim Jong Un Preparing for War?" 『38North』 (January 11, 2024).

Doshi, Rush, *The Long Game: China's Grand Strategy to Displace American Order*, (Oxford University Press, 2021).

Gray, Alexander, Navarro, Peter, "Donald Trump's Peace Through Strength Vision for the Asia-Pacific", *Foreign Policy* (Nov. 7, 2016).

Gurtov, Mel and Mark Selden, "The Dangerous New US Consensus on China and the Future of US-China Relations", *The Asia-Pacific Journal* (Japan Focus) Vol. 17, No.5 (Aug. 1, 2019).

Kissinger, Henry, *On China* (New York: Penguin Press, 2011).

Mearsheimer, John J, "Bound to Fail: The Rise and Fall of the Liberal International Order", *International Security*, Vol. 43, No. 4 (Spring 2019).

Stelzer, Irwin, "Don't call it a trade war" *The American Interest* (Aug. 13, 2019).

Yan, Xuetong, "Becoming Strong: The New Chinese Foreign Policy", *Foreign Affairs*, (July/August 2021).

Zhang, Feng, "The Rise of Chinese exceptionalism in international relations", *European Journal of International Relations,* Vol. 1, No. 24 (2013).

공식자료

The White House "Statement by the President on the Trans-Pacific Partnership", https://www.whitehouse.gov/the-press-office/2015/10/05/statement-president-trans-pacific-partnership

"Total value of U.S. trade in goods (export and import) with China from 2014 to 2023" https://www.statista.com/statistics/277679/total-value-of-us-trade-in-goods-with-china-since-2006/

대한민국 정책브리핑, https://www.korea.kr/news/policyNewsView.do?newsId=148908346

대한민국 대통령실, "한미 핵협의그룹(NCG) 공동언론발표문", http://president.go.kr/newsroom/press/emxyMDyk

외교부, "담대한 구상", https://www.mofa.go.kr/www/wpge/m_25492/contents.do

中华人民共和国中央人民政府, "中共中央政治局委员、外交部长王毅就中国外交政策和对外关系回答中外记者提问", https://www.gov.cn/yaowen/liebiao/202403/content_6937732.htm

中华人民共和国外交部, "中华人民共和国外交部和俄罗斯联邦外交部关于朝鲜半岛问题的联合声明", https://www.mfa.gov.cn/ziliao_674904/1179_674909/201707/t20170704_7947775.shtml

中华人民共和国外交部, "习近平会见韩国总统尹锡悦", https://www.mfa.gov.cn/web/zyxw/202211/t20221115_10975673.shtml

中华人民共和国外交部, "2023年5月4日外交部发言人毛宁主持例行记者会", https://www.mfa.

gov.cn/web/wjdt_674879/fyrbt_674889/202305/t20230504_11070424.shtml

中华人民共和国外交部, "2023年9月5日外交部发言人毛宁主持例行记者会", https://www.mfa. gov.cn/web/wjdt_674879/fyrbt_674889/202309/t20230905_11138658.shtml

中华人民共和国外交部, "中华人民共和国外交部和俄罗斯联邦外交部关于朝鲜半岛问题的联合声明", https://www.mfa.gov.cn/ziliao_674904/1179_674909/201707/ t20170704_7947775.shtml

中华人民共和国外交部, "外交部发言人毛宁主持例行记者会", https://www.mfa.gov.cn/web/ wjdt_674879/fyrbt_674889/202309/t20230905_11138658.shtml

中华人民共和国外交部, "王毅强调中方在朝鲜半岛问题上三个"坚持"立场", https:// www.mfa.gov.cn/web/gjhdq_676201/gj_676203/bmz_679954/1206_680528/ xgxw_680534/201304/t20130413_9360279.shtml

中华人民共和国外交部, "领导人活动", https://www.fmprc.gov.cn/web/wjdt_674879/ gjldrhd_674881/

中华人民共和国外交部, "王毅强调中方在朝鲜半岛问题上三个"坚持"立场", https:// www.mfa.gov.cn/web/gjhdq_676201/gj_676203/bmz_679954/1206_680528/ xgxw_680534/201304/t20130413_9360279.shtml

기사

『중앙일보』

『연합뉴스』

『조선중앙통신』

『로동신문』

『한겨레신문』

『人民日報』

The Washington Post

The New York Times

Financial Times

Reuters

Xinhua News

제8장

한반도 문제해법을 위한 러시아의 역할

주승호

I. 서론

북한과 국경을 접한 한반도 주변 강국으로서 러시아는 한반도의 평화, 비핵화 및 통일에 깊은 관심과 이해관계를 갖고 있다. 20세기 들어 러시아는 한반도를 둘러싸고 2차례 전쟁(러일전쟁, 1904-05; 한국전쟁, 1950-53)을 치른 바 있다. 강대국에 둘러싸인 한국은 지정학적으로 요충지에 위치한다. 한반도가 다른 강대국 영향력하에 놓이게 될 경우 러시아의 안보와 여타 이익이 중요한 위협이 될 수 있다. 또 한편으로 러시아에 대한 정책이 한민족의 운명과 한반도의 미래에 적지 않은 영향을 줄 수 있다.

러시아 외무부는 외교 방향, 목표, 우선순위, 국익 등을 포함하는 "러시아 외교정책개념"을 1993년 이후 최근 2023년 3월까지 모두 6차례 걸쳐 주기적으로 공표해 왔다. 30년에 걸쳐 그 내용이 진화해 왔지만 일관되게 보이는 공통된 내용은 다음과 같다. 1) 국제체제는 미국 중심의 패권적(1극적) 세계질서에서 다극적 세계질서로 변하고 있다. 2) 미국은 다극적 세계질서로의 변화 움직임에 저항하고 있다. 3) 다극적 세계질서하에서 러시아는 주요 강국으로 미국과 동등한 영향력과 지위를 행사해야 한다. 4) 국제관계는 유엔 헌장 및 국제법의 다른 규범에 기반을 두어야 한다.[1] 특히 러시아의 우크라이나 침략 이후 가장 최근 2023년 채택된 외교정책개념은[2] 미국이 전 세계적 지배와 신식민주의를 추구하고 있다고 비난하면서 러시아는 패권주의를 거부하고 이익의 균형과 호혜원칙에 근거한 협력관계를 추구하고 미국과의 전략적 패리티(parity) 및 평화공존 관계를 지향한다고 적고 있다. 지역적 우선순위와 관련하여 지난 30년간 일관되게 근린국가(구소련 구성국)와의 관계를 최고 우선순위로 들고 있다. 이들 국가와 긴밀한 정치·군사·경제관계를 유지하고 이들 국가를 자국의 영향권 안에 두겠다는 것이다.

외교정책개념에 두드러진 러시아 외교정책 방향과 목표는 푸틴 대통령이 갖고 있는 두 가지 신념과 밀접한 연관이 있다. 첫째, 과거 소련제국의 영토와 영광을 회복하는 것이 나의 운명이다. 둘째, 미국은 이제 전성기가 지났고 돌이킬 수 없는 쇠퇴기에 들어갔다. 미국 내 점증하는 고립주의, 정치적 양극화, 그리고 국내 혼란 등이 미국 쇠퇴를 보여주는 분명한 증거이다.[3] 푸틴의 대한반도 정책은 미국 패권을 무너뜨리고 러시아가 강대국으로서 주요 영향력을 발휘할 수 있는 다극체제를 수립한다는 목적과 직결된다. 한반도와 관련 러시아 주요 목적은 미국 영향력 약화, 한반도에서의 현

---

1   Heather Ashby and Mary Glantz, "What You Need to Know About Russia's New Foreign Policy Concept" United States Institute of Peace, May 10, 2023, https://www.usip.org/publications/2023/05/what-you-need-know-about-russias-new-foreign-policy-concept

2   러시아의 2023 외교정책개념 전문은 다음 웹사이트 링크 참조. https://mid.ru/en/foreign_policy/fundamental_documents/1860586/

3   Robert Gates, "The Dysfunctional Superpower." Foreign Affairs, November/December 2023, Vol. 102 Issue 6, pp. 30-31.

상 유지, 러시아 영향력 제고, 남북러 3국 경제협력을 통한 러시아 극동 경제발전과 러시아 경제영향권 확대를 들 수 있다. 또한 푸틴의 외교정책은 현실주의, 실용주의, 국익우선, 권력정치와 같은 원칙에 따른다. 이들 원칙에 따라 한반도 문제 해결에 러시아의 영향력과 입지를 높이기 위하여 푸틴은 남북한 어느 한쪽에 치우치지 않고 양국 모두와 우호-협력관계를 유지한다는 기조를 유지해 오고 있다.

본 연구는 러시아의 한반도 평화, 비핵화, 통일에 대한 시각과 정책에 관하여 비판적인 시각에서 분석-평가하는 것을 그 목적으로 하고 있다. 구체적으로 본 연구는 다음 문제들을 다루고 있다. 푸틴하의 러시아의 대남북한 관계는 어떻게 변화되어 왔는가? 한반도 평화와 안정을 위한 러시아의 역할과 비전이 무엇인가? 북핵문제에 대한 러시아의 시각이 무엇인가? 러시아의 한반도 통일에 관한 입장이 무엇인가?

Ⅱ. 러시아와 남북한

1991년 말 소련 붕괴 직후 러시아가 소련의 계승국이 되었다. 이상주의적, 친서방 성향의 보리스 옐친 러시아 대통령은 스탈린식 북한 정권을 혐오했고 경제적 번영을 이루어 낸 한국에 호감을 갖고 있었다. 그는 북한을 거리를 두고 등한시하였고 남한과는 다방면으로 우호관계를 도모했다. 옐친은 남한의 경제원조과 협력을 통하여 침체에 빠진 러시아 경제발전을 도모하고자 하였는데 특히 시베리아와 극동지역의 경제발전에 초점을 두었다. 러시아의 한국 일변도 정책은 1990년대를 통해 지속되었고 이 기간 동안 1961년 채결된 북러군사동맹이 파기되고 정치-경제관계가 급속히 위축되는 가운데 북러관계가 얼어붙었다. 1993-94년 1차 북핵 위기 때 러시아는 북핵 논의와 협상에서 완전히 배제되었다. 러시아 지도층은 미국이 러시아의 정당한 이익을 희생시키면서 한반도에서 그 영향력을 확대하고 있으며 한국이 자국을 너무 소홀히 대하고 있다고 불평하였다. 그들은 러시아가 북한과의 관계 악화로 인하여 대북 영향력을 잃었기 때문에 한반도 평화과정에서 제외되는 수모를 당한 것이라고 결론 지었다. 따라서 1990년대 후반에 들어서면서 러시아는 한반도에서의 자국의 영향력 회복을 위하여 북한과의 관계정상화를 본격적으로 모색하였다.

2000년 집권한 블라디미르 푸틴 대통령은 현실주의, 실용주의, 유럽과 아시아 간 균형적인 접근 등의 원칙에 따라 외교정책을 실행하기 시작했다. 이에 따라 러시아는 남북한 모두와 외교적 유대관계를 유지하며 어느 한쪽에 치우치지 않는 균형외교를 추구하였다. 2000-02년 북러관계 정상화가 실현되고 양국 간 공식적 접촉이 확대되고 정치-경제협력에 관한 논의가 활발히 논의되었다. 2000년 2월에 북러 간 기본관계를 규정하는 우호 선린협력조약이 조인되었고 7월에는 푸틴이 러시아 지도자로서는 최초로 평양을 방문하여 김정일과 정상회담을 열었으며 그후 2002년까지 양국 정상은 2차례 더 회동하였다. 2차 북핵 위기가 본격화된 2003년 이후에는 북러관계에 별다른 진전이 없었다. 북러관계 회복 당시 푸틴과 김정일은 양국관계 발전에 큰 기대를 가지고 있었으나 현실은 기대에 부응하지 못했다. 북한에 러시아는 더 이상 과거 소련과 같은 듬직한 보호자나 관대한 지원자가 아니었다. 마찬가지로 북한은 베푸는 것도 없으면서 북핵문제를 놓고 참견하려는 러시아의 말을 경청하려 하지 않았다. 김정일이 2011년 12월 사망한 후 막내아들인 28세 김정은이 권력을 세습하게 되자 모스크바는 신속하게 평양에 조의를 표하고 양국 간 우호관계를 지속적으로 유지시키겠다는 희망을 표명했다.[4] 2019년 4월, 김정은-푸틴 정상회담이 블라디보스토크에서 처음으로 열렸다. 푸틴과의 회동에 앞서 김정은은 이미 중국 지도자와 4번, 한국 지도자와 3번, 미국 지도자와 2번의 정상회담을 가진 바 있었다. 북러 간 소원한 관계를 잘 보여주는 내용이다. 2월 베트남에서 열린 김정은-트럼프의 2차 정상회담이 아무런 성과 없이 실패로 끝난 후 열린 1차 북러 정상회담에서는 아무런 합의나 공동선언이 발표되지 않았다. 이는 푸틴과 김정은이 별다른 합의에 도달하지 못했으며 차후 양국 관계에 눈에 띄는 변화가 없을 것임을 암시했다.[5]

푸틴은 현실적-실용적 계산에 따라 한국과의 다각적인 관계 발전을 원하였다. 북러관계가 주로 정치적 접촉과 협의에 국한된 반면, 한러 협력은 정치 · 경제 · 과학기술 등 다각적으로 추진됐다. 2008년 한러 정상은 양국 관계를 "전략적 협력 동반자 관계"로 격상시키는 데 합의했다. 그러나 한러 간 경제협력 규모는 상대적으로 미비한 수준에 머물렀다. 러시아 통계에 따르면 2021년 러시아의 한국과의 무역규모는 299억 달러로 한국은 러시아의 무역 상대국 중 8위(4%)를 차지했다. 러시아 극동지역 무역에 한국이

---

4   "Russia Urges Neighbouring States Not To Provoke North Korea", Interfax, December 26, 2011.

5   Andrew E. Kramer and Choe Sang-Hun, "After Meeting Kim Jong-un, Putin Supports North Korea on Nuclear Disarmament", The New York Times, April 25, 2019. https://www.nytimes.com/2019/04/25/world/europe/summit-kim-putin-trump-nuclear-north-korea.html; Artyom Lukin, "The Putin and Kim Rendezvous in Vladivostok: A Drive-By Summit, 38 North, May 2, 2019. https://www.38north.org/2019/05/alukin050219/; Vladimir Isachenkov and Eric Talmadge, "Putin: North Korea Is Ready to Denuclearize - If It Gets Guarantees", The Diplomat, April 25, 2019. https://thediplomat.com/2019/04/putin-north-korea-is-ready-to-denuclearize-if-it-gets-guarantees/); Anthony V. Rinna, "After the Kim-Putin summit, what next for North Korea-Russia ties?" May 15, 2019, NK News, available online at https://www.nknews.org/2019/05/after-the-kim-putin-summit-what-next-for-north-korea-russia-ties/; Anna Kireeva and Liudmila Zakharova, "Takeaways From the Long-Awaited Russia-North Korea Summit", The Diplomat, April 26, 2019. https://thediplomat.com/2019/04/takeaways-from-the-long-awaited-russia-north-korea-summit/.

차지하는 비중은 중국 다음으로 26.4%에 달했다.[6] 한러는 경제협력에 관한 여러 합의에 서명을 했으나 대부분 이행되지 않았다. 2014년 러시아의 크림반도 강제합병 이후 미국과 유럽연합이 대러 경제제재를 부과했을 때 한국은 적극 동참하지 않는 대신 몇몇 경협프로젝트를 중단하는 선에서 그쳤다. 한편, 한국은 러시아와의 과학·기술 협력에 많은 관심을 가져 이 분야에서 100개가 넘는 공동프로젝트가 진행되었다.[7] 그 한 예로 한국은 러시아와 과학기술 협력을 통해 2013년 최초로 우주발사체인 나호로를 성공적으로 발사하였다.[8]

2022년 2월 러시아의 우크라이나 침공 이후 북러 간 협력관계가 증대되고 있다. 북한은 러시아의 우크라이나 침공 규탄에 관한 유엔총회 결의안에 반대표를 던진 5개국 중 하나였고 우크라이나 동부지역 친러 도네츠크인민공화국과 루한스크인민공화국을 러시아와 시리아에 이어 세 번째로 승인하였다. 우크라이나 전쟁으로 러시아의 국제적 고립이 심화되고 미러관계가 악화일로에 들어서면서 러시아는 짙은 반미 성향을 갖고 국제적으로 고립된 이란, 시리아, 북한 등의 국가들과 연대 강화를 통해 국제무대에서 미국을 견제하고 있다.

북러 2차 정상회담이 1차 정상회담 이후 4년 5개월 만에 2023년 9월 러시아 아무르주 보스토치니 우주기지에서 열렸다. 1차 정상회담은 북한 비핵화 문제가 주된 관심사였으나 이번 회담은 양국 간 무기거래와 군사-기술협력 문제를 중점으로 다뤘다. 우크라이나 전쟁으로 인하여 미러관계가

---

6 Konstantin V. Asmolove and Liudmila V. Zakharov, "Russia's Relations with the Korean Peninsula States in Perspective," Russia in Global Affairs, No. 4 (October/December 2023), p. 7.

7 Valery Denisovy and Anastasia Pyatchkova, "Prospects for Normalization on the Korean Peninsula: A View from Moscow", Asian Politics & Polity, Vol. 10, No 4, p. 699.

8 "Naro, Korea's first space launch vehicle", NARI. https://www.kari.re.kr/eng/sub03_04_02.do

첨예하게 대립되고 미중 간 경쟁관계가 심화된 상황에서 이루어진 2차 북러 정상회담에 많은 이목이 집중되었다. 푸틴 대통령은 회담 직전 북한의 인공위성 개발을 도울 것인지를 묻는 기자의 질문에 "그래서 우리가 이곳에 온 것이다. 김 위원장은 로켓 기술에 큰 관심을 보인다. 그들은 우주프로그램을 개발하려고 노력하고 있다. 북한과의 군사, 기술 협력 등 모든 문제를 논의할 것이다"라고 답해 모종의 합의가 있을 것임을 시사했다.[9] 김정은은 북한은 러시아와의 관계를 "최우선순위"로 둘 것이며 푸틴 대통령과 러시아의 행보에 대해 앞으로도 전적으로 지지를 표명할 것이라고 밝혔다. 그는 또한 "앞으로도 언제나 반제자주 전선에서 러시아와 함께 있을 것임을 이 기회를 빌려 확언한다"라고 말했다. 정상회담 이후 김정은은 러시아 극동 지역을 돌며 러시아의 주요 군수공장, 군수시설을 시찰하고 사료 및 식품 원료와 재료를 공급하는 연구 및 생산 기업을 방문했다.[10]

이번 정상회담은 우주기지에서 비공개로 진행되었고 회담 이후 공동선언이나 공동기자회견이 없었기 때문에 양국 간 합의내용에 관하여 많은 추측이 난무했다.[11] 우크라이나 전쟁이 장기화되고 교착상태에 빠지면서 러시아는 무기와 탄약이 고갈상태에 이르렀다. 과거 소련시대 동일한 무기체제를 운영하고 있는 북한이 중요한 무기와 포탄의 주요한 공급원이 될 수 있다. 북한이 러시아에 무기와 포탄을 제공하는 대가로 러시아는 북한에 어떠한 군사적 보상을 제공하기로 했을까? 북한이 경제적 측면에서 필요한

---

9 "4년 만에 만난 김정은-푸틴, 러시아 '북 위성 개발 돕겠다'", BBC, BBC, 2023년 9월 13일. https://www.bbc.com/korean/articles/c03j28nkl1no

10 정광성 "김정은 5박 6일 러시아 방문 마치고 北으로 출발", 월간조선 2023년 9월 13일. https://m.monthly.chosun.com/client/mdaily/daily_view.asp?idx=18412&Newsnumb=20230918412

11 "The surge of activity in relations between North Korea and Russia", Strategic Comments, IISS, October 2023 Vol. 29 Comment 30, Available online at https://www.iiss.org/publications/strategic-comments/2023/the-surge-of-activity-in-relations-between-north-korea-and-russia/, p. 5.

것은 식량, 에너지, 현금 등이 있다. 2024년 2월 한국 신원식 국방장관은 북한이 러시아에 수백만 발 포탄을 제공하고 그 대가로 러시아로부터 식량을 받았다고 발표하였다.[12]

이와 관련한 러시아의 대북 군사-기술지원 가능성은 3가지로 생각해 볼수 있다. 첫째, 러시아 최첨단 무기와 군사장비의 이전이다. 김정은은 정상회담 이후 러시아의 군수생산시설과 군사기지를 둘러보면서 최첨단전투기, 극초음미사일 등에 관심을 보였다. 러시아 첨단무기와 군사장비에 대한북한의 관심은 어제오늘의 일이 아니다. 김정일이 푸틴 및 메드베데프와정상회담을 가질 때마다 첨단무기, 장비, 무기부품 등을 무상 혹은 원조 형식으로 이전해 줄 것을 요구했으나 러시아는 매번 현금구매 원칙을 고수하면서 거절했다. 당시 북핵관련 대북 유엔제재가 지속되는 상황에서 러시아가 북한에 군사원조를 제공할 이유가 없었다. 2015년 5월 러시아의 전승기념일 70주년 군사퍼레이드에 초대된 김정은은 국내 내부사정을 이유로 막판에 불참을 통보하였다. 홍콩의 피닉스 TV에 따르면, 4월에 모스크바를방문한 북한의 인민무력부장 현영철이 러시아에 S-300 지대공미사일 4세트를 물물교환 형식으로 판매해 달라고 요청했으나 러시아는 현금 지불을요구했으며 이것이 지역의 군사적 균형을 깨뜨릴 수 있다고 거부했다.[13] 북한은 러시아에 5세대 최신예전투기, S-400 지대공미사일, 최첨단 레이더등의 이전을 요구할 수 있다. 한.미.일 3국 모두 F-35 스텔스전투기를 보유하고 있는데 북한이 첨단 지대공미사일 및 레이더를 제공받게 된다면 스텔

---

12 김환용, "한국 국방장관 '러 컨테이너 9천 개 북한으로 넘어가…북한 식량값 안정'", Radio Free Asia, 2024년 2월 27일, https://www.voakorea.com/a/7504099.html

13 Shin Hyon-hee, "Kim Nixed Russia Trip after Failed Missile Buy: Report", Korea Herald, May 3, 2015. http://www.koreaherald.com/view.php?ud=20150503000301

스 무기를 상당히 무력화시킬 수 있게 될 것이다.[14] 우크라이나 전쟁이 지속되고 있는 상황에서 러시아가 전쟁 수행에 필요한 첨단무기를 현시점에서 북한에 제공할 개연성은 적다.

둘째, 핵무기와 미사일(ICBM, SLBM, 크루즈미사일) 관련 군사기술 이전이다. 핵무기 소형화, ICBM 대기재진입(reentry), 핵다탄두기술(multiple warhead technologies), 핵잠수함 건조, 수중발사미사일 등 북한이 독자적으로 개발하기 어려운 첨단기술, 노하우, 관련부품 이전을 요구할 수 있다. 그러나 러시아가 북한에 핵무기나 미사일 관련 기술이나 노하우를 제공하지 않을 것으로 판단된다. 이러한 기술이전은 러시아의 북한 비핵화 정책에 반할 뿐 아니라 예측 불가능하고 신뢰할 수 없는 북한에 민감하고 위험한 군사기술을 이전하여 차후 더 큰 위험을 떠안으려 하지 않을 것이기 때문이다.

셋째, 인공위성 관련 기술이전이다. 이 합의 가능성이 크다. 2023년 1, 2차 발사 실패 후 북한은 동년 11월 23일 3차 발사에서 군사정찰위성 1호기를 최초로 궤도에 진입시키는 데 성공했다. 한국 국정원은 북한의 정찰위성의 성공적 발사에 러시아의 영향이 크다고 평가했다. 정황상 증거로 정상회담 시 푸틴이 북한 발사체 지원을 시사한 점과 회담 이후 북한이 설계도 및 1, 2차 발사체에 대한 정보를 러시아에 제공하고 러시아가 분석한 정황이 있다는 점을 들었다.[15]

북러 2차 정상회담 전후로 북한이 대량의 군사장비와 포탄을 러시아로

14 Yoonjung Seo and Sophie Tanno, "North Korea believed to have exported over 1 million shells to Russia", CNN, November 1, 2023. https://www.cnn.com/2023/11/01/asia/north-korea-one-million-shells-russia-ukraine-war/index.html

15 문광호, "국정원, 북한 군사정찰위성 성공, 러시아 도움 정황" 경향신문, 2023년 11월23일. https://m.khan.co.kr/politics/politics-general/article/202311231346001#c2b.

보낸 사실이 밝혀졌다. 2023년 7월 세르게이 쇼이구 러시아 국방장관이 한 국전쟁 정전 70주년 기념행사 참석차 북한을 방문했을 때 김정은과 함께 북한의 무기체계 전시회를 둘러보았다. 그는 방북 기간 중 더 많은 포탄 판 매를 요청했으며 북한이 러시아-중국 연합군사훈련에 참여할 것을 제안 한 것으로 전해졌다.[16] 그러나 중국의 시진핑이 북.중.러 3국이 참여하는 합 동해군훈련의 제안을 수용할 가능성은 적어 보인다.[17] 2024년 1월, 백악관 은 북한이 2023년 11월 철도 차량을 통해 러시아로 무기를 발송하는 위 성사진과 10월 북한 나진항에서 러시아로 향하는 군사장비와 탄약을 실 은 1,000개 이상의 컨테이너의 위성사진을 공개했다.[18] 한국의 신 국방장 관은 2024년 2월 현재 북한은 러시아에 152mm 포탄 300만 발 이상 혹은 122mm 방사포탄 50만 발 이상을 제공했을 것으로 추정하였다.[19] 2023년 말 러시아가 우크라이나에서 북한이 제공한 단거리탄도미사일 수십 발을 사용한 것이 포착되었다.[20]

2022년 러시아의 우크라이나 침공은 북러 간 협력 강화의 계기가 된 반

---

16 Bruce Klingner, "North Korea and Russia: How Far Could Their Partnership Go?" The Heritage Foundation, September 26, 2023, https://www.heritage.org/asia/commentary/north-korea-and-russia-how-far-could-their-partnership-go.

17 "The surge of activity in relations between North Korea and Russia", Strategic Comments, IISS, October 2023 Vol. 29 Comment 30. https://www.iiss.org/publications/strategic-comments/2023/the-surge-of-activity-in-relations-between-north-korea-and-russia/, p. 6.

18 Cho, Sangjin and Christy Lee, "North Korean-Russian Military Cooperation Could Threaten Global Security", Voice of America, January 01, 2024. https://www.voanews.com/a/north-korean-russian-military-cooperation-could-threaten-global-security/7404703.html

19 김환용, "한국 국방장관 '러 컨테이너 9천 개 북한으로 넘어가···북한 식량값 안정.'"

20 Dasl Yoon and Timothy W. Martin, "North Korea's Missiles Are Being Tested on the Battlefields of Ukraine Russian use of weapons supplied by the Kim Jong Un regime could boost Pyongyang's illicit-arms business", Wall Street Journal, January 19, 2024. https://www.wsj.com/world/asia/how-the-ukraine-war-is-aiding-north-koreas-illicit-arms-business-62e66fd8

면에 한러관계에 심각한 갈등을 야기했다.[21] 전쟁 이전 한국의 러시아에 대한 태도는 미국과의 동맹관계를 해치지 않는 선에서 러시아와 우호관계를 유지한다는 것이었다. 그러나 전쟁 발발 이후 한국은 러시아 침략을 비난하고 우크라이나를 지지하며, 미국과 유럽연합이 주도하는 러시아에 대한 제재에 합류했다. 그러자 러시아는 한국을 "비우호국가" 목록에 포함시켰다. 윤석열 정부는 우크라이나에 대한 지원을 비살상 군수품과 인도적인 물품으로 제한하겠다고 발표하였으나 워싱턴포스트 보도에 따르면 2023년 초부터 한국은 우크라이나에 포탄을 공급하기 시작했으며 연말까지 한국은 모든 유럽국가를 합한 것보다 많은 포탄을 우크라이나에 제공했다.[22] 러시아는 한국의 우크라이나 무기-포탄 제공을 반러-적대행위로 간주될 것이며 그럴 경우 지난 30년간 쌓아온 한-러 양국관계를 파국으로 몰고 가게 될 것이라고 경고했다. 푸틴은 2023년 12월 크렘린궁에서 신임 모스크바 주재 한국대사로부터 신임장을 받는 과정에서 "양국 협력이 러시아와 러시아 국민들에게 매우 유익한 파트너십의 궤도로 복귀할 것인지는 한국 정부에 달려"있으며 "러시아는 이에 대한 준비가 돼 있다는 점을 강조하고 싶다"라고 말했다.[23] 한러수교 이후 현재 양국관계는 최악의 상태에 처해 있다. 푸틴은 한국과 정상적인 협력관계를 유지하고 남북한 간 균형적인 관계를 지속함으로써 얻는 것이 더 많다고 판단하기 때문에 한러 간 관

---

21 러우전쟁 이후 한러관계에 관하여는 다음 글 참조. Terence Roehrig, "Becoming an 'Unfriendly' State: South Korea-Russia Relations and the Invasion of Ukraine", *Asian Survey*, Vol.62, No. 5/6 (2022), pp. 866-892.

22 이본영, "WP '한국이 우크라에 준 포탄, 유럽 전체 지원량보다 많다'" 한겨레신문, 2023년 12월 5일. https://www.hani.co.kr/arti/international/america/1119119.html. 이 기사는 한국이 포탄을 우크라이나에 직접 제공했는지, 미국을 거쳐 갔는지, 혹은 미국이 자국 보유분을 우크라이나에 보내고 한국이 제공한 것으로 재고를 채웠는지에 관하여는 언급하지 않았다.

23 김환용, "푸틴 대통령 '한러 관계 악화 유감 … 관계 정상화 한국에 달려' 압박" Voice of America, 2023년 12월 5일. https://www.voakorea.com/a/7384691.html

개 개선의 가능성을 열어 놓고 있다.

Ⅲ. 러시아와 한반도 평화와 안정

한반도 평화와 안정과 관련된 푸틴 러시아의 외교적 노력은 3가지 측면에서 살펴볼 수 있다. 첫째, 러시아의 일방적인 외교활동(중재 mediation 혹은 주선 good offices)을 통하여 한반도 긴장을 완화하고 안정을 도모하는 것이다. 둘째, 남북러 3국 경제협력을 통해 호혜적인 경제이익을 도모함과 동시에 상호 신뢰를 구축함으로써 한반도 평화와 협력의 기반을 마련하는 것이다. 셋째, 동북아 안보협력체제를 구축하여 포괄적이고 다각적인 틀 속에서 북핵 및 한반도 통일문제를 해결한다는 것이다.

■ 중재 및 주선

러시아는 한반도 긴장 완화를 위해 중재, 주선 혹은 사심 없는 중개자의 역할을 자청해 왔다. 한반도 문제와 관련 러시아는 자국이 평화조정자 혹은 "이성의 목소리"라는 이미지를 각인시키려 노력해 왔다. 이러한 선의의 외교적 노력은 한반도 문제와 관련 자국의 우호적인 이미지를 부각시키며 남북한 모두와 우호관계를 유지함으로써 소련 붕괴 이후 급격히 추락한 자국의 영향력과 위상을 회복하려는 의도에 따른 것이다.

푸틴 대통령은 2000년 6월 러시아 지도자로서는 최초로 평양을 방문하여 김정일과 1차 정상회담을 가졌다. 방북 직후 열린 오키나와 G-8 정상회담에서 푸틴은 김정일을 국제 문제에 정통한 "완전히 현대적인 사람" "우리와 협상할 수 있는 사람"이라고 긍정적으로 평가하면서 북한의 미사일 프로그램은 "평화적인 목적"에 따른 것이라고 말했다. 이때 푸틴은 북한이 일 년에 다른 나라의 영토에서 1-2차례 인공위성을 발사할 수 있다면 현재의 미사일 프로그램을 포기할 준비가 되어 있다는 김정일의 메시지를 전달하였다.[24] 2002년 9월 고이즈미 일본 총리와 북한 김정일 간 평양정상회담이 열렸는데, 그 배경에 러시아의 주선이 있었다.[25] 2002년 7월 러시아 외교부장관 이고르 이바노프는 평양에서 김정일과 회담한 후, "북한은 어떠한 예비조건 없이 미국 혹은 일본과 건설적인 대화를 할 준비가 되어 있다"라고 발표했다.[26] 일본은 북한과의 대화 재개를 위해 러시아의 도움을 요청했으며 러시아의 주선에 의해 북일정상회담이 성사될 수 있었다.[27] 2003년 초 2차 북핵 위기가 시작되자 러시아는 외교적 해결책을 제안함으로써 긴장을 완화하려고 시도했다. 러시아 외교부 차관 알렉산더 로슈코프는 핵위기 해결을 위한 푸틴의 제안을 김정일에게 전달했다. 이 제안은 한반도 비핵화, 북한에 대한 안전보장, 북한에 대한 인도주의적 지원과 경제적 지원의 재개를 포함하는 일괄타결안이다.[28] 당시 김정일은 이에 대해 별다른 관심을 보이지 않았다.

러시아의 건설적인 개입으로 북미 핵협상에 놓인 걸림돌이 제거된 일도 있었다. 2007년 2월, 미국은 30일 이내에 중국 내 방코델타아시아(DBA)에 묶여 있던 북한 자산 2,400만 달러를 동결 해제하고 그 대가로 북한은 핵

---

24 ITAR-TASS, September 11, 2000, in FBIS, DR/SOV (2000-0911).

25 "Russia Stresses Role in Mediating Between Japan, North Korea", ITAR-TASS, October 11, 2002, in FBIS, DR/SOV (2002-1011).

26 "Russian Foreign Minister Says N Korea Ready for Dialogue with US, Japan", ITAR-TASS, July 29, 2002, in FBIS, DR/SOV (2002-0729).

27 "Russia Stresses Role in Mediating Between Japan, North Korea", ITAR-TASS, October 11, 2002, in FBIS, DR/SOV (2002-1011).

28 Zhao Jiaming, "DPRK Leader Meets with Russian Envoy", People's Daily, January 21, 2003, p. 3.

프로그램 폐기를 진행하기로 합의했다. 이 합의는 중국 은행들이 미국 정부의 보증 없이 북한으로 송금하는 것을 거부하면서 예기치 않은 장애물에 직면했다. 러시아가 자국의 중앙은행과 러시아의 민간 은행(극동상업은행)이 BDA로부터 북한 자금을 받아 평양으로 송금하도록 처리함으로써 장애물을 제거하였다.[29]

러시아는 중재의 일환으로 북핵 해결을 위한 방안을 제시하기도 하였다. 2017년 6월 러시아는 북핵위기의 평화적 해결을 위한 로드맵을 제안하였다. 2017년 11월 27일, 이고르 모르굴로프 러시아 외무부 차관은 서울에서 열린 발다이국제토론 클럽의 제8차 아시아 콘퍼런스 개막식에서 러시아의 로드맵을 다음과 같이 설명하였다. 로드맵은 한반도의 3단계 평화 프로세스를 포함한다. 1단계에서 북한의 핵-미사일 프로그램과 한미연합군 사훈련의 "쌍중단"이 실행되어야 한다. 이 조치는 상호 자제를 통해 위기를 완화하기 위한 것이다. 1단계에서 북한은 핵과 미사일 실험을 중단하고 미국과 동맹국들은 이 지역에서 정기적인 군사훈련의 규모를 줄여야 한다. 2단계에서는 북미 간 직접 협상과 동시에 남북한 간 협상이 진행되어야 한다. 이 단계에서 북미 간 평화공존과 남북한 간 평화공존을 위한 기본원칙에 합의가 이루어져야 한다. 3단계는 6자회담의 재개이다. 이 마지막 단계에서 이해 당사국들은 비핵화, 제재, 재래식 군비통제, 신뢰구축 조치, 미군주둔 등 광범위한 안보 문제를 논의하고 동북아의 다자안보체제 구축을 모색해야 한다. 북미 핵협상의 당사자인 미국이 북한의 비핵화 선행을 요구하면서 이 제안을 받아들이지 않고 있다.

---

29 "Russia to Be Mediator in BDA Matter" Dong-A Ilbo, June 16, 2007.

■ 3국 경제협력

푸틴은 2000년 집권 직후 남·북·러 3국이 공동 참여하는 에너지와 철도 분야에서의 경제협력 프로젝트를 제안하였고 그후 지속적이며 일관되게 추진해 오고 있다.[30] 러시아의 3국 경제협력 프로젝트는 1) 시베리아 횡단철도를 남북한 종단철도와 연결하는 철의 실크로드 사업, 2) 러시아 극동 및 동시베리아 천연가스를 파이프라인을 통해 북한을 경유해 남한에 공급하는 가스파이프라인 사업, 3) 러시아 극동지역 잉여전기를 전기 그리드 라인을 설치해 북한과 남한에 공급하는 전기공급 사업을 포함한다.

푸틴은 이러한 3자 간 경제협력이 당사국들의 경제적 이익은 물론 남북 협력과 화해의 촉매재가 될 것이라고 주장한다. 푸틴의 3국 공동경제 프로젝트는 러시아 극동지역을 동북아의 역동적인 경제권과 연계시킴으로써 낙후된 시베리아 경제발전을 도모하고 동시에 남북한을 러시아의 경제 세력권에 귀속시키려는 의도에 따른 것이다.

1990년대 모스크바와 평양 간 경제협력 활성화의 주요 장애물 중 하나는 북한의 러시아 채무상환(소련시대 발생한) 문제였다. 2년 넘는 협상 끝에 김정은 집권 이후인 2012년 9월 북러 채무처리에 관한 합의가 이루어졌다. 2012년 9월 당시 북한의 대러 부채액은 109억 6천만 달러였다. 이 합의에 따라 러시아는 북한 채무의 90%를 탕감하고 나머지 10% 부채는 북한이 20년에 걸쳐 6개월 분할 상환하게 되었다.[31] 상환액은 북한 내 가스파이프 건설과 철도 개조를 포함하여 북한의 경제 프로젝트에 자금을 대는 데

---

30 북러 경제협력 현황에 관하여는 다음 글 참조. Artyom Lukin and Liudmila Zakharova, "Russia-North Korea Economic Ties: Is There More Than Meets the Eye?" Orbis, Vol. 62, No. 2 (2018), pp. 244-261.

31 "Russia writes off 90 percent of North Korea debt, eyes gas pipeline", Reuter, April 19, 2014. http://uk.reuters.com/article/russia-northkorea-debt-idUKL6N0NB04L20140419

사용될 수 있다. 크렘린궁이 양국 경제 협력을 증진하고 양국 간 정치적 유대를 강화하기 위해 북한의 채무 대부분을 탕감하기로 결정을 내린 것으로 보인다.

시베리아 횡단철도(TSR)와 한국횡단철도(TKR)를 연결하여 유럽 러시아와 동북아를 연결한다고 하는 "철의 실크로드"(ISR) 프로젝트는 푸틴이 집권 이후 끊임없이 제시해 왔다. 푸틴은 2000년 7월 평양 방문 시 김정일과의 첫 정상회담에서 처음으로 ISR을 언급하였다. 더 거슬러 올라가서 1994년 6월 김일성은 TSR과 TKR을 연결하는 다국적 철도 프로젝트에 강한 관심을 표명하였는데 이 프로젝트가 김일성의 유훈사업이었기 때문에 김정일은 푸틴의 제안에 호의적인 반응을 보였다.[32] 푸틴은 2000년 9월 "2000년 유엔 밀레니엄 정상회담" 참석차 뉴욕을 방문했을 때 김대중 대통령을 만난 자리에서 남-북-러가 참여하는 ISR을 포함한 3자 경제 프로젝트에 대해 논의했고 이때 두 정상은 ISR에 대해 합의했다. 앞서 2000년 6월 김대중과 김정일은 평양에서 열린 사상 최초 남북정상회담에서 1945년 한반도의 분단으로 단절된 남북 철도를 다시 연결하기로 합의한 바 있다. 철의 실크로드가 완성될 경우, 아태지역 국가들과 유럽 간 물품을 보다 싸고 신속하게 운송할 수 있게 될 것이다. 철의 실크로드를 통할 경우 현존 해상수송로와 비교하여 운송기간이 40일에서 15일로 줄어들고 운송비도 2-3배 줄어들 것으로 예상된다.

시범 프로젝트로 러시아는 러시아의 하산과 북한의 나진 간 철로 보수 사업과 나진항 터미널 현대화 사업을 추진했다. 북러 합작회사인 라선콘트랜스(Rason KonTrans)가 5년간의 보수 끝에 2013년 9월 하산-나진을 연결

---

32 한국교통연구소 안병민 박사와의 전화 인터뷰. 2017년 1월 6일 서울.

하는 54km 복선철도 구간을 재개통하고 2014년 7월에는 라선항 3부두 화물터미널 공사를 완공했다.[33] 2013년 11월 푸틴은 서울 방문 시 철의 실크로드 프로젝트가 성사된다면 한반도 평화와 안정 구축에 큰 기여를 할 것이라고 표명했다.[34] 이때 박근혜 정부는 라선콘트랜스 합작투자 프로젝트에 참여하는 데 동의하여 포스코-현대-코레일로 구성된 컨소시엄을 구성하여 러시아가 보유한 라선콘트랜스 70% 지분의 절반을 인수한다는 계획을 구상했다.[35] 나진항의 수출 활용 타당성을 검증하기 위해 2014-2015년 포스코가 북한 나진항을 통해 러시아에서 석탄을 수입하는 시범사업을 진행했다.[36] 이 프로젝트가 비용 효율적이라는 것이 입증된다면, 한국 컨소시엄은 공식적인 계약을 위해 러시아 측과 추가적인 대화를 진행하려고 하였다. 러시아 측은 운송비용과 관련된 필수적인 자료를 제공하기를 거부하는 등 일처리에 투명성이 없었기 때문에 포스코는 이 프로젝트가 경제적 타당성 여부로 결론을 내릴 수 없었다.[37]

박근혜 정부는 유라시아의 교통 및 에너지 네트워크를 구축함으로써 서

---

33 Rason KonTrans는 러시아철도(RZD)와 북한 나진항 간의 합작회사로서 러시아가 70%, 북한이 30% 지분을 갖고 있다. 러시아는 나진항 3부두 터미널 운영권을 49년간 확보했다. 중국도 2009년 나진항 1호 부두와 2010년 나진항 4-6호 부두를 50년 동안 사용할 권리를 확보했다. "나진-하산 프로젝트 재개 물살… 밀착하는 러시아와 북한", 2024년 2월 14일 N 뉴스. https://naver.is/n/?news=037_0000033177. 중국도 2009년 나진항 1호 부두와 2010년 나진항 4-6호 부두를 50년 동안 사용할 권리를 확보하였다.

34 Putin lobbies for 'iron silk road' via N. Korea, hopes political problems solved shortly (2014). RT, 13 November 2013. http://www.rt.com/business/putin-lobbies-iron-silk-seoul-677/

35 한국에너지경제연구소 김경술 박사 인터뷰, 2014년 7월 10일 안양시.

36 Song, Sang-ho, Rajin-Khasan project enters 3rd test run, The Korea Herald, November 17, 2015. http://www.koreaherald.com/view.php?ud=20151117001047

37 이 시범사업에서 러시아는 나진터미널과 하산-나진 철도 이용에 따른 비용은 부담했지만, 비용 규모는 밝히지 않았다. 이 정보가 없으면 나진에서 포항으로 석탄을 수입하면 최대 15%의 비용 절감 효과가 있을 것이라는 한국 정부의 입장을 확인할 수 없었다. 게다가 러시아는 라선콘트랜스의 자산 가치를 밝히지 않아 3개 기업으로 구성된 한국 컨소시엄이 합작사 가입을 위한 협상을 진행하기 어려웠다. 2014년 7월 10일 서울 포스코 관리부 오영달 팀장 인터뷰.

울의 경제 성장을 촉진하고 동시에 북한과의 긴장을 완화하고 통일된 한국을 위한 기반시설을 구축한다고 하는 "유라시아 이니셔티브"를 표방하고 있었고 이와 많은 공통점을 갖는 나진-하산 프로젝트를 환영하였다. 당시 라브로프 러시아 외무장관은 이 시범운행의 결과를 바탕으로, 러시아는 한국 종단철도와 시베리아 횡단철도를 연결하기 위한 작업을 시작할 것이며 만약 이 시범사업이 성공한다면, 북한을 가로지르는 가스관을 통하여 러시아 가스의 남한 수출과 유사한 경로를 통해 러시아 전기를 남한에 공급하는 3국 간 프로젝트들을 고려할 준비가 되어 있다고 언급했다.[38] 러시아는 3국 경제사업이 극동지역의 경제발전을 촉진하고 한국에서의 영향력과 위상 강화로 이어질 것으로 기대하였다. 북한은 또한 임대료와 운송료 등의 형태로 외화를 벌어들일 것이기 때문에 경제적으로 이득을 볼 수 있는 이러한 사업에 긍정적인 입장을 취했다.

2016년 1월 6일 북한은 5차 핵무기실험을 2월 7일에는 장거리미사일 시험발사를 했다. 이 도발행위에 대하여 한국은 일련의 대북 징계조치를 취했다. 2월 한국은 남한의 125개 제조업체가 5만 명의 북한 노동자를 고용한 남북 간 유일한 남북 경제협력 사업인 개성공단의 가동을 중단했다. 3월 한국은 북한의 비핵화가 진행될 때까지 나진-하산 프로젝트를 무기한 중단했다.

38 Russian Ministry of Foreign Affairs, Remarks and answers to media questions by Foreign Minister Sergey Lavrov during a news conference following talks with Special Representative of DPRK leader Choe Ryong Hae, (Moscow) November 20, 2014. http://archive.mid.ru//brp_4.nsf/main_eng. Accessed 10 Dec 2014

■ 가스 파이프라인

러시아 극동과 동시베리아 가스를 가스파이프라인을 통해 북한을 경유해 남한까지 연결하여 공급한다는 프로젝트는 푸틴이 시종일관 추진해 오고 있는 또 다른 경제 프로젝트이다. 이 프로젝트가 성사되면 러시아 동시베리아와 극동지역의 경제발전이 촉진되고 서울이 장기적이고 안정적인 에너지 공급을 확보하는 데 도움이 될 것으로 기대되었다. 이 같은 가스 프로젝트에 대한 한국의 관심은 1980년대 후반 현대 그룹의 설립자인 정주영이 사하 공화국에서 북한을 거쳐 한국으로 가는 장거리 가스파이프라인 가능성을 검토한 것으로 거슬러 올라간다. 2000년 6월 1차 남북정상회담을 계기로, 남북한은 처음으로 중국과 러시아에서 북한을 거쳐 한국으로 가는 가스파이프라인에 대해 논의했다. 2012년 8월 드미트리 메드베데프 대통령과의 회담에서 김정일은 러시아의 가스관이 연간 1억 달러의 비용을 지불하고 한국으로 통과하는 것을 허용하기로 합의했다. 앞서 2011년 9월 러시아의 가스프롬은 한국의 가스공사와 2013년에 가스관 건설을 시작하고 2017년에 가스관을 통해 가스를 운송하기 위한 양해각서에 서명했다. 그러나 한국 관리들은 이 일정이 비현실적이고 법적 구속력이 없다고 보았다. 북한의 핵 위기와 남북한 간의 상호 불신이 가스관 계획의 주요 장애물로 남아 있었기 때문이다.

러시아는 1,800km에 달하는 사할린-하바로프스크-블라디보스토크 천연가스파이프라인 사업은 2009년 7월 착수해 110억 달러를 들여 2011년 9월 완공했다. 이 가스파이프라인이 한반도까지 연장하면 총 1,100km에 달하게 되는데 그중 700km가 북한을 경유하게 될 것이었다. 러시아는 이

가스파이프라인을 통해 한국에 12bcm 가스를 공급할 것을 제안했다.[39] 비록 러시아와 한국은 3국 간 가스관 사업에 대해 원칙적인 지지를 표명했지만, 양측은 그것의 실현 가능성에 대해 심각한 의구심을 갖고 있었다. 위성락 주러시아 대사는 2012년 2월 가스관 사업이 단지 논의 단계에 불과하다고 표명했다.[40]

푸틴은 오랫동안 파이프라인을 통해 가스를 북한을 통해 남한으로 공급하는 프로젝트를 제시해 왔다. 이 가스 공급 옵션은 저렴한 가스 비용과 그것이 남북경제협력을 유도할 수도 있다는 장점을 가지고 있다. 북핵문제가 지속되고 남북한 긴장관계가 지속되는 상황에서 러시아는 북한을 우회하여 동해 해저 가스관을 통해 남한에 가스를 제공하는 대안이 있다. 2013년 11월 한국 TV 방송과의 인터뷰에서 푸틴은 해저 가스관은 가능하지만 어렵다고 말했다. 블라디보스토크에서 남한으로 가는 해저 파이프라인의 길이는 650-900km 정도이다. 이 경로를 따라 바닷속 깊이가 어떤 곳에서는 3,000m에 달하고 해저는 불규칙적이어서 건설이 더욱더 어렵다. 푸틴은 만약 러시아 측이 장기적인 공급계약을 확보할 수 있다면 이 경로를 진행할 수도 있다고 말했다. 가스 공급의 세 번째 옵션은 액화천연가스(LNG)이다. 하지만 LNG 가스 가격은 천연가스관 가격의 3배에 달한다. 한국은 일본·중국에 이어 세계 3위 LNG 수입국이며 에너지 공급의 90%를 수입에 의존하고 있다.[41] 한국가스공사는 러시아로부터 LNG 수입을 선호하고 천

---

39 "Gas pipelines & transportation: gas transit from Russia could earn North Korea $100 mln annually", Interfax, November 23, 2011.

40 "South Korean envoy notes advancement in gas pipeline with Russia, North Korea", The Daily NK, February 27, 2012.

41 "싼 러시아 LNG 막히니 호주서 한국, '가스값 쓰나미' 우려", 헤럴드경제, 2023년 10월 3일. https://biz.heraldcorp.com/view.php?ud=20231003000010

연가스관 프로젝트는 현 국제 상황에서 비현실적이라고 본다.[42]

■ 잉여전력공급

러시아가 제시하고 있는 또 다른 3국 경제 프로젝트는 러시아 연해주 잉여전력을 통합 전력망 시스템을 통해 북한과 남한에 공급하는 것이다. 북한은 심각한 전기 부족을 겪고 있다. 1994년 북미합의에 따라 국제컨소시엄인 한국에너지개발기구(KEDO)가 북한의 핵 프로그램 동결 대가로 2003년까지 연간 200만 킬로와트의 전력을 제공할 수 있는 2기의 경수로를 북한에 건설하기로 되었다. KEDO 사업은 북한의 2차 핵위기가 다시 점화되면서 중단되었다. KEDO의 경수로 사업이 중단된 후, 러시아는 원자력 에너지의 대체로 북한에 전기와 가스를 공급할 수 있다는 제안을 했다. 2004년 7월, 연해주 주지사 세르게이 다킨은 인터뷰에서 러시아 수력발전 댐의 잉여전력을 남북한에 수출하는 계획을 세우고 있다고 말했다. "우리는 북한 국경에 에너지 전송선을 건설하고 있다… [푸틴 대통령이] 내년에 북한에 에너지를 전송하는 임무를 준다면, 우리는 그렇게 할 준비가 되어 있을 것이다."[43] 아무르 지역에 있는 러시아의 부리스카야 수력발전소는 6기의 발전 세트를 완공하면 러시아 극동지역의 수요를 충족시킬 수 있는 충분한 전력을 생산하고 북한에 전력을 수출하게 될 것이었다.

한국은 러시아의 극동지역으로부터 전기 에너지를 수입하는 것에 관심을 보였다. 한국의 전력 수요는 증가하고 있지만, 수요를 충족시킬 수 있는

---

42 한국가스공사 러시아프로젝트팀 유문종, 곽승섭 인터뷰. 2014년 7월 22일 서울.

43 James Brooke, "Russia wants to supply energy to North Korea", New York Times, July 4, 2004; Leo Byrne, "Russia and the DPRK could cooperate on electricity, though South Korean input looks unlikely", NKnews.org, February 2, 2015. http://www.nknews.org/2015/02/wired-up-north-korea-looks-to-russia-for-electricity/

능력은 제한적이다. 인구가 밀집돼 있는 한국에 새로운 발전소를 세우는 것이 점점 더 어려워지고, 주민들은 이웃에 새로운 발전소를 만드는 것에 격렬하게 반대하고 있다. 이런 상황에서 러시아에서 합리적인 가격의 전기 에너지를 안정적으로 공급받는 것이 한국 전기에너지 부족 문제를 해결하는 방법이 될 수 있다는 것이다. 러시아는 이미 핀란드를 포함한 12개국에서 발전소를 건설한 경험이 있다. 2006년, 러시아와 한국은 전력 분야에서 3국 경제 협력에 관한 MOU를 체결했고 2009년, 양국은 전력 협력을 위한 공동 연구를 시작했다. 처음에는 러시아가 아무르 지역의 수력발전소에서 전력을 보내는 것을 제안했지만 그후 블라디보스토크의 화력발전소에서 전력을 보내는 쪽으로 전환하였다.[44] 이 프로젝트와 관련한 한러 협의는 북한 어뢰에 의해 천안함이 침몰한 후 2010년 중단되었다. 극동 지역의 러시아 전력 가격은 한국보다 약 30% 저렴하다. 모든 비용을 고려하면 러시아에서 수입하는 전력은 한국의 전력과 거의 같거나 그보다 약간 낮은 가격에 공급될 수 있다. 러시아는 가격을 포함한 자세한 정보를 제공하지 않았다.[45] 러시아의 잉여전력을 전력망을 통해 남북한에 공급하자는 계획은 구상 초기단계에 불과하다.

푸틴의 남-북-러 3자 경제 프로젝트들이 실현 가능하고, 경제적으로 효율적이며, 한반도 평화와 안정에 기여할 것인가? 2013년 하산-나진 철도 현대화 시범사업과 2014-2015년 나진을 통한 러시아의 남한 석탄수출 시범사업은 에너지와 운송 분야에서 3국 경제협력의 가능성을 보여줬다. 철

44　전력 공유사업의 시행을 위해서는 몇 가지 기술적인 문제가 해결되어야 한다. 러시아와 한국의 전력 시스템은 호환되지 않는다. 러시아로부터 전기 에너지를 수입하려면 교류를 장거리 전송을 위해 고전압 직류(HVDC)로 변환해야 한다. 한국은 전기를 공급받은 후 국내 소비를 위해 러시아의 50Hz에서 60Hz로 전력을 전환해야 한다.

45　한국전력 정규원 부장과의 인터뷰2014년 7월 15일 서울.

의 실크로드는 러시아는 물론 남북한 모두에 경제적 이익이 될 수 있다. 한국의 경우 현재 유럽 무역은 선박을 이용하여 수에즈운하를 경유하는 수송로를 이용하고 있는데 시베리아 횡단철도로 연결되는 철로를 이용할 경우 운송 비용을 줄이고 운송 시간을 단축함으로써 그 경쟁력을 강화할 수 있다. 러시아 극동지역에서 한반도로 연결되는 가스파이프라인이나 전력공급망 역시 한국이 합리적인 가격으로 가스나 전기를 안정적으로 공급받을 수 있는 이점이 있다.

그러나 3자 경제협력이 성공적으로 실행되고 지속되기 이전에 극복해야 할 많은 장애물, 불확실성, 정치적 위험요소가 산재해 있다. 우선 북한의 낙후된 인프라 문제가 있다. TSR과 TKR을 연결하기 이전 북한의 철도망을 업그레이드해야 한다. 북한의 기차들은 노반, 다리, 터널의 열악한 환경 때문에 시속 20마일 정도로만 이동이 가능한 상태이다. 북한 철로의 업그레이드는 20년 혹은 그 이상이 걸릴 수도 있으며 막대한 비용을 요구하는 프로젝트가 될 것이다. 마찬가지로, 러시아의 전기 에너지가 북한을 통해 남한으로 전송되기 전에, 북한의 전력망은 광범위한 업데이트와 수리를 마쳐야 한다. 북한을 경유해서 남한으로 연결되는 가스파이프라인 건설비용 역시 해결해야 할 과제이다. 러시아와 북한체제에 만연한 부패, 관료주의, 비투명성, 비효율성 등의 문제는 3국 경협을 지속적으로 이어가는 또 다른 커다란 장애가 될 것이다. 또한 현재 핵개발 문제로 북한이 포괄적인 유엔 제재하에 놓여 있는 상황에서 한국이 3국 경협에 적극 참여한다는 것은 정치적으로 불가능하다. 차후 대북제재가 풀리거나 완화되어 3국 경협 추진이 가능한 상황이 된다고 해도, 과연 한국이 정치적-경제적 리스크가 많은 3국 간 대규모 경협을 추진하는 것이 바람직할 것인가의 문제가 남는다. 또한 한국의 러시아 에너지 의존도가 커질 경우 국제분쟁 시 러시아는 우크라이나 전쟁에서 보여주었듯이 "자원을 무기화"할 수 있다.

러시아가 주장하듯이 3자 경제협력이 남북한 화해와 신뢰 나아가서는 동북아 협력체제를 구축하는 촉매제의 역할을 할 수 있을까? 이미 남북한은 금강산관광사업과 개성공업단지개발 등 남북한 대규모 경협사업을 경험한 바 있다. 그러나 기대와는 달리 남북경협이 궁극적으로 남북 화해와 신뢰구축으로 이어지지 않았다. 남북한 신뢰구축과 북핵문제 해결 혹은 관리가 선행되지 않는 상태에서 푸틴이 내세우는 3자 경협이 한반도 평화와 안정에 기여할 것이라고 기대할 수 없다.

■ 지역안보협력체제

러시아는 한국과 동북아의 평화와 안정을 위한 방안으로 동북아 집단안보협력체제를 제시해 왔다. 러시아는 한국문제는 남북한 스스로 해결해야 하며 미국 혼자서는 한국문제의 매듭을 풀 수 없을 것이라고 주장한다. 러시아는 동북아안보협력체제를 구축하여 이를 통해 한국문제를 포함한 역내 안보 및 기타 이슈들을 포괄적으로 다루자는 입장을 견지하고 있다.

한반도 및 동북아 평화와 안보를 위한 역내 다자안보 메커니즘 창설 제안은 소련시대까지 거슬러 올라간다. 1969년 소련의 브레즈네프는 아시아의 집단안보체제의 설립을 제안하였고, 1980년대 고르바초프는 다양한 "국제 안보를 모두 수용하는 체제", "헬싱키 같은 태평양 회의" 또는 "모든 아시아 포럼"이라고 불리는 아시아 집단 안보체제를 제안하였다. 러시아의 옐친 대통령은 1992년 11월 방한 시 동북아 분쟁지역의 안보문제에 대한 다자간 협상체제를 마련하고 이 지역에 분쟁예방 및 전략연구센터를 설치

하는 등 위기관리체제를 구축할 것을 제안했다.[46]

러시아 외무부 제1아시아부 부국장이었던 발렌틴 모이세프는 1997년 5-6월호 국제문제(러시아 외무부가 발행하는 학술지)에 처음으로 러시아 제안의 구체적인 내용을 담은 논문을 게재하였다.[47] 이 논문에는 다국적 회의의 목표와 형식, 절차 등에 대한 상세한 설명이 담겨 있었는데, 이 내용은 다음과 같이 요약할 수 있다:

1. 이 회의에는 북한, 한국, 유엔 안전보장이사회 상임이사국(러시아, 미국, 중국, 프랑스, 영국), 일본, 유엔 사무총장, IAEA 사무총장 등 모든 이해관계국과 단체가 초청된다.

2. 교차승인이 선행된다. 미국과 일본은 회의 소집 이전 북한을 승인하고, 북한도 미국과 일본을 승인한다.

3. 회의 기간 동안, 구체적인 문제 분야를 다루는 실무그룹이 조직된다. 남북 관계 개선에 초점을 맞춘 그룹은 1991년 12월 남북한 간의 기본 합의를 이행하는 방법을 논의할 것이며, 타협적인 통일방안에 합의한다. 휴전 협정을 평화적인 구조로 대체할 책임이 있는 그룹은 1953년 정전협정 체결국과 중립국감독위원회의 대표들로 구성된다. 한반도의 신뢰 구축 조치를 채택하는 것에 초점을 맞춘 그룹은 한반도의 군사적 영역과 군비 통제에서의 이러한 조치들의 이행을 다룬다. 한반도의 비핵화 상태를 보장하고 모든 형태의 대량살상무기로부터 자유로운 지역을 만드는 것에 초점을 맞춘 그룹은 한반도의 비핵화를 다룬다. 관

---

46   Nikolai Solovyev, "Siberia and the APR", International Affairs (Moscow) (April 1993), p. 26.

47   Valentin Moiseev, "On the Korean Settlement", International Affairs (Moscow), 43 (3) (1997), pp. 68-72. 당시 모이세예프는 러시아외교부 한국담당 과장이었다.

계 정상화 책임이 있는 그룹은 북한과 미국, 그리고 북한과 일본 사이의 관계의 완전한 정상화 문제를 다룬다.

4. 여러 실무그룹은 공통 관심사를 논의하고 많은 계획이 포함된 타협안을 찾기 위해 공동 세션을 개최할 수 있다.

푸틴집권 후 2002년 10월, 러시아는 동북아 6자회담 개최를 촉구했다. 러시아 외무부 차관 알렉산더 로슈코프는 6자회담은 한국문제를 해결하기 위한 것이 아니라 남북 대화에 유리한 분위기를 조성하기 위한 것이며 이 회담에서 한국문제뿐 아니라 어업, 경제협력, 환경, 테러리즘 등 광범위한 문제들을 다룰 수 있을 것이라고 설명했다.[48] 2003년 8월 북한 핵문제에 관한 6자회담(SPT)이 개최되기 이전에는 러시아가 요구하는 다자회담 혹은 다국적포럼에 대하여 관련 당사국들은 별다른 관심을 보이지 않았다. 2차 북핵 위기를 해결하기 위한 회담이 6자회담 형식으로 열리게 됨에 따라 러시아가 북한의 비핵화 논의를 위한 다국적회담에 최초로 동등한 자격으로 참여하게 되었다.

북핵 6자회담이 열린 후 러시아는 이 다자간회의를 동북아안보협력체제로 전환하기 위한 노력을 하였다. 러시아는 6자회담의 틀 속에서 "실무그룹"을 구성하자는 제안을 내놨고 이 제안이 2004년 2월 2차 6자회담에서 수용됐다.[49] 6자회담 참가국은 2007년 2월 13일 공동성명을 통해 합의 내용의 순조로운 이행과 그 이후 프로세스의 원활한 진행을 위해 5개 분야에 실무그룹회의를 설치하는 데 합의하였다. 6자회담의 실무그룹은 위에서 논

---

48 Vladimir Kutakhov, "Russia Offers Six-party Discussion Format in Northeast Asia", ITAR-TASS, October, 1, 2002.

49 실무그룹 구성은 러시아가 제안한 아이디어였다.

의한 1997년 러시아의 다자간안보체제 제안에 포함된 실무그룹 구상과 유사하다. "동북아 평화안보협력" 실무그룹의 의장국으로서 러시아는 동북아 안보체제 마련을 추진했다. 이 실무그룹의 첫 번째 회의는 2007년 3월, 베이징에서 별도로 열렸고 두 번째 회의는 5개월 후 모스크바에서 열렸으나 구체적인 성과를 내지 못했다.

2008년 12월 8일부터 11일까지 열린 6자회담에서 3가지 의제가 논의되었다: 1. 2단계 조치의 완전한 이행, 2. 한반도 비핵화의 검증, 3. 동북아 평화와 안보에 관한 원칙. 이 회의에서 러시아는 동북아 평화와 안보에 관한 원칙의 개정 초안을 회람하였는데 이 초안은 동북아 안보대화의 의제를 확대할 것을 요구한 것이다. 알렉세이 보로다프킨 러시아 외무차관은 "우리는 (문서 초안이) 참가국 모두에게 최대한 수용될 수 있도록 노력하여, 안보의 주요 문제들인 대테러, 마약밀매, 해적 소탕, 자연재해 대처, 군사안보 문제에 관한 6자회담 형식의 대화를 개시할 것이다"라고 말했다. 당시 동북아 평화안보 실무그룹이 2009년 2월 모스크바에서 회동하여 이 초안에 대해 계속 논의하기로 합의했다.[50] 이 초안은 동북아의 다자안보체제를 만들기 위한 러시아의 노력의 결과였다. 보로다프킨은 모든 6자회담 참가국들이 원칙적으로 러시아의 생각을 지지하지만 구체적인 내용에 대해서는 이견이 있었다고 밝혔다. "… 세부 사항에 있어서 차이가 있다. 일부는 집단 안보를 유지하기 위한 세부 지역구조를 설정하는 문제를 해결하기 전에 한반도의 완전한 비핵화가 필요하다고 믿는다. 다른 이들은 이 과정들이 동시에 진행될 수 있다는 우리의 접근 방식을 공유한다."[51] 2008년 2월

---

50 "Russian proposes larger agenda for N. Korea talks", Interfax, December 12, 2008; "NE Asia Sec Working Group to Gather In Moscow In Feb 2009", ITAR-TASS, December 13, 2008.

51 "Russia To Boost Initiative on Security Mechanism in North East Asia", ITAR-TASS, August 12, 2008.

19-20일 러시아 모스크바에서 열린 동북아 평화안보체제 구축 실무그룹은 6자회담이 결렬된 이후에도 세 번째 회의를 개최했다. 러시아 측이 마련한 '동북아 평화 · 안보 기본원칙' 초안을 보다 구체화하기 위해 이 회의를 주최한 것이다. 하지만 6개국은 몇 가지 점에서 이견을 보여 원칙에 합의하지 못했다.[52] 러시아는 6자회담을 재개하여 동북아 평화 · 안보체제 구축 작업을 지속시키고자 한다.

주목할 점은 러시아가 6자회담 내내 중국과 긴밀히 협의했다는 점이다. 이에 대해 이고르 로가초프 베이징 주재 러시아 대사는 "가끔 우리는 거의 매일 만나서 의견을 교환하고, 우리의 입장을 비교했고, 간단히 말해서 매우 긴밀히 협력했다"라고 말했다.[53] 러시아와 중국은 북핵 문제에 대해 거의 동일한 목표와 접근 방식을 공유하고 있다. 러시아 안전보장이사회의 이고르 이바노프 장관은 러시아와 중국은 북한 핵문제의 정치적 해결을 위해 긴밀한 접촉을 유지하고 있다고 말했다. 러시아는 한국의 평화 프로세스에 영향을 미칠 수 있는 역량과 위상이 제한적이라는 점을 잘 알고 있기 때문에 주도권을 쥐려는 시도를 자제하고 있다. 대신 중국에 주도권을 내어주고 중국과 공조하에 미국과 협상을 벌이는 방식을 취한다. 러시아는 미국과 북한이 핵 협상의 주역이라는 점도 또한 중국이 자국보다 훨씬 더 북한에 대한 영향력을 갖고 있다는 점도 잘 알고 있기 때문이다.

동북아의 다자간안보협력체제가 수립되고 유지된다면 역내의 미국의 패권이 약화되고 주요 강국으로서 러시아의 상대적 위상과 입지가 강화될 것이다. 러시아와 중국은 동북아에서 미국의 패권을 무너뜨린다는 목적을 공

---

52 "Russia Notes Positive Shifts In North Korea Nuclear Talks – FM", ITAR-TASS, December 18, 2009.
53 Valery Agarkov, "Russia: Losyukov May Head Russia Delegation at North Korean Nuclear Talks", ITAR-TASS, February 3, 2004.

유한다. 그러나 양국 간 근본적인 차이가 하나 있다. 중국의 최종 목표는 동아시아에서 미국을 대체하여 자국이 패권적 지위를 차지하는 것이다. 러시아에 있어 중국의 이 지역에서의 패권적 지배는 미국의 패권적 지배와 마찬가지로 수용할 수 없다. 러시아의 입장은 동북아에서 "강대국회의", 즉 다극적 세력균형체제를 구축하여 안보 및 기타 국제 이슈들을 러시아를 포함한 역내 모든 주요 국가들이 집단적으로 다뤄야 한다는 것이다.[54]

Ⅳ. 러시아와 북핵

북한의 비핵화는 러시아의 중요 목표이다. 러시아는 북한의 핵무기 보유에 반대하고 북한을 핵국가로 인정하지 않겠다는 입장을 견지해 왔다. 러시아는 북핵문제를 군사적 혹은 강압적인 방법(극단적인 제제와 고립)으로 해결할 수 없다는 시각을 갖고 있다. 특히 2022년 러시아의 우크라이나 침공 이후 미러 간 적대관계가 심화됨에 따라 러시아 외교정책은 미국 패권을 무너뜨리고 다극적 세계질서를 수립하는 데 가장 큰 우선순위를 두고 있다. 따라서 러시아는 미국과의 공조하에 북한 비핵화를 적극 추구하는 대신 미국에 대항하기 위하여 북한과의 군사협력을 추진하고 있다.

북한의 핵프로그램은 소련의 도움으로 시작됐다. 1950년대 말 북한의 과학자와 기술자들이 소련에 파견된 핵에너지를 연구하기 시작했다. 소련이 북한에 핵개발 관련 지원을 제공한 것은 평화적인 목적을 위한 것이었고 결코 핵무기 개발을 지원하려는 의도는 아니었다. 핵무기 보유국으로서 소련은 북한을 포함한 어떤 비핵보유국의 핵무기 개발을 원치 않았다.

---

54   Artem Lukin, "Premonitions of a Korean War: Will Russia Be a Peacemaker or a Party to the Conflict?" *Russian Politics & Law*, 2020, Vol. 57, Nos. pp. 24-25. https://doi.org/10.1080/10611940.2020.1835070

1965년 북한은 소련의 지원으로 영변에 처음으로 소형원자로를 건설하게 되는데 이때 소련은 원자로에서 사용된 모든 연료봉을 소련으로 반출해야 한다는 조건을 달았다. 원자로 가동 후 연료봉을 추출한 후 화학처리를 거쳐 핵무기 원료인 플루토늄 추출하는 것을 막기 위한 것이었다. 1970년대 한국의 박정희 대통령은 주한미군 철수에 대비 핵무기 개발에 착수하는데 북한은 이 사실을 알고 핵무기 개발에 속도를 높였다.[55]

1984년 김일성-체르넨코 모스크바 정상회담에서 북한은 자국 내 원자력발전소 건설을 위한 소련의 지원을 요청했다. 소련은 북한의 핵확산금지조약(NPT) 체결을 조건으로 북한에 핵기술과 물자지원을 약속했고 이에 따라 1985년 12월 북한은 NPT에 서명했다. 같은 달 북한 내 원자력 발전소 건설을 포함한 기술-경제협력 전반에 관한 양국 간 협정이 모스크바에서 체결됐다. 그러나 당시 북한은 이미 영변에서 비밀리에 자체 핵무기 개발 프로그램을 추진하고 있었는데 소련은 물론 중국도 이 사실을 모르고 있었다.[56] 1987년, 러시아는 북한 동해안에 위치한 신포에 3기의 경수로를 설치하기 위한 타당성 조사를 실시한 후 북한에 40억 달러 규모의 660메가와트 발전이 가능한 경수로 3기를 지원하는 데 합의했다. 소련이 붕괴된 이후 1993년 북핵을 둘러싼 국제적 긴장이 고조되는 상황에서 러시아 보리스 옐친 대통령이 이 사업을 중단시켰다.[57] 1990년대 소련의 핵프로그램 지원이 중단된 후 북한은 독자적으로 핵무기 개발을 가속화했다. 북한의

---

55 란코프, "북한 핵개발의 역사", Radio Free Asia, 2024년 2월 15일. https://www.rfa.org/korean/commentary/lankov/alcu-02152024094450.html

56 "Interview with [Vadim] Tkachenko" Choson Ilbo, June 23, 1995.

57 Shim Jae Hoon, "Korea: Silent Partner", Far Eastern Economic Review, December 29 & January 5, 1995, p. 14. Cf. Alexander Zhebin, "Russia and North Korea: An Emerging, Uneasy Partnership", Asian Survey, Vol. 35, No. 8 (August 1995), p. 720.

핵무기 개발이 표면으로 드러나면서 러시아는 한국과의 공조하에 북한에 핵프로그램을 포기하라고 압박했고 군사적·인도적 문제에 이르기까지 다각적으로 북한을 압박했다. 그 결과 북러 간에 냉랭한 관계가 지속되었다. 당시 러시아는 북한의 비핵화를 위해 미국과도 협력하였다. 미국은 심지어 평양주재 러시아 대사관에 북한의 핵개발 탐지를 위하여 미국의 스파이 장비를 설치하게 해 줄 것을 요구하였으나 러시아는 응하지 않았다.[58]

1993년 북한의 NPT 탈퇴로 시작된 1차 북핵 위기는 1994년 10월 북미 간 제네바기본합의서 서명으로 일단락됐다. 이 합의서에서 북한은 핵개발 동결을 대가로 미국으로부터 2기의 경수로와 경제적 보상 및 북미관계 개선의 약속을 받아냈다. 미국은 대북 경수로 지원을 위하여 한·미·일 3국이 참여하는 국제컨소시엄 한반도에너지개발기구(KEDO)를 만들었고 한국형 경수로를 공급하기로 결정하였다. 러시아는 이러한 결정에 크게 반발했다. KEDO 구성 과정에 러시아와 협의가 이루어지지 않았고 경수로도 러시아형이 아닌 한국형으로 결정함으로써 자국이 커다란 경제적 손실을 입었다고 불평했다.[59]

북핵관련 6자회담에서 러시아는 북한의 비핵화를 위해 북미 간 중재자의 역할을 수행하고자 했다. 유엔안보리에서 러시아는 중국과 공조하면서 북핵 위기가 통제 불능으로 치닫는 것을 막기 위하여 온건한 목소리를 냈다. 긴장과 위기가 고조될 때 러시아는 모든 관련 당사국들이 자제력을 발휘하고 한순간 감정에 치우쳐 극단적인 행동을 하지 말도록 촉구했다. 2006년 7월 북한은 사전 통보 없이 대포동 2호를 포함한 7발의 탄도미사

---

58 G. Toloraya and Yakovleva L. "Russia and North Korea: Ups and downs in relations." Asian Politics & Policy. 2021;13, p. 368. https://doi.org/10.1111/aspp.12584

59 "Russia Unhappy over Geneva Nuclear Deal", Korea Herald, November 17, 1994, p. 2.

일을 시험 발사했다. 미국은 즉각 반발하여 유엔안보리를 열고 대북 경제 제재 조치를 포함하는 결의안 1695를 채택하였다. 러시아 역시 북한을 비난했으나, 미국에 북한 도발에 감정적으로 대응하지 말고 또 북한을 자극하기 말 것을 요구하였다.[60] 러시아도 중국과 마찬가지로 안보리 결의 1695호에 거부권을 행사하지는 않았지만, 안보리 결의안에 군사행동을 승인하는 유엔헌장 7장이 포함되지 않도록 조치하였다. 10월 북한이 최초로 핵실험을 실시했을 때도 러시아는 이를 강력히 비난하면서 보다 포괄적인 대북 경제제재를 포함하는 안보리 결의안에 찬성하였다. 이때 푸틴은 북한을 궁지로 몰아넣지 말고 대화를 통해 위기를 해결하기 위해 모든 당사자들이 6자회담에 참여할 것을 촉구하면서 미국의 고압적인 태도가 북한을 막다른 골목으로 몰아넣는다고 비난했다.[61] 그 후에도 북한의 계속되는 핵실험과 탄도미사일 시험발사로 인하여 한반도에서의 긴장이 고조되고 유엔이사회에서 더 강력한 대북제재가 논의될 때마다 러시아는 제재나 고립 대신 정치적인 해결을 위한 협의를 촉구함과 동시에 관련국들에 최대한의 자제력을 행사할 것을 요구했다.

러시아는 6자회담이 북핵문제 해결의 최선의 수단이라는 일관된 입장을 피력해 왔다. 6자회담은 2008년 말 이후 북미 간 입장 차이로 인하여 휴회에 들어갔다. 북한은 국제사회 비난과 포괄적인 유엔제재에도 불구하고 핵무기와 미사일 개발에 박차를 가해 왔다. 이미 6차례 핵무기 실험과 지속적인 미사일 발사 시험을 통해 북한은 이미 20개가 넘는 핵무기와 다양한 형

---

60 "Russian President Says North Korea Should Not Be Provoked 'on Purpose'", Yonhap, July 13, 2006;
    "Russian minister advocates 'persuasion' to end Pyongyang's missile tests", Ita-Tass, July 16, 2006.

61 "Putin Says DPRK Nuclear Test Occurred Due to Dead-End Situation", Russia OSC Report, October
    25, 2006.

태의 핵운반 수단을 보유하고 있는 것으로 추정된다. 북한은 핵보유국으로서 국제적 지위를 인정받기 원한다. 2012년 4월 개정된 북한 헌법에 북한은 핵보유국임을 명시하고 있다. 2013년 3월 북한은 경제개발과 핵무기 능력을 동시에 강화한다고 하는 새로운 전략노선을 발표한 바 있다.

러시아지도층은 김정은이 핵무기를 정권유지를 위한 필수 불가결한 수단으로 간주하기 때문에 미국의 안보위협이 존재하는 한 비핵화를 수용하지 않을 것으로 본다. 러시아는 북핵문제를 어떻게 평가하고 있으며 그 해결책으로 무엇을 제시하고 있을까? 한국문제 전문가들로 구성된 "러시아 국가위원회"의 보고서를 통해 이들 질문에 대한 러시아의 입장을 추정해 볼 수 있다. 그 내용은 다음과 같이 요약될 수 있다.[62] 북한이 엘리트 교체 없이는 (혹은 엘리트 매수 없이는) 핵무기를 포기할 것이라고 기대하는 것은 비현실적이다. 북한이 폐쇄적인 사회이기 때문에 철저한 비핵화 검증조치를 수용하지 않을 것이다. 그렇기 때문에 북한의 비핵화를 검증할 방법이 없다. 검증과 관련하여 외부세계가 기대할 수 있는 것은 북한의 검증 불가능한 "선언"이 될 것이다. 단기적으로, 북핵협상의 목표는 북한의 핵보유국 지위를 인정하지 않으면서 (북한을 NPT의 특별한 지위를 갖는 회원국으로 처리하는 것도 생각해 볼 수 있다.) 북한이 핵무기 및 장거리미사일 프로그램을 동결하도록 유도하는 것이어야 한다. 장기적으로, 북한 지도층의 세대적 교체라고 하는 맥락에서 수년간에 걸친 관련국들의 협력을 통해서만 북한 비핵화를 생각해 볼 수 있다. 북한과의 외교적 협상과 건설적인 대화를 통해서 북

---

62   Russian National Committee, "The Korean Peninsula: Challenges and Opportunities for Russia", NAPSNet Special Reports, October 07, 2010. http://nautilus.org/napsnet/napsnet-special-reports/the-korean-peninsula-challenges-and-opportunities-for-russia/. The Russian National Committee consists of Vyacheslav A. Nikonov, Georgy D. Toloraya, Alexander V. Vorotsov, Alexander Z. Zhebin, Ivan S. Zakharchenko, Grigory S. Logvinov, V.E. Novikov, Alexander A. Pikaev, and I.I. Sagitov.

한의 점진적인 경제개혁과 지도층의 변화를 가져올 수 있을 것이다. 러시아에 있어서 북한의 완전한 비핵화는 "절대적 혹은 가장 중요한 우선순위"가 아니다. 안정된 집단안보 없이 북한이 갑작스럽게 비핵화를 실행할 경우 오히려 군사적 분쟁의 가능성이 높아질 수 있을 것이다.

북핵 비핵화의 현실적인 대안이 없는 상황에서 러시아는 북한을 사실상의(de facto) 핵보유국으로서 묵시적으로 인정하고 있다고 보인다. '사실상의 핵보유국 인정'을 비핵화를 위한 지속적인 노력(무력 사용, 강압적 수단, 외교적 협상)이 부재된 상태에서 핵문제를 쟁점화하지 않고 핵보유국과 정상적인 외교관계를 유지하는 것이라고 정의한다면, 러시아는 이미 북한을 사실상 핵보유국으로 인정하고 있다. 북한 비핵화와 관련한 러시아의 입장은 관련 당사국들의 이해관계가 복잡하게 얽혀 있고 자칫하면 핵전쟁으로 번질 위험이 있기 때문에, 당장 조급하게 비핵화를 추구하지 말고 한반도에 안정을 유지하면서 장기적이며 점차적으로 비핵화를 접근해야 하며 지금으로선 북한의 핵-미사일 개발 동결을 유도하는 것이 필요하다는 것이다. 이러한 러시아의 입장은 북한의 비핵화에 우선순위를 두고 CVID 목표를 조속한 시일에 성취한다는 미국의 입장과 많은 차이가 있다. 러시아는 한반도에서의 현상 유지를 원한다. 대북제재 강도가 심화되면서 북한정권이 갑작스럽게 붕괴된 후 한국 주도의 흡수통일이 일어나거나 혹은 북미 간 무력충돌이 전쟁으로 이어져 북한이 한미연합군 점령 상태에 놓이게 될 경우, 한반도에서의 미국의 영향력이 훨씬 증가할 것이다. 러시아의 최고 외교목표는 미 패권주의를 무너트리고 러시아를 한 축으로 하는 다극적 세계질서를 만드는 것이다. 러시아에 있어서 북한 비핵화보다는 동북아시아에서는 미국의 우월적인 군사력과 외교적 영향력을 약화시키는 것에 더 우선순위를 두고 있다. 러시아의 루킨 교수는 미국 패권 타파의 목적을 위하여 러시아는 북한은 물론 한국과 일본의 핵무장화에 반대하지 않을 수도 있다고 피력하고 있다.

그럼에도 불구하고 러시아에 북한의 비핵화가 주요 정책 목표인 것은 분명하지만 절대적인 목표는 아니다. 러시아는 북한 정권 붕괴 방지와 미국의 패권주의 타파에 관심을 갖고 있기 때문이다. 특히 일본과 한국이 미국의 군사적 보장에 대한 의존도를 줄이고 동북아에서 미국의 지배력을 약화시킬 가능성이 있다고 할 경우, 러시아는 북한의 핵보유뿐만 아니라 일본과 한국에 핵무장 가능성에 사실상 동의할 가능성이 있다. 러시아는 1960년대와 70년대에 소련이 마오쩌둥의 핵폭탄 보유에 적응했던 것과 마찬가지로 아시아에서 핵보유 이웃들과 함께 사는 법을 배우게 될 것이다.[63]

Ⅴ. 러시아와 한반도 통일

소련 붕괴 직후 러시아 정책결정자들은 북한이 소련 및 동구 국가들과 마찬가지로 역사의 뒤안길로 사라져갈 것으로 기대했다. 당시 러시아인들은 한국 통일이 가까운 미래에 일어날 것이며 한국 주도하에 이루어질 것으로 내다봤다. 따라서 러시아가 한국과 다각적인 협력관계를 발전시키면서 북한은 냉대하였다. 그러나 북한의 붕괴 조짐이 안 보이게 되자 크레믈린은 대한반도 정책을 재검토하게 되었고 1996-2000년 사이에 북한과 관계 정상화를 모색하게 되었다.

---

63 Lukin, "Premonitions of a Korean War: Will Russia Be a Peacemaker or a Party to the Conflict?" p. 23.

2000년 푸틴이 집권하면서 러시아는 현실주의-실리주의 원칙에 따라 남북한 모두와 균형된 우호관계를 유지한다는 정책기조를 설정했다. 1990년대 옐친이 친서방 및 친한 정책을 추구한 결과 북한에 대한 영향력을 상실했고 러시아가 한반도 관련 국제회담에서 완전히 소외됐다는 인식이 러시아 지도층 사이에 팽배했다. 북한과의 관계회복을 통해 양국 유대관계를 회복함으로써 러시아가 과거 소련시대에 누렸던 한반도에서의 영향력을 행사하겠다는 논리였다. 푸틴은 2013년 11월 서울 공식방문 전날 행한 한 인터뷰에서 한국 통일은 남북한 합의에 따라 평화로운 방법으로 달성되어야 한다는 취지의 발언을 했다. "우리는 분명히 통일에 대한 한국인들의 열망을 지지한다. 그것은 자연스러운 과정이다. 하지만, 저는 그것이 전적으로 평화롭고 남한과 북한의 이익을 고려해야 한다는 것을 출발점으로 생각한다… 그렇지 않으면 그 과정은 긍정적인 결과를 얻기보다는 파괴적이 될 것이다."[64]

아시아태평양 안보협력회의(CSCAP) 러시아지부의 한 연구보고서는 통일한국에 대한 러시아의 입장을 다음과 같이 정리하였다. 러시아가 가장 바라는 것은 민족의 화해와 장기간에 걸친 궁극적인 통일한국으로의 길에 두 코리아 국가가 함께 평화롭게 공존하는 것이다. 러시아의 핵심이익은 장기적으로 통일한국이 러시아와 우호-협력적 관계를 유지하는 것이다. 통일한국은 "중립적이고 평화적이며 외국 군대 주둔이 없는" 국가가 바람직할 것이다. 현재 러시아의 역량을 고려할 때 가장 중요한 목표는 한국에서 우위를 점하는 것이 아니라 한반도 전체가 다른 국가, 특히 러시아와 진정으로 우호적이지 않은 국가의 영향권에 놓이게끔 상황이 전개되는 것을

---

64 "Interview with Korean Broadcasting System, November 12, 2013, 17:00" at http://eng.kremlin.ru/

허용하지 않는 것이다. 중단기적으로, 북한이 주권국가로서 이 지역에서 미국의 지정학적 야심을 완충하는 역할을 하는 것이 우리에게 유리하다.[65]

한반도 평화와 통일에 대한 러시아의 입장은 다음과 같이 요약할 수 있다. 1) 북한의 안보는 국제적으로 보장되어야 한다. 북한지도자는 병적인 안보불안증(paronoia)에 사로잡혀 있다. 안보불안은 북한이 핵무기와 미사일을 개발한 이유이다. 체제와 정권의 안전이 보장될 때 북한은 핵문제를 비롯한 다양한 현안에 대한 대화와 타협에 더 적극적인 태도를 보일 수 있다. 2) 국제사회가 북한을 궁지로 내몰아서는 안 된다. 압박과 고립이 아닌 포용과 대화를 통해서 신뢰가 쌓이고 우호관계가 성립될 때 북한은 자신감을 갖고 국제사회의 완전한 일원으로서 대외적으로 책임감 있게 행동할 수 있을 것이다. 3) 한반도에서의 평화와 안정은 지속되어야 한다. 또 다른 한국전쟁은 러시아는 극동지역 경제개발을 저해하고 북한 난민들이 러시아로 유입과 같은 국경 안보를 위협할 것이기에 예방되어야 한다. 4) 한국 문제 해결과정에 주변 관련 당사국들의 이익이 고려되어야 한다. 한반도의 지정학적 중요성으로 인해 주변 4강이 한국의 미래에 깊은 이해관계를 갖고 있고 한반도의 영구적인 평화와 안보를 위하여서 4강 간의 협력과 조정이 선결조건이다. 5) 동북아 다자간안보체제가 한반도와 역내 평화와 안보를 보장할 수 있는 최선의 길이다. 다자간안보체제 구축을 위하여 6자회담이 조속히 재개되어야 한다. 6자회담에서 한반도 비핵화 및 동북아안보협력체제 구상을 비롯한 다양한 현안들을 포괄적으로 다루어야 한다. 6) 한반도 통일은 남북한 당사자들의 주도하에 이루어져야 하며 관련 강대국들

65　Russian National Committee of CSCAP, "The Korean Peninsula: Challenges and Opportunities for Russia", NAPSNet Special Reports, October 07, 2010.

은 보조적인 역할을 해야 한다. 즉, 4강 및 여타 국가들은 남북대화가 결실을 맺도록 유리한 여건을 조성하고 남북의 상호 합의사항을 이행하도록 보장해 주는 것이 중요하다. 7) 한반도 통일은 장기적인 목표로 설정되어야 한다. 중단기적으로 남북한은 평화공존을 추구하는 것이 현실적이다. 북한의 정권교체나 체제붕괴를 시도해서는 안 된다. 남북한이 동등한 입장에서 협상을 통해 통일에 관한 합의를 이루어야 하며 이러한 과정은 장기적이며 점진적으로 진행되어야 한다. 8) 통일한국은 러시아에 우호적인 혹은 중립적인 국가여야 한다. 통일한국에 대해 한 외부세력이 지배적인 영향력을 행사해서는 안 된다. 러시아는 주변 강국, 특히 미국이나 중국이, 통일한국에 지배적인 영향력을 행사하는 데 반대한다. 9) 통일한국에 미군이 주둔하는 것에 반대한다. 통일한국이 미국과 동맹을 결성한다면 "아시아판 나토의 동방확장" 또는 "러시아 코앞의 미국 전진 군사 기지"가 될 것이기 때문이다.

Ⅵ. 결론

푸틴 러시아 외교 목표 중 제1순위는 미 패권주의를 무너뜨리고 러시아가 중요 역할을 할 수 있는 다극적 세계질서를 조성하는 것이다. 미 패권을 약화시키기 위한 노력으로 러시아는 반미 혹은 중립 성향의 주요 국가들과의 연합 내지 협력관계를 확대하려는 노력을 보이고 있다. 러시아는 2009년 시작된 BRICS의 창립 멤버(브라질, 러시아, 인도, 중국) 중 하나이다. 러시아는 G7 선진경제국회의의 라이벌인 BRICS를 이용하여 탈달러화(De-dollarization)를 추구하고 미 패권에 반대하여 다극적 국제질서를 유도하고자 한다.[66] 또한 러시아는 2001년 중국과 함께 유라시아지역 정치·경제·안보협력을 위한 SCO(상하이협력기구)를 결성한 후 현재 9개국이 참여하는 이 조직 내 안보협력을 통해 반미 패권을 도모하고자 한다. 2022년 우크라이나 전쟁 발발 이후에는 국제적 제재와 고립에서 벗어나기 위한 의도에서 러시아는 북한, 이란, 시리아 등의 국제깡패국가들과 양자 간 교류와 협력을 강화함으로써 국제무대에서 반미세력과 협력을 강화하고 있다.

한반도 평화 프로세스에서 러시아의 역할은 미비하고 보조적 수준에 불과하다. 러시아의 일반적인 북핵관련 중재, 중개, 혹은 브로커의 역할은 전반적으로 건설적이고 긍정적이었지만 대북 레버리지(leverage) 부재 그리고 국제사회에서 약화된 위상 때문에 협상의 전반적인 흐름을 좌우하지 못했다. 푸틴은 남북러 3자 경제 프로젝트를 끊임없이 제안하면서 이것이 남북한 간 신뢰 구축과 지속적인 평화를 위한 촉매제의 결과를 가져올 것이라고 주장한다. 이러한 프로젝트가 3국 모두에 다소의 경제적인 이익을 가져다줄 가능성이 있지만 푸틴이 주장한 것처럼 남북한 간 신뢰 구축과 화해로 이어질 개연성은 적다.

러시아는 북핵문제 및 한국문제 협의와 해결을 위하여 동아시아에서 6자회담을 통해 역내 다자간안보협력체제를 구축한다는 안을 일관되고 지속적으로 제시해 왔다. 이 지역에서는 미국이 지배적인 정치적 영향력과 군사적 우위를 확보하고 있다. 반면에 이 이역에서 러시아는 역사적·문화적으로 이질적인 "이방인"과도 같은 존재이며 정치적·경제적 면에서도 그 영향력이 제한적이다. 이 같은 다자간집단안보체제 구상은 미국의 역

---

66 BRICS의 현 구성국은 러시아, 중국, 인도, 브라질, 남아프리카, 이집트, 에티오피아, 이란, 유나이티드 아랍에미리트이다. "BRICS: What is the group and which countries have joined?" BBC, 2024년 2월 1일. https://www.bbc.com/news/world-66525474

내 패권을 무력화하고 다자간 세력균형체제를 만들어 보자는 의도로 풀이된다. 이 제안은 나폴레옹전쟁이 끝난 후 비엔나강화회의(1814-15)에서 구축한 전후 평화체제인 유럽협조체제(Concert of Europe)와 흡사하다. 유럽 5개 강국(프러시아, 러시아, 오스트리아, 영국, 프랑스)은 유럽의 현상유지 혹은 안전에 위협이 되는 국제 이슈가 발생할 때마다 회동하여 다자간 협의와 조정을 통해 공동으로 대처함으로써 거의 1세기 동안 유럽 내 상대적 안정과 평화를 유지하였다. 유럽협력체제가 유지될 수 있었던 것은 이들 강국이 특정한 목적(현상유지 및 왕조체제 회복)과 원칙(세력균형)을 공유하고 있었기 때문이었다. 그러나 동북아 국가들 간에는 공유하는 목적이나 원칙이 존재하지 않는다. 더욱이 미국은 자국의 영향력을 약화시키게 되는 러시아의 다자간협력체제 구상을 반대할 것이다. 따라서 중단기적으로 그 실현 가능성이 없다고 봐야 할 것이다.

우러 전쟁 발발 이후 북러 간 협력관계가 확대되었다. 김정은-푸틴 간 1차 정상회담 개최, 양국 고위관리 간 활발한 인적 교환 방문, 외교적 유대 강화, 군사·기술 협력이 진행되고 있다. 북한이 우크라이나 전쟁에서 무기의 원만한 수급에 곤란을 겪고 있는 러시아에 2023년 이후 포탄과 미사일을 제공하면서 양국 간 군사협력에 질적인 변화가 있을 것이라는 예측이 있었다. 양국 간 군사협력은 주고받는 계산적 거래의 성격을 갖는 것으로 보인다. 러시아는 제공된 포탄과 미사일의 현금 가치에 상응하는 만큼의 곡물, 석유, 혹은 방어 목적의 첨단무기나 장비를 제한적으로 제공할 수 있을 것으로 보인다. 러시아가 핵-미사일과 직접 관련된 군사·기술이나 장비를 북한에 제공할 개연성은 없다고 봐야 하겠다. 또한 양국 관계가 군사동맹으로 발전할 가능성은 현재로서는 없다고 봐야 한다. 양국 간 군사-

안보협력 발전에는 분명한 한계가 있다. 북러 양국은 미 패권에 반대한다는 점에서 이익을 공유하고 있으나 북한 핵확산에 관하여 상이한 이해관계를 갖고 있으며 양국 간에 여전히 불신과 의구심이 남아 있다. 소련 붕괴 이후 북러 간 군사협력은 군인사 방문과 군사교육 프로그램 교환 정도 수준에 불과했다. 경제협력 역시 미비한 수준에 머물고 있는 것에 불과한데 그 이유는 양국 경제체제가 전혀 다르게 운영되고 있으며, 상호 보완적이지 않으며, 북한이 러시아에 제공할 만한 것은 노동력과 천연광물 정도밖에 없기 때문이다. 또한 북중러 3국 간 군사협력이 진행되고 있다는 증거가 없다. 단지, 미국이 북한의 핵프로그램을 무력화하기 위하여 무력을 사용하여서 혹은 한미연합군과 북한군 사이에 군사적 충돌이 전쟁으로 확산될 경우, 러시아는 단독으로 혹은 중국과 함께 군사적으로 개입할 수 있는 개연성은 충분히 생각해 볼 수 있다.

1968년 조인된 핵비확산조약(NPT)에 따르면 당시 5개 핵보유국만이 합법적으로 핵무기를 보유할 수 있으며 그 이외의 어느 국가도 합법적인(de jure) 핵보유국이 될 수 없다. 따라서 국제법상으로 러시아 혹은 어느 국가도 현존 NPT 조약하에서는 북한을 합법적인 핵보유국으로 인정할 수 없다. 그렇다면 러시아가 북한을 사실상(de facto)의 핵보유국으로 인정할 것이냐를 따져 볼 수 있겠다. 러시아는 우크라이나 전쟁 발발 후 북러 간 군사협력을 활성화하면서 북한을 사실상 핵보유국으로 인정하는 쪽으로 방향을 잡은 것으로 보인다. 사실상 핵보유국 인정을 대상국에 대한 더 이상의 국제적 제재나 압박을 유지하지 않으면서 핵보유 문제를 외교 쟁점화하지 않고 이 국가와 정상적인 외교관계를 유지하는 것이라고 정의할 수 있겠다. 푸틴이 김정은의 북한으로부터 포탄과 무기를 구입하는 등의 거래를

한 것은 대북제재 관련한 유엔안보리 결의안을 공공연히 위반하는 것이고 북한 비핵화를 위한 유엔제재에 더 이상 참여하지 않으며 북한과 정상적인 관계를 지속해 나가겠다는 뜻이다.

푸틴은 김정은이 극심한 안보 불안감을 갖고 있고 핵무기 보유를 자신의 권력과 정권유지를 위한 필요 불가결한 수단으로 보고 있기 때문에 외부의 압력과 제재에 상관없이 포기하지 않을 것이라고 판단한다. 미국이 대북제재 강도를 계속 높여간다고 해도 북한의 핵보유 의지를 꺾지 못할 것이며 오히려 북한의 핵-미사일 개발을 가속화하는 방향으로 몰고 갈 것이며 미국이 무력을 통해 비핵화를 시도할 경우 핵전쟁으로 이어지게 될 것이기에 실질적으로 북한 비핵화를 위한 현실적인 대안이 없다는 시각을 갖고 있다. 6자회담을 통해 동북아안보체제를 구축하고 이러한 포괄적인 틀 속에서 북핵문제를 장기적인 관점에서 서서히 다루어 보자는 입장이다. 또한 러시아 정책결정자와 학자들은 미국의 CVID를 통한 북한 비핵화 정책이 실현 불가능하다고 평가한다. 전체주의식 통제사회인 북한이 완전한 검증을 허용하겠으며, 만에 하나 북한이 비핵화에 동의한다고 해도 이미 북한은 핵무기 및 미사일 제조 방법을 알고 있기 때문에 필요할 경우 차후 얼마든지 다시 개발할 수 있다는 것이다.

러시아인들은 한반도 주변 강국 중 러시아만이 유일하게 한국통일을 지지하는 국가라고 흔히 내세운다. 러시아와 한국과는 전쟁을 단 한 번도 치른 적이 없다는 점도 지적한다. 그러나 러시아는 무조건적으로 한반도 통일을 지지하지 않는다. 러시아는 평화적이며, 장기적으로, 점진적이며, 외세의 개입이 없을 경우에 한반도 통일을 지지할 것이라고 표명한다. 러시아는 남북한이 동등한 지위에서 협상을 통해서 통일을 이루어야 한다는 조건도 내걸고 있다. 더욱이 러시아는 통일한국이 중립적(미국 혹은 중국 영향력 배제)이거나 자국에 우호적이어야 한다는 조건도 달고 있다.

과연 이러한 일련의 조건을 충족시키는 한반도 통일이 실현 가능할까? 그 가능성이 없다고 본다. 남북한이 인구와 경제력 등에서 비교가 안 될 만큼 한국이 우세하고 정치체제와 이데올로기가 상반되는데 어떻게 동등한 입장에서 협상할 수 있으며 통일을 위한 타협이 있을 수 있겠는가? 만에 하나 합의를 본다고 해도 그 실행이 가능하겠는가? 여태껏 남북한 간 화해와 협력을 위한 무수한 합의가 있었으나 결국 실행되지 않았다. 사회주의도 봉건주의도 아닌 시대착오적인 전체주의 북한 독재체제와의 타협을 통한 평화적인 통일은 생각할 수 없다. 통일한국이 독립적인(미국의 영향권에서 벗어난) 혹은 친러적 외교노선을 보여야 한다는 조건도 모순적이며 위선적이다. 러시아는 기회가 있을 때마다 국제관계는 유엔헌장이나 국제법 원칙과 규범을 따라야 한다고 주장하는데 유엔헌장의 첫째 원칙이 (2조 1항) "주권 평등"이다. 독립국가에 특정한 외교노선을 요구하는 것은 주권 침해이다. 독립국가 한국의 주권을 존중하여 한국인들이 원하는 통일을 조건 없이 지지하는 것이 러시아가 주장하는 원칙과 일치한다.

러시아는 한국이 주도하는 독일식 흡수통일을 수용할까? 독일통일의 경우 개혁파 소련 지도자 고르바초프가 있었고 당시 미소관계가 전례 없이 우호적이었기 때문에 그 과정이 순조롭게 진행되었다. 러시아는 한국 주도적인 흡수통일에 반대하고 남북한 간 합의에 따른 통일을 지지한다는 입장이다. 한반도 미래는 주변 강국의 이해관계가 얽혀 있기 때문에 독일의 경우와 마찬가지로 관련 강대국, 즉 중국, 러시아, 미국 3국 그리고 한국 간의 합의가 없이는 독일의 경우와 같은 흡수통일이 이루어질 수 없을 것이다.

이러한 협상과정에 북핵처리, 주한미군, 한미동맹 등의 문제들이 쟁점화될 것이다. 러시아와 중국은 통일한국이 자국안보에 위협이 되어서는 안 된다고 보기 때문에 통일 후 한미동맹과 주한미군 주둔이 지속되는 것에 반대할 것이다.

북한의 갑작스러운 내부적 붕괴 혹은 한반도 전쟁이 재발되어 한미연합군에 의한 북한지역 점령이 임박하는 것과 같은 무력통일 시나리오에 러시아는 어떻게 대응할 것인가? 한국전쟁 중 중국은 북한을 위해 대규모 군대를 파견했고 러시아는 무기와 군사장비를 제공하고 전투기 조종사들과 방공부대를 제공했다. 그 결과 남한 주도의 무력통일이 무산되었다. 한반도에 또 다른 전쟁이나 대규모 무력 충돌이 발생하여 미국이 개입할 경우, 러시아는 미국의 한반도에서의 패권 확장을 막기 위해 무력 개입할 여지가 충분히 있다. 친미 성향의 통일한국이 블라디보스토크 등 극동지역 안보에 심각한 위협이 될 것이라고 보기 때문이다. 푸틴의 러시아는 자국의 이익 보호라는 명목으로 전쟁을 일으키거나(조지아, 크림반도, 우크라이나) 내전에 군사적 개입(시리아) 했다. 한반도에 무력 충돌이 발발할 경우 러시아는 단독으로 혹은 중국과 공조하에 무력 개입하는 것을 충분히 생각해 볼 수 있다. 1939년 11월-1940년 3월에 걸친 러시아-핀란드 전쟁은 당시 스탈린이 페트로그라드(현 상트페테르부르크)에 근접 거리에 위치한 핀란드가 적대적인 세력의 손에 들어가는 것을 방지하기 위하여 일으킨 전쟁이다. 2017년 트럼프가 대북제재를 강화하고 압박 수위를 높이자 김정은이 위협적인 언행으로 되받아치면서 한반도에서의 전쟁 발발의 가능성이 고조되는 듯했다. 이때 트럼프가 미 항공모함전대를 북한 근해로 이동할 것을 명령하였고 러시아와 중국은 미국의 대북 군사공격이 임박한 것이 아닌가 우려하었다. 러시아는 미국의 어떠한 대북한 군사적 옵션도 용납할 수 없다는 입장을 표명하면서 중국과의 긴밀한 협의를 해 나갔다. 2017년 4월 20일, 북미 간 군사적 충돌 우려가 고조되는 가운데 북한 국경 부근에서 러시아 군 병력과 중장비가 기동하는 것이 포착되었다.[67] 중국은 전략폭격기를 동원하고 북한 해안 근처에서 실사격 훈련을 하며 북한 국경지역에 15만 명의 병력을 집결시켰다. 미국이 북한에 대해 무력을 사용할 경우, 러시아와 중국이 무력 개입할 수 있음을 잘 보여주는 것이었다.

참고문헌

Agarkov, Valery, "Russia: Losyukov May Head Russia Delegation at North Korean Nuclear Talks", ITAR-TASS, February 3, 2004.

Ashby, Heather and Mary Glantz, "What You Need to Know About Russia's New Foreign Policy Concept: Moscow is betting on the emergence of a new, multipolar order, shorn of U.S. leadership." United States Institute of Peace, May 10, 2023, https://www.usip.org/publications/2023/05/what-you-need-know-about-russias-new-foreign-policy-concept

Asmolove, Kkonstantin V. and Liudmila V. Zakharova, "Russia's Relations with the Korean Peninsula States in Perspective." Russia in Global Affairs, No. 4 (October/December 2023), pp. 2-25.

Bennett, Bruce W. "North Korea, Russia and China: The Developing Trilateral Imperialist Partnership", RAND, September 13, 2023, /www.rand.org/pubs/commentary/2023/09/north-korea-russia-and-china-the-developing-trilateral.html 1/7

Brooke, James, Russia wants to supply energy to North Korea, New York Times, July 4, 2004.

Byrne, Leo (2015), Russia and the DPRK could cooperate on electricity, though South Korean

---

67 Roland Oliphant, "Russia 'moves troops and equipment' to North Korea border, as Kim Jong-un warns of 'super-mighty pre-emptive strike'", The Telegraph, April 20, 2017. https://www.telegraph.co.uk/news/2017/04/20/north-korea-warns-super-mighty-preemptive-strike-will-reduce/; Samuel Ramani, "What's Behind Sino-Russian Cooperation on North Korea?" The Diplomat, April 27, 2017, at https://thediplomat.com/2017/04/whats-behind-sino-russian-cooperation-on-north-korea/.

input looks unlikely, NKnews.org, February 2, 2015, at http://www.nknews.org/2015/02/wired-up-north-korea-looks-to-russia-for-electricity/

Cho, Sangjin and Christy Lee, "North Korean-Russian Military Cooperation Could Threaten Global Security", Voice of America, January 01, 2024, https://www.voanews.com/a/north-korean-russian-military-cooperation-could-threaten-global-security/7404703.html

"The Concept of the Foreign Policy of the Russian Federation", March 31, 2023, https://mid.ru/en/foreign_policy/fundamental_documents/1860586/

Davenport, Kelsey, "U.S. Says North Korea Shipped Arms to Russia", Arms Control Today. November 2023, online, at https://www.armscontrol.org/about/Kelsey_Davenport

Denisov, Valery and Anastasia Pyatachkova, "Prospects for Normalization on the Korean Peninsula: A View from Moscow", Asian Politics & Polity. Vol. 10, No. 4, pp. 693-712.

Gates, Robert, "The Dysfunctional Superpower." *Foreign Affairs*. November/December 2023, Vol. 102 Issue 6, pp. 30-44.

Ivashentsov, G., "A Long and Winding Road to Peace on the Korean Peninsula", *International Affairs*. Vol. 61 Issue 4 (2015), pp. 126-140.

Klingner, Bruce. "North Korea and Russia: How Far Could Their Partnership Go?" The Heritage Foundation, September 26, 2023, https://www.heritage.org/asia/commentary/north-korea-and-russia-how-far-could-their-partnership-go.

Lukin, A., "International affairs. Russia's Pivot Toward Asia: Myth or Reality?" *International Affairs*, Vol. 62, Issue. 3, May (2016), pp. 60-77.

_____. "Premonitions of a Korean War: Will Russia Be a Peacemaker or a Party to the Conflict?" *Russian Politics & Law*, 2020, VOL. 57, NOS. 1-2, 18-29, https://doi.org/10.1080/106119 40.2020.1835070

_____. "Does Kim's Visit to Russia Signal an End to North Korea's Strategic Solitude?" *38 North*, September 26, 2023, https://www.38north.org/2023/09/does-kims-visit-to-russia-signal-an-end-to-north-koreas-strategic-solitude/

Lukin, Artyom and Liudmila Zakharova, "Russia-North Korea Economic Ties: Is There More Than Meets the Eye?" *Orbis*, Vol. 62, No. 2 (2018), pp. 244-261.

Moiseev, Valentin, "On the Korean Settlement", *International Affairs* (Moscow), Vol. 43, No. 3 (1997), pp. 68-72.

"Naro, Korea's first space launch vehicle", NARI, https://www.kari.re.kr/eng/sub03_04_02.do

Oliphant, Roland, "Russia 'moves troops and equipment' to North Korea border, as Kim Jong-un warns of 'super-mighty pre-emptive strike'" *The Telegraph*, April 20, 2017, https://www.telegraph.co.uk/news/2017/04/20/north-korea-warns-super-mighty-preemptive-strike-will-reduce/

Putin lobbies for 'iron silk road' via N. Korea, hopes political problems solved shortly (2014). RT, 13 November 2013, at http://www.rt.com/business/putin-lobbies-iron-silk-seoul-677/

Pyongyang provided data, blueprints of its rockets to Moscow that helped Tuesday's satellite launch, RFA, November 23, 2023, https://www.rfa.org/english/news/korea/nkorea-russia-rocket-11232023021718.html

Ramani, Samuel, "What's Behind Sino-Russian Cooperation on North Korea?" *The Diplomat*, April 27, 2017, at https://thediplomat.com/2017/04/whats-behind-sino-russian-cooperation-on-north-korea/

Roehrig, Terence. "Becoming an 'Unfriendly' State: South Korea-Russia Relations and the Invasion of Ukraine", *Asian Survey*, Vol.62, No. 5/6 (2022), pp. 866-892.

"Russia Expects N. Korea to Collapse by 2020 Strategic Global Prognosis", November 4, 2011. http://english.chosun.com/site/data/html_dir/2011/11/04/2011110401205.html

"Russia writes off $10bn of North Korean debt", *The Guardian*, September 18, 2012, http://www.theguardian.com/business/2012/sep/18/russia-writes-off-north-korea-debt

Russian National Committee, "The Korean Peninsula: Challenges and Opportunities for Russia", NAPSNet Special Reports, October 07, 2010, http://nautilus.org/napsnet/napsnet-special-reports/the-korean-peninsula-challenges-and-opportunities-for-russia/ (access date: February 15, 2014).

Shin Hyon-hee, "Kim Nixed Russia Trip after Failed Missile Buy: Report", *Korea Herald*, May 3, 2015, http://www.koreaherald.com/view.php?ud=20150503000301

Song, Sang-ho (2015), "Rajin-Khasan project enters 3rd test run", *Korea Herald*, November 17, http://www. koreaherald.com/view.php?ud=20151117001047

Solovyev, Nikolai, "Siberia and the APR", *International Affairs* (Moscow) (April 1993).

"South Korean envoy notes advancement in gas pipeline with Russia, North Korea", *The Daily NK website*, February 27, 2012.

"The surge of activity in relations between North Korea and Russia", Strategic Comments, IISS, October 2023 Vol. 29 Comment 30, https://www.iiss.org/publications/strategic-comments/2023/the-surge-of-activity-in-relations-between-north-korea-and-russia/

Tertitskiy, Fyodor, "Is North Korea Set to Become Russia's Ally Following Shoigu's Visit?", *Politika*, Carnegie Endowment for International Peace, August, 1, 2023, https://carnegieendowment.org/politika/90315

"The surge of activity in relations between North Korea and Russia", Strategic Comments, IISS, October 2023 Vol. 29 Comment 30, https://www.iiss.org/publications/strategic-comments/2023/the-surge-of-activity-in-relations-between-north-korea-and-russia/

Toloraya, G., "Regular Cycle of the Korean Crisis (2008-2010): Russian Interests and Prospects for a Way Out From the Korean Impasse." *Far Eastern Affairs*, No. 4, Vol. 38, No. 4 (December 31, 2010), pp. 18-38.

Toloraya, G. and Yakovleva L., "Russia and North Korea: Ups and downs in relations." *Asian Politics & Policy*. 2021; 13, pp. 366-384, https://doi.org/10.1111/aspp.12584

Yoon, Dasl and Timothy W. Martin, "North Korea's Missiles Are Being Tested on the Battlefields of Ukraine Russian use of weapons supplied by the Kim Jong Un regime could boost Pyongyang's illicit-arms business", *Wall Street Journal*, January 19, 2024, https://www.wsj.com/world/asia/how-the-ukraine-war-is-aiding-north-koreas-illicit-arms-business-62e66fd8

Zakharova, Liudmila, "Russia—a Re-emerging Donor in North Korea", *European Journal of East Asian studies*. Vol. 22, No. 2 (2023), pp. 121-149.

"4년 만에 만난 김정은-푸틴, 러시아 '북 위성 개발 돕겠다'", BBC, 2023년 9월 13일, https://www.bbc.com/korean/articles/c03j28nkl1no

김환용, "한국 국방장관 '러 컨테이너 9천 개 북한으로 넘어가···북한 식량값 안정'", Radio Free Asia, 2024년 2월 27일, https://www.voakorea.com/a/7504099.html

"나진-하산 프로젝트 재개 물살··· 밀착하는 러시아와 북한", 2024년 2월 14일 N 뉴스, https://naver.is/n/?news=037_0000033177.

란코프, "북한 핵개발의 역사", RFA 2024년 2월 15일, https://www.rfa.org/korean/commentary/lankov/alcu-02152024094450.html

문광호, "국정원 '북한 군사정찰위성 성공, 러시아 도움 정황'" 경향신문, 2023년 11월 23일, https://m.khan.co.kr/politics/politics-general/article/202311231346001#c2b.

이본영, "WP '한국이 우크라에 준 포탄, 유럽 전체 지원량보다 많다'" 한겨레신문, 2023년 12월 5일, https://www.hani.co.kr/arti/international/america/1119119.html

정광성 "김정은 5박 6일 러시아 방문 마치고 北으로 출발", 월간조선 2023년 9월 13일, https://m.monthly.chosun.com/client/mdaily/daily_view.asp?idx=18412&Newsnumb=20230918412

제9장

한반도 문제 해결을 위한 일본의 새로운 역할

카세다 요시노리

Ⅰ. 서론

미국, 한국과의 대립을 배경으로 한 북한의 핵무기 개발은 한일 양국의 심각한 안보 문제이다. 한국의 문재인 정권(2017-2022년, 이하 문 정권으로 표기)은 이 문제를 해결하기 위해 북한과 한국, 미국의 관계 개선 및 긴장 완화를 위해 적극적으로 노력했다. 반면, 일본의 아베 신조 정권(2012-2020년)[1]은 대북정책에서 대화보다 압박을 중시하며 문 정권에 비협조적이었다. 아베 정권을 이어받은 스가 정권(2020-2021년)과 기시다 정권(2021-현재)도 기본적으로 아베 정권의 정책을 답습했지만, 기시다 정권은 북한에 대한 일본의 독자적인 억제력을 강화하는 정책을 채택하는 한편, 한국에서 친미 보수파 윤석열 정권이 탄생한 이후 군비 증강을 추진하는 북한, 중국에 대응하기 위해 미국과 함께 한국과 군사협력을 추진해 왔다. 본고에서는 특

1　본고에서는 제1차 아베 정권(2006-2007년)이 아닌 문 정권과 시기가 겹치는 제2차 아베 정권(2012-2020년)에 초점을 맞추었다.

히 문 정권이 추진한 남북관계, 북미관계 개선정책에 대해 일본 정부, 특히 아베 정권이 비협조적인 태도를 취한 원인을 검토한 후, 북한의 핵무기 개발문제(핵문제)를 둘러싼 한반도 안보문제 해결을 위해 일본이 향후 어떤 역할을 하는 것이 일본 및 동북아 지역 전체에 바람직한지 고찰한다.

Ⅱ. 일본의 기본 입장과 그 요인

문 정권의 한반도 정책인 '한반도 평화 프로세스'에서 알 수 있듯이 문 정권은 한반도, 동북아 평화체제 구축을 위한 구상을 가지고 있었다. 그 내용을 살펴보면, (1) 단계적 비핵화가 현실적인 접근법이고, (2) 북한의 비핵화에 맞춰 유엔 제재도 완화되어야 하며, (3) 남북한과 미국, 중국의 한국전쟁 종전선언이 북한의 비핵화를 촉진할 수 있다고 생각했음을 알 수 있다.

한편, 아베 정권을 비롯한 일본 정부는 한반도 및 동북아 평화체제 구축을 위한 구상을 작성한 적이 없고, 북한은 유엔 안보리 결의의 "모든 대량살상무기와 모든 사거리의 탄도미사일의 완전하고 검증 가능하며 불가역적인 폐기"라는 요구를 수용하고 실행해야 한다는 입장을 취해 왔다. 또한 아베 총리는 그 요구를 실현하기 위해 필요한 것은 대화가 아닌 압박이라고 주장하며[2] 트럼프 대통령의 '최대한의 압박' 정책에 부합하는 입장을 보였다.

트럼프 대통령의 국가안보문제 담당 보좌관이었던 존 볼턴의 퇴임 후 증

---

2   外務省「第72回国連総会における安倍内閣総理大臣一般討論演説」(일본 외무성 〈제72회 유엔총회 아베 내각총리대신 일반토론 연설〉), 2017년 9월 20일. https://www.mofa.go.jp/mofaj/fp/unp_a/page4_003327.html (검색일: 2024년 3월 5일)

언에 따르면, 아베 총리는 2018년 6월 제1차 북미정상회담(싱가포르) 이전인 2018년 3월에 있었던 트럼프 대통령과의 회담에서 북한은 북미 양국이 합의에 도달한 후 6-9개월 이내에 핵무기를 폐기해야 한다고 주장했고, 대륙간탄도미사일 이외의 단·중거리 탄도미사일 폐기도 북미정상회담 의제에 포함시킬 것을 요청했다고 한다.[3]

또한 아베 총리는 합의 없이 끝난 2019년 2월의 제2차 북미정상회담(하노이) 이후 열린 미일정상회담에서 트럼프 대통령에게 북미정상회담 결과가 매우 좋았다고 말하면서 대북제재 유지와 쉽게 양보하지 않는 것이 중요하다는 점을 거듭 강조했다고 한다.[4] 이렇게 아베 정권이 문 정권의 남북관계 및 북미관계 긴장완화정책을 지지하는 데 소극적이었던 이유는 무엇일까? 그 이유를 검토하면 다음과 같다.

■ 미국 대북정책의 영향

아베 정권이 남북관계 및 북미관계 긴장 완화를 위한 문 정권의 정책에 비협조적이었던 이유 중 하나는 미국 정부가 북한과의 긴장을 크게 완화하는 데 소극적이었던 점을 들 수 있다. 문 정권의 중재로 트럼프 행정부는 북한과 두 차례 정상회담을 가졌지만, 한국전쟁의 종전선언을 하자는 문 정권의 제안을 받아들이지 않았다. 아베 정권도 마찬가지로 종전선언안에 동의하지 않았다. 패전 후 7년간 사실상 미국에 점령당한 일본은 반미국가에서 친미국가로 변모했고, 일본은 미국의 외교정책을 추종하는 입장을 취해 왔다. 9·11 사건 이후 아프가니스탄 공격과 2003년 이라크 공격에 적

---

3   John R. Bolton, *The Room Where It Happened: A White House Memoir* (New York: Simon & Schuster, 2020), pp. 79-80.

4   Bolton, p. 340.

극적으로 협조한 것이 그 예이다. 따라서 종전선언에 대한 아베 정권의 입장은 미국의 입장을 고려한 것으로 보인다.

■ 북한의 비핵화에 대한 의문

아베 정권이 남북관계 및 북미관계의 긴장 완화를 목표로 하는 문 정권을 지지하지 않은 또 다른 이유는 아베 정권이 북한의 비핵화 달성이 매우 어렵고, 북한이 오랜 노력으로 획득한 핵능력을 포기할 가능성은 낮으며, 부분적 비핵화 대가로 제재를 완화하면 핵무기 개발 및 미사일 개발이 더욱 진전될 가능성이 높다고 생각했다는 점을 들 수 있다.[5] 이러한 생각은 북한의 핵개발에 대한 역사 인식에 뿌리를 두고 있다.

2017년 9월 유엔총회에서의 아베 총리 연설에서도 알 수 있듯이 아베 정권의 역사 인식은 북한의 단계적 비핵화를 목표로 한 과거의 합의(구체적으로는 북미 합의프레임워크(AF, 1994년), 6자협의 공동성명(2005년), 6자협의 합의(2007년))가 북한의 합의 불이행에 의해 무산되었다는 것이다.

"국제사회는 북한에 대해 1994년부터 10여 년 동안 처음에는 '프레임워크합의', 다음에는 '6자회담'을 통해 인내심을 갖고 대화 노력을 지속해 왔습니다. 그러나 우리가 깨달은 것은 대화가 지속되는 동안 북한은 핵·미사일 개발을 포기할 생각이 전혀 없었다는 것입니다. 대화는 북한에게 있어 우리를 속이고 시간을 벌기 위한 최선의 수단이었습니다. 무엇보다 다

---

5 岩田清文、武居智久、尾上定正、兼原信克『自衛隊最高幹部が語る令和の国防』新潮社(이와타 기요후미, 다케이 도모히사, 오우에 사다마사, 가네하라 노부가쓰, 『자위대 최고 간부가 말하는 레이와의 국방』, 신초샤), 2021년, p. 118; 武藤正敏「文在寅が"自爆"へ···!」『現代ビジネス』(무토 마사토시, "문재인이 '자폭'에···!", 〈현대 비즈니스〉), 2021년 4월 30일. https://gendai.media/articles/-/82644 (검색일: 2024년 3월 2일)

음 사실이 이를 증명합니다. 1994년 당시 북한은 핵무기가 없었고, 탄도미사일 기술도 많이 부족했습니다. 그랬던 것이 지금 수소폭탄과 ICBM을 손에 넣으려고 하고 있습니다. 대화로 문제를 해결하려는 시도는 한 번이 아니라 두 번이나 헛수고로 끝났습니다. 무슨 성산이 있어 우리는 세 번이나 같은 실수를 반복하려고 하는 것일까요. 북한이 모든 핵과 탄도미사일 계획을 완전하고 검증 가능하며 불가역적인 방식으로 포기하도록 만들어야 합니다. 이를 위해 필요한 것은 대화가 아닙니다. 압박이 필요합니다."[6]

아베 정권이 북한의 단계적 비핵화를 위한 로드맵 작성에 소극적인 것도, 핵무기 포기를 실현하기 위해 북한에 강한 압박을 가하는 데 적극적인 것도 이러한 인식이 바탕에 깔려 있다고 할 수 있다.

그러나 이러한 역사 인식은 주관적이고 일면적인 부분이 있다. 1994년 북미합의 프레임워크(AF)에서 북미는 정치적·경제적 관계 정상화를 위해 행동하기로 합의했지만, AF에 부정적이었던 공화당이 의회의 다수를 차지함으로써 정상화가 지연되었다. 또한 AF에 합의한 민주당의 클린턴 정권을 이어받은 부시 정권이 AF에 부정적이었고, 우라늄 농축 의혹을 이유로 AF에서 약속한 북한에 대한 중유 공급을 중단했기 때문에 북한이 반발했고, AF에 의해 동결된 핵시설을 재가동하며 AF는 무산되었다.

또한 2007년 6자회담 합의에 따라 북한은 핵시설 동결 및 폐기뿐만 아니라 핵활동에 대한 상세한 보고서도 제출했으나, 북미 국교정상화 협상 등 다른 합의사항 이행이 충분히 진전되지 않은 상태에서 미국이 합의에 포함되지 않은 보고 내용 검증 작업(영변에서의 방사성물질 시료 채취 등)을 요

6   일본 외무성 "제72차 유엔총회 아베 내각총리대신 일반토론 연설", 2017년 9월 20일.

구하면서 6자회담이 교착상태에 빠졌다. 일본도 북한의 일본인 납치 문제를 이유로 북한에 대해 합의에 근거한 중유 공급이 아닌 부분적인 중유 공급만 이행함으로써 북한의 불만을 높였다.

이러한 미국, 일본의 대응 문제를 고려하지 않고, 대화에 의한 문제 해결이 잘 이루어지지 않은 책임이 전적으로 북한에 있다고 하는 아베 총리의 주장은, 객관성이 부족하다. 그럼에도 아베 정권의 기본 입장은 일본 국내에서의 북한 인식에 큰 영향을 미쳤다. 그리고 아베 정권은 문 정권이 제창하는 종전선언은 북한의 비핵화 후의 일이라는 입장을 보였다.[7]

■ 한미동맹과 유엔군 약화에 대한 우려

아베 정권이 문 정권의 남북관계 및 북미관계 긴장완화정책을 지지하는데 소극적이었던 또 다른 이유는 종전선언을 포함한 긴장완화정책이 일본의 안보에 악영향을 미칠 수 있다는 우려 때문이었다. 실제로 일본 정부 안팎에서는 종전선언이 북한의 유엔 결의 이행으로 이어질 가능성이 낮을 뿐만 아니라 한미동맹의 약화, 한국전쟁 당시 편성된 유엔군의 해체로 이어져 일본의 안보에 위협이 될 수 있다는 우려가 제기됐다.

예를 들어, 전 자위대 통합막료장(합동참모의장) 등은 종전선언은 주한미군의 축소 또는 철수로 이어질 가능성이 크고, 그 결과 북한의 한국 공격 가능성이 높아질 것이라는 견해를 밝혔다.[8] 또한 북한의 공격을 받은 한국

---

7 「朝鮮戦争の終戦宣言『時期尚早だ』河野外相」『NHK政治マガジン』
  ("조선전쟁의 종전선언 '시기상조다' 고노 외상", 〈NHK 정치매거진〉), 2018년 9월 14일. https://www.nhk.or.jp/politics/articles/statement/8814.html (검색일: 2024년 3월 10일)
8 「アングル：在韓米軍撤退におびえる日本、「最前線国家」の現実味」『Reuters』 ("앵글: 주한미군 철수에 겁먹은 일본, '최전방 국가'의 현실성", 〈Reuters〉), 2018년 6월 5일. https://jp.reuters.com/article/japan-skorea-us-troops-idJPKCN1J10KY (검색일: 2024년 3월 10일)

을 지원하기 위해 미국이 북한을 공격할 경우, 북한이 미군이 주둔하고 있는 일본을 공격할 가능성이 높으며, 이 경우 북한은 핵미사일을 사용할 가능성도 있다고 우려를 표명했다.[9]

또한 북한이 한국, 미국과의 전쟁에서 패배하여 남북통일이 실현될 경우, 통일국가(한국)가 북한의 핵을 보유하면서 중국과 함께 반일정책을 채택할 가능성에 대한 우려도 존재한다.[10] 종전선언으로 북한이 한국과 일본에 무력사용을 하지 않더라도 유엔군이 해체되고, 주한미군이 철수하면 그동안 미국이 일본에 제공해 온 북한과 중국의 일본 공격 확대 억제력의 신뢰성이 떨어질 위험이 있다. 즉, 미군이 주둔하고 있는 한국이 중국과 북한에 대한 일본의 완충국 역할을 그만두게 되면 일본의 안전성이 떨어질 것을 우려하는 것이다.

또한 아베 정권은 대중국 정책의 관점에서 종전선언이 유엔군의 해체로 이어질 가능성도 우려했던 것 같다. 일본은 유엔 제재를 위반한 북한의 해상 밀수에 대한 유엔 회원국들의 감시 활동에 적극적으로 참여해 왔다. 유엔 제재 결의에 따라 회원국들은 군함을 이용한 해상 감시와 사찰을 할 수 있고, 일본 자위대는 호주, 뉴질랜드, 캐나다, 프랑스, 독일, 영국, 미국 등의 해군과 협력하여 주로 동중국해에서 감시 활동을 해 왔다. 일본은 이 국제공동감시활동을 실시할 때 한국전쟁 당시 체결된 일본과 유엔군과의 지위협정(SOFA)을 활용해 왔다. 미국 외에 일본과 지위협정을 체결한 호주, 캐나다, 프랑스, 이탈리아, 뉴질랜드, 필리핀, 남아프리카공화국, 태국, 터키,

---

9   이와타, 다케이, 오우에, 가네하라, p. 114.
10 「最悪のシナリオは核保有した統一朝鮮の出現」『産経新聞』("최악의 시나리오는 핵보유 통일조선의 출현", 〈산케이신문〉), 2017년 10월 13일.
    https://www.sankei.com/article/20171013-SQVVRUHJXJI5BKP4HLIWBD5B74/ (검색일: 2024년 3월 10일)

영국 등 10개국은 협정에 따라 일본의 미군기지를 사용할 수 있기 때문에 일본은 이들 국가와 쉽게 국제공동감시활동을 실시할 수 있다.

유엔군과의 지위협정은 일본의 대중국 정책에도 중요한 의미를 지닌다. 왜냐하면 이 다자간 군사행동은 미국이 주도하고, 일본이 강력하게 지지하는 중국 봉쇄에 도움이 되기 때문이다. 일본은 중국과 영토 문제가 있고, 중국의 군사력 증강을 심각하게 우려하고 있어서 이에 대한 대응책으로 미국 및 미국 동맹국과의 관계 강화에 적극적으로 나서고 있다. 일본이 영국, 프랑스 등 유엔군 참가국들과 함께 동중국해에서 군사행동을 할 때 북한의 불법 해양 거래에 대한 국제공동감시활동을 활용할 수 있다면 중국의 반발을 피할 수 있다는 점에서 편리하다.[11] 그러나 남북한, 미국, 중국이 종전선언을 할 경우 한국에 설치된 유엔군 사령부와 주일미군 요코다 공군기지에 설치된 유엔군 후방사령부의 해체, 그리고 조선유엔군과 일본의 지위협정이 무효화될 수 있다.

이처럼 종전선언이 한미동맹의 약화 및 유엔군 사령부 해체로 이어져 일본의 안보에 악영향을 미칠 것이라는 아베 정권의 우려는 북한과 중국의 군사력 증강에 따라 미국이 일본에 제공하는 핵 확대 억제력에 대한 신뢰도가 낮아지면서 더욱 강화된 측면이 있다. 군사적 억제 측면에서 볼 때, 핵 억제력이 없는 일본은 단독으로 북한과 중국의 공격을 억제하기 어렵기 때문에 핵 보유국인 미국과의 동맹관계를 유지하여 미국이 제공하는 핵 확대 억제력의 신뢰성을 유지하는 것을 중시하고 있다.[12] 이를 위해 미군이 한국

---

11 末次富美雄「多国間共同監視の役割 - 東シナ海における国際的警戒監視活動」『実業之日本フォーラム』(스에츠구 도미오, "다자간 공동 감시의 역할–동중국해에서의 국제 경계 감시 활동", 〈실업의 일본포럼〉), 2021년 3월 5일. https://forum.j-n.co.jp/narrative/1750/ (검색일: 2024년 3월 11일)

12 国家安全保障会議、閣議『国家安全保障戦略』(국가안전보장회의, 국무회의 "국가안전보장전략"), 2013년 12월 17일, p. 26. https://www.cas.go.jp/jp/siryou/131217anzenhoshou/nss-j.pdf (검색일: 2024년 3월 11일)

과 일본에 주둔하는 근거 중 하나인 유엔군이 유지되는 것, 즉 한국전쟁이 종결되지 않는 것이 바람직하다고 생각하는 것으로 추론할 수 있다.

■ 일본의 군사 정상화에 대한 의지

아베 정권이 문 정권의 긴장완화정책을 지지하는 데 소극적이었던 또 다른 이유는 널리 알려진 바와 같이, 아베 총리를 비롯한 집권당 정치인들이 일본을 군사적으로 정상화하려는 강한 열망을 가지고 있었기 때문이다. 아베 총리가 속한 자민당(LDP)은 창당 당시부터 군대 보유를 금지하는 현행 헌법을 개정하여 독자적인 군비를 보유하는 것을 공식적인 목표로 삼았다.[13] 아베 총리는 이 목표를 가장 강력하게 지지하는 우파 중 한 명이었다. 또한 북한과 중국의 군사력 증강에 따라 자민당 내에서도, 일본 사회 전체에서도 일본의 군사력과 억제력을 강화해야 한다는 주장이 커졌다.

아베 정권 이후 일본 정부는 북한을 '중대하고 임박한 위협'으로 규정해 왔다. 그러나 아베 정권과 그 후의 스가 정권, 기시다 정권은 북한의 위협이 '중대'할 뿐만 아니라 '임박'한 것으로 간주하는 이유를 제대로 설명한 적이 없다. 일본 정부는 '국가안전보장전략', '방위백서' 등의 정책 문서, 또는 국회에서도 북한이 일본을 공격할 가능성이 어느 정도인지, 어떤 형태의 공격 가능성이 높은지에 대해 상세히 설명하지 않았다. 따라서 아베 정권과 그 이후의 일본 정부는 북한의 위협을 과장해 왔다고 볼 수도 있다. 이러한 과장은 일본의 군사적 정상화라는 목표를 촉진하기 위한 것으로 추측할 수 있다.

---

13   일본이 보유한 자위대의 경우 공식적으로는 군대로 분류되지 않는다.

Ⅲ. 일본이 해야 할 역할

지금까지 일본 정부, 특히 아베 정권이 문 정권의 남북관계 및 북미관계 긴장완화를 위한 정책에 비협조적이었던 이유를 살펴보았다. 이제부터는 아베 정권과 그 이후 일본 정부의 대응에 있어 문제점을 분석한 후, 향후 일본이 해야 할 역할에 대해 생각해 본다.

■ 일본의 대응이 가진 문제점

현실주의 관점에서 북한의 핵무기 개발은 미국의 핵전력에 대한 대응책으로 이해할 수 있다. 또한 북한의 군비 증강에 대응하는 일본의 군비 증강도 합리성이 있다. 그러나 일본이 미국과 협력하여 북한에 대한 군사적 압박을 강화하는 정책은 북한의 비핵화를 촉진한다는 점에서는 성공적이지 못했다. 오히려 북한은 이러한 압박에 맞서 핵무기 개발(핵무기 운반수단인 미사일 개발 포함)을 추진해 왔다. 미국과의 적대관계가 촉진한 북한의 핵무기 개발은 일본과 한국의 안보를 위협한다. 일본과 한국이 북한과 군사적 균형을 맞추는 것은 신현실주의 관점에서 볼 때 합리적이지만, 북미 간의 적대관계를 바꾸지 않고 그러한 대응만 해서는 북한의 핵무기 개발을 막을 수 없다.

현 기시다 정권은 윤석열 정권과 함께 미국을 중심으로 한 3국 안보협력을 강화함으로써 북한에 압박을 가해 비핵화를 촉진하고자 한다. 그러나 경제적 압박에 있어서는 한미일 3국이 독자적인 경제제재를 강화할 수 있는 여지가 적고, 유엔 안보리 결의에 근거한 경제제재에서도 북한 체제의 존속을 원하는 중국, 러시아의 반대로 인해 제재 강화가 어려운 상황이다.

군사적 압박은 북한의 반발을 불러일으키는 것은 물론 북한의 핵무기 개발 강화로 이어질 수 있다. 군사력에 군사력으로 대응하는 정책은 군비경쟁을 불러일으켜 양측의 안보를 해치는 '안보의 딜레마'를 더욱 심화시킬 가능성이 높다.

문 정권은 군사적 압력 중심 정책의 문제점을 인식하고,[14] 특히 북미 간 긴장을 완화하고자 했다. 그러나 아베 정권은 그 노력을 지지하는 데 소극적이었다. 최근 미국은 중국을 전략적 경쟁자로 규정하고 일본, 한국과의 안보동맹을 강화하면서 3국 안보협력을 추구하고 있다. 아베 정권 이후 일본 정권은 이러한 미국의 정책에 적극적으로 협력하고 있다. 한편, 진보 정권에서 윤석열 대통령이 이끄는 보수 정권으로 교체된 한국 정부의 태도는 신중한 자세에서 협력적인 자세로 변화하고 있다. 이러한 아태지역의 전략적 환경과 한국 국내 정치의 변화로 인해 일본은 압력 중시의 대북정책을 유지하는 반면, 북한은 최근 미국과의 관계가 현저히 악화된 중국, 러시아와의 관계를 강화하고 있어 한미일 3국과 중러북 3국이 대립하는 구조가 강화되고 있다.

대립구조가 심화되고 군비경쟁이 진행되면 '안보의 딜레마'는 더욱 심화되고, 양측의 안보는 악화될 것이다. 군비경쟁에 따른 국방비 증가는 각국에 부담으로 작용한다. 특히 저출산·고령화가 진행되어 평균 연소득에서 한국에 추월당하고, 2023년 GDP에서 독일에 추월당한 일본이 국방비를 대폭 늘릴 경우, 국민 부담이 커져 소비가 둔화되고 일본 경제의 침체도 장기화될 가능성이 높아진다. 한미일 3국은 북한 지도부가 국민생활의 개선

---

14   예를 들어, 2017년 9월의 유엔총회 연설에서 문 대통령은 "평화는 분쟁의 부재가 아니라 평화적 수단으로 분쟁에 대처하는 능력이다"라는 로널드 레이건 전 대통령의 발언을 우리 모두가 상기해야 한다고 주장했다.

보다 권력 유지, 체제 유지를 우선시하며 군사력 증강을 추진하고 있다고 비난하지만, 북한 지도부에 군비확장의 빌미를 제공하는 군사적·경제적 압박을 가하고 있다. 그 결과, 아이러니하게도 한미일 3국의 대북정책은 북한 주민의 삶을 더 어렵게 만들고 있다. 일본을 포함한 동북아시아 지역 주민들의 인권 상황과 경제 상황을 개선하기 위해서는 군사적 대립을 완화하고, 평화적이고 우호적인 국제관계를 구축할 필요가 있다. 이를 위해 일본은 무엇을 할 수 있을까?

■ 북미 간 긴장완화와 한국전쟁 종전 촉진

일본이 앞으로 해야 할 역할 중 하나는 북미관계의 개선, 한국전쟁 종전을 촉진하는 것이다. 1953년 휴전협정이 체결된 지 70여 년이 지났음에도 불구하고 평화조약은 체결되지 않고 있다. 그사이 중국은 일본, 미국과 1972년, 1979년, 한국은 소련, 중국과 1990년, 1992년 국교를 수립한 반면, 북한은 1991년 소련의 붕괴로 중요한 동맹국을 잃었을 뿐만 아니라 미국, 일본과 국교를 수립하지 못해 경제적·군사적 위기에 직면했다. 북한의 핵무기 개발은 이러한 상황이 큰 촉진 요인이 되었다.

냉전 이후 북한과 미국, 일본과의 관계를 살펴보면, 북한은 미일과의 국교정상화에 적극적인 태도를 보였으나 미국은 소극적인 태도를 취했다. 마침내 1994년 북미 합의 프레임워크(AF)에서 정치, 경제적 관계의 완전한 정상화를 위해 행동하기로 합의했지만 정상화는 진전되지 않았고, 2002년 AF는 무산되었다. 이후 2003년 시작된 6자회담의 2007년 2월 합의에 따라 북미 국교정상화 작업반의 설치가 결정되어 회담이 재개되었으나, 2008년 12월 수석대표 회담을 마지막으로 6자회담은 사실상 결렬되고 정상화 협상도 중단되었다. 트럼프 행정부 시절인 2018년과 2019년에 북미정상회담이 열렸고, 1차 정상회담 후 공동성명에서 양국은 "새로운 북미관계를 수립한다"라고 합의했지만, 2차 정상회담이 결렬되면서 국교정상화 협상은 진전되지 않았다.

한편, 일본은 1991년 북한과의 국교정상화 협상을 시작한 이래 2014년까지 약 15차례에 걸쳐 국교정상화 협상을 진행했다.[15] 그사이 2002년과 2004년에는 고이즈미 총리가 김정일 국방위원장과 두 차례 정상회담을 가졌으며, 첫 번째 정상회담에서는 "국교정상화를 조기에 실현하기 위해 모든 노력을 기울인다"라고 명시한 북일 평양선언을 채택했다. 그러나 2002년 정상회담에서 북한 측이 인정한 일본인 납치(납치문제), 북한의 핵무기 개발 및 미사일 개발 등 여러 현안의 포괄적인 해결을 국교정상화의 필요조건으로 내세우면서 2002년 이후 국교정상화 협상은 현재까지 거의 진전되지 않고 있다.[16]

북한이 핵무기 개발은 미국의 핵전력에 대항하기 위한 자위적 조치라고 주장하고 있고, 미국과의 관계 개선을 최우선 과제로 삼고 있는 점을 감안할 때, 북한에 비해 군사력, 경제력 면에서 압도적으로 우위에 있는 미국이 북미 대립 완화를 위해 적극적으로 양보하는 것이 이상적일 것이다. 그러나 북미정상회담에서 트럼프 정권의 대응을 보면 알 수 있듯이, 미국 정부는 그런 대응을 하지 않았고, 법적 구속력이 없는 한국전쟁 종전선언을 하는 것조차도 소극적인 태도를 취했다.

---

15 외무성이 '국교정상화 협상 본회담'이라고 부르는 회의는 1991년부터 2002년까지 12차례에 걸쳐 진행되었다. 이후 다른 명칭으로 개최된 회의에서도 국교정상화에 대한 협의가 이루어졌다.

16 外務省「日朝関係」(일본 외무성 '한일관계'), 2015년 10월 5일. https://www.mofa.go.jp/mofaj/area/n_korea/abd/index.html (검색일: 2024년 3월 12일)

중국을 최대 전략적 라이벌로 규정하고 중국에 대한 대응책으로 한미동맹, 미일동맹 강화 정책을 추진해 온 미국은 한미동맹의 최대 존재 이유이자 미일동맹의 주요 존재 이유인 북한의 위협이 크게 감소하거나 사라지는 근본적인 북미관계 개선을 원하지 않는 것으로 보인다. 미국의 세계 전략에 있어 한미동맹, 미일동맹은 매우 중요하기 때문에 이것들을 불안정하게 만들 위험이 있는 북미관계의 근본적 개선에 미국이 적극적이지 않은 것은 어쩌면 놀라운 일도 아니다.

미국이 중국에 완충국으로서 전략적 중요성을 갖는 북한과의 관계를 근본적으로 개선하여 중국에 대한 전략적 우위를 강화할 가능성도 있다. 그러나 이러한 정책은 앞서 언급한 바와 같이 일본, 한국과의 동맹관계를 불안정하게 만들 위험이 있다. 또한 저출산·고령화 등 국내 문제를 안고 있는 중국의 경제성장이 둔화되어 미국에 대한 중국의 위협이 상대적으로 낮아질 것으로 예상되는 상황에서 미국이 북미관계의 근본적인 개선에 적극적으로 나설 것이라고 기대하기는 어렵다.

그렇다면 미국과 북한, 중국과의 대립으로 인해 미국보다 상대적으로 군사적·경제적 부담이 크고, 북미 대결 및 미중 대결 완화에 따른 수혜가 가장 클 것으로 예상되는 한국, 그다음으로 클 것으로 예상되는 일본이 미중관계 개선, 북미관계 개선에 적극적으로 나서는 것이 바람직하다. 북미 대립이 크게 완화되고 북한과 한국, 일본과의 관계도 크게 개선된다면 한국, 일본은 군사적 부담과 경제적 부담을 줄일 수 있을 뿐만 아니라 북한과의 경제교류를 확대함으로써 북한의 희소 금속을 비롯한 다양한 자원을 구매하거나 북한의 근면하고 값싼 노동력을 활용하는 등 큰 경제적 이익을 기대할 수 있다. 또한 북한을 통해 유럽 국가, 중국을 포함한 유라시아 대륙

국가들과의 교역이 확대될 경우 한국과 일본은 막대한 경제적 이익을 얻을 수 있다. 반면 한국, 일본에 비해 지리적으로 멀리 떨어져 있는 미국이 얻을 수 있는 경제적 이익은 상대적으로 적을 것으로 예상된다. 이처럼 북미관계 개선으로 큰 경제적 이익을 기대할 수 있는 한국과 일본이 적극적으로 관계 개선에 나서는 것이 경제적으로 합리적이다.

한국에서는 진보와 보수 모두 이 경제적 이익을 분명히 인식하고 있었지만, 남북관계 개선, 북미관계 개선에 적극적으로 임한 것은 김대중, 노무현, 문재인 등 진보 정권이었다. 반면 일본에서는 북한과의 관계 개선이 가져올 경제적 이익에 대해서는 정부, 주요 언론이 거의 다루지 않아 인지도가 낮았고, 정부도 관계 개선에 적극적으로 나서지 않았다. 일본 정부와 일본 사회는 그 점에서 변화가 필요하다.

■ 북일 양국 관계 개선

앞으로 일본의 또 다른 역할로는 북일 양국 관계 개선을 꼽을 수 있다. 북일관계 개선을 통해 한국전쟁 종식, 북미 대립 완화, 북한의 비핵화를 촉진할 수 있을 것으로 기대된다. 관계 개선을 위한 구체적 조치로는 북일 양국 간 문제인 일본인 문제 해결, 재일조선인 지위문제 해결, 일본의 독자적인 제재 조치 완화를 들 수 있다. 이것들을 실현하기 위해서는 북한과의 적극적인 대화, 협의가 필요하다.

김대중 정권의 조언에 따라 2002년 고이즈미 총리가 첫 북일정상회담을 성사시켰고, 양국은 국교정상화를 조기에 실현하기 위해 모든 노력을 기울이기로 합의했다. 그러나 앞서 언급한 바와 같이 이후 일본 정부는 북한의 일본인 납치, 핵무기·미사일 개발 등 제반 현안의 포괄적 해결을 국교정상화의 필요조건으로 삼았고, 북한이 탄도미사일 실험과 1차 핵실험을 실시한 2006년부터 독자적인 제재 조치를 도입했다.

먼저, 같은 해 7월 탄도미사일 실험 직후 북한 화물여객선 만경봉 92호의 입항 금지, 북일 간 전세기의 일본 취항 금지, 북한 당국자의 일본 입국을 원칙적으로 금지, 일본 공무원의 방북을 원칙적으로 보류, 일본 국민의 방북 자제 요청 등을 결정한 데 이어, 10월 핵실험 이후에는 기존 제재 조치에 북한산 모든 품목의 수입 금지를 추가하고, 선박 입항 금지 대상을 북한 국적 모든 선박으로 확대하는 한편, 일본 입국 원칙 금지 대상을 북한 국적 보유자 전체로 확대하기로 결정했다.

이러한 독자적 제재뿐만 아니라 일본 정부는 평화주의적 안보정책을 전환하여 군사력과 억제력 증강, 미국과의 동맹관계 강화를 추진해 왔다. 2012년부터 2020년까지 지속된 제2기 아베 정권에서 특히 대화보다 압박을 중시하고 억제력을 강화하는 정책이 추진되었고, 이후 스가 정권, 현 기시다 정권에서도 기본적으로 그러한 정책을 지속하고 있다.

기시다 정권은 2022년 발표한 '국가방위전략'에서 다음과 같은 입장을 밝혔다.

"위협은 능력과 의지의 조합으로 나타나는데, 의도를 외부에서 정확하게 파악하는 것은 어려움이 따른다. 국가의 의사결정 과정이 불투명하다면 위협이 발현될 소지는 항상 존재한다. 이러한 국가로부터 자국을 지키기 위해서는 힘에 의한 일방적인 현상 변경이 어렵다는 인식을 심어주는 억제력이 필요하며, 상대방의 능력에 주목한 자체 능력, 즉 방위력을 구축하여 상대방이 침략 의사를 갖지 못하도록 할 필요가 있다."[17]

이러한 입장에 따라 기시다 정권은 아베 정권조차도 실시하지 않았던 적지 공격 능력의 대폭적인 증강을 추진하려 하고 있다. 위 문장에서 "의사결정 과정이 불투명한 국가"가 어느 나라인지는 명시되어 있지 않지만, 북한과 중국을 염두에 두고 있다는 것은 쉽게 짐작할 수 있다.

기시다 정권은 '국가방위전략'과 동시에 발표된 '국가안전보장전략'에서 북한을 "우리나라의 안보에 있어서 종전보다 더욱 중대하고 임박한 위협"으로 간주하고,[18] "미국과 한국과 긴밀하게 연계하면서 지역의 억제력 강화, 유엔 안보리 결의에 근거한 것을 포함한 대북 제재의 완전한 이행 및 외교적인 대처를 통해 6자회담의 공동성명과 유엔 안보리 결의에 근거한 북한의 완전한 비핵화를 향한 구체적 행동을 북한에 요구해 나간다"라고 밝히고 있다.[19]

한편, 중국에 대해서는 "현재 중국의 대외적 태도와 군사적 동향 등은 우리나라와 국제사회의 심각한 우려사항이고, 우리나라의 평화와 안전 및 국제사회의 평화와 안정을 보장하고 법치주의에 기반한 국제질서를 강화하는 데 있어 그 어느 때보다 큰 전략적 도전이며, 우리나라의 종합적인 국력과 동맹국 · 동지국 등과의 협력을 통해 대응해야 할 것"[20]이라며 '위협'이라는 표현은 사용하지 않았지만 사실상 중국을 북한보다 더 큰 위협으로

17　国家安全保障会議、閣議『国家防衛戦略』(국가안보장회의, 각료회의, "국가방위전략"), 2022년 12월 16일, p. 5. https://www.kantei.go.jp/jp/content/000119646.pdf (검색일: 2024년 3월 12일)

18　国家安全保障会議、閣議『国家安全保障戦略』(국가안보장회의, 각료회의, "국가안전보장전략"), 2022년 12월 16일, p. 10. https://www.cas.go.jp/jp/siryou/221216anzenhoshou/nss-j.pdf (검색일: 2024년 3월 12일)

19　"국가안전보장전략", 2022년, p. 14.

20　"국가안전보장전략", 2022년, p. 9.

규정하고 있다. 그러나 북한에 대한 대응과는 달리 중국에 대해서는 "우리나라는 중국과 다양한 수준의 의사소통을 통해 주장할 것은 주장하고 책임 있는 행동을 요구하면서 여러 현안에 대해 대화를 반복하고 공통의 과제에 대해서는 협력하는 '건설적이고 안정된 관계'를 구축한다"라는 방침을 밝히고 있다.[21]

기시다 정권의 대북정책과 중국정책이 이러한 차이를 보이는 것은 일본에 경제적 측면에서 북한보다 중국의 중요성이 훨씬 크다는 점이 한 가지 요인으로 생각되지만, 북한이 '중대하고 임박한 위협'이라면 대화를 통해 일본을 공격할 의사가 있는지 여부를 확인하고, 북한과의 대립을 완화할 필요성이 매우 높다고 할 수 있다.

기시다 정권은 북한과 중국을 염두에 두고 "국가의 의사결정 과정이 불투명하면 위협이 나타날 가능성이 항상 존재한다"라고 주장하고 있지만, 북한도 중국도 공산당 일당독재체제이며, 국가의 의사결정에 있어 최고지도자의 권한이 크다는 것, 북한의 경우는 특히 그렇다는 것은 주지의 사실이다. 따라서 일본이 북한의 국가적 의지를 확인하기 위해서는 다양한 수준에서 협의를 하는 것도 중요하지만, 북한의 최고지도자인 김정은 위원장을 만날 필요성이 높다. 그러나 2004년에 고이즈미 총리가 김정일 위원장과 두 번째 정상회담을 가진 이후 북일 간 정상회담은 개최되지 않고 있다.

대화보다 압박을 중시하던 아베 총리는 트럼프 대통령이 압박해서 대화로 방향을 전환하고 김정은 위원장과 2018년과 2019년에 정상회담을 가졌고, 이후 태도를 바꾸어 전제조건 없이 정상회담을 할 의향이 있음을 표명했다. 이후 스가 총리, 기시다 총리도 비슷한 의사를 표명했지만, 실제로

---

21 "국가안전보장전략," 2022년, p. 13.

일본 정부가 북한의 일본인 납치, 핵무기·미사일 개발을 비롯한 양국 간 현안 해결, 특히 납치 문제 해결을 국교정상화의 필요조건으로 삼는 기본 방침을 바꾸지 않았기 때문에 북한 측은 정상회담뿐만 아니라 하위급 회담 개최에도 소극적인 태도를 보이고 있다.

일본 내에서는 북한의 핵무기·미사일 개발의 주요 요인이 북미 대립이라는 인식이 약하다 보니, 일본 정부, 주요 언론, 안보 전문가들은 핵무기·미사일 개발을 추진하는 북한을 '중대하고 임박한 위협'으로 규정하고 일방적으로 비난해 왔다. 일본의 안보를 불안정하게 만드는 '안보의 딜레마'에서 벗어나고, 북미관계의 근본적 개선이 가져올 경제적 이익을 얻기 위해서라도 일본은 이러한 일방적이고 객관성이 결여된 시각을 바꾸어야 한다.

미국이 핵무기를 군사력의 핵심으로 삼고 한일 양국이 미국의 핵 확대 억제력에 의존하는 상황에서 북한에게만 완전한 비핵화를 요구하는 것은 이중 기준이며, 북한의 동의 또한 얻기 어려울 것이다. 지금까지 일본 정부는 국내외 일본인 피폭자와 NGO가 중심이 되어 2017년 유엔에서 채택되어 2021년에 발효된 핵무기금지조약에 가입하려 하지 않고, 조약 당사국 회의에 옵서버 참여조차 거부하고 있지만,[22] 일본이 북한의 비핵화, 한국을 포함한 한반도의 비핵화, 일본을 포함한 동북아시아의 비핵화를 실현하고자 한다면, 일본 스스로도 미국의 핵 확대 억제력에 대한 의존도를 재검토할 필요가 있다. 이를 위해서는 북한, 중국과의 군사적 긴장을 완화하고, 다양한 방법으로 관계 개선을 추구해야 한다.

---

22 2024년 1월 15일 현재 서명국은 93개 국가·지역, 비준국은 70개 국가·지역이며, 2023년 12월에 개최된 제2차 당사국 총회에는 59개 국가·지역 외에 북대서양조약기구(NATO) 회원국인 독일, 노르웨이, 벨기에가 옵저버로 참가했다.

북한이 핵무기를 개발한 주요 외부 요인이 세계 최대의 군사대국이자 경제대국인 미국과의 적대적 관계라는 점을 감안할 때, 북한 비핵화의 미래는 미국의 대북정책에 크게 좌우된다고 할 수 있다. 일본 단독으로 북한의 비핵화를 촉진할 수 있는 능력은 크지 않지만, 앞서 언급한 바와 같이 한국전쟁의 종전을 촉구하고 북미 대립관계를 완화하는 것뿐만 아니라 일본이 할 수 있는 다른 일도 있다.

구체적으로는 북일 양국 간 현안을 해결하기 위한 북일 협상을 적극적으로 추진하는 것이 북핵 문제 해결 촉진에 도움이 될 것이다. 핵문제 해결이 진전되면 북한은 유엔 결의에 따른 경제제재 완화라는 대가를 기대할 수 있다. 뿐만 아니라 핵문제가 해결되면 북일 국교정상화 가능성도 높아진다. 즉, 국교정상화 이후 북한은 1조 엔 이상으로 알려진 막대한 경제 지원을 받을 가능성이 높아진다.[23] 일본의 이러한 경제 지원은 북한이 비핵화를 추진함으로써 얻을 수 있는 큰 경제적 대가이다.

그러나 납치문제를 비롯한 일본인 관련 문제, 일본의 식민지 지배 관련 문제, 재일조선인 지위문제 등의 현안이 남아 있다. 이러한 북일 양국 간 현안을 먼저 해결할 수 있다면, 남은 주요 현안은 핵무기 개발 문제(운반수단인 미사일 개발도 포함)가 될 것이고, 이 문제를 해결하면 북한은 북일 국교정상화를 실현하고 일본으로부터 막대한 경제적 지원을 받을 수 있는 상황이 된다. 그런 상황이 되면 북한은 핵문제 해결에 더욱 적극적으로 나설 것으로 보인다. 따라서 일본으로서는 핵무기·미사일 개발을 둘러싼 북미 대립을 완화하기 위해서라도 북일 양국의 현안을 해결하는 데 힘을 쏟아야 한다.

---

23 1965년 한일 국교정상화 당시 일본은 한국에 무상 3억 달러, 유상 2억 달러의 경제 지원을 약속했다.

사실 일본 정부는 제2기 아베 정권 시절에도 이러한 노력을 기울인 바 있다. 2014년 5월 스웨덴 스톡홀름에서 일본과 북한은 회담을 개최했고, 북한 측이 납치 피해자를 포함한 모든 일본인 관련 조사를 포괄적이고 전면적으로 실시하여 궁극적으로 일본인 관련 모든 문제를 해결하겠다는 의지를 표명했다. 한편, 일본 측은 궁극적으로 현재 일본이 독자적으로 취하고 있는 대북제재 조치(유엔 안보리 결의 제재는 제외)를 해제하겠다는 의사를 표명했다. 이에 따라 북한 측은 1945년 전후에 북한 지역 내에서 사망한 일본인의 유골 및 묘지, 북한 잔류 일본인,[24] 이른바 일본인 아내,[25] 납치 피해자[26] 및 실종자를 포함한 모든 일본인에 대한 포괄적인 조사를 실시하기 위해 특별조사위원회를 구성하고 조사를 시작하기로 합의했다. 한편, 일본 측은 북한의 조사 개시와 함께 2006년 미사일 실험, 핵실험 이후 시행해 온 대북제재 중 인적 왕래 규제 조치, 금융 규제 조치를 해제하는 한편, 북한 국적 선박의 일본 입항 금지 조치에 대해서는 인도적 목적에 한하여 해제하기로 합의했다. 이 합의는 일반적으로 '스톡홀름 합의'라고 불린다.

이 합의에 따라 2014년 7월에 북한은 특별조사위원회를 출범시켰고, 일본도 대북 독자제재를 완화했다. 그러나 이후 북한이 2016년 1월 6일에 4차 핵실험, 같은 해 2월 7일에 위성 로켓을 발사하자 일본 정부는 반발했고, 같은 해 2월 10일에 독자 제재 완화를 철회하고 제재를 더욱 강화하기

---

24 제2차 세계대전 후 북한에 남겨진 일본인 고아 등.
25 1959년 8월 일본 적십자사와 북한 적십자회가 체결한 '재일조선인 귀환에 관한 협정'에 따라 일본 정부는 재일조선인을 한국이 아닌 북한으로 보내는 사업(귀환사업, 북송사업)을 추진하여 1984년 사업 종료까지 약 9.3만 명이 북한으로 건너갔다. 그중 약 6,800명이 일본 국적을 가진 재일조선인 가족으로 일본인 부인은 약 1,830명이었다. 이후 일본인 아내를 비롯한 일본인이 일본의 고향을 방문할 수 없는 것이 문제가 되었다.
26 일본 정부는 17명을 납치 피해자로 인정하고 있으며, 북한은 이 중 5명을 돌려보냈고, 8명은 사망했다고 설명하며 4명의 입국은 인정하지 않고 있다.

로 결정했다. 이에 대해 북한은 일본인에 대한 조사 중단과 특별조사위원회 해체를 발표하면서 스톡홀름 합의는 무산되었다.

북한이 핵실험을 실시하거나 탄도미사일 발사 실험을 하면 일본 정부가 북한을 비난하는 것은 이해할 수 있지만, 다자간 문제이자 북미 간 문제라는 측면이 강한 핵·미사일 문제가 진전되지 않는 상황에서 북일 양국 간 문제 해결이 진전되지 않는 대응을 계속한다면 그 해결은 어렵다. 앞서 언급한 바와 같이, 양국 간 문제의 해결이 핵·미사일 문제의 해결을 촉진할 가능성을 고려하여 일본 정부는 핵·미사일 문제가 진전되지 않는 상황에서도 북일 양국 간 문제 해결에 적극적으로 임해야 한다.

특히 일본 정부는 납치문제를 중시하고, 충분히 해결되지 않았다는 입장을 취하며 북한에 생존자 송환, 진상 규명 등을 강력히 요구해 왔다. 반면 북한은 지금까지의 생존자 반환과 사망 경위 설명 등의 대응으로 납치문제는 이미 해결되었다는 입장이어서 일본 측이 만족할 만한 해결을 실현하는 것은 쉽지 않은 상황이다. 납치문제는 북한이 가해자로 일으킨 문제이지만, 그 외 일본인 관련 문제는 기본적으로 북한의 가해성이 없거나 작은 문제이기 때문에 비교적 해결이 용이하다. 따라서 일본 정부는 납치문제를 최우선시하는 기존 정책을 전환하여 다른 문제에도 적극적으로 임해야 한다.

1945년 전후 북한에서 사망한 일본인의 유골 및 묘지에 대해 일본 정부는 귀국자의 정보를 통해 사망자 수, 묘지 위치 등 상당한 정보를 가지고 있고,[27] 북한 측도 유골 발굴 및 송환에 긍정적인 태도를 보이고 있다. 그럼

---

27 국회 답변에서 유골이 남아 있는 사망자 수는 대략 21,600명이라고 설명되고 있다. 정부는 묘지 수를 밝히지 않고 있지만, 언론은 71개소라고 보도하고 있다. 「平壤郊外の日本人墓地、遺族か初の墓参り」 『朝日新聞』("평양 교외 일본인 묘지, 유족들 첫 참배", 〈아사히신문〉), 2012년 10월 1일. http://www.asahi.com/special/08001/TKY201210010607.html (검색일: 2024년 3월 13일)

에도 일본 정부는 이 문제의 해결에 소극적인 태도를 취해 왔다. 북한 잔류 일본인에 대해서도 북한이 이미 정보를 파악하고 있지만, 일본 정부는 면회조차 시도하지 않고 있으며, 2017년 현재 생존자는 한 명으로 줄었다.[28] 일본인 아내에 대해서도 북한 측이 인원수, 거주지 등의 정보를 파악하고 있고, 북일 협상의 결과 1997년 15명, 1998년 12명, 2000년 16명 등 43명이 일시귀국을 했지만, 그 후 영구귀국을 실현할 수는 없었다.[29]

북한 측이 중시하는 일본의 식민지배 청산과 관련해서는 북일 평양선언에서 국교정상화 후 일본이 경제협력을 실시하는 형태로 청산하는 것으로 사실상 합의했다. 재일조선인의 지위문제에 관해서는 일본 정부가 주도적으로 해결해야 할 부분이 적지 않다. 2002년 북한이 일본인 납치를 인정한 이후 일본 정부는 태도를 강경하게 바꾸어 북한의 영향력 아래 있는 재일본조선인총연합회(조선총련 또는 총련) 관련 조직에 대한 압력을 강화해 왔다.

구체적인 사례로는 일본 정부가 2010년부터 시작한 '고등학교 등 취학지원제도'의 적용 대상에서 총련이 운영하는 조선학교를 제외시킨 것, 신종 코로나의 영향으로 어려움을 겪는 학생들에게 정부가 최대 20만 엔을 지급하는 '학생지원 긴급 급부금 제도'의 적용 대상에서 총련이 운영하는 조선대학교의 학생을 제외시킨 것을 들 수 있다. 전자에 대해서는 유엔 인종차별철폐위원회, 아동권리위원회가 조선학교에도 제도를 적용할 것을 일본 정부에 권고했고,[30] 후자에 대해서는 유엔 인권이사회가 임명한 인종

---

28 2014년 북한이 실시한 조사에서 생존자는 9명이었다. 伊藤孝司『ドキュメント 朝鮮で見た〈日本〉』岩波書店 (이토 다카시, 『다큐멘터리 조선으로 본 〈일본〉』, 이와나미서점), 2019년, p. 166.

29 43명 중 2명은 잔류 일본인이었다. 이토, 앞의 책, p. 200.

30 김소연, "일 최고법원 또 '조선학교 무상교육 제외 적법'", 〈한겨레신문〉, 2020년 9월 4일. https://www.hani.co.kr/arti/international/japan/960786.html (검색일: 2024년 3월 13일)

차별문제 담당 특별보고관이 일본 정부에 시정을 요구하는 서한을 제출했지만,[31] 일본 정부의 대응에는 변화가 없었다.

조선학교와 조선대학교 학생들은 일본에서 태어나고 자란 영주권자이고, 일본 내 반북 감정의 고조와 외국 방문의 편의성 등을 이유로 한국 국적을 취득한 경우가 많지만, 일본 정부는 총련이 조선학교와 조선대학교를 운영하고 있다는 것을 주된 이유로 지원 대상에서 제외하고 있다. 유엔 기구와 보고자들이 시정을 요구한 일본 정부의 대응은 북한 정부도 비판해 왔다. 이러한 문제는 일본 정부가 주체적으로 해결할 수 있는 문제이다. 또한 2006년 10월 일본이 결정한 일본 국민의 방북 자숙, 북일 간 전세기의 일본 취항 금지, 북한 국적 선박의 입항 금지, 북한 국적 보유자의 입국 원칙 금지라는 북일 간 왕래 규제 조치는 앞서 언급한 귀환사업으로 북한에 건너간 가족을 일본에 남은 가족이 방문하거나 안부를 확인하고, 경제적 지원을 할 수 없게 만들고 있다. 이러한 재일조선인의 지위나 처우에 관한 문제도 일본 정부가 해결하려고 하면 비교적 쉽게 해결할 수 있을 것이다.

그러나 2006년 일본 정부가 결정한 독자 제재 중 일본 국가공무원의 방북 원칙 보류 조치와 북한 당국자의 일본 입국 원칙 금지 조치로 인해 일본 또는 북한에서의 정부 간 협상이 어려워지고 있어, 북일관계 개선을 위해서는 조속히 철폐하는 것이 바람직하다. 인적 왕래에 대한 규제를 철폐하고, 인적 교류를 확대하는 것은 다양한 수준에서 상호 이해를 증진시켜 북일관계 개선을 촉진할 수 있을 것으로 기대한다.

31　伊藤和行「朝鮮大学校生『なぜいつも除外』」『朝日新聞』(이토 가즈유키, "조선대생 '왜 항상 배제되나'", 〈아사히신문〉), 2021년 9월 7일. https://digital.asahi.com/articles/ASP976G77P97UTIL017.html (검색일: 2024년 3월 13일)

Ⅳ. 맺음말

일본에서는 1955년 자민당 창당 이래 대부분의 기간 동안 보수 정당인 자민당이 정권을 잡았고, 현재 기시다 정권의 지지율이 몇 달째 20%대를 지속하고 있지만, 난립하는 야당의 지지율도 낮기 때문에 다음 선거에서 자민당이 정권을 잃을 가능성은 크지 않다. 따라서 가까운 장래에 일본에서도 한국처럼 진보 정당이 정권을 잡고 북한과의 관계 개선에 적극적으로 나서는 정치 상황이 만들어지리라고 낙관하기는 어렵다. 그러나 30년 이상 지속되고 있는 일본 경제 침체가 저출산·고령화 진행으로 인해 앞으로도 지속되거나 더욱 심화될 가능성이 높다는 점을 감안하면, 북한과 중국에 대한 억제력 강화를 주된 이유로 자민당이 추진하는 방위비 대폭 증액 정책(GDP 대비 1%에서 2%로 2배 증액)에 대한 국민의 비판 목소리가 높아지면서 정책의 재검토 및 경우에 따라서는 정권 교체가 이루어질 가능성도 존재한다.

일본 정부는 2013년 12월에 아베 정권이 작성한 첫 번째 '국가안전보장전략'에서 적극적 평화주의를 일본 안보의 기본 이념으로 내세웠다. 이 적극적 평화주의라는 이념은 2022년 12월에 기시다 정권이 작성한 두 번째 '국가안전보장전략'에서도 그대로 계승되고 있다. 또한 기시다 정권이 작성한 '국가안보전략'에서는 다음과 같은 형태로 적극적 평화주의를 실천하겠다는 의지를 표명하고 있다.

"일본 주변의 핵무기를 포함한 군비 증강 경향을 저지하고 이를 반전시켜 핵무기에 의한 위협 등의 사태 발생을 방지함으로써 일본을 둘러싼 안보 환경을 개선하고 국제사회의 평화와 안정을 실현한다. 이를 위해 군비 관리, 군축, 비확산 노력을 더욱 강화한다. 구체적으로는 유일한 피폭국으로서 '핵무기 없는 세계'의 실현을 위한 국제적인 노력을 주도한다."[32]

일본은 미국에 앞서 중국과 1972년, 베트남과 1973년에 국교를 수립했다. 미국과의 관계를 고려할 때 일본이 미국의 의사를 무시하고 독자적인 외교를 펼치기는 어렵지만, 일본이 미국에 완전히 종속된 것은 아니기 때문에 주체적인 외교를 펼칠 수 있는 여지는 남아 있다.

상식적으로 생각해도 알 수 있는 일이지만, 일본이 북한과 중국의 군비 증강에 대응하여 자국의 군비를 증강할 경우, 북한, 중국과의 군비경쟁이 발생할 가능성이 높고, "일본 주변의 핵무기를 포함한 군비 증강 경향을 저지하고 이를 반전시켜 핵무기에 의한 위협 등의 사태 발생을 방지"하는 것은 어려워진다. 앞서 언급한 바와 같이 군비경쟁에 따른 안보 환경 악화라는 '안보의 딜레마'를 피하고, 안보 환경을 개선하기 위해서는 북한, 중국과 미국, 일본, 한국과의 긴장을 완화하고 신뢰를 쌓아갈 필요가 있다. 일본이 적극적 평화주의 이념에 입각하여 지향해야 할 것은 억제력 강화가 아니라 한국과 협력하여, 그리고 일본 단독으로도 긴장을 완화하고 신뢰를 구축하는 것이다.

한국전쟁 이후 지속된 북한과 미국, 한국, 일본과의 대립 관계를 전환하고 국교정상화를 실현할 수 있다면 일본의 안보는 크게 개선되고, 막대한 경제적 이익도 얻을 수 있을 것으로 기대된다. 또한 북한과 한국과의 근본적인 관계 개선과 이에 따른 교류 확대는 향후 남북통일의 가능성을 높일

---

32 "국가안전보장전략", 2022년, p. 13.

수 있을 것이다. 앞서 언급했듯이 일본 국내에서는 한반도의 통일국가가 반일적인 정책을 채택할 가능성을 우려하는 목소리가 존재한다. 그러나 그러한 가능성이 현실화될지 여부는 통일국가가 탄생하는 과정에서 일본의 대북, 대남 정책이 어땠는가에 따라 좌우될 것이다.

일본이 한국과 협력하여 한국전쟁 이후 지속되고 있는 북미 적대관계를 근본적으로 개선하고 한국전쟁의 종식을 실현할 수 있다면, 한일 양국의 우호관계는 더욱 깊어질 것이다. 또한 핵문제 해결을 촉진하기 위해 일본이 북한과의 현안을 양국이 납득할 수 있는 형태로 해결하고 국교정상화를 실현할 수 있다면, 그리고 국교정상화 이후 경제 지원을 통해 북한의 경제발전에 기여한다면, 북일 양국의 관계는 더욱 좋아질 것이다. 만약 한국과 북한이 통일국가 수립을 목표로 할 경우, 일본이 그 실현을 방해하지 않고 지원한다면 통일국가가 반일 정책을 택할 가능성은 줄어들 것이다. 일본과 주변국의 관계가 앞으로 어떻게 될지는 정해져 있지 않다. 일본 스스로가 주체적으로 구축해 나아가야 한다.

참고문헌

국문자료

김소연, "일 최고법원 또 '조선학교 무상교육 제외 적법'", 〈한겨레신문〉, 2020년 9월 4일, https://www.hani.co.kr/arti/international/japan/960786.html (검색일: 2024년 3월 13일).

일문자료

朝日新聞「平壤郊外の日本人墓地、遺族が初の墓参り」(아사히신문. "평양 교외 일본인 묘지, 유족들 첫 참배"), 2012년 10월 1일, http://www.asahi.com/special/08001/TKY201210010607.html (검색일: 2024년 3월 13일).

伊藤和行「朝鮮大学校生『なぜいつも除外』」『朝日新聞』(이토 가즈유키, "조선대생 '왜 항상 배제되나'", 〈아사히신문〉), 2021년 9월 7일, https://digital.asahi.com/articles/ASP976G77P97UTIL017. html (검색일: 2024년 3월 13일).

伊藤孝司『ドキュメント 朝鮮で見た〈日本〉』岩波書店 (이토 다카시, 『다큐멘터리 조선으로 본 〈일본〉』, 이와나미서점), 2019년.

岩田清文、武居智久、尾上定正、兼原信克『自衛隊最高幹部が語る令和の国防』新潮社(이와타 기요후미, 다케이 도모히사, 오우에 사다마사, 가네하라 노부가쓰, 『자위대 최고 간부가 말하는 레이와의 국방』, 신초샤), 2021년.

NHK「朝鮮戦争の終戦宣言『時期尚早だ』河野外相」『NHK政治マガジン』

("조선전쟁의 종전선언 '시기상조다' 고노 외상", 〈NHK 정치매거진〉), 2018년 9월14일, https://www.nhk. or.jp/politics/articles/statement/8814.html (검색일: 2024년 3월 10일).

外務省「第72回国連総会における安倍内閣総理大臣一般討論演説」(일본 외무성 〈제72회 유엔총회 아베 내각총리대신 일반토론 연설〉), 2017년 9월 20일, https://www.mofa.go.jp/mofaj/fp/unp_a/ page4_003327.html (검색일: 2024년 3월 5일).

外務省「日朝関係」(일본 외무성 '한일관계'), 2015년 10월 5일, https://www.mofa.go.jp/mofaj/area/n_ korea/abd/index.html (검색일: 2024년 3월 12일).

国家安全保障会議、閣議『国家安全保障戦略』(국가안전보장회의, 국무회의 "국가안전보장전략") , 2013년 12월 17일, https://www.cas.go.jp/jp/siryou/131217anzenhoshou/nss-j.pdf (검색일: 2024년 3월 11일).

国家安全保障会議、閣議『国家安全保障戦略』(국가안전보장회의, 각료회의, "국가안전보장전략"), 2022년 12월 16일, 10쪽, https://www.cas.go.jp/jp/siryou/221216anzenhoshou/nss-j.pdf (검색일: 2024년 3월 12일).

国家安全保障会議、閣議『国家防衛戦略』(국가안전보장회의, 각료회의, "국가방위전략"), 2022년 12월 16일, https://www.kantei.go.jp/jp/content/000119646.pdf (검색일: 2024년 3월 12일).

産経新聞「最悪のシナリオは核保有した統一朝鮮の出現」(산케이신문, "최악의 시나리오는 핵보유 통일조선의 출현"), 2017년 10월 13일,

https://www.sankei.com/article/20171013-SQVVRUHJXJI5BKP4HLIWBD5B74/ (검색일: 2024년 3월 10일).

末次富美雄「多国間共同監視の役割 - 東シナ海における国際的警戒監視活動」

『実業之日本フォーラム』(스에츠구 도미오, "다자간 공동 감시의 역할~동중국해에서의 국제 경계 감시 활동", 〈실업의 일본포럼〉), 2021년 3월 5일, https://forum.j-n.co.jp/narrative/1750/ (검색일: 2024년 3월 11일).

武藤正敏「文在寅が"自爆"へ···!」『現代ビジネス』(무토 마사토시, "문제인이 '자폭'에···!", 〈현대 비즈니스〉), 2021년 4월 30일, https://gendai.media/articles/-/82644 (검색일: 2024년 3월 2일).

ロイター「アングル：在韓米軍撤退におびえる日本、「最前線国家」の現実味」『Reuters』("앵글: 주

한미군 철수에 겁먹은 일본, '최전방 국가'의 현실성", 〈Reuters〉), 2018년 6월 5일, https://jp.reuters.com/article/japan-skorea-us-troops-idJPKCN1J10KY (검색일: 2024년 3월 10일).

영어자료

John R. Bolton, *The Room Where It Happened: A White House Memoir.* New York: Simon & Schuster, 2020.

제10장

정책 건의:
남북미 3국 간 대화로 한반도 문제 해법 모색해야

곽태환

본 장에서 한반도 문제 해법을 위해 제일 먼저 해야 할 남북미 3국 간 건설적인 대화 시작이 급선무이며, 이에 대해 구체적 정책 건의를 시도한다. 한반도에서 비대칭 핵 억제력이 이뤄져 있기 때문에 전면적인 전쟁은 일어나지 않는다고 해도 우발적 무력 충돌로 인해 한반도 핵 전쟁의 개연성이 높아지고 있어 이에 대한 대응책이 급선무이다.

2023년 캠프 데이비드(Camp David)에서 역사적인 한미일 3국 정상회의(8.18)가 개최되어 캠프 데이비드 정신, 원칙, 3국 협의 공약(commitment to consult) 등 3개 문서를 채택한 것은 3국 정상의 안보협력을 위한 강력한 의지와 비전의 결과이다. 윤석열 정부는 향후 한미일 3국 안보협력체는 인도태평양 지역별 소다자 안보협의체인 쿼드(Quad-미국, 일본, 호주, 인도 안보협의체)나 오커스(AUKUS-미국, 영국, 호주 안보동맹)보다 더 강력하다고 평가하였다.

그러나 필자는 윤석열 정부가 한미일 3국 안보협력체가 과연 장기적 국가이익 관점에서 한반도 평화 프로세스의 복원을 위해 바람직한 안보협력체인지 재평가가 필요하다고 생각한다. 왜냐하면 장기적 국가이익 차원에서 지속 가능한 한반도 평화와 통일 프로세스를 위해 한미일 3국 안보협력체가 과연 한국 정부의 장기적 국익인가를 객관적으로 평가해야 하기 때문이다. 일각에서는 한미일 안보협력체가 향후 3국 군사동맹으로 진전될까 우려한다. 한국의 지정(경)학적 숙명으로 인해 3국 안보협의체가 한반도 평화와 통일과정(process)에 있어 독(毒)이 될 수도 있을 것이다.

현시점에서 윤 정부는 무엇보다 국내 정치적 안정을 위해 국민적 합의를 도출하는 것이 급선무이다. 한반도에서 남북미 3국 간 강대강(强對强) 맞대응 전략 지속으로 인해 한반도 정세가 일촉즉발의 전쟁 위기로 몰아가고 있어 3국 간의 강대강 적대적 구조가 일부 어리석은 정책 결정자들의 잘못된 판단과 최첨단 전략 자산의 오작동으로 인해 우발적인 무력 충돌로 이어질까 우려된다.

■ 한반도에서 적대적 관계에서 우호적인 관계 전환의 필요성

남북미 3국 간 맞대응 전략은 지속되고 있다. 한미일 3국 안보협력, 한미연합군사훈련을 매년 봄 프리덤실드(FS)와 여름에 을지프리덤실드(UFS) 한미연합 훈련에 맞대응으로 북한은 그들의 최첨단 무기발사시험과 단·중·장거리 탄도미사일과 순항미사일 등을 맞대응으로 발사하여 일촉즉발의 전쟁 분위기를 조성하게 된다.

남북미 3국 간 강대강 맞대응 전략으로 한반도에서 적대적 상호관계가 지속되고 있지만 필자는 아직도 남북미 3국 간 건설적인 대화와 협상을 통해 한반도 비핵·평화체제 구축을 위한 기회가 존재하고 있다고 본다. 현 시점에서 남북미 3국이 '강대강' 맞대응(hostile tit-for-tat strategy)을 우호적인 맞대응(friendly tit-for-tat) 평화 전략(peace strategy)으로 전환하기 위해 먼저 대화 분위기 조성을 하여 북미·남북 간 대화부터 시작하는 것이 바람직하다고 생각한다.

현재 한반도에서 한미·북한 간 비대칭 '공포의 핵 균형'을 이루고 있어 누구도 한반도에서 핵전쟁을 시작한다면 자멸 행위이며 모두가 공멸하기 때문에 한반도에서 핵전쟁 억제력이 강력하게 작용하고 있다고 생각한다. 그러면 남북미 3국이 선택해야 할 바람직한 정책 대안은 무엇인가? 필자는 한미·북한 간 대화와 협상 재개를 주장한다. 3자가 대화를 재개하여 '한반도 비핵·평화체제 구축' 프레임워크(framework)에 3자가 먼저 합의하고 이에 따라 상호 양보와 타협 의지를 갖고 지속 가능한 핵 없는 한반도 평화의 제도화를 위한 실용적인 외교를 추진하는 것이 바람직하다.

일부 논객들이 윤석열 정부의 대북 강경·압박 정책이 북한을 대화로 유인하는 방안이라고 주장하고 있다. 그러나 이런 주장은 큰 오산이고 착각일 것이다. 왜냐하면 북한의 과거 언동을 평가해 보면 북한이 이런 정책을 수용할 리가 만무하다. 그래서 이런 잘못된 정책은 궁극적으로 실패할 것이다. 따라서 한미 양국은 북한도 수용할 수 있는 한반도 비핵·평화 로드맵을 제안하여 핵 없는 한반도 평화의 제도화가 구현될 수 있도록 진심으로 한미·북한 간 대화와 협상할 것을 촉구한다.

그러면 북한과 창의적인 대화 협상의 '유인책'이 없는 것은 아니다. 필자는 '본질적인 문제'의 해법을 모색하기 위해 '대북 적대시 정책'의 일부분만이라도 철회를 진지하게 검토하길 바란다. 대화 분위기 조성을 위한 방안으로 남북미 3국이 6개월 동안 모든 군사행동 모라토리엄(유예)을 하자는 정책 제언을 한 바 있다. 남북미 3자가 역지사지의 정신으로 상호 양보와 타협 의지가 있다면 한반도 문제 해법이 보이기 시작할 것이다.

그러나 한미와 북한이 강대강 맞대응 전략을 지속적으로 추진하여 한반도 위기를 고조시킨다면 우발적인 무력 충돌이 일어날 개연성이 높아진다. 한미가 강대강 맞대응 전략을 고수하면 북한은 잘 계산된 전략적 평가에 따라 지속적으로 탄도미사일 발사를 포함하여 무력시위를 지속할 것이며 핵 무력 강화에 올인할 것이다.

따라서 남북미 3국은 한미·북한 간 대화 분위기 조성을 위해 한미연합 군사훈련이나 북한의 무력도발 혹은 '무력시위'를 자제하고 한반도 평화체제 구축에 함께 노력해 줄 것을 촉구한다.

현재 북중러 3국 간 안보 연대가 공고화되고 있고 북중과 북러 간 안보 협력이 더욱더 강화되어 '한미일 대 북중러' 적대적 대결 구조가 점점 선명해지고 있어 남북 간 소통이 점점 멀어져 가고 있는 현실이 안타깝다. 윤석열 정부 출범 이후 북한은 2023년 4월 군 통신선을 포함한 남북 직통선을 단절했다. 따라서 남북 간 우연한 무력 충돌이 발생할 때 북한과 소통할 수 있는 길이 막혀 있어 남북 직통선의 복구가 시급하다.

■ 한미·북한 간 먼저 대화 여건 조성이 필요하다

조 바이든 미 행정부는 북한과 조건 없는 대화를 반복하여 제안하였다. 미국은 제3자를 통해서도, 직접적으로도, 구두로도, 서면으로도 대화 메시지를 보냈고 현재까지 북한은 무응답이며 대화에 관심이 있다는 징후도 보이지 않고 있다. 그러면 북한이 왜 미국의 제안에 묵묵부답으로 일관하고 있을까에 대한 분석이 필요하다. 미국은 일관성 있게 북한에 '조건 없는 대화'에 나오라고만 반복하고 북한이 요구하는 '본질적인 문제 해결'을 위한 새로운 셈법을 제시하지 않았기 때문이다. 따라서 바이든 행정부가 북한이 요구하는 본질적인 문제 해법에 대한 '새로운 셈법'을 제안한다면 북한이 미국의 대화 제안을 안 받아들일 이유가 없을 것이다. 현시점에서 유감스럽게도 미국이 북한과의 대화 의지가 없어 보인다.

윤 정부는 문재인 전 정부의 대북정책을 북한의 선의에만 기댄 '가짜 평화'라 강하게 비판하면서 '힘에 의한 군사안보'를 적극적으로 추진하여 큰 성과를 거두었다. 그러나 한편, 남북관계는 꽁꽁 얼어붙어 대화 여건이 극도로 악화하여 일촉즉발의 전쟁 위기 상황으로 몰아가고 있어 윤 정부의 목표인 '힘에 의한 평화' 실현이 불투명하여 안타깝다.

윤 대통령이 2022년 8 · 15 광복절 기념사에서 '담대한 구상'을 북한에 제안했다. 핵심 내용은 한마디로 북한이 비핵화 협상에 진지하게 임하면 초기 단계부터 경제지원을 마련하고, 포괄적 비핵화 합의 도출 후 단계적 비핵화 조치에 상응해 각종 경제협력사업을 확대한다는 것이 골자이다.

여기엔 북한체제 안정을 위한 군사적 · 정치적 조치도 병행한다고 강조했다. 그리고 남북미중 4국이 '한반도의 완전한 비핵화'에 합의했지만 윤 정부는 '북한의 비핵화'를 제안하였다. 윤 정부의 '담대한 구상'을 북한이 성실히 수용한다면 아주 좋은 구상이라고 판단된다. 그러나 북한은 김여정 당 부부장의 담화를 통해 '담대한 구상' 제안에 대해 "어리석음의 극치"라고 비하하면서 핵 무력 강화에만 올인하고 있다. 북한이 '담대한 구상' 제안을 거절한 것은 대단히 유감스럽다.

한편, 북한은 '무력시위'를 지속하고 있다. 북한은 2022년에 8번 대륙간

탄도미사일(ICBM) 발사를 포함하여 총 70여 발 탄도미사일을 발사하였고, 그해 11월에는 분단 후 처음으로 동해 북방한계선(NLL) 이남에 탄도미사일을 쏴 일촉즉발의 전쟁 위기 상황으로 몰아갔다. 2023년 들어서도 고체연료 추진 ICBM 첫 시험 발사와 정찰위성 발사 실패(5.31) 등 2024년 들어와서도 지속적으로 핵 무력을 강화하고 있으며 이는 유엔 안보리 결의를 위반하면서 도발을 계속하고 있다. 향후 한미가 정책 전환이 없는 한 북한은 자신의 논리에 따라 유엔안보리 결의를 위반하면서 북한체제의 보장을 위해 핵 무력을 강화하고 무력시위 혹은 군사적 도발을 계속할 것으로 보인다.

한편, 한미 양 정부는 2024년 3월에도 '자유의 방패'(FS-Freedom Shield) 연합훈련을 역대 최장인 11일 연속으로 진행하였으며, 따라서 대규모 한미 연합훈련 및 육해공군 전략 자산 전개를 통한 미국의 확장억제 실행력 강화로 인해 북한의 피포위 강박증(siege mentality)이 더욱더 악화되어 북한도 핵 무력에 올인하는 태도를 보여 한미 · 북한 간 '강대강' 맞대응 전략은 지속될 것이다.

한반도에서 남북미 3국이 강대강 맞대응 전략을 지속한다면 윤 정부는 미일과 더욱 밀착하게 될 것이고 한반도 문제 해결에 핵심 역할을 할 수 있는 중국과 러시아의 협조가 필요한데 오히려 북중러 3국 간 연대의 기회가 주어지기 때문에 향후 윤 정부는 중국과 러시아 관리가 핵심 과제로 부상하게 된다.

최근 미국은 북한이 발사하는 대륙간탄도미사일(ICBM)을 요격할 것이라고 경고했다. 과연 미국이 핵전쟁을 유발할 수도 있는 그런 군사행동을 감행할까? 만약 미국이 대북 선제공격을 한다면 윤석열 정부는 어떤 선택을 할까? 미국의 대북 군사행동이 가지는 함의는 심각하다. 북한이 이미 서울 불바다를 경고했고 아름답게 설계한 평양 거리도 온전할 수 없으며 평양도 불바다로 변할 것이 확실하다. 그래서 양측의 (핵)무력 사용은 자멸행위이기 때문에 김정은 위원장이 그러한 자멸행위를 과연 할까?

그러면 김정은 위원장의 최고 선택은 미국과의 대화일 것이다. 김정은 위원장은 그의 체제보장의 조건인 '생존권'과 '발전권'을 확보하기 위해 미국과의 대화와 협상 테이블에 나와 핵·미사일을 갖고 최선의 빅딜(big deal) 하는 것이 북한의 국가이익이라고 생각할 수 있다. 따라서 북미 양국은 이런 호기를 놓치지 말길 바란다.

향후 한미일 대 북중러 간 신냉전 구도로 진전되면 동북아의 새로운 적대적 구도가 한반도 문제 해결에 부정적 영향을 미치게 될 것으로 보여 심히 우려된다. 이러한 위기 상황에서 우발적인 무력 충돌이 산불처럼 한반도에서 (핵)전쟁으로 번질 수도 있음을 잊어서는 안 된다.

따라서 남북미 3국이 대화 여건 조성을 위해 먼저 필자가 이미 제안한 남북미 3국이 6개월 동안 군사행동 혹은 '무력시위'를 유예(moratorium)하길 바란다. 따라서 한미·북한 간 대화와 소통이 이뤄져 우발적인 무력 충돌을 미리 예방하고 한반도에서 남북미 3국 간 정상적인 소통과 대화를 통해 한반도에서 (핵)전쟁을 예방하기 위해 위기관리가 철저하게 이뤄지길 기대해 본다.

한반도
문제 해법

새로운 모색

초판인쇄 2024년 07월 01일
초판발행 2024년 07월 01일

지은이 곽태환 · 이승우 외
펴낸이 채종준
펴낸곳 한국학술정보(주)
주 소 경기도 파주시 회동길 230(문발동)
전 화 031-908-3181(대표)
팩 스 031-908-3189
홈페이지 http://ebook.kstudy.com
E-mail 출판사업부 publish@kstudy.com
등 록 제일산-115호(2000. 6. 19)

ISBN 979-11-7217-420-0 93300